河北师范大学历史文化学院双一流文库

新出碑志与元代河北研究

朱建路 著

中国社会科学出版社

图书在版编目(CIP)数据

新出碑志与元代河北研究/朱建路著. —北京：中国社会科学出版社，2023.9

（河北师范大学历史文化学院双一流文库）

ISBN 978-7-5227-2555-0

Ⅰ.①新… Ⅱ.①朱… Ⅲ.①碑刻—研究—河北—元代 Ⅳ.①K877.424

中国国家版本馆 CIP 数据核字（2023）第 165978 号

出 版 人	赵剑英
选题策划	宋燕鹏
责任编辑	金 燕　石志杭
责任校对	李 硕
责任印制	李寡寡

出　　版	中国社会科学出版社
社　　址	北京鼓楼西大街甲 158 号
邮　　编	100720
网　　址	http://www.csspw.cn
发 行 部	010-84083685
门 市 部	010-84029450
经　　销	新华书店及其他书店
印　　刷	北京明恒达印务有限公司
装　　订	廊坊市广阳区广增装订厂
版　　次	2023 年 9 月第 1 版
印　　次	2023 年 9 月第 1 次印刷
开　　本	710×1000 1/16
印　　张	21.25
插　　页	2
字　　数	335 千字
定　　价	108.00 元

凡购买中国社会科学出版社图书，如有质量问题请与本社营销中心联系调换
电话：010-84083683
版权所有　侵权必究

《河北师范大学历史文化学院双一流文库》
编辑委员会

主　任　贾丽英　张国柱
副主任　宋　坤　王向鹏　贺军妙
委　员（以姓氏笔画为序）
　　　　牛东伟　邢　铁　汤惠生　刘向阳　陈　丽
　　　　张怀通　张翠莲　吴宝晓　杨晓敏　武吉庆
　　　　赵克仁　赵海龙　郭　华　徐建平　倪世光
　　　　崔红芬　康金莉　董文武

序

李治安

　　元代史料在传世过程中散佚比较严重。历朝实录和《经世大典》等主要政书早已不存，《大元通制》《至正条格》流传至今亦多仅剩残篇。时人杂著数量较少，现存方志也为数不多。元人诗文集数量虽不少，但既不能与之前的宋代比肩，更难望之后的明清项背。欲推进元史研究的发展和深入，除深挖现存汉文史籍及民族文字资料，并扩大域外史料的利用外，元代金石碑刻遗存资料尤其值得重视。

　　元代河北地区是蒙古入主中原和施行统治最早的汉族地区，也是元朝政治、军事等重心所在。该地虽因金元鼎革战乱而经济残破落后，文化亦不及南方发达，民间文集一类资料流传偏少，但金石碑刻资料非常丰富，保存下来的也相当多，在反映元代北方乃至整个国家政治、军事、经济、文化等真实状况方面具有很高的学术价值。如能系统的考察这些碑刻并进行研究，定会取得突出成果。

　　朱建路原在博物馆工作，对文物工作相对较为熟悉，常利用休息时间深入田野调查碑刻。2014年他来南开大学随我攻读博士学位，适逢我主持的国家社科基金重大项目"元代北方金石碑刻遗存资料的抢救、发掘及整理研究"立项不久，我们即商定以河北元代碑刻研究作为博士论文选题。

　　三年中他多途径发掘有价值碑刻，据其总结主要有三：（一）借风行船，利用已经出版的碑志材料。（二）上穷碧落，利用图书馆、博物馆收藏的碑帖拓片。（三）动手动脚，深入田野乡村寻访碑刻。碑刻保存在各地，外界难以周知。随着各地对文化事业的重视，越来越多的碑刻类书籍出版。清末缪荃孙等学者收藏拓片辗转流入各大图书馆，经历二十世纪的社会巨变，许多碑刻早已不存，各图书馆收藏的拓片成为孤本。这些碑刻资料都具有重要学术价值。碑刻研究当然离不开田野，朱建路多次亲到碑前，或观摩抄录，或制作拓片，相比于多数人惯于做书斋里的学问，这也是难能可贵的。朱建路从碑刻入手，发现一些重要问题并成功解决，经过三年磨砺，终以论文《石刻文献与元代河北研究》取得博士学位，并获得南开大学优博论文和天津市优博论文。

碑刻具有重要的史料价值，在某些问题上一些碑刻是其他史料所无法代替的。本书在博士论文基础上修改而来，其中许多创见推动了元史研究的发展。例如元代许多西夏遗民名叫"铃部""甘卜""绀字"等，多是不同的音转。屠寄、冯承钧、韩儒林等前辈学者都注意到此问题，但对"铃部"含义的解释分歧较大，没有定论。作者利用新出土《小李铃部墓志》中西夏文材料与传世典籍材料互证，确定"铃部"的含义是西夏官职"统军"。

元代蒙古人墓志十分珍贵，作者利用新出蒙古人《诺怀墓志》，结合元人文集中这个家族的史料，揭示出这个家族在元代发展过程中逐渐汉化与士人化的过程。刘深是一名重要的元代将领，但因战败被杀，在《元史》及元人文集中只有零星记载。新发现刘深为葬母所立碑刻，较多记载了刘深前半生的成长历程。作者利用此碑研究了其出身、晋升等前半生经历，使我们对其有了进一步了解。其他利用金石资料补证河北地区铁冶机构的分合变化，探讨元代北方临济宗的法脉传承等，都有十分重要的学术价值。

当然，新出碑刻虽然具有重要价值，但它与传统文献一样，不过是古代文献中的沧海一粟。我们重视碑刻价值，但也不对其过分强调，对于多数碑刻，作为一般史料甚至是发现问题的线索即可。书中的部分篇章就是从碑刻中发现问题，结合传世文献，做出了很精彩的论述。例如前贤关于两都巡幸问题论述颇多，但对元代皇帝驻冬大都期间宿卫马匹的饲养问题多未留意。朱建路从石刻文献中频频出现冬季饲养官马的记载入手思考，分析考证出这些马匹是皇帝驻冬大都期间的宿卫马匹；又从宿卫马匹的团槽与散养两种饲养方式的变化，得出在蒙古人眼中，大都不过是他们冬营地的结论。

本书利用石刻文献研究河北，不要求面面俱到，但力求关注主要问题，体现主要特征。书中四章，涉及军功阶层、蒙古色目人、宗教及经济等问题，这些都是元代河北地区的最重要的几个问题。作者在专题研究的基础上，总结出元代河北地区的几个重要特征：（一）军功阶层的崛起与晋用；（二）多元族群的迁入与融合；（四）腹地与边缘的二元复合。这些基本总结出元代河北地区的主要特征。

前辈学者早就希望推动元代碑刻的整理研究，翁独健先生曾有编辑元碑集成的构想，陈得芝先生曾殷切提出："我们目前对碑刻资料的重视程度有所提高，但还不够……希望有更多的青年元史学者能够将目光汇集到这上面来。"我主持的项目在元代北方金石碑刻搜集方面做了一些工作。但总体来说，利用元代碑刻推动元史研究仍然方兴未艾，朱建路在这方面取得了一些成绩，希望他今后继续关注元代碑刻研究，做出更大成绩。

目　　录

绪　论 ……………………………………………………………………（1）
　　第一节　选题缘起 ……………………………………………………（1）
　　第二节　概念界定 ……………………………………………………（3）
　　第三节　研究状况述评 ………………………………………………（3）
　　第四节　资料来源 ……………………………………………………（14）

第一章　失序社会中崛起的河北军功家族 ……………………………（17）
　　第一节　元代河北军功家族述论 ……………………………………（18）
　　第二节　蒙元时期行唐邸氏研究 ……………………………………（27）
　　第三节　金元之际张子良事迹考略 …………………………………（36）
　　第四节　蒙元军将刘深考实 …………………………………………（47）
　　第五节　元张弘略碑传资料杂考 ……………………………………（62）

第二章　元代河北的异域来客 …………………………………………（69）
　　第一节　蒙元时期河北的民族分布 …………………………………（69）
　　第二节　元代大名路达鲁花赤小李铃部墓志考释 …………………（79）
　　第三节　元代唐兀人李爱鲁墓志考释 ………………………………（91）
　　第四节　元代真定路的几个畏兀儿人家族 …………………………（105）
　　第五节　元代汪古人八都鲁在真定的活动 …………………………（116）
　　第六节　元代蒙古酎温台家族史事考 ………………………………（125）

第三章　蒙元时期河北的佛教与道教 …………………………………（136）
　　第一节　蒙元时期河北佛教与道教概述 ……………………………（137）

第二节　蒙元时期河北地区的佛道之争 …………………… (147)
　　第三节　元代北方临济宗的法脉传承 ……………………… (154)
　　第四节　元代大开元一宗新探 ……………………………… (168)
　　第五节　元《重修通仙观记》考释 ………………………… (179)

第四章　蒙元治下的河北经济与社会 ………………………… (188)
　　第一节　蒙元统治对河北经济社会的影响 ………………… (189)
　　第二节　元朝皇帝驻冬大都期间的宿卫马匹饲养 ………… (198)
　　第三节　元代北方的牧马草地及其与农田争讼 …………… (214)
　　第四节　元代直隶省部地区铁冶研究 ……………………… (227)
　　第五节　《天宝寨记》所见元末太行山区地方武装 ……… (241)

余　论 …………………………………………………………… (252)
　　元代河北地区的新特征 ……………………………………… (252)

附录一　研究论文 ……………………………………………… (258)
　　读元代碑刻札记三则 ………………………………………… (258)
　　元御医颜天翼及其家人续考 ………………………………… (265)
　　元御医善和大师事迹考述 …………………………………… (274)
　　《元史·谢仲温传》考补 …………………………………… (283)
　　《元史·曹元用传》勘误一则 ……………………………… (291)

附录二　河北新见元碑整理 …………………………………… (294)

参考文献 ………………………………………………………… (316)

后　记 …………………………………………………………… (331)

绪　　论

第一节　选题缘起

出土文献是历史研究的第一手资料，学者向来注重利用出土文献来研究历史。陈寅恪先生在《敦煌劫余录序》中说："一时代之学术，必有其新材料与新问题。取用此材料，以研求问题，则为此时代学术之新潮流。"从商周甲骨到战汉魏晋简牍，从北朝隋唐敦煌吐鲁番文书至宋夏元黑水城文献，直至明清内阁大库档案，几乎每个朝代都有相对应的出土文献和档案，形成一个与古代王朝相平行的文献序列，推动了历史研究的细化与深化。除了这些人尽皆知的出土文献，近年考古出土和散见于乡野的碑刻数量非常多，也是历史研究的珍贵资料。

元代史料数量少，不能与之前的宋代比肩，更难望其后的明清项背。碑刻史料具有第一手性和具体性，恰可填漏补缺，对元史研究中的名物考订和史实考证具有特殊的重要性。日本学者就非常重视碑刻的利用，近年形成一股"石刻热"[①]，桂华淳祥、饭山知保、井黑忍、船田善之等学者利用碑刻探讨金元时期华北社会的诸多问题，取得了突出的成绩。

我国元史学界历来重视碑刻的研究，陈垣先生将道藏、金石志、文集及艺风堂藏拓中有关道教者录出，编辑为《道家金石略》（后经陈智超以艺风堂金石拓片增补，1988年由文物出版社出版）；他又以其中金

[①] [日]杉山正明：《蒙古时代史研究的现状与课题》，[日]近藤一成主编：《宋元史学的基本问题》，中华书局2010年版；[日]船田善之：《石刻史料开拓的蒙古帝国史研究》，[日]吉田顺一监修，早稻田大学蒙古研究所编：《蒙古史研究》，明石书店2011年版。

元碑刻为主撰写《南宋初河北新道教考》等著作。冯承钧和蔡美彪先后致力于元代白话碑的搜集整理，分别汇编为《元代白话碑》①和《元代白话碑集录》②。20世纪70年代云南大理拆除明代建筑五华楼，出土元代碑刻六十六通，宋代碑刻三通，方龄贵先生撰写系列考释文章，后汇集为《大理五华楼新出元碑选录并考释》。③在1980年中国元史研究会成立大会上及后来为南京大学元史研究室编《元史论集》作序时，翁独健先生都提出了编辑《元碑集成》的构想。④2012年南开大学李治安教授主持申请的国家社科重大项目"元代北方金石碑刻遗存资料的抢救、发掘及整理研究"（项目号：12&ZD142）立项，标志着元史学界对碑刻的重视提升到一个新的高度。但总体来讲，对其重视程度仍不够。因此，陈得芝先生殷切提出："我们目前对碑刻资料的重视程度有所提高，但还不够。日本学者池内功等多人曾收集元代北方碑刻资料汇编成册，这提醒我们也必须抓紧投入大量精力、资金，来进行这方面的搜集、整理，希望有更多的青年元史学者能够将目光汇集到这上面来。"⑤

河北地区自古以来就是民族接触的前沿阵地，也是民族融合的历史舞台。这里是元代统治重心的中心，是多元文化的汇聚地，河北区域史研究早已被前辈精耕细作。在这种情况下，碑刻尤其是新发现碑刻，无疑成为新的学术增长点。饭山知保说："由于文献史料传存为数不多，研究北方社会时碑刻无疑成为更重要的历史材料"⑥，所指大概也是这个意思。碑刻可以帮助解决许多原来悬而未决或被忽视的问题，加深对这一地区的研究。部分碑刻研究的意义，远远超出区域史研究的范畴。因此，笔者选取新发现的史料价值较大的碑刻墓志，以具体个案研究为主，概括性论述为辅，对蒙元统治下的河北进行研究，以期在一定程度

---

① 冯承钧：《元代白话碑》，商务印书馆1931年版。
② 蔡美彪：《元代白话碑集录》，科学出版社1955年版。
③ 方龄贵、王云：《大理五华楼新出元碑选录并考释》，云南大学出版社2000年版。
④ 参见邱树森《我和元史研究》，载氏著《元代文化史探微》，南方出版社2001年版，第503页；翁独健《〈元史论集〉前言》，南京大学历史系元史研究室编《元史论集》，人民出版社1984年版，第5页。
⑤ 于洁：《陈得芝先生的治学》，载中国文化大学史学研究所暨史学系编《史学汇刊》第34期，2015年，第180页。
⑥ ［日］饭山知保：《金元时期北方社会演变与"先茔碑"的出现》，《中国史研究》2016年第1期。

上加深对河北地区乃至整个元代北方社会的认识。

第二节 概念界定

所谓碑志，主要包括常见的神道碑、墓志铭，它们是石刻文献的主体；但也包括各类大小不一的石刻题记。片言只字也往往对考证起到重要作用，如邯郸市峰峰矿区黑龙洞《铁冶官题名碑》对考证冀南铁冶机构变化的意义非常大。经历岁月洗礼，一些石刻原石早已不存，仅存拓片传世，或只在金石书籍中留有录文，这些都被包括在本书研究范围之内。"新出"有两层含义，一是原来不被学术界所知，本书第一次对其进行分析研究，如《小李钤部墓志》《李爱鲁墓志》《诺怀墓志》《重修通仙观记》《天宝寨记》等皆是此类；二是碑刻拓片被收藏机构收藏，本次研究属于对其石刻价值的揭示与挖掘，是从学术意义上对其的"重新发现"。如北京大学图书馆藏《重修寿圣寺碑》碑阴、真定临济寺藏《真定十方临济慧照玄公大宗师道行碑铭》等皆是此类。当然，限于石刻文献的零散性，本书并非是对河北地区的通贯性研究，而是以新发现石刻为基础，选取有价值内容，分类做专题性探索，不求面面俱到，但求有点的突破。

广义的河北是一个地理概念，指黄河以北，包括今山西、河北、山东的大部分区域。河北作为专指地名，首先是汉末魏晋的大军区，其次才是北朝隋唐及其后的政区。唐贞观时期分天下为十道，开元时期分为十五道，河北道都是其中之一，辖境相当于今北京市、天津市、河北、辽宁大部以及河南、山东的黄河以北地区。宋代设置河北路，后分为河北东路、河北西路，辖境大致相当于今河北及河南、山东的黄河以北地区。金代河北东路辖境缩小，今山东部分地区划归山东西路。元代虽没有以河北命名的行政区域，但监察机构有燕南河北道肃政廉访司和河南河北道肃政廉访司。可见在元人的观念中，河北的范围大致为今河北及河南省的黄河以北区域。本书所指河北即元人观念中的河北。

第三节 研究状况述评

金石碑刻是历史研究的第一手资料，历来受到学者的重视。钱大昕、缪荃孙等清代学者都注重对金石碑刻的搜集整理，并通过撰写题跋的形式进行研究。柯劭忞《新元史》因不注引文出处而被后人诟病，但经比对可发现柯劭忞在写作中运用了多种墓志碑刻材料，比如《宁玉传》基本完全抄自《宁玉墓志》（国家图书馆藏拓片），《耿福传》来源于《耿氏先茔碑》（《康熙束鹿县志》卷十），《宋崇禄传》取材于《宋崇禄神道碑》（此碑现存河南省滑县），等等。葛仁考曾对元代河北地区研究概况进行过细致地总结①，下面将侧重金石碑刻研究，对河北地区研究现状做一概述。

近年以来，碑刻的搜集整理受到地方学者的重视，有关河北地区碑刻整理的书籍不断出版，如《河北金石辑录》②《涿州碑铭墓志》③《新中国出土墓志·河北（壹）》④《满城历代碑刻辑录》⑤《涿州贞石录》⑥《大名石刻选》⑦《古涿州佛教刻石》⑧《迁西石刻》⑨《邢台开元寺金石志》⑩《北京元代史迹图志》⑪《河间金石遗录》⑫《河北柏乡金石录》⑬等，其中往往收录一定数量的元代碑刻。这些书籍多提供图版，但研究内容不足。石刻相关研究则主要发表在各种学术期刊和论文集中。

一 宗教类碑刻

蔡美彪《元氏开化寺碑译释》⑭对元氏县开化寺延祐元年（1314）圣旨碑进行分析，证实了真定在蒙文中被称作"察罕巴拉哈孙"，并对八思巴文圣旨碑进行了音写与汉译。周清澍《忽必烈早年的活动和手

---

① 《元代河北地区研究综述》，《历史教学》2008年第12期。
② 河北人民出版社1993年版。
③ 河北教育出版社1991年版。
④ 文物出版社2004年版。
⑤ 河北教育出版社2011年版。
⑥ 北京燕山出版社2005年版。
⑦ 线装书局2011年版。
⑧ 河北教育出版社2007年版。
⑨ 百花文艺出版社2007年版。
⑩ 国家图书馆出版社2013年版。
⑪ 北京燕山出版社2009年版。
⑫ 河北教育出版社2008年版。
⑬ 文物出版社2006年版。
⑭ 《考古》1988年第9期。

迹》① 考察了易州兴国寺《护必烈大王令旨碑》的背景，分析了可庵朗公其人及其与忽必烈的交往，并指出了碑阴忽必烈亲笔签名的重要价值。照那斯图、哈斯额尔敦《元朝宣政院颁给柏林寺的八思巴字禁约榜》② 讨论至元三十年（1293）宣政院颁发给真定赵州柏林禅寺榜文八思巴字部分的内容和特点。

贾成惠《内丘梵云寺元代圣旨碑》③ 介绍了内丘县且停山梵云寺鼠儿年（1312年）圣旨碑。张国旺《元代五台山佛教再探——以河北省灵寿县祁林院圣旨碑为中心》④ 以今灵寿县祁林院四通圣旨碑为主，分析了作为下院的祁林院与五台山大寿宁寺的分合关系，寿宁寺属佛教华严宗及五台山佛教管理机构等问题。董旭《平山万寿禅寺塔林塔铭考释》⑤ 对平山县林山大万寿寺现存12座塔铭中的6号、10号、11号墓塔塔铭进行了分析。平山县林山万寿寺有元代碑刻多方，显示了万寿寺与临济宗僧人关系密切，此寺为一处临济宗寺院，值得深入研究。

《邢台开元寺金石志》收录一块残碑，碑末年号残缺，仅剩"大元元"三字。整理者认为是"大元元年"，即刘秉忠建议忽必烈取《易经》"大哉乾元"之义，正式定国号为"大元"的至元元年（1264）。⑥ 余国江《〈邢台开元寺金石志〉商榷二则》⑦ 对此提出异议，认为爱育黎拔力八达夺取政权与海山即位之前曾改元为大元，"大元元年"应为大德十二年（1307）。其实，熟悉元史的学者一眼可以看出"大元元"后所缺为"统"字，此碑为元顺帝元统年间（1333—1335）碑刻，可见相关知识背景对研究元代碑刻的重要性。

庞雪平、魏敏发表《元代〈宣授善和大师塔铭〉碑浅析》⑧ 对善和大师塔铭进行了初步的研究，但没有注意到碑阴文字；二人后又发表《元代〈宣授善和大师塔铭〉碑补缺》⑨ 对塔铭的碑阴进行录文介绍。

---

① 《中国史研究》2005年第1期。
② 《内蒙古社会科学》1999年第6期。
③ 《文物春秋》2001年第2期。
④ 《首都师范大学学报》2008年第1期。
⑤ 《文物春秋》2015年第2期。
⑥ 《邢台开元寺金石志》，国家图书馆出版社2013年版，第154页。
⑦ 《文物春秋》2016年第3期。
⑧ 《文物春秋》2009年第6期。
⑨ 《文物春秋》2014年第5期。

朱建路《元宣授善和大师塔铭补考》①考证此善和大师即为罗天益《卫生宝鉴》中记载的忽必烈御医曲阳刘禅师。刘建华《河北蔚县玉泉寺至元十七年圣旨碑考略》②对蔚县城西南10千米浮图山南麓玉泉寺内忽必烈皇帝至元十七年（1280）圣旨碑进行了研究，分析了它在研究元代佛道之争和玉泉寺历史中的作用。庞雪平《从〈玉宸观记〉碑看元代北岳恒山道教》③对古北岳主峰北麓涞源县南马庄乡白善寺村北原柏山寺遗址发现的元代《玉宸观记》碑进行了介绍。

真定隆兴寺元宪宗九年（1259）《大朝国师南无大士重修真定府大龙兴寺功德记》碑，记述了克什米尔僧人那摩国师的活动踪迹。张云《〈重修大龙兴功德记〉及其史料价值》④对此碑做了注释，并简要指出了此碑的价值。刘友恒《一通记录那摩国师行状的重要佛教碑刻》⑤也对此碑进行了介绍。马晓林《〈大朝国师南无大士重修真定府大龙兴寺功德记〉札记——兼论〈马可·波罗行纪〉的相关记述》⑥将此碑与《马可·波罗行纪》中关于克什米尔的内容相互对读印证，并考证了那摩的生平。刘友恒《北宋佛教慈恩宗大家——通照大师之碑考略》介绍了真定隆兴寺内立于元至正六年（1346）《通照大师之碑》，认为其是研究佛教慈恩宗发展及隆兴寺历史的重要史料。⑦刘友恒《正定新发现东天宁寺住持容公长老塔铭和普化寺晦岩禅师欢公行业残碑》⑧介绍了2016年8月正定古城墙修缮过程中出土的两块碑刻，其中元至治二年（1322）《东天宁寺住持容公长老塔铭》记载容公长老受业于顺德大开元寺，真定路东天宁寺是一座大开元一宗寺院。

易州龙兴观是元代北方为数不多的道教正一派宫观之一，郑绍宗《河北易县龙兴观遗址调查记》⑨在1964年对龙兴观调查基础上，重点介绍了观内一座经幢和三通碑，其中包括元至正十一年（1351）《大元

---

① 《文物春秋》2011年第3期。
② 《考古》1988年第4期。
③ 《文物春秋》2009年第6期。
④ 《西藏研究》1994年第3期。
⑤ 《文物春秋》2010年第3期。
⑥ 《国际汉学家研究通讯》（第6期），北京大学出版社2013年版，第252—257页。
⑦ 《文物春秋》2016年第1期。
⑧ 《文物春秋》2017年第1期。
⑨ 《文物》1973年第11期。

易州龙兴观宗支恒产记》碑。王雪枝《易州龙兴观现存元明两代碑铭镌文传录补正》①根据现存《大元易州龙兴观宗支恒产记》碑补正《道家金石略》所录碑阴《龙兴观正一宗支图》之误,补录部分文字,并释录了明代《易州重修龙兴观碑铭》《重建龙兴观功行之碑》。

日本学者樱井智美《〈创建开平府祭告济渎记〉考释》在揭示碑文背景的同时,对参加祭祀的正一道道士王一清进行了考证,分析了王一清在忽必烈幕府的活动。② 高丽杨《金元正一道在河北传承考》③ 利用《道家金石略》收录相关碑刻对正一道在河北的传承进行了分析。刘晓《元代大道教玉虚观系的再探讨——从两通石刻拓片说起》④ 利用《北京图书馆中国历代石刻拓本汇编》和《道家金石略》拓片分析了大道教的分支系统,尤其对玉虚观系受符箓派影响做了考证。

定州清真寺存《重建礼拜寺记碑》一通,碑刻显示立碑年代为至正八年(1348),如果真如此,此碑系我国年代较早的伊斯兰石刻。孙贯文《重建礼拜寺记碑跋》⑤ 依据北京大学图书馆藏缪荃孙艺风堂拓片,对《重建礼拜寺记碑》进行释录和考释。马生祥《定州清真寺〈重建礼拜寺记〉碑在中国伊斯兰教史上的重要地位》⑥ 认为此碑确实是元碑,并充分肯定了其在中国伊斯兰教史上的重要地位。马生祥《定州清真寺元明清三通古碑之校点》⑦ 对包括《重建礼拜寺记碑》在内的定州清真寺三通元明清古碑刻进行录文点校。但也有学者怀疑此碑不是元碑。刘致平《中国伊斯兰教建筑》⑧ 认为此碑为明代重刻,但没有提出根据。姚大力在《"回回祖国"与回族认同的历史变迁》⑨ 一文中旁及此碑,认为从碑阴题名官职和文字拖沓两方面来看,此碑可能在明代重刻时掺入明代内容。杨晓春《河北定州清真寺〈重建礼拜寺记〉撰写

---

① 《宗教学研究》2012年第1期。
② 《元史论丛》第10辑,中国广播电视大学出版社2005年版。
③ 《中国道教》2012年第6期。
④ 《中国史研究》2005年第1期。
⑤ 《文物》1961年第8期。
⑥ 《文物春秋》2000年第3期。
⑦ 《回族研究》2002年第3期。
⑧ 新疆人民出版社1985年版。
⑨ 《北方民族史十论》,广西师范大学出版社2007年版。

年代详考》①从碑文中《古兰经》"三千六百余卷"之误只能出自《大明一统志》，碑阴题名所见回回人名不符合元代的特点，《重建礼拜寺记》碑与同寺正德十六年（1521）《重修清真寺碑记》碑有密切关系，以及由元入明中国伊斯兰教的巨大变化的背景等几个方面进行综合考察，认为《重建礼拜寺记》并非元人所撰，而是出于明人之手；并推测其撰文的时间在正德十六年前后。

二　民族类碑刻

河北是西夏遗民分布较多的一个地区。梁松涛《〈河西老索神道碑铭〉考释》②对保定出土的《河西老索神道碑铭》进行了释录，并对该碑记录的唐兀人老索家族情况进行了研究。崔红芬《保定出土〈老索神道碑铭〉再研究》③对《老索神道碑铭》重新释录，并对其中涉及的人物进行进一步考证。邓文韬《元代西夏遗民讷怀事迹补考》④将《申斋集》中《瑞芝堂记》主人张讷翁与《老索神道碑》立碑人讷怀勘同，并研究了该家族的文化归属。孙继民、宋坤《元代西夏遗民踪迹的新发现——元〈重修鹿泉神应庙碑〉考释》⑤对《重修鹿泉神应庙碑》碑阴题名进行了研究，指出其对研究元代西夏遗民在河北地区的活动和分布的意义。孟繁清《读〈胜公和尚道行碑铭〉》⑥通过真定隆兴寺《胜公和尚道行碑铭》，对唐兀僧人胜公和尚的生平及他与其徒弟八剌实理的亲密关系进行了研究，指出宗教已成为联系并沟通不同民族、不同出身背景的人们心灵的重要纽带和桥梁。

20世纪90年代，河北省大名县陈庄村出土《毅敏李公墓志》一方，志主为元代迁居大名的西夏人后裔李爱鲁。朱建路撰写《元代唐兀人李爱鲁墓志考释》⑦对墓志进行释录研究，但墓志个别地方点断有问题，影响了对墓志的理解。赵生泉《〈元代唐兀人李爱鲁墓志考释〉补

---

① 《中国文化》2007年第3期。
② 《民族研究》2007年第2期。
③ 《中国文化》2013年第2期。
④ 《西夏研究》2013年第3期。
⑤ 《宁夏社会科学》2011年第2期。
⑥ 《中国古代社会高层论坛文集——纪念郑天挺先生诞辰一百一十周年》，中华书局2011年版。
⑦ 《民族研究》2012年第3期。

正》指出了朱文的错误，并就理学北传问题和唐兀昔李氏丧葬用朱熹《家礼》作了论述。朱建路《元代唐兀人李爱鲁墓志释补》①通过李爱鲁墓志中依据朱文公《家礼》撰写墓志的记载，论述了蒙元初期大名在理学北传中的重要地位及唐兀昔李氏家族受理学影响很大的状况。

2013年9月，大名县陈庄村又出土李爱鲁之父小李钤部墓志铭。墓志两面书写，一面汉文，一面西夏文。史金波《河北邯郸大名出土小李钤部公墓志刍议》②认为此墓志具有特殊的文物和学术价值。希望对墓地进行抢救性发掘，并对出土墓志相关地区从民族学、社会学的角度予以调查，以便进行更深层次的研究。朱建路《元代大名路达鲁花赤小李钤部墓志铭考释》③对墓志进行考释，结合墓志中的西夏文，考证元代"钤部""甘卜"等唐兀人人名的含义为西夏军职"统军"。美国西夏学者邓如萍（Ruth Dunnell）也通过此墓志对小李钤部家族在元代的发展做了介绍。④

现存河南濮阳杨十八郎村《唐兀公碑》是元代西夏遗民碑刻，该村西夏遗民后裔至今保存家族文献汇编《述善集》及《杨氏家谱》。任崇岳、穆朝庆《略谈河南省的西夏遗民》⑤以这些资料为主研究了这支西夏遗民的族属、到河南的时间、汉化等问题。穆朝庆、任崇岳《〈大元赠敦武校尉军民万户府百夫长唐兀公碑铭〉笺注》⑥将此碑全文迻录并加笺注，公布于学界。何广博主编《〈述善集〉研究论集》⑦将1994年召开的关于唐兀杨氏学术讨论会和此前发表的相关论文汇为一编。王泽《碑铭所见宋元以来中原地区的民族融合》⑧第一部分以濮阳现存的《唐兀公碑》为对象，研究了元代中原地区的民族融合。

河北地区出土的蒙古人碑刻墓志不多。朱建路《元代蒙古酎温台家

---

① 《宁夏社会科学》2016年第1期。
② 《河北学刊》2014年第4期。
③ 《民族研究》2014年第6期。
④ 《昔里钤部及沙陀后裔的神话：宗谱的忧虑与元代家族史》，《西夏研究》2015年第4期。
⑤ 《宁夏社会科学》1986年第2期。
⑥ 《宁夏社会科学》1987年第1期。
⑦ 甘肃人民出版社2001年版。
⑧ 郑州大学博士学位论文，2013年。

族史事考》①对近年曲周新出《元太中大夫镇江万户府达鲁花赤诺怀公圹志》进行研究，结合传世文献中诺怀父兄神道碑，分析了这个家族由武转文，逐渐汉化、士人化的历史。河北省沽源县梳妆楼原来被认为是辽太后梳妆楼，2002年该建筑内出土一男二女棺椁和一些小的残碑碎块，上有"襄阔里吉思"等字，考古工作者据此认为墓主为成宗驸马、汪古部高唐王阔里吉思。赵琦《河北省沽源县"梳妆楼"元蒙古贵族墓墓主考》②最早对这种说法提出怀疑，认为墓主应该是元末晋宁忠襄王阔儿吉思（阔里吉思）。周良霄先生支持这种观点，并做了进一步的论证③。黄可佳《沽源梳妆楼蒙元贵族墓葬墓主考略》④从墓上享堂采用流行于西域的建筑形式，提出墓主人可能为元代著名学者爱薛之子阔里吉思。

三 政治文化类碑刻

内邱扁鹊庙位于神头村西，元代屡受朝廷祭祀，庙内现存多块元碑。范玉琪《元初名臣刘秉忠书丹〈国朝重修鹊山神应王庙之碑〉考释》⑤对此碑的价值进行研究，指出它一方面是珍贵的刘秉忠墨迹，另一方面为研究太医颜天翼及其后人提供了新资料。孟繁清《内邱扁鹊庙的元代碑刻》⑥对扁鹊庙内元代碑刻进行了整理介绍。孟繁清《蒙元时期的颜氏三碑》⑦将嘉庆《邢台县志》卷七《人物志》收录的李槃撰《颜天翼神道碑》、揭傒斯撰《颜哈班神道碑》与立于内丘扁鹊庙的《国朝重修扁鹊神应王庙之碑》相结合，分析颜氏家族所受蒙古化影响。孟繁清、杨淑红《元上都留守颜伯祥及其家人史事考》⑧对颜天翼及其家人又进行了详细的考证。刘铁增《一通刻了十二年的碑刻》⑨对

---

① 《殷都学刊》2012年第3期。
② 《中国史研究》2003年第2期。
③ 《沽源南沟村元墓与阔里吉思考》，《考古与文物》2011年第4期。
④ 《草原文物》2013年第1期。
⑤ 《文物春秋》1994年第4期。
⑥ 方铁、邹建达主编：《中国蒙元史学术研讨会暨方龄贵教授九十华诞庆祝会文集》，民族出版社2010年版。
⑦ 《中国史研究》2009年第3期。
⑧ 《元史论丛》第12辑，内蒙古教育出版社2010年版。
⑨ 《文物春秋》1996年第3期。

今存保定古莲花池的《保定路总管府题名记》进行了介绍和释录。此碑为官府题名记，多次续刻并不罕见。此碑撰文者为危素，应引起辑佚者的注意。河北省文化局文物工作队《河北井陉县柿庄宋墓发掘报告》① 以附录形式对此地的《师氏族谱记》做了录文。马垒《圣水峪元至正摩崖题记考释》② 认为北京房山区一块至正十九年（1359）摩崖题记为圣旨，认定不确，对其他一些问题的考证也失之偏颇。

陈高华《石工杨琼事迹新考》③ 利用《光绪曲阳县志》中《杨公神道碑》考证了杨琼的卒年及他在大都修建等工程中的贡献。沈海波《河北易县元代张弘范墓志跋》④ 将新出土的张弘范墓志与《元史·张弘范传》对读，纠正了本传的纰漏。任昉《略谈元张弘范墓志的价值——兼说对张弘范的评价问题》⑤ 首先分析了张弘范墓志是传世关于张弘范各种文献的祖本，进而从三个方面分析了其史料价值。张金栋、雷永路《元韩昌墓碑跋》⑥ 介绍了韩昌墓碑的著录情况，分析了其史料价值和书法价值。孟繁峰《元代画家史杠墓志跋》⑦ 根据新出土史杠墓志，从生卒年、师承、仕宦等方面对史杠墓志进行了研究。河北省文研中心、保定市文管所、满城市文管所《元代张弘略及夫人墓清理报告》⑧ 为著名汉人世侯张柔第八子张弘略及夫人花氏墓的发掘报告，后附张弘略及其夫人花氏墓志录文。张国旺《元代张弘略事迹考略——以张弘略墓志和神道碑铭为中心》⑨ 利用新发现《张弘略墓志》和神道碑，对张弘略人生经历进行了研究，丰富了人们对张弘略的认识，认为张弘略神道碑和其他宣命文书是《元史·张弘略传》的主要史源。

在中国传统社会中乐户是一种贱民，车文明《元代"礼乐户"考》⑩ 引用《常山贞石志》卷二二《真定路学乐户记》来说明元代出现

---

① 《考古学报》1962年第2期。
② 《文物春秋》2013年第6期。
③ 《元史研究论稿》，中华书局1991年版。
④ 《文物春秋》1991年第4期。
⑤ 《出土文献研究》第6辑，上海古籍出版社2004年版。
⑥ 《文物春秋》2003年第5期。
⑦ 《文物》1997年第7期。
⑧ 《文物春秋》2013年第5期。
⑨ 《西北师大学报》2014年第6期。
⑩ 《文学遗产》2005年第4期。

了一类不同于贱民的庶民乐户"礼乐户"。2000年8月此碑在正定县中医院工地出土，崔伟丽、郭玲娣、樊瑞平《正定发现的欧阳玄撰文碑》①介绍了此碑，认为是研究元代礼乐制度的重要资料。马春香《〈真定路学乐户记〉补释》②对此碑进行了重新校录，并结合此碑对真定路文化繁荣情况做了分析。齐易《元代〈真定路乐户记〉碑研究》③对此碑反映的上述问题也有所涉及。礼乐户与被作为贱民的乐户相区别，中国传统社会都是如此，而不仅仅是元代，值得深入探讨。

封龙山是河北的文化名山，大蒙古国时期元好问、张德辉、李冶在此交游讲学，被称为封龙三老。今鹿泉市上庄龙泉寺有记载元好问行踪碑刻《龙泉院营建记》一通。孙启祥《获鹿龙泉寺文物调查记》④对龙泉寺的金元明清碑刻和建筑进行简单介绍。李金全《小释鹿泉市龙泉寺元碑》⑤也对此碑进行介绍，同时指出它对研究元好问在封龙山活动的重要价值。吴秀华《元好问在真定路行迹一则》⑥认为《龙泉院营建记》以实物形式确证了元好问在真定路，特别是在封龙山的行迹。魏崇武《对〈元好问在真定路行迹一则〉的补说》⑦对碑刻中的人物关系进行了更精确的梳理。

任乃宏《〈窦默神道碑〉辑录汇校》⑧实地踏访位于河北省肥乡县的《窦默神道碑》，指出文献中的错误，并对其重新录文整理。2014年张家口宣化区水门遗址出土《有元故朝列大夫江南浙西道肃政廉访副使潘公神道碑铭并序》碑刻一通，此碑系姚燧撰文，为今本《牧庵集》收录，刘坤《宣化元代潘泽神道碑考释》⑨以碑刻为基础对此文进行了校注。辽金元史籍中的人名地名多经四库馆臣改动，此碑的出土显示了新出碑刻在校勘上的重要作用。蔡春娟《元大德五年〈涿州新建庙学

---

① 《文物春秋》2006年第4期。
② 《文物春秋》2007年第6期。
③ 《音乐研究》2012年第2期。
④ 《文物春秋》1990年第3期。
⑤ 《大舞台》1999年第4期。
⑥ 《文献》2000年第2期。
⑦ 《文献》2001年第3期。
⑧ 《文物春秋》2011年第5期。
⑨ 《文物春秋》2016年第3期。

记碑〉的问题》① 通过梳理史料发现元大德五年（1301）涿州未修建过庙学，也没有李元礼撰文之碑，《涿州新建庙学记碑》的撰文人是李谦，清代诸方志沿袭了《日下旧闻》的错误记载。鄂尔多斯市蒙古源流博物馆曾征集到一批元代石刻，李雨濛《〈大元故光禄大夫大司徒领太常礼仪院事田公墓志铭〉考释》② 对其中收藏、出土于定州市的《田忠良墓志》进行研究，考证了田忠良的家世。

子罗、晓宁《初读〈刘秉恕墓志〉》③ 从对刘秉忠、刘秉恕先世研究的作用、对刘秉恕仕宦研究的作用等方面，对刘秉恕墓志进行了研究。葛仁考《元代"钜鹿县庙学碑"考释》④ 对钜鹿县庙学碑进行了研究。辛德勇《涿州出土王懿德墓志对于元代站户、军户研究的两点重要价值》⑤ 对涿州出土的星子县达鲁花赤兼诸军奥鲁王懿德墓志进行研究，认为王懿德职官兼诸军奥鲁，说明新附军在元初之后改募兵制为义务兵制，也有了奥鲁官的设置。但此说似乎不准确。田建平《〈安平县庙学记〉碑考释》⑥ 将新出土残碑与方志中收录的碑刻做了对勘研究。郝建文《一个盛满铜钱的陶罐——井陉南良都王顺墓考古小记》⑦ 简略介绍了在井陉南良都村的考古工作，并附有元代王顺残碑拓片。孟繁峰《论〈新中国出土墓志·河北壹〉的地方特色和史料价值》⑧ 第四部分《宋辽金元》分析了《新中国出土墓志·河北壹》所收三方元代墓志的史料价值。杜立晖《关于〈鲜卑仲吉神道碑〉及相关问题的探讨》⑨ 利用康熙《永平府志》所载《鲜卑仲吉神道碑》及弘治《永平府志》所载《卑君墓表》，对《元史·鲜卑仲吉传》做了证补。

分析发现，河北地区的元碑研究取得了不小的成绩，一些散存在各

---

① 《北方文物》2016年第2期。
② 《故宫博物院院刊》2016年第5期。
③ 《文物春秋》1996年第3期。
④ 《兰台世界》2013年第12期。
⑤ 《文史》第42辑。
⑥ 姜锡东主编：《宋史研究论丛》（第15辑），河北大学出版社2014年版。
⑦ 《当代人》2015年第3期。
⑧ 河北省文物研究所编：《河北考古文集（三）》，科学出版社2007年版。
⑨ 董劭伟等编著：《秦皇岛地域历史文化研究》，经济科学出版社2014年版，第199—205页。

地的碑刻越来越多地被发表出来，部分碑刻也引起学术界重视并用于历史研究，但也存在一些问题，在某些方面需要关注：

（一）受到关注的石刻还只是一小部分，还有许多石刻待发掘整理。据不完全统计，河北省境内现存元代石刻大约150多通，此外，各大图书馆、博物馆收藏的大量原石已佚的拓片，其数量更是难以计数。大量史料价值较大的石刻需要关注，这是一座尚待深入挖掘的学术富矿。

（二）前人对这些石刻介绍多、研究少，石刻的史学价值有待发掘。《文物春秋》是河北省博物院主办的同仁学术刊物，对推动河北文物研究居功甚伟。上述关于河北地区的石刻文章多在此发表。其作者以地方文史工作者为主，他们可以接触第一手材料，但研究稍显逊色，已发表出来的石刻仍有较大研究空间。且地方文史工作者多忽视碑阴题名等内容，而这往往是价值最大的部分。

（三）新出土的石刻墓志数量仍在不断增加，为研究提供了良机。近年来基础设施建设繁荣发展，促使考古发掘不断有新石刻出现，值得我们持续地关注与研究。

第四节　资料来源

本书主要利用新发现石刻史料进行研究。新的石刻的出土，有赖于考古发现，但考古资料的公布往往滞后。在这种情况下，我们获取新材料无非通过以下三条途经：

（一）借风行船，利用已经出版的碑志材料。近年以来，各地注重对本地石刻的整理出版，相继出版了一批石刻资料，或有拓片，或有录文，或二者兼具，虽质量良莠不齐，但总归是为我们提供了线索。如《新中国出土墓志（河北卷）》《满城金石录》《涿州贞石录》《大名石刻选》《古涿州佛教石刻》《迁西石刻》《邢台开元寺金石志》《河间金石录》《北京元代史迹图志》等。这些书籍为我们提供了一些原来深藏于各地文保所库房及散落乡野的石刻，关注这些金石类书籍，我们经常会有意想不到的发现。

（二）上穷碧落，利用图书馆、博物馆收藏碑帖拓片。我国各级图书馆多收藏碑帖拓片，其中以国家图书馆收藏最多，有26万件。省级公共图书馆碑帖收藏量也较为丰富，如上海图书馆藏碑帖拓片25万余件，浙江省图书馆藏拓片18000件，湖南省图书馆4000件，福建省图书馆4000件，天津图书馆3500件，一些高校图书馆也有大量的碑帖拓片收藏。① 北京大学图书馆古籍部藏有金石拓片3万种，6万余份，除历年购得之外，主体来自缪荃孙艺风堂旧藏和张仁蠡柳风堂旧藏。② 缪荃孙是清末的考据学家，一生访求碑版达一万多种，1924年至1925年，经陈垣等人介绍，其后人将这些石刻拓本售与北京大学。这些石刻拓本背面多贴题签，书写石刻的名称、年代、撰者、书者，石刻存地，字迹娟秀可爱，上面多钤盖"荃孙"等印章。许多石刻可能早已被毁，幸赖这些拓片，我们仍能得见原碑大貌。陈垣先生编《道家金石略》即利用了艺风堂拓片，后陈智超先生校补出版，增补了艺风堂旧拓一百零一通、柳风堂旧拓一百四十六通。③ 有学者评价艺风堂旧藏说："可以说，这份收藏在过去有用，现在以至将来肯定还会有用。只要人们肯下功夫整理爬梳、校勘考订，就一定能钩稽出更多有价值的学术资料。"④

各图书馆、博物馆收藏的石刻拓片多数未经整理，当然也就不能对外开放。许多原碑可能已经不存，各个博物馆、图书馆的收藏可能就是存世的唯一一份拓片。希望各图书馆、博物馆重视这些资料的整理与公布。

（三）动手动脚，深入田野乡村寻访石刻。虽然前人在石刻的著录、整理中做了不少工作，今天出版事业发达，许多地方都编辑了本地的石刻资料集，但仍有不少石刻在偏僻之乡未被发现。以涉县悬钟村悬钟寺为例，寺内只有一块元代石刻曾被第三次全国文物普查资料著录，但实地调查发现这里竟然有四块元碑。河北省行唐县中学院内原文庙旧址有一块道教碑刻，碑阳向下卧置地上，碑阴题名涉及蒙元世侯行唐邸氏家族成员多人，行唐邸氏保存下来的文献资料不多，这块碑是研究行

---

① 沈蕙：《国内图书馆藏碑帖整理现状与对策研究》，《图书馆工作与研究》2009年第10期。
② 胡海帆、汤燕、肖珑、姚伯岳：《北京大学古籍数字图书馆拓片元数据标准的设计及其结构》，《图书馆杂志》2001年第8期。
③ 《道家金石略·校补前言》，文物出版社1988年版，第4页。
④ 刘心明：《略论缪荃孙在金石学上的成就与贡献》，《中国典籍与文化》2001年第4期。

唐邸氏仕宦与婚姻的珍贵资料。

现存石刻比较集中的地区一般都位于太行山沿线山区，笔者曾根据文物地图、网络等各种资源找线索，然后身临其地，亲自测量、抄录，有条件的制作拓片。但个人能力有限，搜集往往挂一漏万。顾炎武曾不无遗憾地说："然以布衣之贱，出无仆马，往往怀毫舐墨，踯躅于山林猿鸟之间，而北方之人鲜能识字。甚或限于闻见，窘于日力，而山高水深，为登涉之所不及者，即所至之地亦岂无挂漏？"[①] 我们又何尝不是如此！但只要有毅力走出书斋，走向田野，就会有收获。

史学首先是史料学，历史研究应该拓展史料范围。传世文献固然重要，散碑碎刻也不能忽视。尤其对于区域史研究来说，前辈学者对传统史料都进行过细致梳理，史料缺乏成为制约研究深入的瓶颈，因此新发现石刻成为我们创新的出发点。只有将两者结合起来，做到并重不偏废，才能取得学术的进步。

[①] 顾炎武：《〈求古录〉自序》，《顾炎武全集》第5册，上海古籍出版社2011年版，第501页。

第一章　失序社会中崛起的河北军功家族

在蒙古军南下、金朝廷内迁的形势下，河北地区几乎处于权力真空状态，金、蒙、宋各政权在此拉锯争夺，地方豪民纷纷聚族自保，一时间出现许多大小不同、倾向各异的军事集团，社会呈现高度军事化，成为这一时期河北地区的重要特色之一。孙克宽《元代汉军三世家考》[①]对河北的三大军事家族永清史氏、顺天张柔、藁城董氏的兴起、发展及各自特色做了论述。同氏《金将武仙本末考》[②]对武仙活动进行了评述。到何之（梁太济）《关于金末元初的汉人地主武装问题》[③]从兴起条件、政治动向、作用、职能、内外矛盾和削夺经过等方面，研究了这一时期的汉人地主武装。萧启庆《元代几个汉军世家的仕宦与婚姻》[④]分析了真定史氏、顺天张氏、藁城董氏、天成刘氏、济南张氏、东平严氏六大汉军世家在元代仕宦从"封建之家"到"官僚之家"，婚姻从"以部属为择婚对象"到"以中朝高官、地方大员或硕学名儒为主要对象"的转变，认为他们与元代相始终。赵文坦博士后工作报告《蒙元汉人世侯与汉军万户》[⑤]中涉及的河北汉人世侯有顺天张氏、真定史氏和飞狐赵氏，考察了他们的兴起、战功、与文人关系、社会作用等内容。聂树锋、王秀珑《史氏家族在真定——金元之际的汉人世侯剖析》[⑥]以真定史氏为例分析了汉人世侯兴起的条件及历史作用。但此文

[①]《元代汉文化之活动》，（台北）中华书局1969年版，第250—330页。
[②]《元代汉文化之活动》，（台北）中华书局1969年版，第84—107页。
[③]《内蒙古大学学报》1978年第1期。
[④]《内北国而外中国》，中华书局2007年版，第276—375页。
[⑤]南开大学博士后研究工作报告，2002年。其中《大蒙古国时期的顺天张氏》后发表于《元史论丛》第10辑，天津古籍出版社2005年版。
[⑥]《石家庄师范专科学校学报》2000年第3期。

将某些消极因素强加到汉人世侯身上,并不客观。

综上可见,对这些军事集团的研究,除了总体上概括的文章外,即以大世侯研究为最多,对"多如牛毛"的中小军事集团则研究较少,原因无非是受资料缺乏的限制。本章在总体概括这些军事集团的兴起、发展、影响的基础上,开拓史料,利用新发现的石刻来研究行唐邸氏家族及张子良军、刘深、张弘略等人的事迹,分析他们在蒙元时期的兴起及不同际遇。

第一节 元代河北军功家族述论

金宣宗南迁,河朔地区出现权力的真空,与蒙古军不断南下侵扰同时,河北地区盗贼充斥,豪民往往据境自保,出现一系列大大小小的割据武装。当蒙古人进入河北,这些武装的选择也不尽相同,有的坚持抗蒙,率民南迁,大多数则投降蒙古,在蒙军南攻的战争中建立不世功勋。这些家族在元代以军功显赫一世,而非显赫一时,成为蒙金、蒙宋战争的受益者。

一 金元之际军功家族的崛起

"有金南渡,河北群雄如牛毛"[①],这些军事集团大致可以分为三类。一类是由原金朝的军将降附而来。宁晋人王玉金季为万户,木华黎攻略中原,王玉降附。张柔"少倜傥不羁,读书略通大义,工骑射,尚气节,喜游侠。金贞祐间,河朔扰攘,土寇蜂起,公聚族党数千家,壁西山东流㕍,选壮士,团结队伍以自卫,远近惮之,莫敢犯。以功授定兴令,累迁清州防御使"[②]。虽也是聚族自保,张柔先参加抗蒙武装,在兵败后投降蒙古军。这样的例子还有范阳人张子良,《大名路总管兼府尹张公神道碑铭》第6—7行记载:"曾大父□、大父臣南、父□□潜隐不耀。公生于有金明昌六年……知天下将乱,乃散财发粟,交结乡里

---

① 魏初:《青崖集》卷3《重修北岳露台记》,文渊阁《四库全书》第1198册,台湾商务印书馆1986年版,第738页。

② 苏天爵辑撰,姚景安点校:《元朝名臣事略》卷6《万户张忠武王》,中华书局1996年版,第95页。

豪杰。无何军兴，使者募民为兵，冠盖相望于道，公以良家子应募"①。不过张子良并没有选择投降蒙古军，而是率民南迁，金亡后附宋，最后才降蒙。真定藁城人赵迪"金末为义军万户。郡将出六钧强弩，立赏募能挽者，迪能之，即署真定尉，迁藁城尉，升为丞。太祖兵至藁城，迪率众迎降"②。

另一类是在蒙古军中成长起来的军事将领。冀州人贾塔剌浑"太祖用兵中原，募能用砲者籍为兵，授塔剌浑四路总押，佩金符以将之"③。蒙元时期著名的军事将领刘深"父讳子成，性恬憺，不乐仕进，□□□□□兵南下，尝扈从充监军"④。刘子成在金没有官职，投身蒙古军中任监军，后其子刘深在灭宋战争中建立功勋，成为一代名将。飞狐赵瑢"在乡守舍。天马南牧，度形势不支，倡县民以城下之"⑤。枣强广川人郑甫金末避兵河南，金亡后回到家乡，其兄郑义"谒军门，主帅嘉其骁勇，授右副监军"，郑甫也参军从征。郑义以功升永安州节度使、元州兵马都元帅，郑甫初授枣强县主簿，进授县丞，有善政。⑥

最后一类是在河朔天纲解纽情况下聚族自保的首领，这一类人数最多。蒙古兵南下，史秉直先计划分家族数处以免全部被戮，后听说投降即可免死，"率里中耆幼数千口，诣太师国王军门自归。王嘉其诚款，接纳特异。由是数千口皆得生"⑦。"邸顺，保定行唐人，占籍于曲阳县。金末盗起，顺会诸族，集乡人豪壮数百人，与其弟常，筑两寨于石城、玄保，分据以守。岁甲戌，率众来归，太祖授行唐令。"⑧ 蠡州博野人史弼曾祖彬，"有胆勇，太师、国王木华黎兵南下，居民被虏，蠡

---

① 北京大学图书馆古籍典藏号为 A161870，缪荃孙艺风堂旧藏。
② 《元史》卷151《赵迪传》，第3569页。
③ 《元史》卷151《贾塔剌浑传》，第3577页。
④ 朱建路：《蒙元军将领刘深考实》，《军事历史研究》2016年第3期。
⑤ 姚燧著，查洪德点校：《姚燧集》卷27《提刑赵公夫人杨君新阡碣》，人民文学出版社2011年版，第423页。
⑥ 万历《枣强县志》卷4《仕籍·郑甫传》，《国家图书馆藏明代方志孤本选刊》，中华全国图书馆文献缩微复制中心2000年版，第579—581页。《郑甫传》不著著者，但传后附有万历《枣强县志》编纂者之一罗廷唯考证，曰："余因俾吏拓取广川乡郑氏墓表观之，其文完整。"可知此传的史料来源即郑氏墓表，史料来源可信。
⑦ 张金吾编纂：《金文最》，中华书局1990年版，第1573页。
⑧ 《元史》卷151《邸顺传》，第3570页。

守闭城自守，彬谓诸子曰：'吾所恃者，郡守也。今弃民自保，吾与其束手以死，曷若死中求生！'乃率乡人数百家，诣木华黎请降，木华黎书帛为符，遣还。既而州破，独彬与同降者得免"①。

藁城人王善"乙亥，群盗蜂起，众推善为长。善约束有法，备御有方，盗不能犯，擢本县主簿"②。真定宁晋人王义，"家世业农。义有胆智，沉默寡言，读书知大义。金人迁汴，河朔盗起，县人聚而谋曰：'时事如此，吾侪欲保全家室，宜有所统属。'乃相与推义为长，摄行县事，寻号为都统。太师、国王木华黎兵至城下，义率众，以宁晋归焉"③。大名南乐人王珍，"世为农家，珍慷慨有大志。金末丧乱，所在盗起，南乐人杨铁枪，聚众保乡里。太祖遣兵攻破河朔，铁枪以兵应之，行营帅按只署珍军前都弹压"④。宝坻人杨杰只哥"太祖略地燕、赵，率族属降附"⑤。涞水人赵柔"金末避兵西山，栅险以保乡井。时刘伯元、蔡友资、李纯等亦各聚众数千，闻柔信义，共推为长……岁癸酉，太祖遣兵破紫荆关，柔以其众降"⑥。束鹿人耿福被众人推摄县政，木华黎至束鹿，降附。⑦ 隆平县王坚"体貌磊落，赋性正直，才略过人，为众推服，举充义军副统。□坚□锐，露眠风食，保持乡里，内外老幼各获安妥。逮庚辰岁，率众入款而归圣朝"⑧。

无论是在蒙军压境下降附，还是主动投身蒙古军中，这些人在金元之际作为一支力量兴起，他们的向背对战争双方的影响都很大。他们原来多无高官厚禄，在激荡的社会大潮中异军突起，打破了正常社会下的晋身秩序。元好问对这些家族的兴起有一个非常准确的概括："天下之治乱无常势，故士之立功名、取富贵者不一途。四方承平时，贵有常尊，贱有定卑。出而仕者，非门资乡举、劳选恩授，则无以进。至于流品之所限，阶级之所铨，刺举之所推，殿最之所废，有望一命之爵若登天然者。虽有游夏之文，韩白之武，仪秦之辩，管乐之智，徘徊蓬藿之

---

① 《元史》卷162《史弼传》，第3799页。
② 《元史》卷151《王善传》，第3572页。
③ 《元史》卷151《王义传》，第3565页。
④ 《元史》卷152《王珍传》，第3591页。
⑤ 《元史》卷152《杨杰只哥传》，第3593页。
⑥ 《元史》卷152《赵柔传》，第3606页。
⑦ 康熙《束鹿县志》卷10《耿福神道碑》，成文出版社1967年版，第289页。
⑧ 《王公寿堂之碑》，载《河北金石辑录》，河北人民出版社1993年版，第117页。

下,终老而无所成者多矣。若夫分崩离析之际则不然。事与时并,力与命会,天与人交相胜。布衣之士,披荆棘而顾盼,乘风尘而角逐,所谓侯王将相,为丈夫者自有之。虽世之言阀阅者,率以韦平之累业,金张之世胄为夸,亦犹丰沛诸子奋发于刘项之日,炳耀于迁固之笔,终不以贩缯屠狗、吹箫织席贬之矣。"① 与正常社会秩序下的富贵者不同,在战争状况下攫取富贵的这些军事将领多为布衣,文化水平不高。宋子贞说严实"行台所辖五十余城,仍有堡寨诸户,自守令以下皆大偏小校,倔起田亩,不闲礼法,昧于从政,官吏相与为囊橐以病民"②。元好问将他们比之汉初"布衣将相"之局,是抓住了时代的精髓;宋子贞说他们"倔起田亩,不闲礼法",也切中要害。

二 军功家族后裔任职考察

学界对这些军功家族的关注主要集中在元前期,对其在元中后期的发展情况则关注不多。虞集分析江南官宦大族,"国朝兴王之初,其勋劳功多之大臣,天下所共仰。曾未数十年,而一日勃然赫赫以贵显者,未必皆其子孙也"③。对于北方的军功家族,事实是否如此,需要考察这些军功家族在元中后期的发展才能得出结论。

李璮之乱后,汉人世侯受到猜忌,史天泽提出:"自今兵民之家,父死而子始继,兄终而弟可及,其子弟同时并官者,无以职掌大小,皆罢之,请由臣家以始"。史家也执行最彻底,"太尉一门,一日解虎符、金、银符者十七人",史天泽之子史格"无以为者数年"④。史天泽所将兵本已授其兄子史权戍邓,李璮乱前为屯田万户,将兵二万戍邓州,乱后罢兵牧东平,由武职万户改授路总管。⑤ 中统二年(1261),张弘略

---

① 元好问著,狄宝心校注:《元好问文编年校注》卷4《齐河刘氏先茔碑记》,中华书局2012年版,第383页。
② 苏天爵辑撰,姚景安点校:《元朝名臣事略》卷10《平章宋公》,中华书局1996年版,第201页。
③ 虞集:《道园类稿》卷21《送冷敬先序》,《元人文集珍本丛刊》第5册,新文丰出版公司1985年版,第556页下。
④ 姚燧著,查洪德点校:《姚燧集》卷16《平章政事史公神道碑》,人民文学出版社2011年版,第238—239页。
⑤ 姚燧著,查洪德点校:《姚燧集》卷16《大司农史公神道碑》,人民文学出版社2011年版,第245页。

接替张柔任"顺天路管民总管、行军万户，仍总宣德、河南、怀孟等路诸军屯亳者"，李璮之乱后"解公兵，宿卫京师"①。张弘范在李璮之乱后"例罢"，后入宿卫，改为管民官。可见真定史氏、顺天张氏在此次乱后都放弃了兵权。

但后来大举伐宋，仍需这些汉军作为主力。至元六年（1269）张弘范"括诸道兵围宋襄阳，授益都淄莱等路行军万户，复佩金虎符"②。史格请求从军立功，"朝议犹避邓之旧军，俾与张蔡公子弘范易将，始授怀远大将军、亳州万户、虎符"③。在伐宋战争中这两大汉军世家都被重新起用。灭南宋之后，"朝廷以南纪平，诸将功至省臣者，仍将其军。制许自择，欲将去相，欲相罢将。时公父已为右丞，宥密请以张温将邓军，帝曰：'太尉一军，岂可代以他人？宜问其子格可谁授者'"④。此后这支军队由史格之子史燿统领。

至元十七年（1280），张弘范子张珪"真拜昭勇大将军，管军万户，佩其父虎符，治所统军，镇建康"⑤。大致此时张弘范已病，同年张弘范卒，张氏军队此后由张珪统领。至元二十九年（1292），张珪"拜镇国上将军、江淮行院枢密副使"。成宗大德三年（1299）张珪巡川陕，大概为奉使宣抚，回来后"擢江南行御史台侍御史，换文阶中奉大夫，迁浙西肃政廉访使"⑥。从张珪的经历可以看出，他实现了从军队到文职的转变。但张氏子弟一直执掌保定万户，天历之变中，"廷臣言：'保定万户张昌，其诸父景武等既受诛，宜罢其所将兵，而夺其金虎符。'不许"⑦。有元一代，保定万户一直由张家世袭。

至元五年（1268），李冶撰《王善神道碑》记载藁城王善"男二十一人，长庆渊，趫勇尚气节，摄父职，以千户征淮南，死王事。次庆

---

① 《张弘略神道碑》，载范福生主编《满城历代碑石刻辑录》，河北教育出版社2011年版，第137页。

② 《元史》卷156《张弘范传》，第3680页。

③ 姚燧著，查洪德点校：《姚燧集》卷16《平章政事史公神道碑》，人民文学出版社2011年版，第239页。

④ 姚燧著，查洪德点校：《姚燧集》卷16《大司农史公神道碑》，人民文学出版社2011年版，第245页。

⑤ 《元史》卷175《张珪传》，第4071页。

⑥ 《元史》卷175《张珪传》，第4072页。

⑦ 《元史》卷32《文宗纪一》，第715页。

源,孝友自天,材武过人,金符、征行千户,镇邓州。次庆溥,严毅有守,同知易州事。次庆滋。次庆祥,槀城县丞。次庆洽。次庆洋,槀城诸军长官。次庆昌。次庆泽,晋州酒税提领。次庆基,蚤世。次庆端,金符、武卫军千户。次庆润,从释氏。次庆修,为黄冠。次庆渥、庆□、庆洪、庆崇、庆川、庆延、庆衍、庆旬,皆称保家主,洪崇复始,学不知厌"①。王氏一门,庆渊、庆源为征行千户,庆端"诸兄已袭世爵,公被府檄,司筦库,非所乐也",不久署水军提领,从此投身军旅。后"改东宫为隆福宫,詹事院为徽政院,拜金吾卫上将军、中书右丞、行徽政副使,兼隆福宫左都威卫使。元贞改元,进秩资德大夫。大德二年,加荣禄大夫、平章政事、佥书枢密院事,仍兼徽政副使、左都威卫使"②,王庆端最后官至左都威卫使,其子王桓广威将军同佥徽政院事、左都威卫使。王庆端所立《槀城王氏宗系图碑》中可以看出其子孙多人有官职③。

顺天邸氏的主帅邸顺1256年卒,子邸浃袭职。据《元史》卷一五一《邸顺传》,邸浃于1259年参加了渡江之战。中统三年(1262)邸浃与顺天万户张柔、济南万户张荣等一起参加了攻打李璮的战争。此后邸浃的经历不清楚。至元十一年(1274),赐虎符,授金州招讨副使,后又迁怀远大将军、金州万户。十三年(1276),改襄阳管军万户。三月,以枢密院奏,行淮西总管万户府事,守庐州。十四年(1277),移龙兴,仍管领本翼军人。《元史·邸顺传》的史源当是由其神道碑、墓志铭之类删削而成,既然十四年仍管本翼军人,则此前肯定脱离了与本翼的关系。中统三年之后邸浃没有什么作为,大概是与史格等人一样,被解除了军权。至元十一年伐宋之前才又被重新启用,但所授予的却不是原来管领的军队,直到至元十四年才又管领本翼军人。行唐邸氏归德万户府先后驻守龙兴路、吉安、惠州,万户府的名称可能也有变化,被冠以驻地名称。邸氏后代邸荣仁、邸贯、邸士忠、邸文先后任这支军队万户。曲阳人李进原为张柔部属,卒于左翼屯田万户,其子孙相继袭职。④ 隆

---

① 《常山贞石志》卷15《王善神道碑》,新文丰出版公司1977年版,第13433页上。
② 《常山贞石志》卷17《王庆端神道碑》,新文丰出版公司1977年版,第13470页。
③ 《常山贞石志》卷18《槀城王氏宗系图碑》,新文丰出版公司1977年版,第13483—13486页。
④ 《元史》卷154《李进传》,第3640页。

平人王坚之子王赟以"兵家子选克百夫长",参加各种战役,临终受"虎符、万户"①。

除了世袭军事领兵权,许多汉人世侯子孙转任文职官员。张弘略子三人,"玠,中顺大夫、卫辉路总管兼本路诸军奥鲁总管兼管内劝农事","次瑾、琰,咸备宿卫"②。宁晋王玉之子王忱由平章赵璧引见真金,命宿卫,后任山北辽东道提刑按察司副使,累迁岭南广西、河东山西两道肃政廉访使等职,最后任云南行省参知政事。③大名王珍子文干为行军万户、文礼为千户,李璮之乱后文干辞武职改文职,终于江东建康道提刑按察使。宝坻人杨杰只哥与藁城董俊同样战死于归德,其两个儿子"孝先金江北淮东道肃政廉访司事。孝友,镇江路总管"④。蠡州王兴秀率三十余村之民迎降,得免屠戮,后从木华黎徇地大名、东平、益都等地,先后升益都新军千户、万户。后由刘敏任为匠官,离开军队,其子王彦弼袭职后官至南康路总管。⑤ 飞狐赵瑨子秉政后任"江西湖东道肃政廉访使"⑥藁城小世侯赵迪子"椿龄,真定路转运使"⑦。藁城董、王、赵三世家为王若虚立祠,碑阴署名有"进义校尉武昌管民提举赵庸中"⑧,应为赵迪后人。

束鹿耿福1233年卒,其子"孝祖,袭束鹿军民长官",次子绍祖"束鹿县尉"。至元元年(1264)耿孝祖卒,其时正是李璮乱后罢世侯、行迁转法时期,其子耿继元其先已经"以质子入宿卫三年",至此"袭束鹿县尹",已经不管军事。耿继元此后"迁尹行唐、固安、锦二州判官,葛城、大同、河间三县尹,同知绛州事"。耿继元三子,"长子蔚,承父泽入官,以束鹿县尹致仕。中子左丞也,以国子伴读贡刑部掾……

---

① 《大元故武略将军后卫千户王君墓碑铭》,载《河北金石辑录》,河北人民出版社1993年版,第121页。
② 《张弘略神道碑》,载范福生主编《满城历代碑石刻辑录》,河北教育出版社2011年版,第137页。
③ 《元史》卷151《王玉传附王忱传》,第3568页。
④ 《元史》卷152《杨杰只哥传》,第3594页。
⑤ 姚燧著,查洪德点校:《姚燧集》卷21《怀远大将军招抚使王公神道碑》,人民文学出版社2011年版,第324—326页。
⑥ 姚燧著,查洪德点校:《姚燧集》卷27《提刑赵公夫人杨君新阡碣》,人民文学出版社2011年版,第422页。
⑦ 《元史》卷151《赵迪传》,第3569页。
⑧ 《常山贞石志》卷19《滹南先生祠记》,新文丰出版公司1977年版,第13506页下。

累二十三迁，今为左丞。季子皷，行宣政院都事"①。束鹿耿氏作为束鹿当地的小世侯，三代人中多在束鹿任职。耿焕以国子伴读贡刑部掾累任至左丞，其中有个人的努力，但家世背景在其入国子学中起到重要作用。

前引枣强广川人郑甫传记中说："子一十九人，义子九人，孙曾数十，俱膺显爵，宠冠一时。"万历《枣强县志》卷四《仕籍》中列举枣强郑氏子弟有"郑德温，义仲弟，袭义职为世爵千户、元州军民长官，配金符。郑沔，行□百户；郑□，武略将军、莱芜铁冶提举；郑汶，深州诸军奥鲁长官；郑浣，枣强诸军奥鲁长官；郑涛，将仕郎，建康路提举；郑滂，承事郎、典仪路判官；郑渤，招武将军、岳州路总管；郑澥，承事郎、雄州路判官，俱甫子。郑泽，袭义职。郑江，招勇大将军、河南路统军使处招讨使、兼配金虎符。郑河，□州路达鲁花赤。郑淇，千户。郑济，千户。俱德温子"②。郑氏后人既有在家乡任职者，也有在外地任职者，是一个汉人军功世侯。

虽然文化水平对个人晋升也很重要，但元代重视出身根脚，家世的贵贱很大程度上决定了官位的高低。这些汉人世侯在统治者看来属于有根脚者，因此他们的子孙根据根脚大小世袭不同官职。甚至一些大根脚的汉人将领被视同"国人"。如《史燿神道碑》记载："方议征阇婆，大将未得，制授公荣禄大夫、福建等处行中书省平章政事，辞以'年少无功，受宠太峻，请回臣所受授他人，惟卑官以行。'或请以国人首相，帝曰：'太尉可同汉人耶，其孙非国人何？'"③《游显神道碑》记载："其年，国人为浙西宣慰使者死，省奏以国人嗣为，上曰：'游某非国人何？'"④ 后游显被任命为中书右丞、行浙西宣慰使。这些军功家族并未随波沉浮，而是靠军功根脚保持了身份地位，几与元代相始终。

---

① 乾隆《束鹿县志》卷12《元顺帝敕赐高阳郡公耿氏先世碑记》，《中国方志丛书》本，成文出版社1967年版，第569—575页。
② 万历《枣强县志》卷4《仕籍》，《国家图书馆藏明代方志孤本选刊》，中华全国图书馆文献缩微复制中心2000年版，第605页。
③ 姚燧著，查洪德点校：《姚燧集》卷16《大司农史公神道碑》，人民文学出版社2011年版，第246页。
④ 姚燧著，查洪德点校：《姚燧集》卷22《江淮等处行中书省平章政事游公神道碑》，人民文学出版社2011年版，第340页。

三 军功家族与河北地域社会

军功家族崛起于社会扰攘之际,对维护金元之际的社会秩序起到一定作用。永清史秉直、行唐邸顺、藁城王善、大名王珍等均聚族自保,上文多有论述。河北地区全真道侵占寺院的情况,南部少于北部,也与这些军功家族维护社会秩序有关(详见第三章第一节)。这些汉军后来多镇戍江南,但在本乡仍有奥鲁,发挥一定影响。除此之外,他们在本乡其他方面也有相当影响。

金元之际保州遭到屠城荒废,张柔重新营建,"顺天焚毁之后,为空城者十五年矣。公置行幕荒秽中,日以营建为事。继得计议官毛居节,共为经度,民居、官府,截然一新。遂引鸡距、一亩二泉,穴城而入,为亭榭,为池台……此州遂为燕南一大都会,无复塞垣之旧矣!"①张柔重新营建保州,为保定路的繁荣打下基础。

两都之战爆发,张珪五子丁忧在保定。天历元年(1328)十月辛卯,"紫荆关溃卒南走保定,因肆剽掠,同知路事阿里沙及故平章张珪子武昌万户景武等率民持挺击死数百人"。不久,"也先揑以军至保定,杀阿里沙等及张景武兄弟五人,并取其家赀"②。张氏兄弟虽仅是在家丁忧,但能够和地方官共同率民保卫乡里,可见其在乡里是有较大影响的。

王若虚,藁城人,金朝进士,人称滹南先生。"藁城王、董、赵三氏勋阀世家,平居尊礼,父兄子弟师其言而薰其德久远而愈不忘。"泰定元年(1324)"三氏偕里中儒生协心建祠于县学讲堂之右,以致报事之诚"③。藁城王、董、赵三氏都是军功世家,尤其董氏因宿卫宫廷尤其显赫。他们在本乡修建滹南先生祠堂,显示了他们在地方文化上的影响力。

史天泽、张柔、董文炳等军功较大者出将入相,是唐代之后将相分途的一个反弹。秦汉史专家李开元先生从分析西汉建立过程中,抽象出

---

① 元好问著,狄宝心点校:《元好问文编年校注》卷6《顺天万户张公勋德第二碑》,中华书局2012年版,第1191页。
② 《元史》卷32《文宗一》,第713—714页。
③ 吴澄:《吴文正公集》卷20《滹南王先生祠堂记》,新文丰出版公司1985年版,第377页。此碑《常山贞石志》收录,北京大学图书馆藏拓片。

"军功受益阶层"这样一个对中华帝国各个朝代都适用的概念。[1] 通过对元代河北汉人世侯的兴起、发展的考察,我们相信元代无疑也存在这样一个"军功受益阶层"。但与汉代及其他朝代略有不同的是,这个阶层并没有在一段时间内衰落,而是与元代相始终。其中的原因,除了元代国祚不长外,大概与元代北方民族重视"根脚"出身、科举等仕进途径不畅有关。重视"根脚"出身,官员世袭统治,阻碍了社会阶层的流动;科举等仕进途径不畅,难以给统治阶层注入新的血液。姚燧在《王兴秀神道碑》中说:"评者谓史行部与公皆以乡民迎降太祖,史氏自太尉与诸子孙将相五人,而公之子犹调常铨,总管下路,何其厚薄辽邈不相及?"[2] 蒙古统治者以军功的大小视为"根脚"的高低,真定史氏与蠡州王氏虽然都是投降蒙古,但军功不可同日而语,"根脚"自有不同,当然子孙任职高低也就不同了。

第二节 蒙元时期行唐邸氏研究

蒙元时期的汉人世侯研究已经取得了较多成就,对专治一方的大世侯如东平严氏、顺天张氏等都有专文研究。但限于史料,对行唐邸氏等中小世侯则关注较少。刘晓《元镇守杭州"四万户"新考》在研究元代驻守杭州万户时涉及了行唐邸氏,但主要是对以邸琮为首的驻守杭州颍州万户进行研究。[3] 安敏《元代汉人世侯行唐邸氏家族探究》[4] 对行唐邸氏在元代的发展轨迹进行了勾勒。本节在前人研究基础上,搜集金石石刻,试对行唐邸氏家族继续进行研究。

一 行唐邸氏家族

金贞祐二年(1214),宣宗迁都汴京,蒙古军队在掳掠后北还,河朔地区处于权力的真空,地方豪民往往组织武装自保。《元史·邸顺

---

[1] 李开元:《汉帝国的建立与刘邦集团——军功受益阶层分析》,生活·读书·新知三联书店2000年版。
[2] 姚燧著,查洪德点校:《姚燧集》卷21《怀远大将军招抚使王公神道碑》,人民文学出版社2011年版,第326页。
[3] 《浙江学刊》2014年第4期。
[4] 《泰山学院学报》2015年第2期。

传》记载："邸顺，保定行唐人，占籍于曲阳县。金末盗起，顺会诸族，集乡人豪壮数百人，与其弟常，筑两寨于石城、玄保，分据以守。"①《重修北岳露台记》记载："贞祐初，天兵南牧，众推公主石城寨。"②《邸琮神道碑》记载："公之祖讳亨，世业农，行唐甘泉乡圣明谷人。"③ 由此可知，邸顺家族世代业农，邸顺则是在金末兵乱情况下聚民自保的首领。

大蒙古国早期，"人能以州县下者，即以为守令，僚属听自置，罪得专杀"④。《元史·邸顺传》记载："岁甲戌（1214年），率众来归，太祖授行唐令。"⑤ 邸顺于1214年投降蒙古，被任命为行唐令。两年后，邸顺遇到了一次更像是土匪暴动的石海叛乱，《重修北岳庙露台记》记载："丙子（1216年），石海乱，岁且饥，民濒于沙河者，夜採鱼藕草粮以糊口，昼穴窖不敢出。海遣何运副者拥精骑五千驻之曲河村，得一窖即食之，析骸爨骨，腥闻于天。公不胜忿恚，募健勇者，得数百人，与何鏖战，生擒何，刳其心以谢众，用是顺天都元帅府升公为恒州安抚使。"⑥ 因为袭杀了石海部属何运副，顺天都元帅府升邸顺为恒州安抚使。赵文坦先生据此认为此顺天都元帅府即为张柔的河北东西路都元帅府，邸顺曾经隶属于张柔。⑦ 然而这种结论是值得怀疑的。

据《金史·宣宗本纪》，兴定元年（1217）三月"甲辰，威州刺史武仙率兵斩石海及其党二百余人，降葛仲、赵林、张立等军，尽获海僭拟之物"⑧。石海叛乱被武仙平定在兴定元年（1217），邸顺袭杀何运副也肯定在此之前，而张柔归顺蒙古的时间却在此之后。《元史·张柔

---

① 《元史》卷151《邸顺传》，第3570页。
② 魏初：《青崖集》卷3《重修北岳露台记》，文渊阁《四库全书》第1198册，台湾商务印书馆1986年版，第738页下。
③ 魏初：《青崖集》卷5《总押七路兵马邸公神道碑铭》，文渊阁《四库全书》第1198册，台湾商务印书馆1986年版，第765页下。
④ 姚燧著，查洪德点校：《姚燧集》卷25《磁州滏阳高氏坟道碑》，人民文学出版社2011年版，第384页。
⑤ 《元史》卷151《邸顺传》，第3570页。
⑥ 魏初：《青崖集》卷3《重修北岳庙露台记》，文渊阁《四库全书》第1198册，台湾商务印书馆1986年版，第738页下—739页上。
⑦ 赵文坦：《大蒙古国时期的顺天张氏》，《元史论丛》第10辑，天津古籍出版社2005年版，第40页。
⑧ 脱脱等：《金史》卷15《宣宗纪中》，中华书局1975年版，第328页。

传》记载："戊寅（1218），国兵出紫荆口，柔率所部逆战于狼牙岭，马蹶被执，遂以众降，太祖还其旧职，得以便宜行事。"①张柔于1218年秋降蒙，在邸顺杀何运副时邸顺与张柔分属于蒙、金两个政权，张柔不会以此升邸顺为恒州安抚使。《重修北岳庙露台记》的叙事是错乱的，因而据其记载得出的结论也是靠不住的。

《元史·邸顺传》记载："丙子（1216），真定饥，群盗据城叛，民皆穴地以避之，盗发地而噉其人，顺擒数百人杀之。朝廷升曲阳为恒州，以顺为安抚使。"②此处先记邸顺杀何运副之事，后记邸顺升恒州安抚使，但没有强调二者之间的联系，邸顺升恒州安抚使的原因实际是朝廷升曲阳为恒州。邸顺杀何运副无论是在1216年还是1217年，都尚没有张柔的顺天都元帅府，《元史》记载可能更准确。

史料显示，邸顺在归顺蒙古后其军事行动多在木华黎麾下。庚辰年（1220）邸顺从木华黎攻武仙，"败之于王柳口，仙遂弃真定南走。以功，赐顺名察纳合儿，升骠骑卫上将军，充山前都元帅"③。《元史·木华黎传》记载："丁丑（1217）八月，诏封太师、国王、都行省承制行事……且谕曰：'太行之北，朕自经略，太行以南，卿其勉之。'赐大驾所建九斿大旗，仍谕诸将曰：'木华黎建此旗以出号令，如朕亲临也。'乃建行省于云、燕，以图中原。遂自燕南攻遂城及蠡州诸城，拔之。"④升邸顺为恒州安抚使的"朝廷"应是木华黎的云燕行省。另外，温海清从历史地理的角度考证，行唐、唐县、庆都、曲阳等恒州所属四县"画境之制"前并不在张柔辖境。⑤因此，邸顺是否曾隶属于张柔仍须挂一个大大的问号。

1220年木华黎承制以史天倪为金紫光禄大夫、河北西路兵马都元帅，镇真定。据赵文坦研究，在史天倪到真定后，邸顺等小世侯改属真定史氏麾下。⑥《重修邸氏先茔碑》记载："今行唐有汝伯父邸元帅，天

---

① 《元史》卷147《张柔传》，第3472页。
② 《元史》卷151《邸顺传》，第3570页。
③ 《元史》卷151《邸顺传》，第3570页。
④ 《元史》卷119《木华黎传》，第2932页。
⑤ 温海清：《画境中州——金元之际华北行政建置考》，上海古籍出版社2012年版，第117页。
⑥ 赵文坦：《大蒙古国时期的顺天张氏》，《元史论丛》第10辑，天津古籍出版社2005年版，第41页。

造草昧时□□本土百姓，与武仙相拒。天兵入界，暨真定史侯、藁城王元帅平乱功，俱授虎符、河南沿边管军万户。"①藁城王元帅为王善，为史天泽部属。这句话也说明邸顺后为真定史氏部属。真定人赵伯成"考府君伟，国初以才勇从丞相史忠武王平金，擢黑军百户。岁庚申，公始袭职，隶万户邸公麾下，移兵戍守归德。己未，从邸公济江攻鄂"②。庚申岁为1260年，己未为1259年，先说庚申袭职，再说己未渡江，这段材料记年有误。但也可以看出邸顺与真定史氏的密切关系。

《元史·邸顺传》记载："辛卯（1231）春，从太宗攻河南诸郡，招降民十余万，以顺知中山府。"③1231年窝阔台决定分左、中、右三路伐金，并亲自率领中路军渡河南下。邸顺作为汉军将领，随窝阔台汗参加了这次对金作战。《元史·邸顺传》记载："己亥（1239），佩金符，为行军万户，管领诸路元差军五千人。从大军破归德府，留顺戍之。"④《元史》卷五八《地理一》载："曲阳，中。古恒州地。唐为曲阳县。宋属中山府。金因之。元初改恒州，立元帅府，割阜平、灵寿、行唐、庆都、唐县以隶之。逮移镇归德，还隶中山府，复为曲阳县，后隶保定，北岳恒山在焉。"⑤"逮移镇归德"指邸顺升为归德万户。邸顺为恒州安抚使，等他移镇归德后恒州之地隶属保定，则其移镇归德前势力范围即为恒州及其下辖阜平、灵寿、行唐、庆都、唐县。

1256年邸顺卒，子邸浃袭职。据《元史》卷一五一《邸顺传》，邸浃于1259年参加了渡江之战。中统三年（1262）邸浃与顺天万户张柔、济南万户张荣等一起参加了攻打李璮的战争。此后邸浃的经历不清楚。至元十一年（1274），赐虎符，授金州招讨副使，后又迁怀远大将军、金州万户。十三年（1276），改襄阳管军万户。三月，以枢密院奏，行淮西总管万户府事，守庐州。十四年（1277），移龙兴，仍管领本翼军人。《元史·邸顺传》的史源当是由其神道碑、墓志铭之类删削而成，既然十四年仍管本翼军人，则此前肯定脱离了与本翼的关系。李璮之乱后，汉人世

---

① 光绪《重修曲阳县志》卷13《金石录下》，上海书店1996年版，第645页。
② 苏天爵著，陈高华、孟繁清点校：《滋溪文稿》卷15《元故武义将军漳州新军万户府副万户赵公神道碑铭并序》，中华书局1997年版，第234页。
③ 《元史》卷151《邸顺传》，第3570页。
④ 《元史》卷151《邸顺传》，第3570页。
⑤ 《元史》卷58《地理一》，第1354页。

侯受到猜忌，史天泽家"一日解虎符、金、银符者十七人"。史天泽之子史格"无以为者数年"，后来大举伐宋，史格请求从军立功，"朝议犹避邓之旧军，俾与张蔡公子弘范易将，始授怀远大将军、亳州万户、虎符"①。至元十三年（1276）焦山之战后，张弘范才重新被授予亳州万户。② 中统三年（1262）之后邸浃没有什么作为，大概是与史格等人一样，被解除了军权。至元十一年（1274）伐宋之前才又被重新启用，但所授予的却不是原来管领的军队，直到至元十四年（1277）才又管领本翼军人。此后归德万户府先后驻守龙兴路、吉安、惠州③，邸氏后代邸荣仁、邸贯、邸士忠、邸文先后任这支军队万户。

二 新发现碑刻所见行唐邸氏家族仕宦与婚姻

行唐邸氏相关的史料不多，正史、文集多记载重要人物的主要经历，对邸氏家族的仕宦、婚姻及其部属组成、宗教信仰等多不涉及。反倒是碑刻题名为我们保留了这方面的珍贵信息。今行唐县实验中学院内有元碑一通，碑阳向下卧置于地，只可见碑阴。碑阴左半部分涉及当地官绅人名，其中多有邸氏家族成员及其部属信息。为研究方便，兹将碑刻的相关内容迻录如下：

1. 长男刘源，行唐县丞，夫人杨氏。
2. 右副刘德义，次男刘漖，军前管军千户悬带金牌，夫人邸氏。
3. 次男刘泽，中山等处管归德军奥鲁提领，夫人任氏，孙男刘写童。
4. 次男刘润，行唐县都监，妻董氏。孙男刘，孙男刘驴哥
5. 长女刘氏，长孙男刘世兴，孙男刘鳞，孙男刘千僧。
6. 夫人邸敬善，次女刘氏，次孙男刘世荣，孙男刘福童，孙男刘

---

① 姚燧著，查洪德点校：《姚燧集》卷16《平章政事史公神道碑》，人民文学出版社2011年版，第238—239页。
② 《张弘范墓志》，载《出土文献研究》第6辑，上海古籍出版社2004年版，第288页。
③ 刘晓先生认为镇守惠州属于抽调各万户府属军更戍性质，吉安作为归德万户府镇戍地从未改变。见刘晓《元代江西行省镇戍军万户府考》，《首都师范大学学报》2016年第5期。

□童。

7. 　　　　　次女刘氏，孙男刘世昌，高阳县丞，孙男刘丑驴，孙男刘□儿。

8. 军前提领邸濮，行唐县等处管民长官张天祐，长官殷鼎。

9. 管军千户邸英，奥鲁管军长官郄济。

10. 行唐县前长官邸杰，行唐县前长官前获鹿县尹郄温。

11. 宣授归德府同知邸铎，本县两岭口巡检毛渐，权县邸政。

12. 宣差总押邸琮，男管军总押邸泽，次男邸浩，次男邸沂。

13. 前中山府知府邸显，男邸从政、男邸天祥，两路管民长官杨怗木歹。

14. 主簿兼尉张仁，寿阳县真君观提点安如大师□□寥。

15. 从仕郎授行唐县尹马逸，忠显校尉进授宣德府判官兼　　尹刘湜。

此碑卧置地上，碑阳向下，因而不知碑刻的性质与立碑时间。金元时期全真教在河朔道教中占主流地位，碑阴题名第 2 行为"□真大师　　　门宗派之图"，其后多列当地的道观及道士，可以推测此碑为某位全真教大师的道行碑之类。碑刻第 3 行刘泽官职为"中山等处管归德军奥鲁提领"，第 11 行邸铎官职为"宣授归德府同知"，而《元史·邸顺传》记载"己亥（1239），佩金符，为行军万户，管领诸路元差军五千人。从大军破归德府，留顺戍之"①，则在 1239 年之后才会有归德军和在中山的奥鲁。碑刻第 1 行有"顺天府路"四字，"元太宗十三年，升顺天路，置总管府。至元十二年，改保定路，设录事司"②，则立碑时间在元太宗十三年（1241）到至元十二年（1275）之间。

此碑第 13 行有"前中山府知府邸显，男邸从政、男邸天祥"。《重修北岳庙露台记》记载邸顺"字从政"③，则行唐元碑中"男邸从政"

---

① 《元史》卷 151《邸顺传》，第 3570 页。
② 《元史》卷 58《地理一》，第 1354 页。
③ 魏初：《青崖集》卷 3《重修北岳庙露台记》，文渊阁《四库全书》第 1198 册，台湾商务印书馆 1986 年版，第 740 页上。

即为邸顺，邸顺应为邸显之子。这是与《总押七路兵马邸公神道碑铭》记载的邸氏谱系相矛盾的。①《总押七路兵马邸公神道碑铭》载，邸琮有子三人：邸泽、邸浩、邸湜，但碑刻中显示第三子名邸汧。此外还有军前提领邸濮、管军千户邸英、行唐县前长官邸杰、宣授归德府同知邸铎四人谱系关系不是很清楚。总之，详细地搞清邸氏的家族关系还有待新材料的发现。

  刘因《易州太守郭君墓铭》中说："而向之所谓豪杰者，后皆真拥雄城而为大官，其子孙或沿袭取将相，凡其宗族、故旧与同事者，亦皆布列在位，享富贵之乐。"②碑刻中所列举多为邸氏家族成员及其姻亲、部属，为研究邸氏家族及其故旧的仕宦婚姻提供了珍贵的资料。碑刻中有行唐县前长官前获鹿县尹郤温、奥鲁管军长官郤济等，郤氏也是行唐当地的大族。《行唐县新志》卷十《人物》记载："郤广，城寨社人，谷之后裔也，成宗时以文臣授元帅府左辅监军，守亳州。""郤温，广之子，进校尉，获鹿县尹。"③同书卷十四《艺文》有《孝子郤祥墓碣》记述孝子郤祥"高祖泰、曾祖广为左辅监军。大父温进义校尉获鹿县尹。父仲璋监副宣课。累世簪缨，为行唐望族"④。"郤"同"郄"，可见郤氏家族确实是行唐望族。姚燧《颍州万户邸公神道碑》记载了邸氏与郤氏的婚姻关系，邸泽"元配郤氏，严于持家，前卒廿一年"⑤。邸泽四女，分别适"郤长官子璧、阎令子龄、郑元帅子端仁、万户贾荣祖"⑥。古人名与字往往意义相关，郤璧应即郤仲璋，郤长官即郤温，邸氏与郤氏之间有世代联姻关系。

---

  ① 魏初《青崖集》卷5《总押七路兵马邸公神道碑铭》记载："亨四子，一曰僧；其曰节者有子一人，讳显，常知中山府事；其曰信者，有二子，长顺，行曲元帅府事，有子浃，今镇吉州；次常，于行唐亦置元帅府。其曰义者，即公（指邸琮）父也。"据此可知邸顺与邸常为邸信之子，邸显为邸节之子，邸信与邸节均为邸亨之子，邸顺、邸常、邸显为从兄弟。但据行唐新发现原碑，邸顺为邸显之子。
  ② 刘因：《静修先生文集》卷4《易州太守郭君墓志铭》，《丛书集成初编》第2077册，商务印书馆1937年版，第77页。
  ③ 乾隆《行唐县新志》卷10《人物》，上海书店出版社2006年版，第430页。
  ④ 乾隆《行唐县新志》卷14《艺文》，上海书店出版社2006年版，第470页。
  ⑤ 姚燧著，查洪德点校：《姚燧集》卷17《颍州万户邸公神道碑》，人民文学出版社2011年版，第262页。
  ⑥ 姚燧著，查洪德点校：《姚燧集》卷17《颍州万户邸公神道碑》，人民文学出版社2011年版，第262页。

邸泽元配郄氏卒后，"继配两王氏，姐妹也"①。《青崖集》卷五《故总管王公神道碑铭》记载，王汝明"女六人：长适千户宋山甫；次适万户邸泽；次适初；次适总管孚某；次适史某，丞相开府公之孙也"②。王汝明是张柔幕府成员，两个女儿嫁给邸泽，邸氏与王氏也有姻亲关系。《王善神道碑》记载："女十一人，长适曲阳征行千户佩金符邸澂"③，藁城王氏与邸氏也有联姻。

上述碑刻中还有右副刘德义及其诸子，也都为邸氏下属军官。刘氏来历不详，但我们注意到刘德义的夫人为邸敬善，次男刘潹夫人也为邸氏，这应该是一个世代与邸氏通婚的家族。《邸琮神道碑》记载邸琮"娶刘氏，灵寿大族也"④。这里的右副使刘德义及其家族，很可能就是灵寿刘氏。这个家族也是军人世家，是邸顺的部属，且与邸氏有长期的姻亲关系。碑刻显示刘德义夫人为邸敬善，前述碑刻的年代在1241—1275年之间，邸敬善已经有子有孙，可以推断邸敬善在邸氏家族成员中辈分较高，可能与邸顺、邸琮等为同辈。邸敬善次男刘潹夫人邸氏，也是出自行唐邸氏成员。灵寿刘氏与行唐邸氏最少二世通婚。

不见于上述碑刻，但属于邸氏部属的还有灵寿郑氏和曲阳关氏。邸泽有女适"郑元帅子端仁"⑤，灵寿人郑温与行唐邸氏地缘相近，且同样效身军旅，此"郑元帅"可能为灵寿郑温后人。曲阳关氏家族最知名者为关玉。据《有元故县尹关府君墓碑》，关玉"讳玉，字子玉，其先行唐长寿乡西四里人也。自曾祖世隆别授为真定行唐县尹，县志已书。娶张氏，子三人，曰黟，曰绛，曰碧。黟、绛早没，碧由百夫长累

---

① 姚燧著，查洪德点校：《姚燧集》卷17《颍州万户邸公神道碑》，人民文学出版社2011年版，第262页。

② 魏初：《青崖集》卷5《故总管王公神道碑铭》，文渊阁《四库全书》第1198册，台湾商务印书馆1986年版，第768页上。

③ 《常山贞石志》卷15《故知中山府事王公神道碑铭》，载《石刻史料新编》第1辑第18册，新文丰出版公司1982年版，第13433页。

④ 魏初：《青崖集》卷5《总押七路兵马邸公神道碑铭》，文渊阁《四库全书》第1198册，台湾商务印书馆1986年版，第766页上。

⑤ 姚燧著，查洪德点校：《姚燧集》卷17《颍州万户邸公神道碑》，人民文学出版社2011年版，第262页。

功至万夫长，生子信袭父职，配安氏，后生公"①。可知关氏也是当地的官宦之家。关玉后因宗族散失，往依邸顺，"恒阳万户邸侯夫人，公之姊也"。《青崖集》卷三《藁城尹关君哀挽诗序》记："某少时不学，好骑射。贞祐间，河北豪杰并起，某时因邸侯数相与往还，用是得其事迹为详。"②关玉虽然后以文知名，但少年时仍有武将的家族遗风。关玉后历曲阳、高阳、藁城三县令，有能声。

关玉之子关思义后曾由刘秉忠推荐参与朝仪的制定。《青崖集》卷三《藁城尹关君哀挽诗序》记："初闻令先君与藏春相君最相爱念"，藏春相君即藏春居士刘秉忠，关玉与刘秉忠关系友善，所以刘秉忠后来推荐关玉之子为官。刘秉忠制朝仪，推荐儒生十人参与，其中包括关思义。③关思义后曾任左右侍仪副使，《元史》卷八《世祖本纪五》记载至元十二年（1275）二月庚午"命怯薛丹察罕不花、侍仪副使关思义、真人李德和，代祀岳渎后土"④。关思义后来曾任濮州同知等职，《提刑按察使王博文等题名碑》记载，至元十八年（1281）正月提刑按察使王博文因为巡按到曲阳，拜谒北岳庙，同行者有"里中人士濮州倅关思义"⑤。

蒙元时期的汉人世侯多对全真道教加以护持⑥，行唐邸氏也不例外。邸氏家族多位成员出现在行唐元碑上，显示出邸氏家族与这位全真高道关系密切。《青崖集》卷三《重修北岳露台记》记载，邸顺修北岳庙正殿及露台，"岳，古恒也，先王奠祀，用秩兹表乃北。历代承承，明禋休享，罔有降革。金衰，群盗蜂起，夺掠斩艾，所在荡尽。时国朝肇一区宇，礼文故事，日不遑给，故岳祠为尔寂寂几十余年。天诱其衷，故万户邸侯为建正殿，四方始有瞻拜之所。殿南余二十许步，旧有台，以容俳优、抵角、变幻、百戏之献，乃募工起南山白石，而崇扩之，高丈弱，从仞十有一三分仞之一有奇，横如之。经营规度，凡五易寒暑，计

---

① 光绪《重修曲阳县志》卷13《金石录下》，上海书店出版社2006年版，第649页。
② 魏初：《青崖集》卷3《藁城尹关君哀挽诗序》，文渊阁《四库全书》第1198册，台湾商务印书馆1986年版，第732页下。
③ 《元史》卷67《礼乐一》，第1665页。
④ 《元史》卷8《世祖纪五》，第163页。
⑤ 光绪《重修曲阳县志》卷13《金石录下》，第635页上栏。
⑥ 张广保：《蒙元时期宗王、世侯对全真教的护持与崇奉》，赵卫东主编：《问道昆嵛山：齐鲁文化与昆嵛山道教国际学术研讨会论文集》，齐鲁书社2009年版，第197—229页。

费钱二千余缗"①。邸顺修北岳庙大殿及露台，显示了其对道教的倾心。然一次修庙行为尚不足以说明其倾心于道教。《重修曲阳县志》卷十三《金石志》收录《女冠张守度墓志》记载，张守度在夫亡之后"庚辰之岁三月，亲诣完州五□玉清观（中缺）为师，（中缺）出家，以状盟誓，克志不移。其后有曲阳邸君并及众官（后缺）度住持城隍庙□□栖隐之地"②。碑文虽残缺，但文意尚可领会。张守度出家之后，曲阳邸君及众官请到城隍庙住持。张守度癸亥年（1263）去世，享年七十六岁，则其生年当在1187左右，学道四十余年，则张守度出家当在三十多岁，大约当十三世纪二十年代，此时能够敦请其为城隍庙住持的曲阳邸君，只能是邸顺。中山府一带有北岳、葛洪山等道教名山，蒙元时期这里的道教活动异常频繁。著名的汉人世侯张柔即多方护持道教，在许多道教碑刻中列有姓名。顺天邸氏生活在北岳之旁，应该也不例外。

综上，我们对行唐邸氏重新进行了考察，认为邸顺归顺蒙古后，可能没有隶属过张柔；邸氏在李璮之乱后也受到一定的削弱。新发现元碑与传统文献记载的邸氏谱系有矛盾之处，问题的解决有待于新资料的发现。新发现元碑显示邸氏的部属除曲阳关氏、灵寿郑氏外，还有灵寿刘氏、行唐郄氏等，他们都与邸氏有通婚关系；在宗教信仰上，邸氏可能更加偏向全真道教。

第三节　金元之际张子良事迹考略

金元之际，社会扰攘，一时群雄并起，有人聚族自保，后投降蒙古，世袭统治，成为汉人世候，如真定史氏、顺天张氏；有人在蒙古军队中成为将校，也位至通显，如解诚、刘深等人。在社会大变革中，张子良率疲弱之民一路南迁，追随金朝统治者，至金朝灭亡后归宋，在宋受到猜忌转而降蒙，在金元之际的军事武装中具有一定代表性，具体而集中地体现了宋金蒙三朝的关系。张子良《元史》有传，《道园类稿》

---

① 魏初：《青崖集》卷3《重修北岳露台记》，文渊阁《四库全书》第1198册，台湾商务印书馆1986年版，第738页下。
② 光绪《重修曲阳县志》卷13《金石录下》，上海书店出版社2006年版，第630页下栏。

《遗山集》《牧庵集》中也多有其资料,北京大学图书馆藏张子良神道碑拓片《大名路总管兼府尹张公神道碑铭》,为学界所未见。本节试综合利用这些史料对张子良事迹做一考察,以揭示金元之际的政治和社会问题。

一 早年生活

《元史》卷一五二《张子良传》载:"张子良字汉臣,涿州范阳人。"[1]《元好问文编年校注》卷五《归德府总管范阳张公先德碑》载:"范阳张公汉臣遣其参佐陈玠、李侃、侯琡自曹南走书币及予于顺天……"[2]《道园类稿》卷四一《张宣敏公神道碑》记载张子良曾孙张珪"曾大父讳子良,字汉卿"[3]。张子良字汉臣还是字汉卿,在新的证据出现之前,难以确定。北京大学图书馆藏《大名路总管兼府尹张公神道碑铭》拓片[4],北京大学图书馆古籍典藏号为A161870,是张子良神道碑,缪荃孙艺风堂旧藏,缪荃孙在拓片后面帖题签"两面刻,徒单公履撰、姚燧正书并题额,□□□□壬申□□戊子,在涿州城东廿里大柳村"。可知此碑清末仍存。此碑第5行载:"公讳子良,汉卿其字也"。神道碑为其后人当时所立,不同于文献刊刻流传中出现鲁鱼亥豕,是最可靠的依据,《元史·张子良传》中"汉臣"或为"汉卿"之误。

《元史》卷一五二《张子良传》记载:"张子良,字汉臣,涿州范阳人。金末四方兵起,所在募兵自保。子良率千余人入燕、蓟间,耕稼已绝,遂聚州人,阻水,治舟筏,取蒲鱼自给,从之者众,至不能容。"[5] 在交代了金末的社会形势后,即记述张子良聚乡人自保,对其家世没有记述。《归德府总管范阳张公先德碑》载:"初,大安兵兴,

---

[1] 《元史》卷152《张子良传》,第3597页。
[2] 元好问著,狄宝心校注:《元好问文编年校注》卷5《归德府总管范阳张公先德碑》,中华书局2012年版,第617页。
[3] 虞集:《道园类稿》卷41《张宣敏公神道碑》,《元人文集珍本丛刊》第6册,新文丰出版公司1985年版,第262页上。
[4] 《道园类稿》卷41《张宣敏公神道碑》载:"其(张子良)墓铭,则翼敏元媲姚夫人命其兄子燧所作也。"《道园类稿》卷26《江西分宪张公盱江生祠记》:"其墓碑,则统军元媲姚夫人之兄子燧所著,即国朝姚文公也。"按:此碑为张子良神道碑,为徒单公履撰,则姚燧所撰为墓志铭,惜已亡佚。
[5] 《元史》卷152《张子良传》,第3597页。

公以材选为军中千夫长,以功迁都统"①,对其早期经历记载也较简略。《大名路总管兼府尹张公神道碑铭》第6—7行记载:"曾大父□、大父臣南、父□□潜隐不耀","知天下将乱,乃散财发粟,交结乡里豪杰。无何军兴,使者募民为兵,冠盖相望于道,公以良家子应募"。张子良父祖均潜隐不耀,则他并非出身官宦之家。他散财发粟,交结乡里,可知他属乡里豪绅阶层,金元之际聚民自保者多属这一类人。正因为他们在地方具有一定的威望,所以民众在乱中才投靠他们。

二 就食东平

贞祐南迁后,河朔地区聚众自保武装很多,涿州张柔"聚宗族数千家,壁西山东流涡,选壮士,团结队伍以自卫"②。藁城王善对里人说:"今兹丧乱,我辈不有以协同保聚,则为人所鱼肉去矣。"③大名府元城县梁千"率众列栅守乡土"④,束鹿耿福、宁晋王义等都是如此,张子良也属于这一类。《道园类稿》卷四一《张宣敏公神道碑》载:"当金大安时,以我国家天兵大至,募兵自保。公起率千夫入燕、蓟之间,耕稼已绝,聚州人阻水治舟筏,取蒲、鱼自给。从之者众,不能容,亲部勒定兴、新城之人数万口就食东平,东平守纳之。"⑤投奔张子良人口越来越多,他即率民南迁,就食东平。

河朔许多自保武装聚众纯为苟活,在蒙古大兵压境的形势下纷纷投降蒙古,如张子良这样率乡民万人南迁的却较为少见。贞祐南迁后,河北人口往往避乱南迁,张子良率领万余口南迁,是这一时期人口南迁的代表。张子良迁往东平的时间,各种史料多不详。《大名路总管兼府尹张公神道碑铭》第6—9行说张子良率众到达东平后,"以功迁都统,时

---

① 元好问著,狄宝心校注:《元好问文编年校注》卷5《归德府总管范阳张公先德碑》,中华书局2012年版,第619页。

② 苏天爵著,姚景安点校:《元朝名臣事略》卷6《万户张忠武公》,中华书局1996年版,第95页。

③ 李冶:《王善神道碑》,《常山贞石志》卷15,《石刻史料新编》第1辑18册,新文丰出版公司1982年版,第13432页上。

④ 袁桷,杨亮校注:《袁桷集校注》卷26《武义将军梁公神道碑铭》,中华书局2012年版,第1262页。

⑤ 虞集:《道园类稿》卷41《张宣敏公神道碑》,《元人文集珍本丛刊》第6册,新文丰出版公司1985年版,第262页上。

兴定三年也"。兴定三年为1219年，此碑详细记载了张子良南迁的时间，为其他史料所未涉及。

万余人南迁的原因，除了保存性命的现实考量，应该还与张子良忠心金朝，不苟活于蒙古奴役之下的心理因素有关。从下文张子良经历可以看到，他对维护金朝统治殚精竭虑，只是在金亡的情况下才无奈附宋、降蒙。《大名路总管兼府尹张公神道碑铭》第28行记述张子良晚年"故国尤眷眷不能忘，每与言及□，必为之流涕"，这里的"故国"当然是指金朝，可见他对金朝的忠心耿耿。

兴定三年（1219）的河朔地区，蒙古军队、地方自保武装、宋将彭义斌势力、各种盗贼犬牙交错，率万余口穿行于这一地区并非易事。张子良南迁的过程，诸种史料往往一笔带过，《大名路总管兼府尹张公神道碑铭》记载稍详细，其第10行记载"栅民老幼万余口往依焉，崎岖千有余里，游骑往来不绝，公使老幼居内，□□持□□□□□□达东□□□□□□者。"张子良将老幼围于中心，强壮者处于外围，最终安全到达东平，在兵荒马乱的年代算是一个奇迹。

《新元史》卷四十一《张子良传》认为张子良所投奔的东平守臣为蒙古纲。[①] 据《金史》卷一〇二《蒙古纲传》，蒙古纲本名胡里纲，兴定三年，尚书省奏东平宣抚使完颜弼行事多不尽，"乃以纲权山东宣抚副使"[②]。《元史》卷一四八《严实传》记载，辛巳（公元1221年）严实"进攻东平，金守将和立刚弃城遁"[③]。和立刚即胡里纲，张子良所投奔的东平守臣就是蒙古纲。

三　宿泗风波

离开东平，张子良首先率众屯居宿州，后迁寿州。但在寿州，他与州将夏全发生矛盾。《元史·张子良传》记载："久之，守弃东平还汴，檄子良南屯宿州，又南屯寿州。夏全劫其民出鸡口，李敏据州。子良率麾下造敏，敏欲害之，走归宿，因以宿帅之众夺全所劫老幼数万以

[①] 柯绍忞：《新元史》卷144《张子良传》，中国书店1988年版，第610页下。
[②] 脱脱等：《金史》卷102《蒙古纲传》，中华书局1975年版，第2256页。
[③] 《元史》卷148《严实传》，第3505页。

还。"① 夏全劫掠张子良部民，张子良依靠宿州帅夺回被夏全劫走之民。《新元史·张子良传》载："因以宿帅国用安之众，夺全所劫老幼数万以还"②，认为张子良所依靠的宿帅是国用安。《归德府总管范阳张公先德碑》载："夏全北行，公与宿州帅赳石烈阿虎劫之，遮老幼数万，灵壁之围遂解。全不胜愤。会邳、徐军来复仇，公复与宿帅众僧奴斫全营于蕲县。全仅以身免，至遗其金虎符而去。"③ 可见张子良击败夏全所依靠的是宿州帅赳石烈阿虎和完颜众僧奴。《大名路总管兼府尹张公神道碑铭》第13—16行载，夏全劫民后，张子良"数十人依宿帅完颜辨。至则厚礼之，凡有军计，以□公商度，画可而后行，其亲□如此。□□□□□□□□．公□于辨曰：全之云鸡口民心不附者十之九，可因是取也。公□辨率师□□□□□□．军□蕲县，又乘夜斫其营，众溃，全仅以身免，走扬州"。拓片文字漫漶，但大意仍很明白，张子良投奔完颜辨，受到完颜辨的礼遇，张子良谋于完颜辨，乘夜斫夏全军营，夺回所劫民。完颜辨无疑就是完颜众僧奴。由此，《新元史》认为"宿帅"是国用安是不正确的。

张子良依附于宿州帅完颜众僧奴，众僧奴遣张子良赴京上奏请重用降将国用安。《归德府总管范阳张公先德碑》载元好问在汴京亲见张子良入奏事，"壬辰之围，外援阻绝，危急存亡，朝不及夕。或有言宿州节度宗室众僧奴之幕客张子良由间道赍奏牍至者，都堂趣召，问所以来。公为言：'国用安自涟水来归，纠合义徒，刑牲歃血，誓为勤王之举。以游骑旁午，跬步千里，无敢进奏者。子良感激自奋，独与裨将张平夜行昼伏，间关百死，乃今瞻拜京阙。幸疾得归报，无失事机。'即日召对便座，劳赐殷重。凡奏牍所请眷倚用安者，无不开允"④。说"无不开允"是饰美之辞。《金史》卷一一七《国用安传》记载此事后用"未报"⑤，可知此事最终没有结果，但张子良此举赢得

---

① 《元史》卷152《张子良传》，第3597页。
② 柯绍忞：《新元史》卷144《张子良传》，中国书店1988年版，第610页下。
③ 元好问著，狄宝心校注：《元好问文编年校注》卷5《归德府总管范阳张公先德碑》，中华书局2012年版，第622页。
④ 元好问著，狄宝心校注：《元好问文编年校注》卷5《归德府总管范阳张公先德碑》，中华书局2012年版，第618页。
⑤ 脱脱等：《金史》卷117《国用安传》，中华书局1975年版，第2562页。

人们的钦佩。

在此期间张子良做的另外一件事是运粮到汴京。贞祐南迁，大批民众随之南迁，汴京人口剧增。汴京被围，蒙古军并不着急攻打，而是围而不攻，更加导致城中粮草缺乏。《金史》记载："（天兴元年闰九月）辛酉，再括京城粟，以御史大夫合周、点检徒单百家等主之。"① 十一月"壬子，京城人相食。"② 可知汴京粮食已经极度缺乏。《元史·张子良传》载："明年，子良进米五百石于汴，授荣禄大夫，总管陕西东路兵马，仍治宿州。"③ 五百石米对汴京来说只是杯水车薪，但从中我们可以看出张子良对维持金朝政权所付出的巨大努力。

1234 年蒙古军攻破蔡州，金朝灭亡。《道园类稿》卷二六《江西分宪张公盰江生祠记》记载："金亡，并其众以泗州自归于河南忠武王阿术之军"④，似乎金亡之后张子良随即降蒙。《元史》记载："岁戊戌，率泗州西城二十五县、军民十万八千余口，因元帅阿术来归。"戊戌指1238 年，金亡于1234 年，中间四年时间张子良的事迹不显。《元史》本传仅说"就食泗州"而一笔带过，似有隐讳。郭松年撰《侯府君夫人李氏祠堂碑》中透露出这期间张子良的行踪，"适岁饥乏食，宋人船米数万石济宿民，且诱之。完颜公以国破君亡，外无蚍蜉蟷子之援，遂款附，人赖以生。范阳人张子良素居公麾下为裨将，公死，子良雅不属宋，且念桑梓，颇形于言色。宋江淮大都督余玠觉其意，陈兵胁宿民悉内徙泗州，子良愈不自安"⑤。此处的完颜公应为宿州将领完颜众僧奴，张子良入汴京传达国用安的消息即受其委派。完颜众僧奴在金亡后降宋，张子良为其裨将，也随完颜众僧奴降宋。张子良率众徙泗州降宋，既有就食的因素，也是国破的无奈选择。

金的灭亡，使宋蒙在淮河一线对峙。"襄阳东连吴会，西通巴蜀，古人以为国之西门，又谓天下喉襟，若为冠盗据其门户，扼其喉襟，则

---

① 脱脱等：《金史》卷18《哀宗下》，中华书局1975年版，第393页。
② 脱脱等：《金史》卷18《哀宗下》，中华书局1975年版，第394页。
③ 《元史》卷152《张子良传》，第3598页。
④ 虞集：《道园类稿》卷26《江西分宪张公盰江生祠记》，《元人文集珍本丛刊》第6册，新文丰出版公司1985年版，第26页上。按：汪辉祖和柯绍忞都考证张子良归附元帅察罕。
⑤ 苏天爵编：《元文类》卷20《侯府君夫人李氏祠堂碑》，商务印书馆1958年版，第252页。

吴蜀中断，自上流渡江直可以控湖湘，若得舟而下直可以捣江浙。"①此线对南宋防御非常重要。由金入宋的降军被称为"北军"，多驻扎在这一线，如果他们转而降蒙，对宋则有致命的打击。南宋朝臣因而对这些降宋武装疑虑重重，认为"淮襄之患，不在敌而在北军"②，他们想尽办法瓦解和消化这些势力，而这种政策又推动了"北军"的降蒙。《元史·张子良传》记载迁徙泗州后，"泗守阅兵，将图之，子良与麾下十数人即军中生缚其守"。姚燧《牧庵集》卷二一《静江路总管王公神道碑》记载："金季，宣抚公自范阳将其部曲奔泗州，将楚姓者，惮其骁杰，与一军多冒法难驭，谋殪之。宣抚觉，一旦大阅战士，率其徒十三人，突入斩楚，并其军，徙泗民四万归德。"姚燧用"金季"并不准确，掩盖了张子良附宋的经历。《大名路总管兼府尹张公神道碑铭》第22—23行"明年阖城迁泗州，安抚徐昇素闻公威名，惮之，乃以壮士分隶诸军，月□无　　　　．为就粮欲质之，公与同来之辈密言曰：是谋我也，邂逅为人所先图，事去矣……"可见张子良在泗州形势确实十分危险，南宋方面对张子良"惮其骁杰""惮之"，始终是不信任态度，计划采用将张子良军队解散分隶的方式，来消灭这支金人投降武装。在泗州危急的形势下，张子良无奈由宋降蒙。

四　降蒙北归

张子良在泗州受到威胁降元，《元史》说"因元帅阿术来归"。汪辉祖和柯劭忞都考证张子良归附元帅察罕。③《侯府君夫人李氏祠堂碑》记载："皇元革命，遂举城来归，朝廷以为京东行省，仍领归德府总管府事。"④张子良降蒙之后被任命为归德府总管，自降蒙至中统二年（1261）之间事迹，各种资料均不详。张子良之子张懋"侍子良官京

---

① 杜范：《清献集》卷6《论襄阳失守札子》，文渊阁《四库全书》第1175册，第653页上。

② 杜范：《清献集》卷6《论襄阳失守札子》，文渊阁《四库全书》第1175册，第652页下。

③ 汪辉祖：《元史本证》卷20《张子良传》，中华书局1984年版，第216页。柯劭忞：《新元史》卷144《张子良传》，中国书店1988年版，第610页下。

④ 苏天爵编：《元文类》卷20《侯府君夫人李氏祠堂碑》，商务印书馆1958年版，第252页。

东,故懋领其众,从丞相阿术军,立归德府,以其军镇之。移镇下邳,知归德府事"①。这一时期张懋侍奉张子良于归德,则张子良一直率领部民留居于归德。《大名路总管兼府尹张子良神道碑》第 25 行"中统二年改经略为宣抚司,复命公副之",中统初史天泽被"授河南等路宣抚使,俄兼江淮诸翼军马经略使"②。中统二年五月廿四日乙酉"前归德府管民总管张子良为河南宣抚使"③。可知张子良在中统二年前为归德府管民总管,中统二年被任命应为河南宣抚副使,隶史天泽麾下。

此后张子良事迹不显,王恽《遗庙记》记载:"国亡已来,汴之宫室毁撤扫地,顾惟兹庙以贮储得岿然独存。皇朝中统五年夏四月,诏河南前宣抚张子良撤焉,以北浮御河入燕,就为今之大宫,从堂议也。"④《张宣敏公神道碑》记载:"三年,诏公督运南京木石。以北宫庙告成,赐钞千缗。"⑤ 金哀宗迁都汴京,在原北宋宗庙基础上修建了金宗庙,金亡之后,诏张子良拆金宗庙,运木材至燕京,建设元宗庙。国运盛衰,在宗庙建筑上体现出来,令人叹息。两史料记述时间不同,但确有其事则不差。

张子良自贞祐南迁后率民万余口南迁,历尽艰辛,到降蒙时,《元史·张子良传》记载有人口"十万八千余口",《大名路总管兼府尹张子良神道碑》记载有"十有八万余口",史籍记载数字多夸大其词,不可尽信,但张子良麾下有大量的依附人口是不争的事实。《张宣敏公神道碑》记载:"(至元)七年,公请以所领民归郡县,从之。"至元八年(1271)颁布的户口条画中,"涿州合兰术、西京忽兰、南京张子良各管户计,钦依圣旨已经革罢,隶属各路。为恐元管人户争差,且令各管头目管领科差。今次取勘见数,其元委头目合行罢去,仰随路依已行收

---

① 《元史》卷 152《张子良传附张懋传》,第 3599 页。
② 《元史》卷 155《史天泽传》,第 3660 页。
③ 王恽著,杨亮、钟彦飞点校:《王恽全集汇校》卷 81《中堂事记中》,中华书局 2013 年版,第 3383—3384 页。
④ 王恽著,杨亮、钟彦飞点校:《王恽全集汇校》卷 37《遗庙记》,中华书局 2013 年版,第 1829 页—1834 页。
⑤ 虞集:《道园类稿》卷 41《张宣敏公神道碑》,《元人文集珍本丛刊》第 6 册,新文丰出版公司 1985 年版,第 263 页上。

系科差"①。可见至元七年（1270）张子良属下依附人口已经隶属各路，但仍由其掌管科差，至至元八年（1271）这些人口彻底与其脱离关系，成为国家编户。随着依附人口的取消，至元七年张子良被任命为大名路总管，至元八年即去世于大名。

五 本传史源

王慎荣主编《元史探源》认为《道园类稿》卷四一《张宣敏公神道碑》为《元史·张子良传》的史源。② 将两者进行对比，可以看出在记述顺序乃至大部分词句两者都相同。

但二者也有不同之处，如上文所举《元史·张子良传》载"张子良字汉臣"③，《张宣敏公神道碑》记载"曾大父讳子良，字汉卿"④。《元史·张子良传》中也有不见于《张宣敏公神道碑》记载的内容，如本传记载"癸丑，宪宗命为归德府总管，管领元附军民"。《张宣敏公神道碑》则无。《元史·张子良传》记载了张子良次子亨的子孙及职官，"亨，佩金虎符，为管军千户。子与立袭，卒。子鉴袭"。《张宣敏公神道碑》中不见记载。《元史·张子良传》记载张子良曾孙、张懋之孙、张文焕之子张珪的履历，"文焕子圭，初为高安县尹，有异政，由是擢为江西检校，拜南台御史，继为淮西、江西二道廉访佥事，用能世其家云"。《张宣敏公神道碑》中没有记述，应是据《道园类稿》卷二六《江西分宪张公盱江生祠记》中的记述而来。因此《元史·张子良传》应是以《张宣敏公神道碑》为主进行删削，并参考其他史料而来。

金朝南迁，河朔大乱，地方武装聚族自保，但多求苟活性命，在蒙古军队的紧逼下纷纷投降蒙古，真定史氏、行唐邸氏等都是如此。张子良虽无官守之责，却始终对金忠心耿耿，在河朔不保的情况下率众南迁，在金元之际河朔汉人武装中独树一帜。金亡后张子良入宋，但不受信任，致其转而降蒙，建立功业。金元之际河北的人口流动性非常大，

---

① 方龄贵校注：《通制条格校注》卷2《户令·户例》，中华书局2001年版，第26页。
② 王慎荣主编：《元史探源》，吉林文史出版社1991年版，第207页。
③ 《元史》卷152《张子良传》，第3597页。
④ 虞集：《道园类稿》卷41《张宣敏公神道碑》，《元人文集珍本丛刊》第6册，新文丰出版公司1985年版，第262页上。

贞祐南迁，河北人口随金宗室南迁者甚众。金亡，原南迁人口有一大部分北还，称壬辰北渡，但也有一部分人口迁入南宋统治区。张子良率领的燕蓟间万余口在金元之际转徙于金、宋、蒙之间，是这一时期人口流动的一个典型例子。

附录：大名路总管兼府尹张子良神道碑

1. 大元故昭勇大将军大名路总管兼府尹张公神道碑铭并序。

2. 翰林侍讲学士少中大夫知制诰兼修国史徒单公履撰，□□□□。姚燧□□题额。

3. 相国今左辖姚公一日遣其侄姚燧及总管张公之子贞以币来谒，且□张公捐馆有年矣，以□□□故，既命燧铭之幽□□□□□□无

4. 穷，揭诸神道者，君其无让。读其志文，言约而事备，辞古而义详，纪述可谓周矣，愿□之□□何兄胜也，敢□□□□□□□言必无

5. 听其牢让者，复诸。仆辞不获已，即概括志之，所称者稍易其辞而铭诸石云。公讳子良，汉卿其字也。世□涿之范阳□□□，曾大父□、

6. 大父臣南、父□□潜隐不耀。公生于有金明昌六年，在髫龀时，已不□□，长资□神□迈□□□□□□□□□□□□知天

7. 下将乱，乃散财发粟，交结乡里豪杰，无何军兴，使者募民为兵，冠盖相望于道，公以良家子应募，以材武□□□为□□□朔被兵，

8. 所在残毁，民无所得食，死其过半，公集州民谓曰：□民居荡析□莱蓲无陆处，则其惟无以死□□□逻骑□□□□□毙也，□□□

9. 刳舟栅绝陆路，凭水而居，资菱芡蒲鱼以为食。久之，来着滋多□益，众以物不能□结□顾无所□间。

10. 东平公，栅民老幼万余口往依焉，崎岖千有余里，游骑往来不绝，公使老幼居内，□□持□□□□□□□达东□□□□□者。

11. 行台公遣军迎劳，喜其衙路险远，兵力孱薄，卒保无虞，以功迁都统，时兴定三年也。既而□□不能守，□□迁□□□□公□□一□

12. 宿久之，移屯寿□防城都提控，时州将夏全跋扈，与公不相能，公本避未得□厌□南徙，□□□□州民□□□□□□□者□□

13. 时事起仓促，公率部伍数十人还，敏复欲害公，一□之间，召公者三，且疑且释，公□敏□□□□□．数

14. 十人依宿帅完颜辨，至则厚礼之，凡有军计，以□公商度，画可而后行，其亲□如此，□□□□□．公□

15. 于辨曰：全之云鸡□民心不附者十之九，可因是取也。公□辨率师□□□□□．军□

16. 蕲县，又乘夜斫其营，众溃，全仅以身免，走扬州。时涟水国用安□入援，以檄□□□□□．

17. 言于辨，涟奏至，乃毅然请行，数日直达京师，即日召对，公敷陈东南事□甚悉，上为之悚然，□□□□□敕□□□□□．

18. 还，迁鹰扬骑都尉，节度徐宿诸军。明年诣行在，饷米五百石，道路得以□追荣□□□□□．

19. 迫于饥馁，野无耕作，然谷多生者稆生者，乃开城纵民採擷以自资，仍于数十里外先以官军□逻，然后纵民□□□□□．遣

20. 俾将卫送老稚还，已自殿其后，殊死战，敌不能遽前，得稍却，入郭，及隍悬梁，已牵矣，浮水面□身□数□□□□□．铤

21. 隐出颧骨，前以铁钤转取之，丝发不能动，乃教工为铁笴，令稍栳中沓冒铤上，因以坚□徐椎之镞，乃得□□□□□．者

22. 色不变，言笑自若，其劲历如此。明年阖城迁泗州，安抚徐昇素闻公威名，惮之，乃以壮士分隶诸军，月□无几□□□□□．为就粮

23. 欲质之，公与同来之辈密言曰：是谋我也，邂逅为人所先图，事去矣。□□□□□．军中□□□□□．民有不乐此

24. 远者仍具舟送之，乃举全城之民十有八万余口来归，授□□光禄大夫□□□□□．可南□

25. 朝命起公为同僚，中统二年改经略为宣抚司，复命公副之，□□□□□．还乡里

第一章 失序社会中崛起的河北军功家族

26. 未得请,以疾薨于府舍,享年七十有八,实至元八年☐.
27. 素辨给论事有条理,敷陈剖析,听者忘☐然☐之☐☐可泯☐.不胜乔木
28. 故国尤眷眷不能忘,每与言及☐,必为之流涕☐.不少
29. 变也。燕居终日,虽不与宾客接,必具☐经而坐至☐.于己一
30. 岁者必下☐其幼者,☐亦必端☐冠☐.谓乎兵
31. 凶之余,丘陇☐残,始☐谒讫也,☐.方之
32. ☐山取材,计功役之省,何啻十倍,公曰☐.神道,乡
33. 人以为☐。公又以谓☐事不☐.至于速
34. 败,岂皆子孙之罪乎,乃至☐.德府
35. 次亨,女五人,长适行永州长官☐☐,次适☐☐府☐.同知
36. ☐德☐称☐☐☐之俗尚☐义而闻于☐.者固常
37. 情之☐同,然☐☐离其俗而独立者乎,公以☐.此
38. 燕俗之所难☐☐所谓豪杰之士,有不能免其☐.
39. 保民于危难之地☐.
40. 铭也,铭曰:
41. 白可污,洁可涂,狎以而居溪☐之不如落落☐.
42. 囚拘匪,蒙则愚属☐.
43. 君子之儒者乎,我铭☐.
44. ☐☐☐☐壬申☐☐戊子☐☐将军滑州☐兵☐.

第四节 蒙元军将刘深考实

刘深是著名的元代军事将领,在征宋战争中逐渐成长起来,战功

赫赫。他发起征八百媳妇国战争，却因战败而被元廷诛杀，《元史》不为其立传。目前学界对刘深的了解仅散见于《元史》及元人文集关于他征宋、征八百媳妇国的零星记载。1983年天津市宝坻县城关镇史各庄乡陈甫村出土一块与刘深关系密切的墓碑，杨新先生撰写《宝坻区刘深墓碑考释》①，对此碑进行释录并参以正史列举了刘深参加的主要战役，对其征八百媳妇国失败被杀进行了分析。但杨文录文不完整，对碑主是谁、立碑时间、刘深被杀的深层原因等问题的考证、分析也不准确。邹万霞以此碑为依据撰写《浅析金头将军刘深卫国之功过》②，但只是粗略、通俗地向读者介绍了这位重要将领。此碑的价值尚未得到充分发掘，故钩稽文献中关于刘深的记载，对其身世、征宋历程及其征八百媳妇国被杀原因等进行重新考证，以期还原这位元军将领的真实面貌。

一　新发现碑刻考释

通过对新发现碑文的考释，可初步了解刘深的身世及其早期征宋历程等基本情况。③为研究方便，现将碑文重新迻录如下：

1. ▢▢▢▢▢▢▢．翰林直学士奉议大夫刘元撰，承事郎大都路总管都同提举前翰林兼国史院编修▢▢▢▢▢▢▢▢．

2. ▢▢▢▢▢▢▢．至元十五年岁次戊寅秋七月，昭勇大将军、前沿海经略使、行征南左副都元帅刘公率海舰七百艘追捕余烬，获文武▢▢▢▢▢▢▢

3. ▢▢▢▢▢▢▢．太夫人黄氏易葬有期，帅府僚佐张彬文卿与予有梓里之好，因彬以文为请，曰："天下之事，未有无所自而遽至于大者，▢▢▢▢▢▢

4. ▢▢▢▢▢▢▢．世▢▢，其来也有源，其积也有渐耳。况惟不肖崛起布衣，猥登帅闑，上膺旌节之荣，下拥貔貅之众，出入行阵，

---

① 《天津博物馆论丛2012》，科学出版社2013年版，第104—110页。
② 邹万霞：《浅析金头将军刘深卫国之功过》，《黑龙江史志》2015年第5期。
③ 天津市宝坻区宋健先生为笔者提供了墓碑的拓片照片，特致谢意。

第一章 失序社会中崛起的河北军功家族 49

鏖战海洋，脱万死，获一□□□□□
5. _____.□获□□，其何能至于此哉。愿因太夫人之襄事之日，表扬潜德，著之文石，以示来裔。兹人子之至情也，先生幸留意。"其辞切，其情哀，其言婉，□□□
6. _____.弗□辞，乃用其所状之行而撰次之。公讳深，字仲渊，世为大都宝坻人。自大父以上，遭金源板荡，失其名次。父讳子成，性恬憺，不乐仕进，□□□
7. _____.兵南下，尝扈从，充监军。河南平，脱身归乡里，悠游年岁，隐居以自适。今享寿八十，身其康强矣。母黄氏，系出名族，克闲妇道，其检身垂教，□□
8. _____.享年七十有九，终于□坊私第之正寝，实至元十年岁次癸酉十一月之晦日也。次母杨氏，终于至元五年岁次戊辰十一月之五日，俱藁葬于□□
9. _____.□□有子三人，皆黄氏出焉。公其仲子也，幼尚气节，颇兼吏能。己未之渡江，公在部伍中，遇敌转战，为师长奇之。中统三年，从攻逆璮于济南，力□
10. _____.□□□物货甚厚，寻
11. _____.□□水军万户府□□，由是□知水战之利。至元六年，师围襄樊及百丈、鹿门二山，公首取其襄城外堡，又以舟师克敌于罐子滩，遂升千户，□□
12. _____.□□□出伐，我师不得□，公率麾下力□之□，加武略将军，佩金符，继命公守鹿门，屡却宋援兵。然自围襄，历四年不下，盖襄之所以持久者，倚
13. _____.□□□□□□□□上取樊之策，仍□□临冲钩梯之具，且曰："谋人之兵，败则死之，如所言不效，请以死罪从事。"省府从之。连拔其城，擢管军
14. _____.□□□□。至元十一年，大举南伐，公在诸将中，每战有功，如沙洋、新城、渡江之役，以功加武义将军。焦山之

役，以功升万户，佩金虎符。越明年，攻

15. ☐☐☐☐☐☐．☐☐☐☐☐以功授☐远大将军，寻改授昭勇大将军、和州达鲁花赤。至元十四年以宋孽未殄

16. ☐☐☐☐☐☐．☐☐☐☐以公为沿海招讨使，俄授改沿海经略使、行征南左副都元帅，仍锡两台银印绶，遂率白鹞舟舰自庆元遵海而南，与逋寇张世杰等

17. ☐☐☐☐☐☐．☐☐☐☐☐中数战，世杰仅以身免，生获文武官百、军二千，有司　奏其功

18. ☐☐☐☐☐☐．☐深加☐☐☐八月☐☐

19. ☐☐☐☐☐☐．☐☐☐☐☐使☐☐两台银章，其金虎符如故，以公宿将望重，仍敕巡镇诸江口，故以旧率水军肄焉，别赐其官属金虎符一，金符六。

20. ☐☐☐☐☐☐．有三☐☐☐是从公给付之。将赴任，☐☐开平，遂有是请。予因询诸将佐，佥云：公处心刚明，治军严整，宽而猛，威而惠，故士卒乐为之用。

21. ☐☐☐☐☐☐．☐☐古人☐☐☐之曰：君子之道，闇然而日彰；小人之道，的然而日亡。又曰：君子之不可及者，其惟人之不见乎。☐者刘氏先世修其德，

22. ☐☐☐☐☐☐．者不然何☐☐公☐☐康宁，子孙☐吉，出良将于畎亩之中，表表有如是哉！况春秋鼎盛，极它日所☐又未量也。监军公诸子：长曰海，

23. ☐☐☐☐☐☐．☐。孙男八人：曰世英，☐武略将军、千户，兼和州路总管府军民达鲁花赤；曰世昌，曰世隆，公之子也。曰世伟，曰世雄，曰世杰，海之子☐

24. ☐☐☐☐☐☐．女孙一人，☐☐☐☐☐☐☐☐☐☐☐是月廿有八日，奉太夫人黄氏及杨氏之柩附葬于县☐王村之先茔，☐☐☐☐☐

25. ☐☐☐☐☐☐．☐☐☐☐☐☐☐☐☐☐☐之☐起☐☐☐

图 1-1 元刘母太夫人墓碑

而不辞，朝为白屋之烈士，暮为细柳之将军，譬□□木区以□□
□□□□□□□□□

26. ☐☐☐☐☐☐☐☐．□公□□□元□□□□不充□□□乎□
□□□有如是者，吾□列宗。亦云：

27. ☐☐☐☐☐☐☐☐．□□□。

  这篇碑文残缺较严重，影响了对其的解读。杨新先生认为这是刘深的墓碑，且其立碑时间应在元大德七年（1303）刘深被诛之后。但碑文第3行说"太夫人黄氏易葬有期，帅府僚佐张彬文卿与予有梓里之好，因彬以文为请"，碑文第24行"奉太夫人黄氏及杨氏之柩附葬于县□王村之先茔"。刘深于至元十五年（1278）因归葬其母黄氏、杨氏，而通过"僚佐张彬文"请翰林直学士刘元撰写碑文，则此碑为其母之墓碑而非刘深自己的墓碑。一般来说，撰写碑文与立碑时间不会相差太久，因此立碑时间应为撰写碑文后不久，即碑文第2行所说"至元十五年岁次戊寅秋七月"之后不久。[①] 笔者试为此碑定名为《元刘母太夫人墓碑》（后文简称《墓碑》）。《墓碑》撰文者为翰林直学士刘元，撰文时间为至元十五年（1278）秋。碑文第19至20行说："以公宿将望重，仍敕巡镇诸江口，故以旧率水军肄焉……将赴任，□□开平，遂有是请。"刘深在离开上都赴任前请刘元撰文，可见撰文的地点为上都。《元史》中有元代著名雕塑家刘元传记，《墓碑》撰文者与雕塑家刘元是否为同一人呢？《元史·方技传》记载刘元于至元年间"行幸必从"[②]，"行幸"专指古代皇帝出行。元代实行两都制度，皇帝于每年春夏北巡上都，秋冬返居大都，"行幸必从"指刘元每年跟随皇帝往返上都与大都之间。《墓碑》恰在元至元十五年写于上都。至元十五年在上都的撰碑者刘元应即是《元史·方技传》记载的雕塑家刘元。

  《元史》中关于刘深的记载分散在本纪和一些列传中，且主要是关于其征战的纪录，目前学界对刘深的籍贯、家世与名讳等所知甚少。清

---

 ① 《中国文物地图集·天津分册》中说此碑立于至元十九年（1282），但没有说明根据。见《中国文物地图集·天津分册（文物单位简介）》，中国大百科全书出版社2002年版，第121页。

 ② 《元史》卷203《方技传》，第4546页。

乾隆《宝坻县志》卷十《墓塚》载："刘元帅墓，为中书行省左丞讳刘深之墓，在县西八里，石兽碑碣尚有存者。"① 刘深的墓碑与其母之墓碑一样，也在宝坻县，说明宝坻县应是刘深家族墓地之所在。《墓碑》碑第 6 行明确记载："公讳深，字仲渊，世为大都宝坻人。"由此可知，刘深的籍贯为大都路宝坻县，字仲渊。

关于刘深的家世情况，碑文也有一定的介绍，第 6 行说："自大父以上，遭金源板荡，失其名次。"可知刘深家族在金代并没有什么显赫的官职，否则不会名讳尽失。碑文第 6 至 7 行说，刘深之父"讳子成，性恬憺，不乐仕进，□□□□□□.兵南下，尝扈从，充监军。河南平，脱身归乡里，悠游年岁，隐居以自适"。"□□□□□□.兵南下"在元代史料中多指蒙古军南下攻打金军，尤其"河南平"指 1234 年蒙古灭金。刘深之父刘子作为宝坻县人，能在蒙古军队中任职，应为较早投降蒙古的汉人，"充监军"说明后来他在元军中充当监军。第 22 行有"出良将于畎亩之中"之句，"畎亩"说明刘深出生于农家。第 25 行有"朝为白屋之烈士，暮为细柳之将军"的表述，"白屋"指茅屋，代指寒士的住所。通过这两句，我们可以知道宝坻刘氏大概也不是阀阅之家。

《墓碑》第 9 行说："己未之渡江，公在部伍中，遇敌转战，为师长奇之。""己未"即宪宗九年（1259）。史载，宪宗八年（1258）忽必烈受命代替塔察儿统帅左翼军，攻打长江中游重镇鄂州，以接应主力东出四川。"己未之渡江"应是指 1259 年蒙军渡江攻鄂州之役。由碑文可知，刘深参加了这次战争，并在此战中脱颖而出，受到重视，为以后的晋升打下基础。

《墓碑》第 9—11 行说："中统三年，从攻逆壇于济南，力□□□□□□.□□□物货甚厚，寻□□□□□□.□□水军万户府□□，由是□知水战之利。"这段话缺漏较多，但还是可以看出大意：中统三年（1262），刘深参加了讨灭李璮的战役，此后参加了水军万户府，由此开始了在水军中的征战。元军擅长马战，随着战线向南方推进，河流湖泊越来越多，训练一支水军变得越来越迫切。元军水军最

---

① 乾隆《宝坻县志》卷 10《封表·冢墓》，成文出版社 1969 年版，第 482 页。

早由易州人解诚创建。①《元史》卷一六五《朱国宝传》载："朱国宝，其先徐州人，后徙宝坻。……宪宗将攻宋，募兵习水战，国宝以职官子从军，隶水军万户解诚麾下。己未，世祖以兵攻鄂，国宝摄千户……（中统）三年，围李璮于济南，佩金符，镇戍东海。从征襄阳，摄四翼镇抚，督造战船，筑万山堡。"②朱国宝与刘深都是宝坻人，都由父职入官参加水军，后来攻鄂、征李璮、征襄阳等经历都相同，刘深初期可能也是隶属于水军万户解诚麾下。碑刻漫漶，"水军万户府"后二字不清，联系后文主要记述刘深从千户到总管再到万户的升迁，推测此处记载可能为刘深升为水军万户府百户或弹压。

平定李璮之后，至元四年（1267）安抚使刘整献策，集中攻打汉水流域的襄樊城。襄阳和樊城跨汉水两岸，攻下襄樊可以顺汉水抵长江，顺流而下到达临安，攻灭南宋。襄樊地位的重要性使元与南宋对襄樊都极为重视，双方在此进行了长时间的对峙。攻打襄樊时期是元军大建水师的重要时期，至元七年（1270）刘整"与阿术计曰：'我精兵突骑，所当者破，惟水战不如宋耳。夺彼所长，造战舰，习水军，则事济矣。'乘驿以闻，制可。既还，造船五千艘，日练水军，虽雨不能出，亦画地为船而习之，得练卒七万"③。作为水军将领的刘深在水军迅猛发展时期也得到快速升迁，《墓碑》第11行说："至元六年，师围襄樊及百丈、鹿门二山，公首取其襄城外堡，又以舟师克敌于罐子滩，遂升千户"。元军在襄樊周围鹿门、白河口、百丈山、万山等处修筑城堡，围困襄樊，宋军也展开反包围的战斗，其中罐子滩之战即史载至元七年宋将范文虎援助襄阳的战斗，刘深在夺取襄城外堡后又率领舟师取得罐子滩之战的胜利，因此而升千户。

襄樊战役是宋元之间一场耗时五年的围困战，襄阳与樊城守军互为唇齿坚持抵抗元军的围攻。至元九年（1272）三月元军攻破樊城外郭，次年正月攻破樊城，不久宋军守将吕文焕即以襄阳降元。《墓碑》第12—13行说："然自围襄，历四年不下，盖襄之所以持久者，倚

---

① 王风雷：《元代水军训练及军事科技教育》，《蒙古史研究》第11辑，科学出版社2013年版，第91页。

② 《元史》卷165《朱国宝传》，第3876页。

③ 《元史》卷161《刘整传》，第3787页。

第一章　失序社会中崛起的河北军功家族　55

□□□□□□□□□．□□□□□□□上取樊之策，仍□□临冲钩梯之具，且曰：'谋人之兵，败则死之，如所言不效，请以死罪从事。'省府从之。连拔其城，擢管军□□□□□□□□．""上取樊之策"说明此句所指应为攻樊城之事。这里的"省府"应该指河南等处行中书省，属于临时执行军事征伐任务的行省。①碑刻漫漶，但大致可以看出，在攻取襄樊的战略战术上，刘深主张先攻取樊城，后来也取得成功。《元史》卷七《世祖四》也记载："（至元九年十一月）癸酉，以前拔樊城外郭功，赏千户刘深等金银符。"②可见刘深在攻下樊城之战中确实立下大功。元制"万户之下置总管，千户之下置总把，百户之下置弹压……万户、千户、百户分上、中、下。万户佩金虎符，符跌为伏虎形，首为明珠，而有三珠、二珠、一珠之别。千户金符。百户银符"③。如前文所述刘深在罐子滩之战后升千户，在焦山之役后升万户佩金虎符（后文有述），而樊城之战发生时间正处于这两场战役之间，再据元军制可知，刘深在攻取樊城后擢升的应该为管军总管，即元军制中万户之下的总管。

《墓碑》第14行说："至元十一年，大举南伐，公在诸将中，每战有功，如沙洋、新城、渡江之役，以功加武义将军。焦山之役，以功升万户，佩金虎符。"至元十一年（1274），忽必烈任命伯颜为征宋的总统帅，大举南伐。大军自襄阳而下，首先到达郢州，伯颜观察地形，大军在黄家湾堡绕道汉水，放弃攻郢而去。渡江之役指阳逻堡渡江战役。关于渡江的地点，伯颜颇经过一些考虑。《元文类》卷四一《经世大典序录二·征伐》载："（至元十一年）十一月廿三日，伯颜大会亲将，议渡江，遣总管刘深、千户马福观沙湖水势，令诸将皆趋汉口。诸将曰：'汉口水急且有备，不若由沦河转取沙武口以入大江。'伯颜遣舰沙武口，宋将夏贵坚守，其势难犯……"④此后元军攻占沙武口，进至

---

① 李治安：《元代河南行省研究》，《蒙古史研究》第6辑，内蒙古大学出版社2000年版，第93页。
② 《元史》卷7《世祖四》，第143页。
③ 苏天爵编：《元文类》卷41《杂著·经世大典政典总序·军制》，商务印书馆1958年版，第591页。
④ 苏天爵编：《元文类》卷41《杂著·经世大典政典总序·征伐》，商务印书馆1958年版，第556页。

阳逻堡，伯颜密令阿术趁夜自阳逻堡渡江，胜利到达长江南岸。在焦山之役中，刘深"以功升万户，佩金虎符"。《元史》卷八《世祖五》记载："（至元十二年秋七月）辛未，阿术、阿塔海登南岸石公山，指授诸军水军万户刘琛循江南岸，东趋夹滩，绕出敌后。董文炳直抵焦山南麓，以掎其右；招讨使刘国杰趣其左；万户忽剌出捣其中；张弘范自上流继至，趣焦山之北。大战自辰至午，呼声震天地，乘风以火箭射其箬篷。宋师大败，世杰、虎臣等皆遁走。"① 刘深绕出敌后，与诸将合围取得焦山之战的胜利。《元史》记焦山之战前刘深已经是万户，但据《墓碑》记载，焦山之战后刘深才升为万户，《元史》的记载应属事后追述，《墓碑》为一手材料，刘深应是在焦山之战后才升为万户。

《墓碑》第14至15行说："至元十一年，大举南伐，公在诸将中，每战有功，如沙洋、新城、渡江之役，以功加武义将军。焦山之役，以功升万户，佩金虎符。越明年，攻▢▢▢▢．▢▢▢▢▢▢▢以功授▢远大将军，寻改授昭勇大将军、和州达鲁花赤。""越明年"指至元十二年（1275）。《元史》卷五九《地理二》记庐州路下有和州，"和州，中。唐改历阳郡，后仍为和州。宋隶淮南西路。元至元十三年，置镇守万户府。明年，改立安抚司。又明年，升和州路。二十八年，降为州，隶庐州路"②。碑刻文字残缺，但基本可以推测，刘深被任命为和州达鲁花赤应在至元十二年或之后不久。

至元十四年（1277），刘深参加了追讨南宋二王的战役。《墓碑》15至16行说："至元十四年以宋孽未殄，▢▢▢▢．▢▢▢▢以公为沿海招讨使，俄授沿海经略使、行征南左副都元帅，仍锡两台银印绶，遂率白鹞舟舰自庆元遵海而南。"由刘深从庆元出发追击南宋君臣可知，此前他任沿海招讨使驻守庆元。与刘深一同驻守庆元的有沿海招讨使哈剌䚟，《元史》卷一三二《哈剌䚟传》载："十四年，赐金符，宣武将军、沿海招讨副使，行省檄充沿海经略副使，俾与刘万户行元帅府事于庆元，镇守沿海上下，南至福建，北趾许浦。"③ 这里的刘万户即刘深。

---

① 《元史》卷8《世祖五》，第168页。此处"刘琛"当为"刘深"之误。
② 《元史》卷59《地理二》，第1411页。
③ 《元史》卷132《哈剌䚟传》，第3216页。

第一章　失序社会中崛起的河北军功家族　57

　　至元十四年（1277），刘深自庆元南下征伐南宋的流亡小朝廷。《墓碑》第17行说："与逋寇张世杰等▢▢▢▢▢▢▢▢▢▢▢▢▢中数战，世杰仅以身免，生获文武官百、军二千，有司奏其功。"《宋史》卷四七《本纪第四十七》记载："（至元十四年十一月）元帅刘深以舟师攻昰于浅湾，昰走秀山……（十二月）丁丑，刘深追昰至七州洋，执俞如珪以归。"① 碑文中所提到的"世杰仅以身免，生获文武官百、军二千"，应是《宋史》所记载的七州洋之战。《宋史》记载"执俞如珪以归"，大概刘深在浅湾、七州洋之战后回军到庆元。

　　《墓碑》第18行至20行说："▢▢▢▢▢▢▢▢▢▢▢▢▢▢深加▢▢▢▢，八月▢▢，以公宿将望重，仍敕巡镇诸江口，故以旧率水军肆焉，别赐其官属金虎符一，金符六。▢▢▢▢▢▢▢▢▢▢有三▢▢▢是从公给付之。将赴任，▢▢开平，遂有是请。"碑刻漫漶，影响了对刘深此后行踪的研究。但据《元史》卷一三二《哈剌䚟传》记载，与刘深关系密切的哈剌䚟于至元十五年（1278）"还军庆元。秋八月，入觐，帝问曰：'汝何氏族？'对曰：'臣哈鲁人。'赐金织文衣、鞍勒，擢昭武大将军、沿海左副都元帅、庆元路总管府达鲁花赤，将所部军戍海口"②。哈剌䚟八月入觐，碑刻中也有刘深"八月▢▢"，随后受敕命，且有"将赴任，▢▢开平"一语。笔者推测，与哈剌䚟一样，大概在七州洋海战之后，刘深回到庆元，于至元十五年八月到上都入觐忽必烈，遂请刘元撰写墓碑。

　　《元史》卷一〇《世祖七》记载："（至元十六年十一月）戊辰，命湖北道宣慰使刘深教练鄂州、汉阳新附水军。"③ 至元十六年（1279）十一月已是湖北道宣慰使的刘深受命教练鄂州、汉阳新附水军。《元史》卷一一《世祖八》载至元十八年（1281）十月己酉"立行中书省占城，以唆都为右丞，刘深为左丞，兵部侍郎也黑迷失参知政事"④。刘深在至元十八年十月被任命为新建立的占城（亦称占婆）行中书省左丞。后占城反叛元廷，元廷以唆都为将征伐占城，《元史》卷一二

---

①　脱脱等：《宋史》卷47《瀛国公纪》，第943—944页。
②　《元史》卷132《哈剌䚟传》，第3216—3217页。
③　《元史》卷10《世祖七》，第217页。
④　《元史》卷11《世祖八》，第235页。

《世祖九》载，至元十九年（1282）六月"戊戌，以占城既服复叛，发淮、浙、福建、湖广军五千、海船百艘、战船二百五十，命唆都为将讨之"①。《元史》卷一二九《唆都传》亦载唆都于至元"十八年，改右丞，行省占城。十九年，率战船千艘，出广州，浮海伐占城"②。此时刘深作为占城行省左丞，应该也随同唆都一起参加了至元十九年征占城的战争。此后史籍对刘深的记载较少，《元史》卷一三六《哈剌哈孙传》记载："（大德）五年，同列有以云南行省左丞刘深计倡议曰……"③可知，到了元大德五年（1301），刘深已是云南行省左丞。

二 刘深的评价问题

刘深前半生战功赫赫，但大德年间征八百媳妇国是他从辉煌走向灭亡的转折点。大德初年，八百媳妇国经常进攻云南边境。《经世大典》记载："大德元年，八百媳妇国与胡弄攻胡伦，又侵缅国，车里告急，命云南省以二千或三千人往救。二年，与八百媳妇国，为小车里胡弄所诱，以兵五万与梦胡龙甸土官及大车里胡念之子汉纲争地相杀，又令其部曲混干以十万人侵蒙样等。云南省乞以二万人征之。四年，梁王上言，请自讨贼。"④《元史》卷一三六《哈剌哈孙传》载，元大德五年（1301年）"同列有以云南行省左丞刘深计倡议曰：'世祖以神武一海内，功盖万世。今上嗣大历服，未有武功以彰休烈，西南夷有八百媳妇国未奉正朔，请往征之'"⑤。这里的"同列"指右丞相完泽，《元史》卷一五六《董士选传》记载："时丞相完泽用刘深言，出师征八百媳妇国……而完泽说帝：'江南之地尽世祖所取，陛下不兴此役，则无功可见于后世。'帝入其言，用兵意甚坚，故无敢谏者。"⑥可见，征八百媳妇国是由刘深首倡，丞相完泽对此支持并上奏成宗皇帝。蒙古帝国是黄金家族的共同财产，每位大汗都有扩大这份财产的责任。此时的元成宗

---

① 《元史》卷12《世祖九》，第243—244页。
② 《元史》卷129《唆都传》，第3152页。
③ 《元史》卷136《哈剌哈孙传》，第3293页。
④ 苏天爵编：《元文类》卷41《杂著·经世大典政典总序·征伐》，商务印书馆1958年版，第581页。
⑤ 《元史》卷136《哈剌哈孙传》，第3293页。
⑥ 《元史》卷156《董士选传》，第3678页。

即位时间不长，他也想借此次征战来建立军功、树立威信，这次出征被赋予了很多的政治意义。

但这个建议遭到左丞相哈剌哈孙和御史中丞董士选的强烈反对。哈剌哈孙认为："山峤小夷，辽绝万里，可谕之使来，不足以烦中国。"①董士选进言："今刘深出师，以有用之民而取无用之地。就令当取，亦必遣使谕之，谕之不从，然后聚粮选兵，视时而动。岂得轻用一人妄言，而致百万生灵于死地？"②哈剌哈孙自至元二十八年（1291）至大德二年（1298）任湖广行省平章政事，对西南边疆的状况较为了解；且他总结世祖朝对外夷的征战，在谏止为征交趾发湖湘富民屯田广西时，曾提出"往年远征无功，疮痍未复，今又徙民瘴乡，必将怨叛"③。元世祖忽必烈的数次海外征伐，有半数没有达到预期效果，有的甚至还损失惨重。哈剌哈孙和董士选的反对不失为一种远见与卓识，不幸的是他们的意见并没有被一心开边建功业的元成宗采纳。

大德四年（1300）十二月癸巳，元成宗"遣刘深、合剌带、郑祐将兵二万人征八百媳妇，仍敕云南省每军十人给马五匹，不足则补之以牛"④，以刘深为主将开始征伐八百媳妇国。《元史》卷二〇《成宗三》记载，大德五年（1301）二月己卯"以刘深、合剌带并为中书右丞，郑祐为参知政事，皆佩虎符"⑤。同年二月丁亥"立征八百媳妇万户府二，设万户四员，发四川、云南囚徒从军"⑥。大德五年五月丙寅"诏云南行省自愿征八百媳妇者二千人，人给贝子六十索"⑦。

西南地区地势险要、道路难通，军需筹措不易，"江汉、湖湘之民饷军，率用米三十石不足致一石。家人父子皆行，困踣道路，累百人无一二还者"⑧。这次出征未到达八百媳妇国，即因征调军需激起了土官蛇节、宋隆济的叛乱。《元史》卷二〇《成宗三》载："（大德五

---

① 《元史》卷136《哈剌哈孙传》，第3293页。
② 《元史》卷156《董士选传》，第3678页。
③ 《元史》卷136《哈剌哈孙传》，第3292页。
④ 《元史》卷20《成宗三》，第433页。
⑤ 《元史》卷20《成宗三》，第433页。
⑥ 《元史》卷20《成宗三》，第434页。
⑦ 《元史》卷20《成宗三》，第435页。
⑧ 虞集：《道园类稿》卷37《董忠宣公家庙碑铭》，《元人文集珍本丛刊》第6册，新文丰出版公司1985年版，第197页上。

年五月）壬戌，云南土官宋隆济叛。时刘深将兵由顺元入云南，云南右丞月忽难调民供馈，隆济因绐其众曰：'官军征发汝等，将尽剪发黥面为兵，身死行阵，妻子为虏。'众惑其言，遂叛。"①《元史》卷一三六《哈剌哈孙传》载："道出湖广，民疲于馈饷。及次顺元，深胁蛇节求金三千两、马三千匹。蛇节因民不堪，举兵围深于穷谷，首尾不能相救。"②宋隆济叛乱之后，刘深未能立刻控制住局面，反因溃逃而被朝臣弹劾。大德六年（1302），江南行御史台中丞陈天祥专门针对征八百媳妇国上《征西南夷疏》说："深欺上罔下，帅兵伐之，经过八番，纵横自恣，恃其威力，虐害居民，中途变生，所在皆叛。深既不能制乱，反为乱众所制，军中乏粮，人自相食，计穷势蹙，仓黄退走，土兵随击，以致大败。深弃众奔逃，仅以身免，丧兵十八九，弃地千余里。"③由上可知，此次叛乱的主要原因是在当地征集军需导致民不堪命。

除因征集军需引发叛乱外，出征军队将领间的矛盾可能也是这次出征失败的重要原因。参与这次出征的还有著名的水军将领张弘纲。据《张弘纲墓志》载："右丞刘深任开边，夙忌憾公，故挤挽有是行。公愬于淮东宣司曰：'刘右丞不知兵，贪功勤远，使隶麾下，必挟隙沮我，身不足惜，系国事匪轻尔。'即就道，深果督军务深入，公策皆不听。道当由八番进，八番赂深，改道鬼州，顽苗先叛，虽所向无前直抵蛮穴，继而粮尽兵疲，伏发杪树，箐断险要，卷空鼓竭，公挥刃大呼曰：'吾效命今日矣。'遂殁于陈，实是年十二月七日也。"④陈旅《安雅堂集》卷五《张武定庙堂诗序》载："深与公有宿衅，迫公同行，公年六十五矣，计不得脱，则曰：'即死深手，不若死于戎行，吾其择死所乎？'至鬼州画计，深皆不从，驱兵入险厄，馈运不继，士卒饥惫不能战，深弃军宵遁，公遂力战以死。"⑤许有壬《左丞张武定公挽诗序》记这次征八百媳妇国说："主帅憸人，且夙有隙，公策可决胜，皆捍格

---

① 《元史》卷20《成宗三》，第435页。
② 《元史》卷136《哈剌哈孙传》，第3293页。
③ 《元史》卷168《陈天祥传》，第3948页。
④ 北京市文物研究所：《元铁可父子墓和张弘纲墓》，《考古学报》1986年第1期。
⑤ 陈旅：《安雅堂集》卷5《张武定庙堂诗序》，"中央国立"图书馆1970年版，第207页。

不入。"① 从这几条材料可见,刘深与张弘纲"夙忌憾""有宿衅""夙有隙",二人之间矛盾突出。出征军队将领间不能和衷共济,反而矛盾重重,这必然影响征战进程。

蛇节与宋隆济的叛乱,被平章刘国杰平定。大德六年(1302)二月丙戌"罢征八百媳妇右丞刘深等官,收其符印、驿券"②。刘深得罪,遇天下大赦应赦免,但被哈剌哈孙以"徼名首衅,丧师辱国,非常罪比,不诛无以谢天下"③ 而拒绝。大德七年(1303)三月乙巳,"以征八百媳妇丧师,诛刘深,笞合剌带、郑祐,罢云南征缅分省"④。征八百媳妇国的失败,挫伤了元成宗即位之初希望像世祖皇帝一样建立赫赫武功的雄心,从此他再没有发动对外夷的大规模战争,元成宗终成一代守成之主。从某种意义上来说,杀掉刘深也是元成宗转变对外政策所释放的一种政治信号。

对于刘深的评价,元人均持否定态度。陈天祥在《征西南夷疏》中认为:"此乃得已而不已之兵也……军劳民扰,未见休期,只深一人,是其祸本。"⑤ 元人揭傒斯和虞集分别在《寄题张齐公庙》⑥ 和《道园类稿》卷一《万户张公庙堂诗并序》⑦ 指责刘深"射功利",鼓动成宗开边。清人汪辉祖对此提出了不同看法,其所著《元史本证》针对《元史·完泽传》中对完泽"能处之以安静不急于功利,故吏民守职乐业世称贤相云"的评价,指出:"案《董士选传》,'丞相完泽用刘深言,出师征八百媳妇国','由是民死者亦数十万,中外骚然'。而完泽说帝'江南之地尽世祖所取,陛下不兴此役,则无功可见于后世','帝入其言用兵意甚坚'。是完泽固急于功利者,《传》讳之太深矣。"⑧

---

① 许有壬:《许有壬集》卷30《左丞张武定公挽诗序》,中州古籍出版社1990年版,第391页。
② 《元史》卷20《成宗本纪三》,第440页。
③ 《元史》卷136《哈剌哈孙传》,第3293页。
④ 《元史》卷21《成宗本纪四》,第450页。
⑤ 《元史》卷168《陈天祥传》,第3948—3949页。
⑥ 揭傒斯著,李梦生标校:《揭傒斯全集》,上海古籍出版社1985年版,第232页。
⑦ 虞集:《道园类稿》卷1《万户张公庙堂诗序》,《元人文集珍本丛刊》第5册,新文丰出版公司1985年版,第290页。
⑧ 汪辉祖著,姚景安点校:《元史本证》卷35《完泽传》,中华书局1984年版,第392—393页。

汪辉祖认为完泽是征八百媳妇国的重要推动者，《元史》对完泽的评价并不客观。这种看法是有道理的。上文也提到这次出征得到元成宗批准，其中隐含有重要的政治意图。大德初年八百媳妇国常挑动战争，征伐八百媳妇国没有战略错误。只是战前准备不足，行军中途在当地征索军需激起民变，加之将领之间矛盾，作战中指挥失当，才导致征战失败。胜败乃兵家常事，并不能将责任都推在刘深身上。丞相完泽与元成宗希望通过战争建立功业，草率发动战争，才应该对此负主要责任。刘深被杀，在很大程度上成为元成宗和丞相完泽的替罪羊。

综上所述，将出土碑刻与文献相结合进行研究，对元军将领刘深有了更清晰的认识和了解。他在己未年参与渡江之战，平定李璮之乱后进入水军，被任命为百户，攻襄樊期间先后被任命为千户和管军总管，焦山之战后被任命为万户。此后，他继续参加追讨南宋残余势力的战斗。征讨八百媳妇国是他人生的转折点，他因出征失败而被杀，成为元成宗的政治牺牲品。

第五节　元张弘略碑传资料杂考

张柔是大蒙古国时期著名的汉人世侯，顺天张氏家族在蒙元时期具有极高的地位。张柔共有十一子，以第八子张弘略和第九子张弘范最为知名。张弘略继承张柔的爵位，张弘范作为统帅，在1279年最终将南宋灭亡。张柔家族墓地在今河北省保定市满城区岗头村，至今尚存张柔神道碑和张弘略神道碑。张柔神道碑有《畿辅通志》收录，为学者所利用。民国《满城县志略》对张弘略神道碑只有简介："蔡国公张柔墓碑，在县北十五里冈头村西北。中奉大夫张弘略墓碑，同上。按，此碑刘赓书。"[1] 孟繁峰、孙待林二位先生对张柔墓进行调查，文后附《张弘略神道碑》，并进行了初步的研究。[2] 近年出版的《满城历代碑刻辑录》[3] 收录了张弘略神道碑及1998年出土的张弘略墓志铭和其妾花氏

---

[1] 陈昌源：《满城县志略》，成文出版社1969年版，第414页。
[2] 孟繁峰、孙待林：《张柔墓调查记》，《文物春秋》1996年第3期。
[3] 范福生主编：《满城历代碑刻辑录》，河北教育出版社2011年版。

的墓志铭,张弘略及其妾花氏墓的考古简报也已公布①,为张弘略及其家族研究提供了新资料。本节试对张弘略神道碑、墓志铭及花氏墓志铭进行考释,以期促进对顺天张氏家族的研究,请方家斧正。

张弘略墓志的撰写者为郭贯。郭贯,字安道,清苑县人,郭贯与张弘略同为郝经弟子,且二人均为保定人,所以郭贯在写墓志铭时说:"贯非老于文者,以公遇贯之厚,而贯知公之深也,义不敢辞。"张弘略神道碑的撰写者为姚燧。姚燧为元初名臣姚枢之侄,理学宗师许衡弟子,颇有文名,是元初文坛领袖。姚燧的作品相当丰富,其弟子刘致曾经将姚燧作品加以搜集、整理,编成《牧庵文集》五十卷,但明清时期散佚了。今存《牧庵集》三十六卷,系清代四库馆臣从《永乐大典》中辑出,较元刊本篇目为少。张弘略神道碑为现存《牧庵集》所未收,提供了一篇姚燧的佚文。神道碑的篆额者为郝采麟。郝采麟为郝经之子,张弘略为郝经的学生,郝采麟与张弘略应该也关系密切。神道碑的书丹者为刘赓,刘赓字熙载,洺水人,他"久典文翰,当时大制作多出其手"②。

关于张弘略的卒年。《元史·张弘略传》载:"元贞二年卒。赠推忠佐理功臣、银青荣禄大夫、平章政事、上柱国、蔡国公,谥忠毅。"③而《张弘略神道碑》记载:"公自宪庙辛亥以讫元贞乙未,四十六年退处半之",明确张弘略卒于元贞乙未年,而元贞乙未年为元贞元年(1295)。《元史》本传与《神道碑》记载相差一年。《张弘略墓志铭》记载更为详细:"元贞元年二月二十三日,中奉大夫河南江北等处行中书省参知政事张公薨于位,享年六十。"张弘略卒于元贞元年二月二十三日。《元史》本传记载其卒年为元贞二年(1296),而神道碑与墓志铭都记载卒于元贞元年。墓志在张弘略去世后、下葬前撰写,时间不会相差一年,张弘略的卒年应为元贞元年。

《张弘略神道碑》中说其"从故翰林学士陵川郝君经学,综博群书,精极翰墨"。这为元代书法史提供一条珍贵的资料。张弘略精于书

---

① 河北省文物保护中心、保定市文管所、满城县文管所:《元张弘略及夫人墓清理报告》,《文物春秋》2013年第5期。
② 《元史》卷174《刘赓传》,第4063页。
③ 《元史》卷162《张弘略传》,第3478页。

法，但元代专门的书法史著作《书史会要》中没有提到张弘略。《安徽金石略》记载亳州有张弘略手书碑，"元张弘略手书碑，泰定元年，在亳州，未见。在亳州城东北隅关帝庙前，碑高一丈，宽五尺，厚一尺，四面杂书楚辞、唐诗，泰定元年弘略子张珪立石"①。这条材料说张珪为张弘略之子，有误。张珪为张弘范之子、张弘略之侄。张弘略手书碑刻写唐诗、楚辞，应为一块书法碑，可见张弘略具有一定的书法造诣。

萧启庆先生撰《元代几个汉人世侯的仕宦与婚姻》②，对汉人世侯家族进行研究，但限于资料，对顺天张氏的考察有所局限。如对张弘略几个儿子的出身情况，仅知张玠为宿卫出身，对张瑾、张琰的情况则不详。《神道碑》中指出："瑾、琰，咸备宿卫。"可见张瑾、张琰与其兄张玠一样，都是由宿卫出身。关于张氏家族的婚姻，《神道碑》也提供了新的资料。《神道碑》载："二夫人皆王姓，皆有懿行，皆前卒。"《墓志铭》载："夫人二，皆姓王氏，咸有淑德，先公卒，今祔之。"可见张弘略有两位夫人，都姓王。但张弘略墓西侧室出土"蔡国夫人李氏"墓砖③，可能张弘略有一位李氏夫人，因早卒等原因不为外人所熟知。另外《花氏墓志铭》记载张弘略配偶还有花氏，但张弘略的《神道碑》与《墓志铭》皆不载。且花氏墓志只说其"涿郡范阳人"，可见其出身并不是十分高贵，推测应为张弘略之妾。张弘略的三个儿子中，二子张瑾为花氏所出。《神道碑》记载"女二人，咸归名族"，《墓志铭》记载"女三人，未有适"。二者记载有歧异，其中一者必误，但可以肯定张弘略至少有女二人。

张弘略的《神道碑》《墓志铭》较《元史·张弘略传》记事更为详细。如关于张弘略被弹劾居家，《元史》记载："有谮贵臣子在江南买田宅乐而忘归者，词引弘略。"未明张弘略被冤免官家居在何年。《神道碑》中记载："明年，或谮贵臣子孙多市田宅江南，乐而忘归，上问何人，乃引今中书左丞史杠等及公为对。驿召杠自建康，公至自亳。"其中的"明年"承接上文至元二十二年（1285）来说，所以张弘略被

---

① 《安徽金石略》卷8《元张弘略手书碑》（《石刻史料新编》第1辑第16册），新文丰出版公司1982年版，第1175页。
② 萧启庆：《内北国而外中国：蒙元史研究》，中华书局2007年版，第276—345页。
③ 河北省文物保护中心、保定市文管所、满城县文管所：《元张弘略及其夫人墓发掘简报》，《文物春秋》2013年第5期。

免官在至元二十三年（1286）。而且，从神道碑中可以看出，与张弘略一同免官的还有史杠等人。史杠是史天泽第四子，属于蒙元时期同样显赫的真定史氏家族。史杠《元史》无传，石家庄后太保史氏家族墓群出土史杠墓志，记载："十八年，转正议大夫江东建康道提刑按察使。二十四年，除保定路总管"①。至元十八年（1281）史杠任江东建康道提刑按察使，与《张弘略神道碑》所说"驿召杠自建康"相合。但与张弘略被弹劾后居家六年不同，至元二十三年史杠被召回后，至元二十四年（1287）任保定路总管，只是从南方被召回北方做官，离忽必烈皇帝更近而已。相比于真定史氏，忽必烈对顺天张氏戒备更深。

至元二十九年（1292）张弘略"会迎乘与龙虎台，请曰：'臣之子玠者长矣，愿入宿卫。'可之，赐酒曰：'卿年方艾，休仕何为？'第拜扣，终无所言"。张弘略被冤并不辩解，可能也是对其受到忽必烈的猜忌心知肚明。在张弘略请求将儿子入备宿卫作为人质后，才获准重新任职，从中也可见忽必烈对张弘略或说顺天张氏戒备之深。忽必烈曾评价顺天张氏："此家父子相继，自太祖皇帝以来，定中原，取江南，汉人有劳于国者，是为最。张氏、史氏俱称拔都，史徒以筹议，不如张之百战立功也。"② 可能正因为顺天张氏"百战立功"，才使忽必烈对其戒备更深。

《神道碑》载："至元三年，诏发民夫二十万入城大都，以荣禄大夫判行工部事起武康公将之，公为修筑宫城总管。凡筑内垣、罗郭周七十余里。"罗郭即外城，元大都"城方六十里"③。内垣即宫城，元大都宫城"周回九里三十步"④。两者相加，基本与七十余里相合。且从神道碑来看，张弘略不仅修筑了宫城，也参与了外城城墙修筑。

杜万一起义是元灭南宋后一次白莲教起义。《元史》"本纪"部分没有确切时间，《贾居贞传》系于至元十五年（1278）下。丁国范先生考证应在至元十七年（1280）。⑤ 据《张弘略神道碑》，在他"十六年

---

① 河北省文研所：《石家庄市后太保元代史氏墓群发掘简报》，《文物》1996年第9期。
② 虞集：《道园学古录》卷14《淮阳忠献王庙堂之碑》，《四部丛刊》初编本。
③ 《元史》卷58《地理志一》，第1347页。
④ 陶宗仪：《南村辍耕录》卷21《宫阙制度》，中华书局1959年版，第250页。
⑤ 丁国范：《关于杜万一起义的年代》，《元史及北方民族史研究集刊》第6辑，1982年。

迁江西宣慰使"后，才发生的杜万一起义，丁国范先生考证甚确。此事《神道碑》与《墓志铭》记载较为详细。《张弘略神道碑》记载："十六年迁江西宣慰使。饶人杜万一集众数万为乱都昌。都昌，饶属县也，时□参政贾居贞亦宣慰江西，公言：'饶虽江东之州，与吾南康止限彭蠡，此冠不戢，则吾州奸人必有效恶者。'贾公曰：'公闲战斗者，须兵几何人以从，事宜如何？听所自为。'□捣其巢，生擒杜万一而尸之□，余党散还，下令曰：'凡不操兵不盗，遇之皆齿平民。'后有列税民钜室姓名数百以为皆尝从贼。公曰：'元凶授首，毋庸求迹延诛。'火所□。"《墓志铭》记载："十六年，迁江西，其抚摩罢残，皆有政迹。是岁，遇疾而归……其宣慰江西也，都昌妖贼杜万一作乱，众至数万。公谓宣慰使贾公仲明曰：'都昌虽隶江东，而与我为邻，若待江东兵至，恐贼势益大，必犯我境，且难除也。不如出其不意，以兵先之，破之必矣。'贾曰：'公将家子，宜亟图之。'公乃选将，率锐卒直趋都昌，生擒杜万一等，斩首以殉，贼悉平。时有为匿名书者，连及江西富民数百家。公曰：'贼已就戮，此书将何以质之？'乃焚其书而民间怗然矣，其明断远识如此。"

相比而言，《元史》的记载则较为简略。《元史·张弘略传》记载："十六年，迁江西宣慰使。会饶州盗起，犯都昌。弘略以为：饶虽属江东，与南康止隔一湖，此寇不灭，则吾境必有相扇而起者。乃使人直捣其巢穴，生缚贼酋，磔于市，余党溃散。下令曰：'不操兵者，皆为平民，余无所问。'"《元史·张弘略传》上述记事没有指明这次饶州叛乱的首领是谁，韩儒林先生主编《元朝史》叙述灭宋前后百姓的抗元斗争，将这件事系于至元十六年（1279），紧随其后叙述至元十七年（1280）杜万一起义，显然是将《元史·张弘略传》的这段记事与杜万一叛乱作为两件事叙述。① 但将《元史·张弘略传》载张弘略迁江西宣慰使后记事与《神道碑》《墓志铭》中至元十六年后任职江西宣慰使的相关记载作对比，张弘略自至元十六年任职江西宣慰使，期间主要的功绩就是镇压了杜万一起义，没有其他活动；《元史·张弘略传》至元十六年记载的叛乱与《神道碑》《墓志铭》记载的杜万一叛乱的地区都是都昌；对叛乱的处理基本相同，都是直捣其巢穴，将贼首生擒处死；甚

---

① 韩儒林主编：《元朝史》第 6 章，人民出版社 2008 年版，第 463—464 页。

至连对叛乱的事态分析都相同。可以肯定,《元史·张弘略传》所载至元十六年张弘略迁江西宣慰使后处理的叛乱就是杜万一起义。

需要指出的是,墓志中记载迁江西宣慰使后当年即归有误。在短短不到一年的时间内,张弘略不会"抚摩罢残,皆有政绩"。且杜万一叛乱发生在至元十七年,张弘略参与叛乱的平定,张弘略自江西西宣慰使罢归定在此之后,应以《神道碑》所载至元十九年(1282)为确。

据《神道碑》与《墓志铭》,张弘略治顺天时期,当地有赵五十起义。《神道碑》载:"路民有信为妖人术者,事觉,连捕良多,岸狱充牣。公则曰:'首乱者赵五十耳,深□何为?'麕惟诛五十者一人,他无□□□。"《墓志铭》载:"其治顺天也,赵六十者,诳诱乡民谋乱,逮捕既得,而连引甚众。共政者乃欲尽穷余党。公曰:'彼愚民无知,煽惑至此,必欲穷诘,非惟惊扰,恐滥及平民。'于是止戮一人而境内安。"具体是"赵五十"还是"赵六十",《墓志铭》与《神道碑》记载不同,必有一错。《墓志铭》只说"诳诱乡民谋乱",《神道碑》则说"路民有信为妖人术者",可见这也不是一次普通的动乱,与杜万一起义相同,也有一定的民间宗教背景。可惜受资料限制,关于这次动乱的详细情况有待于今后史料的进一步发掘。

《神道碑》载:"宪宗即位之年辛亥,宋顾放兵陆并邓之西山,劫洛西卢氏、永宁水,溯河焚卫之八柳渡仓。"《元史》卷四《世祖纪一》记载:"太宗朝立军储所于新卫,以收山东、河北丁粮,后惟计直取银帛,军行则以资之。帝请于宪宗,设官筑五仓于河上,始令民入粟。宋遣兵攻虢之卢氏、河南之永宁、卫之八柳渡,帝言之宪宗,立经略司于汴,以忙哥、史天泽、杨惟中、赵璧为使,陈纪、杨果为参议,俾屯田唐、邓等州,授之兵、牛,敌至则御,敌去则耕,仍置屯田万户于邓,完城以备之。"① 据《元史·百官志》及《经世大典》,元代沿河诸仓共有十九座,忽必烈请立的"官筑五仓"不仅是最早的河仓,而且是元代粮仓真正确立的标志。② "官筑五仓"具体指哪五仓已经不得而知,但从《神道碑》中宪宗辛亥年(1251)八柳渡仓被焚毁的记载,可以肯定八柳渡仓是最早的沿河五仓之一。从后来沿河仓中不见八柳渡仓的

---

① 《元史》卷4《世祖本纪一》,第58页。
② 王颋:《元代粮仓考略》,《安徽师范大学学报》1981年第2期。

记载来看，很可能这次焚毁之后没有重新修筑。

王慎荣先生著《元史探源》指出："张弘略传的资料来源另有所本，尚待探查。"① 对比《元史·张弘略传》与《神道碑》《墓志铭》，可以看出本传记事不出二者范围，互有详略。至元二十三年（1286）张弘略被召自亳州，《元史》记："有谮贵臣子在江南买田宅乐而忘归者，词引弘略。或谓弘略曰：'公但居亳，未尝在江南，入见宜自明。'弘略曰：'明之则言者获谴矣，吾宁称疾家居。'"② 《墓志铭》则记载较为简略，"二十三年，乘传赴召至阙下，以疾得请居京师私第，杜门不出者将十年"。《神道碑》记载："或谮贵臣子孙多市田宅江南，乐而忘归，上问何人，乃引今中书左丞史杠等及公为对。驿召杠自建康，公至自亳。人杠之曰：'公方居亳，未尝在南，宜入见自明。'公则曰：'上幸未问而不予罪，何明？明之，则言明之者为罔，得谴矣。'或者曰公长者也，宁称疾家居者六年。"同一件事，《元史·张弘略传》与《神道碑》记载较为详细，且文字有相似之处；而《墓志铭》记载较为简略，相比前二者遗漏了很多信息。如前述，对于张弘略的卒年，《神道碑》与《墓志铭》均记载为元贞二年（1296），而《元史·张弘略传》则记为元贞元年（1295），有一年之差。可见《元史·张弘略传》应是杂抄《墓志铭》《神道碑》等而来。

---

① 王慎荣：《元史探源》，吉林文史出版社1991年版，第201页。
② 《元史》卷147《张弘略传》，第3477—3478页。

第二章　元代河北的异域来客

河北地区自古以来就是民族接触与融合的前沿，汉唐的匈奴、鲜卑、柔然、突厥、契丹、奚等少数民族在河北北部一线与汉文明对峙。五代开始，契丹、女真等民族更是深入中原建立政权。蒙元时期更是我国民族融合的重要时期，除了北方民族，更有大批西域民族涌入中原，广泛分布，与汉族杂居。接触的加深导致融合的加剧，对河北地区产生深远的影响。相对来说，关于河北地区民族研究的成果并不很多。赵书新《元代腹里地区的民族分布概况》[1]从民族分类角度概述了各民族在腹里地区的分布状况。吴玉梅、冯瑞建、白少双《略论元代河北境内的色目人》[2]从职业分类角度概述了今河北省境内的色目人，并探讨其在生产、生活方式，宗教信仰和文化上的变化。冯金忠、陈瑞青著《河北古代少数民族史》[3]论述了今河北省境内元代蒙古族、色目人的来源与分布。总体而言，关于元代河北地区的民族研究，除了利用《老索神道碑》和《唐兀公碑》《述善集》研究元代河北西夏遗民外，多为概括性论述，鲜有深入之作。由此可见，新发现碑刻在深入研究元代河北地区民族史中的重要作用。本章在总论河北民族分布的基础上，发掘碑刻、方志与传统文献资料，对元代唐兀人昔李钤部家族、真定路的畏兀家族、真定汪古人八都鲁及广平路曲周县蒙古人酎温台家族进行研究。

第一节　蒙元时期河北的民族分布

蒙元时期是我国民族融合的重要时期，大批少数民族涌入中原，广

---

[1]《兰州学刊》2006年第5期。
[2]《西夏研究》2016年第1期。
[3] 民族出版社2013年版。

泛分布，与汉族杂居。他们与汉族通婚，对河北地区产生了深远的影响，今即搜集史料，考察河北各地区民族的分布，在此基础上尝试找寻这种分布的特点及成因。

兴和路。兴和路治所在今张北县，自古是汉文明与北方少数民族接触的前沿区，从汉文化的角度来看属于边缘区。但到元代这里位于大都路与上都路之间，元武宗还曾在此修建中都城，这里一度成为政治的中心区。与皇家政治相联系，这里有一些为皇家服务的卫军和织造机构。《元史》卷一二二《哈散纳传》载："至太宗时，乃命领阿儿浑军，并回回人匠三千户驻于荨麻林。"①《史集》记载荨麻林"此城大多数居民为撒麻耳干人，他们按撒麻耳干的习俗，建起了很多花园"②。《史集》的记载更进一步明确了荨麻林的回回工匠主要是中亚撒马尔罕人。

大都路。大都是元朝的都城之一，更是东西各个民族交汇的熔炉。大都具有数量庞大的各级官员、中外商人，他们中多有蒙古人与色目人。《元史》卷一三〇《不忽木传》记载："或言京师蒙古人宜与汉人间处，以制不虞。不忽木曰：'新民乍迁，犹未宁居，若复纷更，必致失业。此盖奸人欲擅货易之利，交结近幸，借为纳忠之说耳。'乃图写国中贵人第宅已与民居犬牙相制之状上之而止。"③元初中都（后来的元大都）回回户"计二千九百五十三户，于内多系富商大贾、势要兼并之家"④。可见大都的蒙古人、色目人数量相当多，与民犬牙相错而居。

《元统元年进士录》是元代仅存的两种进士题名录之一，其记载进士的籍贯、氏族、三代、婚姻，具有较高的史料价值，尤其是其中记载的少数民族进士情况是我们进行民族史研究的珍贵史料。蒙古色目人第二甲有"慕莴，贯大都路宛平县，回回于阗人氏，见居杭州"。"穆古必立：贯大都鹰房总管府〔附〕籍，回回人氏。"⑤

1962年北京市崇文区龙潭湖迤北吕家窑村出土铁可墓志，记载铁

---

① 《元史》卷122《哈散纳传》，第3016页。
② 拉施特著，余大钧、周建奇译：《史集》第2卷，商务印书馆1985年版，第324页。
③ 《元史》卷130《不忽木传》，第3169—3170页。
④ 王恽：《秋涧先生大全集》卷88《乌台笔补·为在都回回户不纳差税事》，《元人文集珍本丛刊》第2册，新文丰出版公司1985年版，第436页上。
⑤ 萧启庆：《元代进士辑考》，"中央"研究院历史语言研究所2012年版，第57、61页。

可为西域克什米尔人，国师那摩之侄。1990年北京市朝阳区王四营乡南豆各庄村发现元代西夏人后裔耿完者秃墓，出土耿完者秃墓志，墓志云："大元故亚中大夫宣政院判官耿完者秃，五十八岁，唐兀氏，天历二年四月十九日卒，葬大都路通县青安乡窦家庄祖茔。"① 耿完者秃唐兀氏，为西夏遗民。

保定路。保定路是大都之南的一个重要区域，交通四通八达，许多蒙古色目人在此定居。《保定路总管府题名之记碑》题名中有达鲁花赤"哈撒儿不花，畏吾儿氏，保定人。奉政大夫，由均州达鲁花赤迁，至正十八年四月初二日上"②。哈撒儿不花自称保定人，是定居保定路的畏吾儿人。《深州风土记》卷一一《元安平县达鲁花赤撒儿塔温公德政碑》记载："至正二年，博野蒙古氏撒儿塔温由拱卫百夫长来监安平县。"③ 博野为保定路所属八县之一，撒儿塔温是博野县蒙古人。

定州今存至正八年（1348）《重建礼拜寺记》碑记载："回回之人遍天下，而此地尤多。"姚大力先生怀疑此碑为明代重刻④，杨晓春先生则进一步考证此碑为明代所立⑤。碑刻可能为明代所立，但并不能据此否定定州元代有回回人。易县清真寺有《住持题名记碑》，记载此寺始建于元代，原寺在碑东村，至明正统年间毁于兵燹，明景泰二年（1451）迁现址重建。⑥ 如记载可信，易县元代应也有回回人。

保定路有西夏遗民在此定居。1984年保定颉庄出土《老索神道碑铭》，现存古莲花池。老索在壬辰年前后被任命为顺天路达鲁花赤，从此定居顺天路。⑦《老索神道碑》记载了老索四代在保定路的活动。一直到明代保定还有西夏遗民在活动，今古莲花池存两件明代西夏文经

---

① 北京文物研究所：《北京地区发现两座元代墓葬》，《北京文物与考古》第3辑，第222页。
② 刘铁增：《一通刻了十二年的碑刻》，《文物春秋》1996年第3期。
③ 《深州风土记》卷11《元安平县达鲁花赤撒儿塔温公德政碑》，《中国方志集成》本，上海书店出版社2006年版，第177页上。
④ 姚大力：《"回回祖国"与回族认同的历史变迁》，《北方民族史十论》，广西师范大学出版社2007年版。
⑤ 杨晓春：《河北定州清真寺〈重建礼拜寺记〉撰写年代详考》，《中国文化研究》2007年第3期。
⑥ 《河北省志·宗教志》第3编《伊斯兰教》，中国书籍出版社1995年版，第170页。
⑦ 崔红芬：《保定出土〈老索神道碑铭〉再研究》，《中国文化》2013年第2期。

幢，是这支西夏人在明代仍存在的记录。

真定路。真定路有几支畏兀儿人家族在此定居。元代首任奎章阁大学士忽都鲁都儿迷失，其弟普颜神道碑记述"父爱全受知宪宗，庄圣太后尤礼之，始命徙居镇阳，盖太后汤沐邑也"①。真定栾城哈珊家族也是真定著名的畏兀儿人家族。哈珊的祖父小云石脱忽怜为回鹘高昌王国的吾鲁爱兀赤，归太祖成吉思汗，从征西域，后侍睿宗于潜邸。真定为睿宗分地，所以小云石脱忽怜被任命为真定路的达鲁花赤。真定路栾城县有哈珊家族祖茔，《常山贞石志》有《哈珊神道碑》，北京大学图书馆收有此碑拓片。北京大学图书馆藏《畏兀儿六十施佛宝牙记》拓片显示畏兀儿人六十家族也定居真定。

《元统元年进士录》记载蒙古色目第一甲第一名"同同，贯真定路录事司，侍卫军户，蒙古□□那歹氏"②。□□那歹当为斡罗那歹。蒙古色目第二甲第三名"大吉〔慈〕，贯山东军户，见居真定路，哈儿鲁氏"③。哈儿鲁氏当为哈喇鲁氏。蒙古色目第二甲第七名"敏安达尔，贯真定路灵寿县，亦乞列思人氏。字达夫，行二，年廿六，四月初一〔日〕。曾祖抄合，县达鲁花赤。祖燕帖木儿，省宣使。父唐兀〔歹〕，□□〔人〕匠达鲁花赤"④。敏安达尔亦乞列思氏，蒙古人，其祖抄合为县达鲁花赤，以官定居真定路灵寿县。

灭宋统一全国后，在河北、山东地区设立山东河北蒙古军都万户府，各地军人驻扎人数更是增多。《元史》卷一五一《奥敦世英传附希恺传》载："希恺任真定路劝农事，"蒙古军取民田牧，久不归，希恺悉夺归之，军无怨言。"⑤民国《冀县志》卷八《元上万户达鲁花赤那海公神道碑》记载："公合剌吉台（哈剌契丹）人，小字那海，世居辽之故国。父曰脱密剌温，长身善射，勇冠一军……又从讨山东贼李璮至冀州之信都，因家焉。"⑥那海是西辽人，其祖上大概随成吉思汗西征

---

① 许有壬：《至正集》，《元人文集珍本丛刊》第7册，新文丰出版公司1985年版，第283页上。
② 萧启庆：《元代进士辑考》，"中央"研究院历史语言研究所2012年版，第55页。
③ 萧启庆：《元代进士辑考》，"中央"研究院历史语言研究所2012年版，第58页。
④ 萧启庆：《元代进士辑考》，"中央"研究院历史语言研究所2012年版，第59页。
⑤ 《元史》卷151《奥敦世英传附希恺传》，第3579页。
⑥ 王树枏：民国《冀县志》卷8，成文出版社1968年版，第464页。

军回返中原，其父脱密刺温后定居信都。冀州境内还有西夏军驻扎，王恽《便民三十五事》记载："冀州管内河西军户间处村落，不时骚扰，如强耕田、白采桑，欺凌农民等事，告发到官，司县不能追理。至元十七年省院已曾差官究治，此其显然也，合行严切禁约，不致别有侵渔。"①"强耕田、白采桑"，可见这些西夏军是在此驻屯。

河间路。《贞节夫人怯列牟氏传》载："庄武公讳曰某，大父曰野礼别实，赠嘉议大夫、上轻车都尉、河间郡侯；妣妥銮合敦氏，河间郡夫人。考刺真，由某郡万户赠中奉大夫、河间郡公；妣郭氏，河间郡夫人；朱氏，特封河间郡太夫人者，实生庄武也……庄武公，国之名族"②，庄武公是"国之名族"，则一定为蒙古人。庄武公大父只记载了赠官，没有记载实职，应该是官位不显，推测属于探马赤军士兵。其父刺真生前曾任某郡万户，则是一员疆场悍将。庄武公虽然没有记载其经历，但从任河南参政来看，已经从军事系统转而从政。到庄武公之子江西廉访副使字颜帖木儿时，这一蒙古军事世家已经开始注意学习汉文化，且文化水平已经很深。"宪副方在龆龀，鞠育训诲，慈爱诚悫。少长，俾出就学于成均，为天子诸生，器宇深靖，屹如老成。拜监察御史两道金外宪，淮东、浙西两副宪，移节江右。所至清节直道，凛如冰霜，不动声色，属部畏化，处心忠厚，而不可干以私，谦礼君子，崇尚学校，庶几德教，有古君子之风焉。"③萧启庆先生考证字颜帖木儿为虞集的学生，且善书。④蒙古人能在书法上有所成就尤为难能可贵。

字颜帖木儿之子脱因不花由国学生出仕宣文阁，王大本撰《沧州导水记》载："脱因不花者，故参政庄武公之孙、今江西宪副景仁公之子也，以国学上舍生，次置宣文阁。其人知学知义，又一乡之望，即以为己任而不辞。闻者壮其谋，从之如云，各执其物于两端，破其筑若摧枯拉朽，去其壅如决痈溃疣。义民所趋，水亦随赴。"⑤宣文阁的前身是

---

① 王恽：《秋涧先生大全文集》卷90《便民三十五事·禁约侵扰百姓》，《元人文集珍本丛刊》第2册，新文丰出版公司1985年版，第470页上。
② 虞集：《道园类稿》卷31《贞节夫人怯列牟氏传》，《元人文集珍本丛刊》第6册，新文丰出版公司1985年版，第105页下。
③ 虞集：《道园类稿》卷31《贞节夫人怯列牟氏传》，《元人文集珍本丛刊》第6册，新文丰出版公司1985年版，第106页上。
④ 萧启庆：《元代蒙古人的汉学》，《内北国而外中国》，中华书局2007年版，第655页。
⑤ 嘉靖《河间府志》卷2《建置志》，《天一阁明代方志选刊》本，上海书店1981年版。

元文宗设置的奎章阁，是专门品评书画的艺术机构，脱因不花能在此任职，足见其汉文化造诣很深。

《明史》一四〇《道同传》记载："道同，河间人。其先蒙古族也。事母以孝闻。洪武初，荐授太常司赞礼郎，出为番禺知县。"① 道同家族也是定居河间路的蒙古人。

河间路景州东光县有钦察人定居，《彻里铁木儿德政碑》记载彻里铁木儿至正十九年（1359）任山西稷山县达鲁花赤，与县尹葛克敬均赋役、立庠序，兴利除弊，县人立碑颂德政。其中彻里铁木儿"字士芳，钦察氏，景州东光人也"②。

广平路。《元统元年进士录》记载蒙古色目人第二甲第六名"买住：贯广平路，唐兀人氏，见居成安县。字从道，行一，年廿七，八月初□日。曾祖业母，县达鲁花赤，祖唐兀歹，父□哈答儿，县达鲁花赤"③。买住是西夏遗民，其曾祖业母、父□哈答儿均为县达鲁花赤，其家可能世袭成安县达鲁花赤，因而定居成安县。蒙古色目人第三甲第十九名"〔彻〕台：贯〔广〕平路曲〔周〕县军籍，乃蛮氏。字文德，行二，年廿六，三月初十日寅时。曾祖□□。祖忽都帖〔智〕儿，敦武校尉。父那海，忠显〔校尉〕。母唐兀氏。严侍下。娶元氏，继朴氏"④。彻台家族是乃蛮人，属于蒙古军户，其母为唐兀人。

威县现有黄街清真寺，传为元威州知事王伯大所建。《威县志》卷十八《威县重修公廨记》记载王伯大上任后修庙学、公廨事迹，但无建清真寺事迹。⑤ 民国《洺水黄氏族谱略引》引清康熙《重修黄氏族谱引》记载威州知事王伯大到任后，威州尚无伊斯兰教，他从山东临清请来了西域意不拉兮后裔黄氏阿衡来威传播伊斯兰教，创建了黄家街清真寺，与黄氏阿衡同入威籍，并在城东潘家庄共同看了坟茔地，王公和王黄族人归真后皆葬于此。⑥ 王伯大墓现位于威县洺州镇东关潘家庄村东

---

① 《明史》卷140《道同传》，中华书局1974年版，第4008页。
② 光绪《东光县志》卷8《人物志·仕绩》，《中国地方志集成》本，第180页上。
③ 萧启庆：《元代进士辑考》，"中央"研究院历史语言研究所2012年版，第59页。
④ 萧启庆：《元代进士辑考》，"中央"研究院历史语言研究所2012年版，第70页。
⑤ 民国《威县志》卷18《威县重修公廨记》，《中国方志丛书》本，成文出版社1976年版，第1379—1380页。
⑥ 转引自《威县文史概览》，《威县文史资料（第1辑）》，政协威县委员会2004年编印，第27页。

南处，为河北省重点文物保护单位。威县黄街清真寺始建于元代的说法应属可信。元代在此建寺，说明威县有一批回回人在此定居。

河北地区还有探马赤军驻扎，其中有蒙古人，也有色目人。随着蒙古的占领，一些蒙古军也在河北地区落籍。类似的蒙古人家族如落籍广平路曲周县的诺怀家族。诺怀的曾大父丑哥"以材武隶右手万户，驻营广平，因家焉"。他的大父忽珊不记载官职，推测也是探马赤军。他的父亲蓦克笃"从阿术都元帅平江南，以功补右卫亲军百户"。诺怀之上三代都是沙场上骁勇的战将。但到蓦克笃一代，我们看到酎温台家族有了明显的变化。虽然蓦克笃仍然效身军营，但他已经倾向于儒术，很注意下一辈的教育，《蓦克笃神道碑》说其"室家之雅尚儒术，延名士以教其子"。这种汉文化教育起到了良好效果，其子万嘉间与汉人士大夫交往很密切，在地方为政也注意修建庙学。诺怀虽然效身军旅，但"雅尚儒术，喜作大字"。万嘉间之子寿山曾任玉山县达鲁花赤，任内勤于政事，修黄公亭、均赋役、办书院、兴学校、旌忠节、劝农桑等，深得民心，得到民众爱戴。①

广平路成安县《簿尉刘公去思碑》记载："本县军户王玉被贼盗杀伤牛一只，公跟随踪迹至屯营去处，其营东临广平，北临肥乡，所盗者牛数极多。他县视营若海，无敢窥伺者，公直入其营，赃贼俱获。欢众欲齐拏之，公数之曰：'军非民不食，民非牛不耕。今国禁私家有牛者不得宰杀，宰杀者重罪之。汝百户一军纵汝军盗民牛而又杀之，使民不得耕而无以供军食，汝罪当与盗牛者同。'酋闻之大恐惧，乃使左右获贼出营，致之于法。"② 这个位于广平、肥乡、成安交界处的驻军百户，敢于盗牛，且不将县尉放在眼中，应该是蒙古军或探马赤军。

大名路。河北地区也是诸王分封的核心区域，一些诸王在河北地区或直接留驻分地或派驻官吏管理，《至正集》卷六〇《安伯宁知府墓志铭》载："大名，王邸在焉。部曲三千人，若居器饩廪刍粟或给诸官，或假诸民，规约有方，吏不得并缘为奸。王尝欲击毬于宣圣庙隙地，公进曰：'此风化所原，非戏所也。'王为止。又尝以行事得失问公，公

---

① 见拙作《元代蒙古酎温台家族史事考》，《殷都学刊》2012年第3期。
② 民国《成安县志》卷14上《金石》，《中国方志丛书》本，成文出版社1969年版，第723—724页。

极言其失，王怒，公徐曰：'王问当以正对，谀以陷王不义，可乎！'王悟，改容谢之。傅尉者有罪，遇原朝服出迓，公叱曰：'汝囚伍也，而与命官列乎？'斥去之。"①贵由后裔大名王部曲三千人，其中蒙古人可能为数不少。

西夏是一个以党项民族为主的多民族政权，其境内有党项、汉族、吐蕃、回鹘、沙陀等民族共同生活。虽然党项是西夏的主体民族，但西夏人不等同于党项人。昔李氏家族本是沙陀贵族，后在西夏为官。玉里只吉住、答加沙、小李黑玉为昔里氏家族的三支。答加沙为后来迁居大名的西夏人的第一位尚知名讳的始祖。西夏末期答加沙被派往肃州任职，其后人阿沙一支在元代世袭肃州也可鲁花赤。另一支李益立山在西夏任沙洲钤部，以官称为号，也称昔里钤部。李益立山降蒙之后随蒙古人进入中原，效命疆场。1246年贵由汗即位后，李益立山被委任为大名的达鲁花赤，1251年宪宗蒙哥即位后，他被赐予虎符，继续担任大名路达鲁花赤。

《柳待制文集》卷一〇《师氏先茔碑铭并序》载："师氏，宁夏人，而有茔于濮阳之东"，师氏是徙居大名路濮阳县的西夏人。师氏原为西夏的僧官，始祖大父追封宁夏郡侯，"郡侯生十四岁，会天兵破灭夏以西，有旨戈矛所向，耆髫无遗育。郡侯方被驱，太塯昌王（亦乞列思部贵族字秃）见其姿仪颀整，发泽鲜润，怜而生之……太塯薨，郡侯亦以其家卜大名之濮阳居焉"。西夏灭亡后，师氏成为驱口，因受到乞列思部贵族字秃的怜爱才生存下来。濮阳师氏到江西湖东道肃政廉访使师克恭始显，其子恒、晋、升，均国子生。其侄孛罗，泰定元年（1324）进士，为柳贯弟子。其外孙丑闾，泰定四年（1327）进士。柳贯说濮阳师氏"徙三世而始显且大，若富人之稼然，耨籽之力优，则铚艾之功至，岂以旦暮计获为赢哉"②。其实这正是色目人进入中原逐渐接触汉文化的结果。

大名还有一支西夏遗民即唐兀台及其后裔。这支西夏遗民居住在今

---

① 许有壬：《至正集》卷60《安伯宁知府墓志铭》，《元人文集珍本丛刊》第7册，新文丰出版公司1985年版，第277页上。
② 柳贯：《柳贯诗文集》卷10《师氏先茔碑铭并序》，浙江古籍出版社2004年版，第216—218页。

河南濮阳柳屯镇杨十八郎村及周边村庄，因保存有《大元赠敦武校尉军民万户府百夫长唐兀公碑》和祖传《述善集》而为学界所知。① 据《唐兀公碑》，唐兀台"世居宁夏路贺兰山"，岁乙未从皇嗣昆仲，卒于营戍。其子闾马参加灭宋战争，后"来开州濮阳县东，拨付草地，与民相参住坐"，遂落籍濮阳。"至元八年，籍充山东河北蒙古军户。十六年，奉旨选充左翊蒙古侍卫亲军。"到第三代唐兀达海时，这支西夏遗民逐渐汉化。唐兀崇喜修订《龙祠乡社义约》。唐兀达海长子唐兀崇喜为国子上舍生，次子卜兰台攻习儒书及蒙古文字。这支西夏遗民在当地取汉姓、建庙学、修乡约，很好地融入了当地社会。

《元统元年进士录》载蒙古色目人第二甲第八名"乌马儿，本贯阿里马里，回回人氏，大名路，〔见居〕襄阳。字〔希〕说，行二，年廿七，三月□日午时。曾祖□阿散，达鲁花〔赤〕。"② 乌马儿曾祖□阿散大概曾为大名路达鲁花赤，因而定居于此。蒙古色目第二甲第十名"阿虎歹，贯大名路滑州内黄县，左翊蒙古〔侍卫亲军〕户"③。阿虎歹属于山东河北蒙古军都万户府军籍。蒙古色目人第三甲第十名"讬本，贯大名路濮阳县军籍，〔哈剌〕鲁人氏。字公翼，行五，年卅一，正月十八日申时。曾祖忽都鲁，管军百户。祖唆郎呵歹，百户。父那海，忠显〔校尉〕。母铁直氏、钦察氏。慈侍下。娶王氏"④。讬本是哈〔剌〕鲁人，其母为钦察氏。蒙古色目人第三甲第二十一名"博颜达，贯蒙古札剌〔亦〕儿人氏，大名路附籍，见居江州路录事司。字孝友，行二，年二十六，正月二十九日辰时。曾祖曲帖儿，大名路达鲁花赤"⑤。博颜达是蒙古札剌亦儿人氏，其曾祖曲帖儿为大名路达鲁花赤，大概因此定居大名。

《元史》卷一九四《纳速剌丁传》载："纳速剌丁，字士瞻，其父马合木，从征襄阳，以劳擢濬州达鲁花赤，因家大名。纳速剌丁起身乡

---

① 焦进文、杨富学校注：《元代西夏遗民文献〈述善集〉校注》，甘肃人民出版社2001年版。
② 萧启庆：《元代进士辑录》，"中央"研究院历史语言研究所2012年版，第59—60页。
③ 萧启庆：《元代进士辑录》，"中央"研究院历史语言研究所2012年版，第60页。
④ 萧启庆：《元代进士辑录》，"中央"研究院历史语言研究所2012年版，第66—67页。
⑤ 萧启庆：《元代进士辑录》，"中央"研究院历史语言研究所2012年版，第71页。

贡进士，补淮东廉访司书吏。"① 纳速剌丁其父马合木，从人名判断他们是回回人，其父任浚州达鲁花赤，因家大名。正统《大名府志》卷六《人物》载："阿剌罕，阿鲁浑人，大名路录事司附籍。"②《吴文正公集》卷三五《安定州达鲁花赤秃忽赤墓表》记载："侯蒙古人，寓居滑之白马县。考马哥，以军功长千夫。"③ 大概是探马赤军户，因驻军而定居白马县。

彰德路。《元史》卷一三三《完者都拔都传》载："完者都拔都，钦察氏，其先彰德人。"④ 完者都拔都家族可能是定居彰德路的探马赤军户或钦察侍卫亲军军户。

卫辉路。《秋涧先生大全集》卷五一《故卫辉路监郡塔必公神道碑铭并序》载："至元三禩，诏以卫封皇姪玉隆答失为采邑，升州而路，遂辍公来监治。"⑤ 塔必迷失为玉隆答失封邑卫辉路达鲁花赤，他"系出瀚海大族"，"王父府君讳押脱玉伦"，"考府君讳玉鲁忽伦"，此家族似为畏兀人。塔必迷失卒后葬于汲县，其子塔失帖木儿后嗣任卫辉路达鲁花赤，他们应是定居卫辉路的畏兀儿人。

怀孟路。金朝灭亡后，河北地区成为南下攻宋的基地，在此多有探马赤军驻扎。《秋涧先生大全集》卷八二《中堂事记下》载，中统二年（1261）六月"廿八日丁丑，都堂奏奉圣旨，道与真定路宣抚司：据怀孟达鲁花赤蜜里吉、总管覃澄奏告，管下地分多有屯住蒙古头目，遇有关涉词讼公事，不肯前来对证，往往不伏勾追，以致迟滞公事。准奏，仰遍谕诸路宣抚司，今后各州城管民官，遇有关涉蒙古军人公事，理问时分，管军官一员一同听断施行，毋得偏向。准此"⑥。怀孟路管下地分多有屯住蒙古头目。

大批蒙古人、色目人与汉人杂居，无疑会在文化上对汉人产生一定

---

① 《元史》卷194《纳速剌丁传》，第4406页。
② 《稀见中国地方志汇刊》第3册，中国书店2014年版，第744页上。
③ 吴澄：《吴文正公集》卷35《安定州达鲁花赤秃忽赤墓表》，《元人文集珍本丛刊》第3册，新文丰出版公司1985年版，第580页上。
④ 《元史》卷133《完者都拔都传》，第3233页。
⑤ 王恽：《秋涧先生大全集》卷51《故卫辉路监郡塔必神道碑铭并序》，《元人文集珍本丛刊》第2册，新文丰出版公司1985年版，第116页上。
⑥ 王恽：《秋涧先生大全集》卷82《中堂事记下》，《元人文集珍本丛刊》第2册，新文丰出版公司1985年版，第384页上。

影响。李治安师从语言、名字、婚姻和服饰方面论证汉人受到蒙古文化的影响。① 除了这些主要方面，近年一些新出材料和一些不被注意的细节，也可以显示外来文明对汉文化的影响。2007 年焦作市中站区在元代怀孟路总管靳德茂墓中出土 80 件彩绘陶车马及人物俑，其中有一辆马车车厢顶部装饰有一高凸的白色蒙古包，以为驭马俑为蒙古人形象。② 碑刻中多了一类民族文字碑刻，是其他时代所少有的文化现象。北京居庸关过街塔云台两壁间刻有用汉、藏、西夏、梵、畏兀体蒙古文、八思巴六种文字的陀罗尼经咒和造塔功德记。大名路出土小李钤部墓志上刻有两行十一个西夏文。八思巴文的护持圣旨在寺观和庙学中经常见到。真定隆兴寺《大朝国师南无大士重修真定府大龙兴寺功德记》上刻有一行畏兀体蒙古文。甚至在磁州窑四系瓶上出现八思巴字。③

通过对民族分布的考察可以看出，河北地区的民族分布在蒙元时期出现新的变化，其一是除了南北民族的交融增强外，还有大量的西域民族迁入河北地区，东西间民族的交融也出现空前繁荣，民族接触的程度加深，随之民族间相互影响加剧。这与蒙古帝国广阔的疆域密不可分。蒙古军队三次西征，建立横跨欧亚的大帝国，东西之间打破了疆域的界限，西域的民族或从军或经商，大批涌入，之后或为官或驻屯，广泛分布在河北境内的各个区域。其二是黄河以北少数民族的分布大致分南北两部，北部紧靠政治中心大都，外族多以任官定居。而南部是蒙古军屯驻以控驭江淮的基地，多蒙古色目人军队驻扎，外族多以驻军落籍。此外还有因五户丝食邑任官、手工业局院服役等方式而定居入籍的。这些都是元代的政治结构所造成的。

第二节　元代大名路达鲁花赤小李钤部墓志考释

西夏遗民的研究是学术界的重要课题，至今学者已在安徽、河南、四川、河北等省市发现西夏遗民的踪迹。大名唐兀昔里氏是一支

---

① 李治安：《元代汉人受蒙古文化影响考述》，《历史研究》2009 年第 1 期。
② 焦作市文物工作队、焦作市博物馆：《焦作中站区元代靳德茂墓道出土陶俑》，《中原文物》2008 年第 1 期。
③ 刘志国、蔺玉堂：《磁州窑首次发现八思巴文瓷器残片》，《光明日报》1999 年 2 月 23 日第 2 版。

著名的西夏遗民,有元一代,他们世袭大名路达鲁花赤,参与边疆治理,在政治上颇有作为。唐兀昔里氏家族的著名人物主要有昔里钤部及其子李爱鲁。昔里钤部又名小李钤部、李益立山,西夏时期曾任沙州钤部,后投降成吉思汗,参与西征,官居显要,后任大名路达鲁花赤,是唐兀昔里氏迁居大名的始祖。李爱鲁为昔里钤部长子,袭封大名路达鲁花赤,后参与平定云南的战争,为边疆治理做出贡献。《元史》卷一二二有《昔里钤部传》附《李爱鲁传》。[①] 1990年3月,河北省邯郸市大名县旧治乡陈庄村出土《大元故资善大夫云南行尚书省右丞赠银青荣禄大夫平章政事毅敏李公墓志》,为李爱鲁墓志,笔者曾对此加以考释(见本章第三节)。2013年9月大名县陈庄村又出土《宣差大名路达鲁花赤小李钤部公墓志》(后文简称《墓志》),即为昔里钤部墓志。墓志为圆首竖碑,有碑座,宽35厘米,高60厘米,厚11厘米,碑座宽47厘米,高32厘米,厚26.5厘米。墓志两面书写,一面为西夏文,共两行11个字;一面为汉文,顶部有篆书"小李钤部公墓志铭"八字,正文共21行,满行30字,共计五百余字,记小李钤部生平大略及子孙情况,由其长孙教化撰写。墓志不仅加深了我们对唐兀昔里氏的了解,同时也提供了新的西夏文资料。本节试对墓志进行考释。

一 小李钤部墓志考释

大名唐兀昔里氏家族在元代是一个显赫的唐兀人家族,除《元史》有传外,元人文集、方志中也有一些唐兀昔里氏家族的碑传资料。王恽《秋涧先生大全集》卷五一《大元故大名路宣差李公神道碑铭并序》[②]为小李钤部的神道碑。程钜夫《程雪楼文集》卷二五《魏国公先世述》[③]记述唐兀昔里氏家族的历史,涉及小李钤部。姚燧《姚燧集》卷一九《资德大夫云南行中书省右丞赠秉忠执德威远功臣开府仪同三司太师上柱国魏国公谥忠节李公神道碑》为小李钤部之子

[①] 《元史》卷122《昔李钤部传》,第3011—3013页。
[②] 王恽:《秋涧先生大全集》卷51《大元故大名路宣差李公神道碑铭并序》,《元人文集珍本丛刊》第2册,新文丰出版公司1985年版,第113页。
[③] 程钜夫:《程雪楼文集》卷25《魏国公先世述》,"中央国立"图书馆1970年版,第970页。

李爱鲁神道碑。① 新出《大元故资善大夫云南行尚书省右丞赠银青荣禄大夫平章政事毅敏李公墓志》为小李铃部之子李爱鲁墓志铭。正德《大名府志》卷一〇《元大名达鲁花赤昔李公墓志铭》《元礼仪院判昔李公墓志铭》为唐兀昔里氏族人的两块墓志。② 为研究方便，先将《墓志》迻录如下：

1. 宣差大名路达鲁花赤小李铃部公墓志
2. 公铃部，其先河西肃州之世系，祖茔在焉。公生而通敏，长有才略。丙戌间遭家
3. 不造，归附
4. 上国，遂命公征关西。既回，复辅阿答赤忽都怗木儿取沙州。彼恃众坚守，战
5. 斗不一。时忽都马乏，不克前进，以己马负之而出，公独进攘敌，俱免其难。后蒙
6. 上顾问："向之临阵，以己之马济人之危，何其自轻耶？"公伏
7. 奏曰："彼则有功于
8. 国，信任已久，臣则新附，未有寸效，故尔。"
9. 上奇之。沙州既平，赐人口一百有六。后征阿思，充千户随行。未几城陷，皆公
10. 之佐欤。遂命公同合答行断事官事。丙午，复命同牙鲁花赤行天下断
11. 事官。辛亥改授大名路都达鲁花赤。戊午秋七月廿有八日以病卒，年六十九
12. 岁。夫人田氏六十五岁，男三人，孙三人。长爱鲁，袭父爵，宠授虎符，至元四年十
13. 月间改授云南安抚使。次子罗合，中统三年
14. 宣授大名等路行军万户，至元元年八月十二日卒。次子小铃

---

① 姚燧著，查洪德点校：《姚燧集》卷19《资德大夫云南行中书省右丞赠秉忠执德威远功臣开府仪同三司太师上柱国魏国公谥忠节李公神道碑》，人民文学出版社2011年版，第301页。

② 正德《大名府志》卷10，上海书店1981年版。

部，以兄爱鲁出

图 2-1　小李钤部墓志碑阳与碑阴

15. 仕南国，袭爵如前，加昭勇大将军，至元十三年二月内卒。长孙教化是年四月

16. 有四日祇授

17. 宣命虎符袭爵，加嘉议大夫兼大名路诸军奥鲁达鲁花赤。次孙怗木尔、次孙

18. 万奴。噫，一门之中，袭爵承

19. 宣，枝叶不替，非公之积德累功，焉能至此耶。长孙教化以父之出仕未还，念祖之

20. 权厝未葬，是以改卜新茔，仍刻贞石以志其后。至元十五年二月有五日，嘉

21. 议大夫大名路达鲁花赤兼诸军奥鲁达鲁花赤孝长孙教化志。

《墓志》第1行"公钤部,其先河西肃州之世系,祖茔在焉。"据《小李钤部神道碑》记载:"皇考府君用级爵受肃州钤部。"① 据《元史·昔里钤部传》,成吉思汗"进兵围肃州,守者乃钤部之兄,惧城破害及其家,先以为请。帝怒城久不下,有旨尽屠之,惟听钤部求其亲族家人于死所,于是得免死者百有六户,归其田业"②。可见小李钤部家族居肃州且其父兄乃肃州守官。1962年酒泉市在酒泉城东门洞内拆出《大元肃州路也可达鲁花赤世袭之碑》,所记为小李钤部之兄举立沙及其子孙世袭肃州路达鲁花赤之事,其中有"时有唐兀氏举立沙者,肃州阀阅之家"③之语,肃州是唐兀昔里氏家族世代居住之所。

《墓志》第2—3行说"丙戌间遭家不造,归附上国",这里所指应为其兄肃州钤部被杀一事。据《小李钤部神道碑》载:"国朝运开乾维,时公兄由肃州长奉使于我太祖圣武皇帝,异其材辩,因与馆接使察罕深相结纳,情好既密,约输款内附。天兵图肃,以射书事觉,遇害。及丙戌冬,师次燉煌,公审天命之攸归,愤兄忠之不果,遂拔部曲诣军门迎降。"④ 小李钤部因兄被害而投降成吉思汗。

《墓志》第4行说"复辅阿答赤忽都怗木儿取沙州"。关于攻取沙州一役的主将,《魏国公先世述》记载:"俾与阿答赤往招沙州"⑤,《元史·昔里钤部传》记载:"命钤部同忽都铁穆儿诏谕沙州",二者记载的主将名称不同。屠寄认为"阿答赤"应系蒙古语"阿黑塔赤(aghtach)"之音译,意为"马官"⑥。《小李钤部神道碑》记载:"命围将忽都怗木儿偕公招谕沙州。""围"意为养马之地,"围将"即为掌管马匹

---

① 王恽:《秋涧先生大全集》卷51《大元故大名路宣差李公神道碑铭并序》,《元人文集珍本丛刊》第2册,新文丰出版公司1985年版,第113页下。
② 《元史》卷122《昔李钤部传》,第3011页。
③ 白滨、史金波:《〈大元肃州路也可达鲁花赤世袭之碑〉考释——论元代党项人在河西的活动》,《民族研究》1979年第1期。
④ 王恽:《秋涧先生大全集》卷51《大元故大名路宣差李公神道碑铭并序》,《元人文集珍本丛刊》第2册,新文丰出版公司1985年版,第113页下。
⑤ 程钜夫:《程雪楼文集》卷25《魏国公先世述》,"中央国立"图书馆1970年版,第971页。
⑥ 屠寄:《蒙兀儿史记》卷47《昔里钤部传》,上海古籍出版社2012年版,第362页。

饲养的官员。新出土《小李钤部墓志》载："复辅阿答赤忽都怗木儿取沙州"，进一步印证了阿答赤、忽都铁穆儿、阿答赤忽都怗木儿为同一人。攻取沙州的主将为阿答赤忽都怗木儿。

《墓志》第9—10行记载："后征阿思，充千户随行，未几城陷，皆公之佐欤。"阿思即阿速，"征阿思"即乙未年长子西征。1236年窝阔台命各支长子统帅出征军，万户以下各支那颜亦遣长子从征，征讨钦察、斡罗斯等未征服诸国，出征诸王以拔都为首，实际的主帅是大将速不台。《元史》卷一二二《昔里钤部传》记载小李钤部这次从征情况说："岁乙未，定宗、宪宗皆以亲王与速卜带征西域，明年启行，钤部亦在中。又明年，至宽田吉思海，钤部从诸王拔都征斡罗斯，至也里赞城，大战七日，拔之。己亥冬十有一月，至阿速灭怯思城，负固久不下。明年春正月，钤部率敢死士十人，蹑云梯先登，俘十一人，大呼曰：'城破矣！'众蚁附而上，遂拔之。赐西马、西锦，锡名拔都。"[1]

《墓志》第10—11行说小李钤部"戊午秋七月二十八日以病卒，年六十九岁"。《魏国公先世述》中说："世祖皇帝伐宋，公扈征车，至鄂州感疾，上命舆归大名就医药，竟薨，年六十二。"[2]《墓志》、元史本传及《小李钤部神道碑》中记载小李钤部卒年均为六十九岁，《魏国公先世述》中的"六十二"应为"六十九"之误。

《小李钤部神道碑》中说："己未春，今皇帝南伐，驻跸濮苑，起公从征，既而知公恙，命尚医诊视，眷顾殊渥。其年秋七月，竟以疾薨于位，春秋六十有九。"[3]《李爱鲁神道碑》中说："至岁己未，凡为监十四年。当继馈世祖南伐，未逾淮，舆疾归，薨其家，七月二十有八日。年六十九。"[4]《元史·昔里钤部传》中说："己未，世祖南征，供给军饷，

---

[1] 《元史》卷122《昔李钤部传》，第3011页。
[2] 程钜夫：《程雪楼文集》卷25《魏国公先世述》，"中央国立"图书馆1970年版，第972页。
[3] 王恽：《秋涧先生大全集》卷51《大元故大名路宣差李公神道碑铭并序》，《元人文集珍本丛刊》第2册，新文丰出版公司1985年版，第114页下。
[4] 姚燧著，查洪德点校：《姚燧集》卷19《资德大夫云南行中书省右丞赠秉忠执德威远功臣开府仪同三司太师上柱国魏国公谥忠节李公神道碑》，人民文学出版社2011年版，第303页。

未尝乏绝。以疾舆归，卒于家，年六十九。"① 据《元史·世祖本纪》："岁戊午，冬十一月戊申，祃牙于开平东北，是日启行。""（岁己未）夏五月，驻小濮州。"② 据此，忽必烈启程南征在戊午年（1258）十一月，已是年底，因此许多史籍将其系于己未年（1259）。各种史籍都将小李钤部的死系于己未年，只有《墓志》将小李钤部的死系于戊午年。据《小李钤部神道碑》，忽必烈己未年五月在濮州时征召小李钤部南伐，则小李钤部的死在己未年而非《墓志》记载的戊午年。《墓志》的书写距小李钤部的死已经二十年，可能是造成差误一年的原因。

关于小李钤部去世后的葬所，《魏国公先世述》载："官给驿传，归葬肃州先茔。"③《李爱鲁神道碑》记载："传护辒车返葬肃州，祔其先茔。别封虚墓大名，求便岁祠。"④ 所以他去世后应是葬到了肃州祖茔，在大名另建了衣冠冢。大名发现的小李钤部墓葬只是衣冠冢。

《墓志》第10—11行记载征阿速归来后至任大名路都达鲁花赤之前，"遂命公同合答行断事官事，丙午复命同牙鲁花赤行天下断事官"。关于长子出征归来后小李钤部充断事官的记载，各种史料分歧很大。《李爱鲁神道碑》："又俾同伊玛齐为断事官于朝。"⑤ 同样，《魏国公先世述》载："太宗皇帝命公与也迷折儿为也可札鲁火赤。"⑥ 今本《牧庵集》人名经过四库馆臣的改动，《李爱鲁神道碑》中的"伊玛齐"应即《魏国公先世述》中的也迷折儿。大断事官蒙古语称为也可扎鲁火赤，是大蒙古国时期设立的国家最高司法行政长官。张帆先生认为长子出征归来后小李钤部充大断事官的记载颇为可疑，因为小李钤部在窝阔台时地位并不高，以他的资格不可能担任具有大蒙古国首相性质的大断事

---

① 《元史》卷122《昔李钤部传》，第3012页。
② 《元史》卷4《世祖本纪》，第61页。
③ 程钜夫：《程雪楼文集》卷25《魏国公先世述》，"中央国立"图书馆1970年版，第972页。
④ 姚燧著，查洪德点校：《姚燧集》卷19《资德大夫云南行中书省右丞赠秉忠执德威远功臣开府仪同三司太师上柱国魏国公谥忠节李公神道碑》，人民文学出版社2011年版，第303页。
⑤ 姚燧著，查洪德点校：《姚燧集》卷19《资德大夫云南行中书省右丞赠秉忠执德威远功臣开府仪同三司太师上柱国魏国公谥忠节李公神道碑》，人民文学出版社2011年版，第302页。
⑥ 程钜夫：《程雪楼文集》卷25《魏国公先世述》，"中央国立"图书馆1970年版，第972页。

官。他担任的大概是大断事官属下的一般断事官。① 这种分析是有道理的。虽然《墓志》非常简略，如果小李钤部真的做过大蒙古国的也可札鲁火赤，《墓志》中是无论如何不会略去的。

据《小李钤部神道碑》，攻占沙州后，小李钤部请求不屠城，"帝录其功忠，许焉，阖城赖以生。既而命贰业陌赤行其部断事官，公不鄙夷其俗，故裁遣终日无倦色，人服其详明焉"②。《李爱鲁墓志》也记载："府君讳益立山，调沙州钤部。天兵次燉煌，与国同归我太祖皇帝。帝异其材，俾充其部断事官。"《小李钤部神道碑》和《李爱鲁墓志》都记载小李钤部曾做沙州断事官。成吉思汗时期遵循"得一地即封一人，使之世守，其以所属来降者，亦即官其人，使之世袭"③的原则，降蒙之前小李钤部曾"调沙州钤部"，极有可能在攻占沙州后任沙州断事官，只是《墓志》简略没有记载。伊玛齐、业陌赤、也迷折儿应为同一人。《小李钤部神道碑》和《李爱鲁墓志》的年代较《李爱鲁神道碑》《魏国公先世述》为早，且关于小李钤部的事迹，以他自己的神道碑记载较为可信，《李爱鲁神道碑》《魏国公先世述》可能是误将小李钤部做沙州断事官认为是整个大蒙古国的断事官。

《小李钤部神道碑》记载："岁中（甲）辰，诏选勋能佐行台于燕，上以公克谐，往焉。时节制所及二十余道，机务填委，日复一日。公辅相听断，动合事宜，政多便于时者。"④ 据此，从甲辰年（1244）开始，小李钤部开始做燕京行省的断事官。

《李爱鲁神道碑》载："岁丙午，定宗即位，曰：'是大名，昔朕分封，卿往为监。'至燕，则同断事官哈达（合答）署行台。后宪宗以布札尔（布智儿）来莅行台，录其旧劳，又俾同署，别锡虎符，以监大名。"⑤《魏国公先世述》载："定宗即位，又命公与合答为也可札鲁火赤。丁

---

① 张帆：《元代宰相制度研究》，北京大学出版社1997年版，第4页。
② 王恽：《秋涧先生大全集》卷51《大元故大名路宣差李公神道碑铭并序》，《元人文集珍本丛刊》第2册，新文丰出版公司1985年版，第114页上。
③ 赵翼著，王树民校正：《廿二史札记校证》卷30《元初郡县多世袭》，中华书局1984年版，第691页。
④ 王恽：《秋涧先生大全集》卷51《大元故大名路宣差李公神道碑铭并序》，《元人文集珍本丛刊》第2册，新文丰出版公司1985年版，第114页上。
⑤ 姚燧著，查洪德点校：《姚燧集》卷19《资德大夫云南行中书省右丞赠秉忠执德威远功臣开府仪同三司太师上柱国魏国公谥忠节李公神道碑》，人民文学出版社2011年版，第302—303页。

未年，又命与牙老瓦赤为也可札鲁火赤，治事于燕京，又以大名隶御前，俾兼大名路达鲁花赤。宪宗即位，颁虎符，往莅大名路，遇至燕，则行也可札鲁火赤事。"① 这两条史料互有详略，《李爱鲁神道碑》没有提到牙老瓦赤，但指出宪宗即位后，小李钤部曾与布智儿同做断事官；《魏国公先世述》提到了牙老瓦赤，但只说宪宗即位小李钤部也曾做断事官，没有提到与其同为断事官的布智儿。《元史》卷一二三《布智儿传》载："宪宗以布智儿为大都行天下诸路也可扎鲁忽赤"②，《元史》卷二《太宗本纪二》记载："（十三年）冬十月，命牙老瓦赤主管汉民公事。"③《元史·宪宗本纪》记载宪宗元年（1251）六月"以牙剌瓦赤、不只儿、斡鲁不、睹答儿等充燕京等处行尚书省事"④，牙老瓦赤、布智儿也都是燕京行省的断事官。而且，小李钤部在充"也可札鲁火赤"时"治事于燕京"或"至燕，则行也可札鲁火赤事"，可见小李钤部所做的也是燕京行省的断事官。

史料中经常提到小李钤部做"也可札鲁火赤"或"天下断事官"。姚大力先生指出，在蒙古国早期，在断事官之前冠以"大"或"普上的"之类辞语，似为表明系由大汗委任，而区别于代表各支宗王的一般断事官。后来，大断事官亦转指高于一般断事官的上级断事官。惟汉文史料对二者区别并不严格。⑤ 所以才将燕京行省的断事官小李钤部称为"也可札鲁火赤"或"天下断事官"。

《墓志》第13—14行"次子罗合，中统三年宣授大名等路行军万户，至元元年八月十二日卒"。罗合因去世较早，文献对其记载也较少。中统三年（1262）他曾任大名等路行军万户，他的这次任职可能与平李璮之乱有关。中统三年二月丙午，世祖调集军队攻打济南李璮叛军，"命诸王合必赤总督诸军，以不只爱不干及赵璧行中书省事于山东，宋子贞参议行中省事，以董源、高逸民为左右司郎中，许便宜从事。真

---

① 程钜夫：《程雪楼文集》卷25《魏国公先世述》，"中央国立"图书馆1970年版，第972页。
② 《元史》卷123《布智儿传》，第3021页。
③ 《元史》卷2《太宗本纪二》，第37页。
④ 《元史》卷3《宪宗本纪一》，第45页。
⑤ 姚大力：《从"大断事官"制到中书省——论元初中枢机构的体制演变》，《历史研究》1993年第1期。

定、顺天、河间、平滦、大名、邢州、河南诸路兵皆会济南"①。调集军队中包括大名的军队。张弘范在中统三年（1262）也被"授行军总管，从征李璮"②。

关于小钤部的死，《墓志》中说"次子小钤部以兄爱鲁出仕南国，袭爵如前，加昭勇大将军，至元十三年二月内卒。"记载比较简略。《元史·世祖本纪》记载："（至元十三年正月戊子）大名路达鲁花赤小钤部，坐奸赃伏诛，没其家。"③看来小钤部是因罪被处死的。对此，虞集所撰《姚天福神道碑》中有详细的记载："大名守小甘浦恃宿卫之近，冬猎于郊，民不保其家室。有诉于朝者，上命御史按之，反为所殴而还。更以命公，公则微服廉问得实，即召驲驰至府，设狱具，立捕至庭，劾治之，连及他淫虐不法事。其人素贵暴，出不意，见折辱，皆款服，械以俟命。近臣捄之，幸得释。骑过台门，故有谇诮语。公适坐察院，曰：'敢尔耶！'驱吏卒执之。于佩囊得其与侍御行赇自免之记。诘之，知赇在某道士处。公因夜巡入道士家，得赇如书，而侍御史不知也。明旦方坐府，公入台，叱左右撤其按，手执之，绝衣以逸，公持其赃入奏。上曰：'小甘浦之释也，得勿为朕私之，今其迹见矣。虽然，朕尝贳小甘浦死罪至十犹免之。'公曰：'今其罪十有七，陛下赦其十死，其七谁当之？且太祖之法其可坏耶？'遂诛之。"④从这则材料可以看出，唐兀昔里氏家族与皇室关系密切，世祖忽必烈曾经许赦小钤部十死。但小钤部也终因骄奢不法而毙命。

二 关于"钤部"的含义

"钤部"一词的含义，前贤关注甚多，但分歧较大，没有定论。据《小李钤部神道碑》，在西夏时期小李钤部的父亲答加沙"用级爵受肃州钤部，其后因以官称为号"⑤，小李钤部也"积劳调沙州钤部"。可见

---

① 《元史》卷5《世祖本纪二》，第82页。
② 苏天爵撰，姚景安点校：《元朝名臣事略》卷6《元帅张献武王》，中华书局1996年版，第101页。
③ 《元史》卷9《世祖本纪六》，第177页。
④ 胡聘之编：《山右石刻丛编》卷34，《石刻史料新编》第1辑第21册，新文丰出版公司1982年版，第15729页上。
⑤ 王恽：《秋涧先生大全集》卷51《大元故大名路宣差李公神道碑铭并序》，《元人文集珍本丛刊》第2册，新文丰出版公司1985年版，第113页下。

"铃部"为西夏官称。《元史·昔里钤部传》中说:"钤部亦云甘卜,音相近而互用也。"① 在元代史籍中我们可以找到许多西夏遗民或其祖先名叫"甘卜""敢不""甘浦""绀孛",都是与"钤部"音相近而互用。《史集》的作者拉施特解释王罕的弟弟扎阿绀孛得名的原因说:"扎阿绀孛原名客列亦台。当唐兀惕人捉住他时,见他十分机灵,便称他为扎阿绀孛,即'国家的大异密';'扎阿'意为'国家','绀孛'意为'大'"②。屠寄认为"钤部本吐蕃君号赞普之转译,西夏用以名官",又说"西夏之称钤部,犹蒙兀之称把秃儿,盖是武官"③。冯承钧先生对将钤部解释为赞普提出异议。④ 韩儒林先生也认为"钤部"即"赞普",他在《关于西夏民族名称及其王号》一文中说:"唐兀与吐蕃境地相接,佛教且甚流行,夏人取其赞普之徽号用之,固极自然之事。甘普译言圆满。"⑤ 对此,汤开建先生已经指出:"赞普一词与钤部一词音极相近,但仅凭一词之音近而断言西夏'钤部'一词必采自吐蕃似缺少有力之证据。"⑥

"钤部""甘卜""敢不"这一称呼在西夏极其普遍。除上面提到《史集》记载的扎阿绀孛外,《元史》卷一三二《昂吉儿传》载:"昂吉儿,张掖人,姓野蒲氏,世为西夏将家。岁辛巳,父甘卜率所部归太祖,以其军隶蒙古军籍,仍以甘卜为千户主之。"⑦《元史》卷一三五《塔海帖木儿传》记载塔海帖木儿"曾祖忒木勒哥嗣,从都元帅塔海绀卜征蜀,死于兴元"⑧。《姚燧集》卷一四《徽州路总管府达鲁花赤兼管内劝农事虎公神道碑》记载:"我先人其钤部官。"⑨ 成吉思汗灭亡西夏

---

① 《元史》卷122《昔李钤部传》,第3011页。
② 拉施特著,余大钧、周建奇译:《史集》第1卷第1分册,商务印书馆1983年版,第214页。
③ 屠寄:《蒙兀儿史记》卷47《昔里钤部传》,上海古籍出版社2012年版,第362页。
④ 冯承钧:《〈蒙古侵略时代之土耳其斯坦〉评注》,《西域南海史地考证译丛》(3编),商务印书馆1962年版,第42—43页。
⑤ 韩儒林:《关于西夏民族名称及其王号》,《穹庐集》,河北教育出版社2000年版,第535页。
⑥ 汤开建:《西夏史札记》,《中国民族史研究(二)》,中央民族学院出版社1989年版,第189页。
⑦ 《元史》卷132《昂吉儿传》,第3213页。
⑧ 《元史》卷135《塔海帖木儿传》,第3276页。
⑨ 姚燧著,查洪德点校:《姚燧集》卷14《徽州路总管府达鲁花赤兼管内劝农事虎公神道碑》,人民文学出版社2011年版,第212页。

前,西夏主战大臣为阿合敢不。① 这些人多是武将,由此可见钤部确为"河西军职"。屠寄认为钤部"盖是武官",应该是准确的,包括小李钤部在内,今天所知称为钤部或是做过钤部官的,都是武将出身。"钤部"应为某个西夏军事职官的音译。

新出《墓志》一面为西夏文,共两行十一个字,对我们认识"钤部"一词的原始含义有很大的帮助。《墓志》中西夏文迻录如下:

𗑱𗥻𗼫𗰱𘛧𗐯,𗼃𗟲𘗂𘟣𘕕。

西夏"𘗂𘟣"二字汉文对译为统军或将军。《番汉合时掌中珠》第28页第1栏记载西夏机构设置中有统军司②;甘肃安西榆林窟第29窟有西夏文题记,第三身供养人题记汉译为"□内宿御史司正统军使趣赵一心皈依",两则材料中"统军"二字即写为"𘗂𘟣"③。墓志西夏文最后一字"𘕕"释为"大",但与"大小"的"大"相区别,这个字在西夏常表示地位高,如在《番汉合时掌中珠》中有"大人指挥""大人嗔怒""局分大小""亲戚大小"等词语中大使用"𘕕"字。因此,推测"𘕕"字在这里用来表示尊长、长辈,可以译为"大人"或理解其含义后省译。因此《墓志》中这两行西夏文可以汉文对译为"田氏夫人阿母,小李统军"。墓志汉文篆额为"小李钤部公墓志铭",西夏文第一行为田氏夫人,则第二行为小李钤部,可以推测"钤部"与西夏文"𘗂𘟣"是对译的。上述西夏字"𘗂𘟣"二字见于《番汉合时掌中珠》,原书的汉译为"统军",汉字注音是"遏暮"。按照12世纪河西方音,"遏暮"二字依照宋代西北方音可分别拟音为 ga 和 biv④,而据《汉字古今音表》,"钤部"二字的中古音可分别拟音为 gǐem 和 bu⑤,二者读音相近。可以确定,"钤部"是由西夏文"𘗂𘟣"音译而来,元代"钤部"二字在西夏时期的含义为统军。⑥

---

① 札奇斯钦:《蒙古秘史新译并注释》,联经出版事业公司1979年版,第415页。
② 骨勒茂才:《番汉合时掌中珠》,宁夏人民出版社1989年版,第57页。
③ 陈炳应:《西夏文物研究》,宁夏人民出版社1985年版,第12页、第78页。
④ 参见李范文《宋代西北方音——〈番汉合时掌中珠〉对音研究》,中国社会科学出版社1994年版,第73页。
⑤ 参见李珍华、周长楫编撰《汉字古今音表》,中华书局1993年版,第443、105页。
⑥ 《元统元年进士录》记载蒙古色目人第二甲第六名广平人买住"曾祖业母,县达鲁花赤","业母"应也是"钤部"的一种音译。见萧启庆《元代进士辑考》,"中央"研究院历史语言研究所2012年版,第59页。

蒙古灭亡西夏后，不为西夏修史，及至如今西夏史的资料极为贫乏。西夏灭亡后，西夏文逐渐退出历史舞台，时代久远，现存西夏文碑刻屈指可数，主要有夏汉文合璧的《凉州重修护国寺感通塔碑》，20世纪70年代银川贺兰山西夏皇陵出土的夏汉文残碑，贺兰山岩画和武威炳灵寺寺壁上的西夏文石刻，永昌寺庙崖石上、敦煌莫高窟元代碑石，北京居庸关云台门券内六体石刻中的西夏佛经咒语与真言；现存保定古莲花池的明代西夏文经幢。① 因此小李钤部墓志中西夏文的发现极其珍贵，它是河北省第二次发现西夏文碑刻，对西夏及元代考古而言都是重大发现。过去学者研究色目人，多关注其汉化和蒙古化的过程。其实，这些色目人在汉化或蒙古化的过程中往往也极力保存自己的民族文化，1975年在河北保定发现的明代的西夏文经幢，证明保定这支西夏人的后裔直到明中期他们仍然在用特殊的方式传承着其特有的文化；小李钤部的后人在为其撰写墓志的时候不忘写上几个西夏文，也体现了这一点。

第三节　元代唐兀人李爱鲁墓志考释

河北省大名县石刻艺术博物馆收藏元代李爱鲁墓志一方，墓志长71厘米，宽58厘米，厚16厘米，青石质，系1990年3月出土于大名县旧治乡陈庄村。② 李爱鲁是元代迁居大名的西夏人唐兀昔里氏家族后裔，《元史》有传。唐兀昔里氏家族昔里钤部降蒙以后，由怯薛身份获得世袭大名达鲁花赤的特权。关于大名昔里氏家族的史料主要有《元史》卷一二二《昔里钤部传》附《爱鲁传》③、王恽《秋涧先生大全集》卷五一《大元故大名路宣差李公神道碑铭并序》④、程钜夫《程雪楼文集》卷二五《魏国公先世述》⑤、姚燧《姚燧集》卷一九《忠节李

---

① 杜建录主编：《二十世纪的西夏学》，宁夏人民出版社2004年版，第154页。
② 朱献东、陈振山编：《大名石刻选》卷6《元李毅敏墓志》，线装书局2011年版，第521页。
③ 《元史》卷122《昔里钤部传附爱鲁传》，第3011—3013页。
④ 王恽《秋涧先生大全集》卷51《大元故大名路宣差李公神道碑铭并序》，《元人文集珍本丛刊》第2册，新文丰出版公司1985年版，第113页。
⑤ 程钜夫：《程雪楼文集》卷25《魏国公先世述》，"中央国立"图书馆1970年版，第970页。

公神道碑》①、《正德大名府志》卷一〇《元大名达鲁花赤昔李公墓志铭》《元礼仪院判昔李公墓志铭》②。其中关于墓志主人爱鲁记载最详细的要数《牧庵集》中的《忠节李公神道碑》。本节将以新出李爱鲁墓志为中心，与这些史料相互对勘，围绕大名昔里氏家族人物关系进行一些考证。为研究方便，兹将墓志录文如下：

1. 大元故资善大夫、云南行尚书省右丞、赠银青荣禄大夫、平章政事毅敏李公墓志

2. 公讳爱鲁，其先沙陀贵种，唐末之乱，余裔流寓陇右，远祖后徙酒泉郡之沙洲，遂□□□□

3. 曾王父府君西夏省官兼判枢密院事，显祖府君官肃州钤部，谱牒散失，名讳无□□□□

4. 府君讳益立山，调沙洲钤部。

5. 天兵次燉煌，与国同归我

6. 太祖皇帝，帝异其材，俾充其部断事官。庚寅秋征阿思，擢千夫长。甲辰后，屡

7. 诏充天下断事官者七年。辛亥，

8. 宪宗皇帝以勋旧锡金虎符，充大名路达鲁花赤。显妣夫人田氏、白氏，生三子，长即公也，生于

9. 壬辰三月五日，天质英伟、才识明敏，己未袭世爵，佩虎符，充大名路达鲁花赤。中统建元，

10. 主上优宠，以前职佩虎符。至元五年，从

11. 云南王征金齿等国，锡虎符，授金齿国安抚使。七年改充中庆路达鲁花赤兼管诸军事。十

12. 四年升广南西道左右两江宣抚使兼招讨使。十六年迁云南诸路宣慰使、副都元帅。十七

13. 年进拜中奉大夫、参知政事行云南等路中书省。十九年升资善

---

① 姚燧著，查洪德点校：《姚燧集》卷19《资德大夫云南行中书省右丞赠秉忠执德威远功臣开府仪同三司太师上柱国魏国公谥忠节李公神道碑》，人民文学出版社2011年版，第301页。

② 正德《大名府志》卷10《元大名达鲁花赤昔李公墓志铭》《元礼仪院判昔李公墓志铭》（天一阁藏明代方志选刊本），上海书店1981年版。

大夫、中书左丞行云南等

14. 路中书省。二十四年正月升中书右丞行云南诸路中书省，二月改云南诸路行尚书省右

15. 丞，随从

16. 镇南王深入交趾，冒炎瘴遘疾，以其年六月十有八日薨，享年五十有八。

17. 上闻之震悼，特赠银青荣禄大夫、平章政事，以太常考行谥毅敏公，仍遣次子衔

18. 命驰驲护柩北还，以二十九年二月二十有七日葬之大名县台头里之先茔，礼也。夫人王

19. 氏，娶金紫光禄大夫、提点太医王公之女，德性淑慎，严恪而和，善女工，尽妇道，家事所助

20. 者多，先公十四年薨，今祔焉。弟二人，曰罗合，终于大名行军万户，曰小铃部，代公前职，佩虎

21. 符，充大名路达鲁花赤。子男三人，长曰教化，幼警悟，好问学，志豪迈，十三年袭爵，拜嘉议大

22. 夫、充大名路达鲁花赤。十五年升正议大夫、佩虎符、充大名路达鲁花赤兼新附军万户，二十年以职让其弟万奴，还宿卫于

23. 春宫。二十年以职拜中奉大夫、江淮等处行中书省参知政事。二十四年改江淮等处行尚书

24. 省参知政事。二十六年升资善大夫、江淮等处行尚书省左丞。二十七年升资德大夫、江淮

25. 等处行尚书省右丞。次曰怙木儿，素雅重，孝友忠厚，贤而有文，宣授敦武校尉、固镇铁冶提

26. 举。二十六年迁承直郎、签淮西道提刑按察司事。是年升太中大夫、签四川行尚书省。二十

27. 八年升嘉议大夫、汉中道肃政廉访使。二十九年改签江淮等处行中书省。次曰忽都答儿，

28. 未仕。姪一人，曰万奴，气质清峻，洞达时务，入侍

29. 中朝。二十年拜中顺大夫，充大名路达鲁花赤，代兄前职。二十四年升少中大夫，余如故。女

30. 三人，长适忽都虎宣慰次子，次适也先不花平章次子，次尚

幼。孙三人，曰阿丁、曰黑厮、曰元

图 2-2 李爱鲁墓志

31. 元。女孙四人，俱幼。顾公为社稷重臣，殊勋异政胡可殚举，必详之史笔，表之墓碑，用诏来世。

32. 签省嘉议公按朱文公志石例，命大名路教授王或直叙其始末云。

33. 资德大夫江淮等处行尚书省右丞、孝子教化志。

一 李爱鲁墓志考释

元代唐兀昔里氏家族世袭大名路达鲁花赤，李爱鲁属于这个家族。关于"昔里"的含义，学者有不同意见。汤开建先生指出：唐末沙陀酋长朱邪赤心被唐朝赐姓李，昔里氏家族原为沙陀贵族，所以从赐姓李。唐末朝廷赐姓党项首领拓跋思恭李氏，所以西夏先祖也姓李。入夏后，昔里氏家族在西夏为官，西夏皇族为大李，昔里氏家族为小李，"昔里"意为"小李"之意。① 现据墓志，昔里氏家族爱鲁姓李，印证了此说的正确。

墓志第 3 行"曾王父府君西夏省官兼判枢密院事，显祖府君肃州钤部，谱牒散失，名讳无□□□□"，似乎肃州钤部因谱牒散失名讳无考，实际上名讳并未散失，《魏国公先世述》载："家世河西，高、曾以上，仕于国中，位丞弼者七世。曾大父答加沙，为其国必吉，必吉者，犹宰相也，今赠效忠翊运保德功臣、开府仪同三司、太傅、柱国，追封魏国公，赐谥康懿；夫人梁氏，追封魏国夫人。实生昔李钤部，是为贞献公。钤部者，河西军职也。"② 肃州钤部即是答加沙。

墓志第 6 行说益立山"庚寅秋征阿思，擢千夫长"。阿思即阿速，原是居于北高加索的伊朗人，信仰希腊东正教，后移居到捷尔宾特伏尔加河口，与拜占庭、谷儿只（今格鲁吉亚）、斡罗思关系密切。元太祖十六年（1221），速不台等率军自高加索逾太和岭北上，大败阿速等部联军。太宗十一年（1239）蒙哥率师围攻阿速蔑怯思城。三月，征服此部。宪宗三年（1253）派人括阿速户口，七年又派遣达鲁花赤驻守。阿速人迁往中原者多从军。世祖至元九年（1272）组成阿速拔都军攻宋。武宗时设立左右阿速两卫。③

墓志第 18 行记爱鲁去世后"葬之大名县台头里之先茔"。其实唐兀昔里氏家族祖茔在肃州。《李爱鲁神道碑》记载李益立山去世后"传护

---

① 汤开建：《〈大元肃州路也可达鲁花赤世袭之碑〉补释》，《中国史研究》1983 年第 4 期。

② 程钜夫：《程雪楼文集》卷 25《魏国公先世述》，"中央国立"图书馆 1970 年版，第 971 页。

③ 《中国历史大辞典·辽夏金元史卷》，上海辞书出版社 1986 年版，第 256 页"阿速"条。

輤车返葬肃州，祔其先茔"①。但又"别封虚墓大名，以便岁祠"。这里之所以将大名县台头里称为先茔，是因为这里有李益立山的虚墓，其实李爱鲁才是唐兀昔里氏家族第一位真正葬在大名的先人。

据《李爱鲁墓志》，至元五年（1339）李爱鲁随从云南王征金齿等国，其弟小钤部"代兄前职"袭位大名路达鲁花赤。至元十三年（1276）李爱鲁之子教化"袭爵，拜嘉议大夫、充大名路达鲁花赤"。小钤部至元十三年被罢免大名路达鲁花赤，原因在于其在任内胡作非为，受到御史姚天福的弹劾。② 至元十三年正月，"大名路达鲁花赤小钤部坐奸赃伏诛，没其家"③。小钤部被处死后，教化袭爵充大名路达鲁花赤。

关于万奴与爱鲁的关系，史籍记载也有分歧。《秋涧集》《牧庵集》《雪楼集》及《元史氏族表》记载其为爱鲁之侄；屠寄《蒙兀儿史记》卷四七和柯劭忞《新元史》卷一三一均认为万奴为爱鲁之侄、小钤部之子。正德《大名府志》卷一〇《元大名达鲁花赤昔李公墓志铭》记其为爱鲁之子，汤开建《元代西夏人物表》据此认为万奴为爱鲁之子④；其《增订〈元代西夏人物表〉》修正了上述说法，据《雪楼集》卷二五《魏国公先世述》认为万奴为爱鲁之侄、小钤部之子。⑤ 张沛之《元代色目人家族及其文化倾向研究》第三章《元代唐兀昔里氏家族研究》认为万奴为爱鲁之侄，与爱鲁之子为同宗兄弟。⑥ 王颋考证了史料记载的歧异后分析认为："万奴"的身份，或许是过继给"爱鲁"作子的堂侄。过继的进行，应该早于"骨都歹"之生，后于"怗木儿"之卒。⑦ 现据

---

① 姚燧著，查洪德点校：《姚燧集》卷19《资德大夫云南行中书省右丞赠秉忠执德威远功臣开府仪同三司太师上柱国魏国公谥忠节李公神道碑》，人民文学出版社2011年版，第303页。

② 胡聘之辑：《山右石刻丛编》（《石刻史料新编》第1辑第21册），新文丰出版公司1982年版，第15729页上。

③ 《元史》卷9《世祖本纪六》，第177页。

④ 汤开建：《元代西夏人物表》，载何广博主编《述善集研究论集》，甘肃人民出版社2001年版，第271页。

⑤ 汤开建：《增订〈元代西夏人物表〉》，《暨南史学》第2辑，暨南大学出版社2003年版，第198页。

⑥ 张沛之：《元代色目人家族及其文化倾向研究》，天津古籍出版社2009年版，第93页。

⑦ 王颋：《元代大名路达鲁花赤唐兀人昔李氏世系考》，《北方民族大学学报》2009年第1期。

李爱鲁墓志明确记载李爱鲁有"子三人""姪一人，曰万奴"，可见《秋涧集》《牧庵集》的记载及《元史氏族表》与张沛之的分析是正确的，万奴为爱鲁之侄。可能并不存在过继之事，史料的歧异可能由撰碑者对唐兀昔里氏家族不太了解所致。

墓志还为我们提供了唐兀昔里氏家族后裔的新史料。大名唐兀昔里氏家族自李益立山为第一代始，到李爱鲁、罗合、小钤部为第二代，教化、怙木儿、忽都答儿、万奴为第三代，第四代的资料缺乏，仅据正德《大名府志》卷一〇《元大名达鲁花赤昔李公墓志铭》知道万奴有子野速普化、《牧庵集》卷一九《李爱鲁神道碑》知道爱鲁长孙曾任中庆路达鲁花赤，但名讳无考。今据墓志得知其第四代有爱鲁之孙三人，"曰阿丁、曰黑厮、曰元元"，其中阿丁即曾任中庆路达鲁花赤的爱鲁长孙。需要指出的是，阿丁、黑厮、元元可能为小名，其名称仍缺乏史料可考。

据墓志李爱鲁有"女三人，长适忽都虎宣慰次子，次适也先不花平章次子，次尚幼"。忽都虎宣慰为蒙古大将绍古儿之孙。绍古儿，麦里吉台氏，曾同太祖成吉思汗同饮班朱尼河之水，后授洺磁等路都达鲁花赤。绍古儿死后其子拜都袭职，拜都死后，其子忽都虎袭职。忽都虎"从世祖渡江，攻鄂，还镇恩州。中统三年，从征李璮有功，寻命修立邳州城，领兵镇两淮。十一年，从丞相伯颜渡江，有战功。又从参政董文炳沿海出征，还，镇嘉兴，行安抚事。十二年加昭勇大将军，职如故。十四年，授嘉兴路总管府达鲁花赤，寻升镇国上将军、黄州路宣慰使，寻罢黄州宣慰司，复旧任。十六年，改授浙西道宣慰使，加招讨使，仍镇国上将军，奉诏征占城，以其国降表、贡物入见，帝嘉之，厚加赏赉。二十四年，从征交趾，明年还师，授邳州万户府万户。三十年，没于军"①。

《元史》中有"也先不花"数人，墓志中的"也先不花平章"可能是蒙古怯列氏也先不花。也先不花的叔祖怯烈哥等兄弟四人曾率部属归附成吉思汗。也先不花的父亲字鲁欢"幼事睿宗，入宿卫。宪宗即位，与蒙哥撒儿密赞谋议，拜中书右丞相，遂专国政。赐真定之束鹿为其食邑。至元元年，以党附阿里不哥论罪伏诛"。字鲁欢死后，也先不花

---

① 《元史》卷123《绍古儿传》，第3025页。

"世其职,为必阇赤长。裕宗封燕王,世祖命也先不花为之傅,且谓之曰:'也先不花,吾旧臣子孙,端方明信,闲习典故,尔每事问之,必不使尔为不善也'"。至元二十三年(1286),也先不花拜上柱国、光禄大夫、云南诸路行中书省平章政事。"时阿郎、可马丁诸种獞夷为变,讨平之。遂立登云等路、府、州、县六十余所,得户二十余万,官其酋长,定其贡税,边境以宁。"① 可能是因李爱鲁与也先不花同在云南为官,所以才把女儿嫁给也先不花的儿子。

依据《李爱鲁神道碑》爱鲁长女适同知台州路事巴约特,次女适浙东右丞、宣慰元帅阿尔丹。但《牧庵集》今常见的有《四库全书》本及"武英殿聚珍板书"本,为清代馆臣自《永乐大典》中辑出。清代在编修《四库全书》时用清代的蒙古语读音去改译元代的蒙古人、地名,造成张冠李戴的混乱。今人编辑点校《姚燧集》② 以《四部丛刊》影印《武英殿聚珍板书》本为底本,参校其他早期总集等元代史籍收录文章,因版本限制对《姚燧集》中一些人名、地名并未改正。王颋先生用未经篡改的传记资料来校勘《李爱鲁神道碑》,考证李爱鲁的两个女婿分别为"伯牙吾台"与"阿剌脱因"③。忽都虎是否有子曾任台州路同知,因《元史》记载简略无考。《元史》记也先不花有子四人:秃鲁、答思、怯烈、按摊。"按摊,事成宗,袭长宿卫,有旨给七乘传使,往侍其父也先不花于湖广。诸道宪司以按摊孝行闻,拜中奉大夫、海北海南道宣慰使、都元帅。海康与安南、占城诸夷接境,海岛生黎叛服不常,按摊威望素著,夷人帖服,生黎王高等二十余洞,皆愿输贡税。在镇期年,以省亲辞去。至大二年,拜资德大夫、中书右丞,行浙东道宣慰使司都元帅。未几,奔父丧于武昌,以哀毁致疾卒。天历二年,赠秉义效忠著节佐治功臣、太保、开府仪同三司、上柱国,追封特进赵国公、中书左丞相,谥贞孝。"④ 四库本《元史》将按摊改读为阿勒坦。按摊曾在南部边境任职,且曾任资德大夫、中书右丞,行浙东道宣慰使司都元帅,无疑就是《李爱鲁神道碑》中提到的浙东右丞宣慰

---

① 《元史》卷134《也先不花传》,第3267页。
② 姚燧著,查洪德点校:《姚燧集》,人民文学出版社2011年版。
③ 王颋:《元代大名路达鲁花赤唐兀人昔李氏世系考》,《北方民族大学学报》2009年第1期。
④ 《元史》卷134《也先不花传》,第3268页。

都元帅阿尔丹。将"阿尔丹"勘同为"按摊"无疑比将"阿尔丹"勘同为"阿剌脱因"更合适。只不过按摊并非如《李爱鲁墓志》中提到的是也先不花平章次子，而是也先不花平章第四子。

关于李爱鲁之妻王氏，程钜夫《雪楼集》卷二《教化故母王氏追封魏国夫人制》说其"通籍禁中"①。通籍禁中指可以出入宫禁。《元史》记安童"母弘吉剌氏，昭睿皇后之姊，通籍禁中"②。王氏因教化显贵，得到通籍禁中的荣誉。墓志记王氏为"金紫光禄大夫、提点太医院王公之女"。《元典章》记载："中统三年皇帝圣旨：今差光禄大夫、太医提点王子俊、提点许国祯各悬带金牌，太医大使王猷、副使王安仁管领诸路医人惠民药局勾当。"③ 这条史料中提到的王姓医官有提点王子俊、大使王猷、副使王安仁，中统二年（1261）八月"己酉，命大名等路宣抚使岁给翰林侍讲学士窦默、太医副使王安仁衣粮，赐田以为永业"④，元世祖让大名宣抚使给太医副使王安仁田产，说明王安仁与大名有一定联系，墓志中的提点太医院王公可能就是后由太医副使升任提点的王安仁。

《元史·爱鲁传》记其卒于至元二十五年（1288），《李爱鲁神道碑》记其卒于至元二十五年，年六十三。《李爱鲁墓志》记其生于壬辰年（1232）三月五日，至元二十四年（1287）"随从云南王深入交趾，冒炎瘴遘疾，以其年六月十有八日薨，享年五十有八"。似乎李爱鲁卒于至元二十四年。据《元史·外夷传》记至元二十五年三月，镇南王"命爱鲁引兵还云南"⑤，《元史·世组本纪》记至元二十五年四月"癸未，云南省右丞爱鲁上言：'自发中庆，经罗罗、白衣入交趾，往返三十八战，斩首不可胜计，将士自都元帅以下获功者四百七十四人'"⑥。爱鲁在至元二十五年还有活动，则其卒年应该为至元二十五年，墓志中的"以其年"应为"以明年"。关于爱鲁卒年年龄，墓志记卒年五十八

---

① 程钜夫：《程雪楼文集》卷2《故母王氏追封魏国夫人制》，"中央国立"图书馆1970年版，第161页。
② 《元史》卷126《安童传》，第3081页。
③ 《元典章》卷32《礼部五》，中国广播电视出版社1998年版，第1198页。
④ 《元史》卷4《世祖纪一》，第73页。
⑤ 《元史》卷209《外夷传二·安南》，第4649页。
⑥ 《元史》卷15《世祖本纪十二》，第312页。

岁，神道碑记卒年六十三岁，张沛之据神道碑推断其生年为 1226 年①，据墓志李爱鲁生于壬辰年即 1332 年。以生于壬辰年（1232），到至元二十五年（1288）去世计算，爱鲁卒年应为五十七岁。其实在《魏国公先世述》中就记载其卒年为五十七岁，爱鲁卒年为五十七岁的说法较为可信。

二 唐兀昔里氏家族受理学的影响

墓志第 32 行为"签省嘉议公按朱文公志石例命大名路教授王彧直叙其始末云"。朱文公指理学家朱熹，朱文公志石例指《文公家礼》中关于刻写墓志的规定。李爱鲁三子，墓志第 25—27 行载："次曰怗木儿，素雅重，孝友忠厚，贤而有文，宣授敦武校尉、固镇铁冶提举。二十六年迁承直郎、签淮西道提刑按察司事。是年升太中大夫、签四川行尚书省。二十八年升嘉议大夫、汉中道肃政廉访使。二十九年改签江淮等处行中书省。"可见次子怗木儿的最终官职为嘉议大夫、签江淮等处行中书省。"签省"为行中书省的官员，《元史·百官志》记载："旧制参政之下，有佥省、有同佥之属，后罢不置。"②第 32 行的"签省嘉议公"即指李爱鲁次子怗木儿。

关于受命撰写《李爱鲁墓志》的大名路教授王彧，正德《大名府志》卷五《大名路重修庙学记》记载，至元二十九年（1292）修庙学完成后，由"教授安阳王彧状其本末"，请翰林学士李谦撰记，由此可知王彧为安阳人。《李爱鲁墓志》撰写的时间也是至元二十九年，则这两个王彧为同一人无疑。翰林学士李谦字受益，东阿人，受王磐推荐，先后侍真金太子和成宗。③教授王彧请翰林学士李谦撰文，似乎他们之间熟稔。

《安阳县志》卷九《重修兴阳院碑》题"将仕郎国子助教王彧撰"，古人多通过乡里关系请著名的文化人撰写碑刻，安阳兴阳院请王彧撰写碑文，此国子助教王彧有可能为安阳人。此碑虽然立于至大元年（1308），但碑中说"至元癸酉，里中耆旧吕义、黄进等稔闻顺德大开

---

① 张沛之：《元代色目人家族及其文化倾向研究》，天津古籍出版社 2009 年版，第 129 页。
② 《元史》卷 91《百官七》，第 2305 页。
③ 《元史》卷 160《李谦传》，第 3767 页。

元寺诱、进二师者皆纯一端愨,持律严信道笃,愿请主之。幸惠然肯来……不数年而复还旧观"①,遂请王彧撰文记之。看来此碑撰文应在至元中期,可以推测此国子助教王彧与至元二十九年(1292)的大名路教授王彧应为同一人。至元八年(1271),许衡受到阿合马排挤,辞去中书左丞,调任集贤大学士兼国子祭酒,专注于教育。到至元十年(1273),许衡以"权臣屡毁汉法,诸生廪食或不继"请还乡,刘秉忠等仍"乞以衡弟子耶律有尚、苏郁、白栋为助教,以守衡规矩,从之"②。这个在至元中期任国子助教的王彧应该也是许衡的弟子或再传弟子,因而肯定对朱熹《家礼》也非常熟悉。

分析墓志的第32行,有两个问题值得深入探讨。一是大名在理学北传中的地位,一是唐兀昔李氏家族受理学影响问题。众所周知,虽然理学在金代一直以家学形式流传不绝,但真正的理学北传始于宋元之际赵复、窦默、砚坚等学者的被俘北上。赵复,德安人,在战争中被俘。姚枢奉诏在军中求儒、释、道、医、卜士,将赵复救出。"復以所记程、朱所著诸经传注,尽录以付枢。"后"枢既退隐苏门,乃即復传其学,由是许衡、郝经、刘因,皆得其书而尊信之"③。窦默,原名杰,字汉卿,肥乡人(今邯郸市肥乡区),元代著名医学家、理学名臣。窦默早年在躲避战乱中接触到理学。《元史·窦默传》记载:"金主迁蔡,默恐兵且至,又走德安。孝感令谢宪子以伊洛性理之书授之,默自以为昔未尝学,而学自此始。适中书杨惟中奉旨招集儒、道、释之士,默乃北归,隐于大名,与姚枢、许衡朝暮讲习,至忘寝食。"④窦默在避兵于南宋时偶然得到学习理学的机会,后隐居大名,与姚枢、许衡等讲习理学,是元代理学北传的重要人物。

许衡是元代理学的集大成者,后从祀孔庙。许衡曾在大名隐居并教授生徒。《许衡神道碑》记载:"岁壬辰(1232年,太宗四年)天兵渡河,为游骑所得。其万夫长酗酒,杀人为嬉。先生从容曲譬,卒革其暴。久乃信其言如蓍龟,人赖全活者无算。万夫长南征,乃东去隐徂徕

---

① 《石刻史料新编》第3辑第28册,新文丰出版公司1986年版,第518页上。
② 《元史》卷158《许衡传》,第3728页。
③ 《元史》卷189《赵复传》,第4314页。
④ 《元史》卷158《窦默传》,第3730页。

山，迁泰安之馆镇，寻迁大名，扁其斋曰鲁，世因号曰鲁斋先生。"①在大名期间，许衡首先从窦默那里接触到理学。《考岁略》记载："乱后，先生隐居于魏。时窦默子声以针术得名，累被朝廷征访，亦隐居于魏，最知敬先生，每相遇，则危坐终日，出入经传，泛滥佛、老，下至医药、卜筮、诸子百家、兵刑、货值、水利、算数之类，靡不研究。"②许衡此时可能已经从窦默那里对理学有所了解，但他正式接触理学，要等到姚枢归隐苏门之时。

1241年姚枢弃官隐居苏门，经过大名，"时先师许文正公在魏……公（指姚枢）过魏，与窦汉卿相聚茅斋，听公言议正粹，先师遂造苏门尽录是数书以归"③。许衡所录书即是赵复所传程朱理学诸传注。《考岁略》记载："壬寅（1242年），雪斋隐苏门，传伊洛之学于南士赵仁甫，先生即谐苏门访求之，得伊川《易传》、晦庵《论孟集注》《中庸·大学章句》《或问》《小学》等书，读之，深有默契于中，遂一一手写以还。聚学者谓之曰：'昔者授受，殊孟浪也。今始闻进学之序，若必欲相从，当悉弃前日所学章句之习，从事于《小学》，洒扫应对，以为进德之基。不然，当求他师。'众皆曰：'唯'。遂悉取向来简帙焚之，使无大小，皆自《小学》入。先生亦旦夕精诵不辍，笃志力行，以身先之，虽隆冬盛暑不废也。"④自此开始，许衡在大名以理学授徒。1978年河南省焦作市发现《有元故潜斋先生许仲和墓志》一合，为许衡之弟许衎墓志，其中记载在庚戌岁（1250年）许衡定居苏门之前，甲辰岁（1244年）许衡还在洛阳找到其弟许衎并将其接到大名，经过苏门请姚枢为其弟命字⑤，这期间许衡与姚枢肯定也有理学的研习。

大名在理学传播的过程中有十分重要的地位，这与许衡、窦默等人物的经历分不开。许衡前后两次居大名有十多年时间，后来朝廷还在大

---

① 欧阳玄：《欧阳玄集》卷9《许衡神道碑》，吉林文史出版社2009年版，第92页。
② 苏天爵辑撰，姚景安点校：《元朝名臣事略》卷8《左丞许文正公》引《考岁略》，中华书局1996年版，第166页。
③ 苏天爵辑撰，姚景安点校：《元朝名臣事略》卷8《左丞姚文献公》引《神道碑》，中华书局1996年版，第157页。
④ 苏天爵辑撰，姚景安点校：《元朝名臣事略》卷8《左丞许文正公》引《考岁略》，中华书局1996年版，第167页。
⑤ 索全星：《焦作市出土的两合元代墓志略考》，《文物》1996年第3期。

名立祠，岁时祭祀许衡。① 窦默曾隐居大名，虽然不久还肥乡，但在请南归时，忽必烈仍在大名赐宅第田土。② 姚枢隐居苏门途经大名，使许衡开始接触理学、传播理学。在理学的北传过程中，因缘际会，大名成为一个重要的节点。尤其是许衡最早在大名传播理学，其弟子中当有一定数量的大名人。学者考证，许衡弟子中，明确记载为大名人的有韩思永③和刘子仁④，其实际人数当不止此二人，大名当有一些许衡的弟子教授乡里。理学在北方传播，大名可谓近水楼台，唐兀昔李氏家族在丧葬时用朱文公《家礼》，也就不足为奇了。

唐兀昔李氏家族是一个色目人家族，以军功起家。虽然在大名路达鲁花赤任内，小李钤部、小钤部和万奴都曾重修庙学。⑤ 但陈垣先生论《西域人之儒学》提到高智耀说："智耀虽色目人，然西夏夙习汉化，庙祀孔子，智耀之尊儒，不足为异。"⑥ 同样，小李钤部、小钤部和万奴都曾重修庙学也不足为奇。但签省嘉议公帖木儿在为父治丧之时用朱文公《家礼》，反映出唐兀昔李氏家族受理学之影响，却是西夏遗民入元后文化方面的新动向。惜小李钤部墓和李爱鲁墓都遭到破坏，形制不清，其在葬俗上多大程度上依据了《家礼》也已难搞清楚。李爱鲁次子帖木儿材料不多，从李爱鲁墓志记载来看，帖木儿一直在南方为官。《墓志》载其"素雅重，孝友忠厚，贤而有文，宣授敦武校尉、固镇铁冶提举"。雅重孝友，贤而有文，应该是受过一定的汉文化教育，虽然不排除他在为官南方时受到理学影响，但结合上述大名路受到理学影响的背景，帖木儿在大名路本地接受汉文化教育，并受到理学影响的可能性更大。同是唐兀昔李氏家族成员的孛兰奚幼年时即在大名路接受了理学教育，《元礼仪院判昔里公墓志铭》记载孛兰奚"幼从乡先生直甫学读经，务通大义，锐然立志，以躬行为本"⑦。孛兰奚至正三年（1343）辞世，享年六十三岁，则其生年当在至元十七年（1280）。实践躬行正

---

① 《元史》卷76《祭祀志五》，第1904页。
② 苏天爵辑撰，姚景安点校：《元朝名臣事略》卷8《内翰窦文正公》引《墓志》，中华书局1996年版，第152页。
③ 默书民：《许衡门徒考》，《许衡与许衡文化》，中州古籍出版社2007年版，第262页。
④ 默书民：《许衡门徒考》，《许衡与许衡文化》，中州古籍出版社2007年版，第126页。
⑤ 正德《大名府志》卷5《大名路重修庙学记》，上海书店1981年版。
⑥ 陈垣：《元西域人华化考》卷2《儒学篇》，上海古籍出版社2000年版，第9页。
⑦ 正德《大名府志》卷10《元礼仪院判昔里公墓志铭》，上海书店1981年版。

是许衡理学的特点,"先生(指许衡)说书,章数不务多,唯恳款周折,若未甚领解,则引证设譬,必使通晓而后已。尝问诸生:'此章书义若推之自身,今日之事有可用否?'大凡欲其践行而不贵徒说也。"①孛兰奚幼从乡先生学且以躬行为本,我们可以明显看到他从小受到的是理学教育。

此外,元代大名路还出了一位著名理学家哈剌鲁人伯颜宗道,为定居濮阳的山东河北蒙古军都万户府军户,《元史》卷一九〇《儒学传》有传。正德《大名府志》卷一〇《艺文志》和新发现《述善集》中收录内容相同的《伯颜宗道传》,较《元史·伯颜传》详细。《伯颜宗道传》中记载伯颜"父母丧事,悉如礼制,浮屠葬师皆不用"②。伯颜宗道也是一位受到理学影响的色目人,后来还撰有理学著作。陈垣先生认为"伯颜学无师承,崛起乡里,讲求实用,自成一家。譬之清儒,于颜元为近,而魅力过之,所谓平民学者也"③。伯颜宗道在理学学习上无师承,他的成长与大名路浓厚的理学氛围应该也不无联系。

大名在元代理学北传过程中是一个重要节点,理学氛围浓厚,唐兀昔李氏家族也受到深厚的影响。虽然唐兀昔里氏家族是军事世家,小李钤部与长子李爱鲁征战疆场,次子罗合"终于大名行军万户",也是一生从军,三子小钤部袭封大名路达鲁花赤,飞扬跋扈,最终被杀。但到李爱鲁子辈时,我们看到这个家族已经有了很深的汉文化修养,教化"幼警悟,好问学",怙木儿"素雅重,孝友忠厚,贤而有文",尤其是怙木儿在父亲丧礼中用朱熹《家礼》,孛兰奚幼从乡先生读经,重躬行,显示了其受程朱理学之影响,这是唐兀昔李氏家族入元之后在文化上的新动向。

西夏亡国后,一部分遗民则迁居内地。这部分迁入内地的西夏遗民,据学者们研究主要分布于现在的河北、内蒙古、山西、河南、山

---

① 苏天爵辑撰,姚景安点校:《元朝名臣事略》卷8《左丞许文正公》引《国学事迹》,中华书局1996年版,第174页。

② 焦进文、杨富学:《元代西夏遗民文献〈述善集〉校注》,甘肃人民出版社2001年版,第227页。

③ 陈垣:《元西域人华化考》卷2《儒学篇》,上海古籍出版社2000年版,第15页。

东、安徽、江浙、四川等地区，湖广、云贵、福建等地区也都留下了西夏遗民唐兀人为官与活动的记载。① 河北是西夏人迁入比较集中之地，至今尚留有一些遗迹。今河北保定古莲花池内保存有《大元敕赐故顺天路达鲁花赤河西老索神道碑铭》记述了老索家族四代人一百多年的经历。② 而市北郊韩庄西寺遗址上出土的明朝弘治十五年（1502）所建西夏文经幢，说明至迟到明代中叶河北保定地区仍有西夏遗民活动。③ 郑绍宗、王静如先生在《保定出土明代西夏文石幢》中曾提到，罗福成藏有定州佛像腹内所出的西夏文雕版佛经残片，认为是明清时期复印的。④ 1990年北京市朝阳区王四营乡南豆各庄村发现元代西夏人后裔耿完者秃墓，出土其墓志。⑤ 河北大名唐兀昔里氏家族作为西夏后裔在元代影响很大，元代史籍中保存碑传资料较多，但独不见文物遗迹的发现。大名县旧治乡陈庄村发现唐兀人李爱鲁墓志，弥补了大名唐兀昔里氏家族未曾发现实物证据的缺憾，弥足珍贵。他一生转战西南，为元初西南地区的军事征服和边疆治理做出较大的贡献，其墓志为昔里氏家族其他碑传资料校勘及人物关系研究提供了新史料。

第四节 元代真定路的几个畏兀儿人家族

随着蒙古统治者对汉地的征服，大批畏兀儿人迁居内地。元代内迁畏兀儿人研究已经取得了较多的成果，王胞生分析了入滇的畏兀儿人及其宗教信仰、与蒙古、色目人的关系等问题。⑥ 尚衍斌依据《至顺镇江志》考察了在镇江路为官和定居的畏兀儿人。⑦ 王梅堂对内迁畏兀儿人

---

① 白滨：《元代唐兀氏与西夏遗民》，载何广博主编《述善集研究论集》，甘肃人民出版社2001年版，第157—179页。
② 梁松涛：《〈河西老索神道碑铭〉考释》，《民族研究》2007年第2期。
③ 史金波、白滨：《明代西夏文经卷和石幢初探》，《考古学报》1977年第1期。
④ 郑绍宗、王静如：《保定出土明代西夏文石幢》，《考古学报》1977年第1期。
⑤ 墓志云："大元故亚中大夫宣政院判官耿完者秃，五十八岁，唐兀氏，天历二年四月十九日卒，葬大都通路县青安乡窦家庄祖茔。"发掘简报判断耿完者秃为蒙古人，唐兀氏为其妻或妾。实际耿完者秃，唐兀氏，应为西夏人。见北京市文物研究所《北京地区发现两座元代墓葬》，《北京文物与考古》第3辑，1992年版，第222页。
⑥ 王胞生：《元代入滇的畏兀儿人》，《云南民族学院学报》1991年第1期。
⑦ 尚衍斌：《从〈至顺镇江志〉看元代镇江路的畏吾儿人》，《喀什师范学院学报》1994年第2期。

廉氏家族进行了研究。① 尚衍斌《元代畏兀儿研究》② 第四至六章考察了畏兀儿人内迁与汉化、畏兀儿人仕宦，第七章则对高昌偰氏家族进行研究。但限于资料，学界对真定的几个畏兀儿人家族关注不多。本节钩稽史料并辅以新发现碑刻，试对定居真定的几个畏兀儿家族进行考证，并对其定居真定路的原因略做探讨。

一 奎章阁大学士忽都鲁都儿迷失家族

奎章阁是元明宗天历二年（1329）开设的文学艺术机构，元代首任奎章阁大学士忽都鲁都儿迷失《元史》无传，因而学者对其家世缺乏了解。姜一涵《元代奎章阁及奎章阁人物》据《新元史》《蒙兀儿史记》中简略记载及《元史》、元人文集中零散资料对其做了介绍："忽都鲁都儿迷失，姓畏兀氏，回纥人。普颜之弟。于天历二年首任奎章阁学士院大学士，领院事。追封赵国公，谥文穆……"③ 不涉及其家世。邱江宁《元代奎章阁学士院与元代文坛》第二章《奎章阁文人群体的构成》对奎章阁大学忽都鲁都儿迷失进行考证，认为"忽都鲁都儿迷失，畏兀儿人，《元史》没有他的传记，所以家世不详"④。其实忽都鲁都儿迷失的记载分见于《元史》及元人文集中，爬梳史料，我们可以对他及其家族有更加深入的了解。

《至正集》卷六一《普颜公神道碑铭》的传主普颜为忽都鲁都儿迷失之兄，其内容与《新元史·普颜传》《蒙兀儿史记·普颜传》大体相同，是它们的史料来源。《普颜公神道碑铭》记载普颜先世较详，对我们了解忽都鲁都儿迷失的家世很有帮助，这里将相关内容征引如下：

> 公讳普颜，字君卿，卫兀氏，世家高昌。曾大父讳撒里阿塔，赠集贤侍讲学士、中奉大夫、护军，追封恒山郡公，谥孝懿。大父讳普颜脱忽怜，从太祖西征，没于军，赠资善大夫、中书左丞，上

---

① 王梅堂：《元代内迁畏兀儿族世家——廉氏家族考述》，《元史论丛》第 7 辑，江西教育出版社 1999 年版。
② 尚衍斌：《元代畏兀儿研究》，民族出版社 1999 年版。
③ 姜一涵：《元代奎章阁及奎章阁人物》，联经出版事业公司 1985 年版，第 80 页。
④ 邱江宁：《元代奎章阁学士院与元代文坛》，中国社会科学出版社 2013 年版，第 59 页。

护军，追封恒山郡公，谥靖忠。祖妣燕按迷失，追封恒山郡夫人。父爱全受知宪宗，庄圣太后尤礼之，始命徙居镇阳，盖太后汤沐邑也，赠荣禄大夫、司徒、柱国，追封赵国公，谥文靖。①

据此可知，忽都鲁都儿迷失家族为畏兀儿人，蒲道源《翰林院忽都都鲁迷失承旨曾祖父制》说其曾祖父"材武冠时，严明御下，整齐部伍，总戒律于高昌，镇服边陲，震威声于西域"②。《普颜神道碑》说其祖父"从太祖西征，没于军"，则忽都鲁都儿迷失家族为高昌的军事世家。忽都鲁都儿迷失之父爱全受知于宪宗蒙哥，庄圣太后唆鲁和帖尼命其徙居自己的汤沐邑真定，其家族始定居真定。普颜逝后葬"真定东阳村先茔"，既称先茔，则至少从爱全开始即葬在真定。

忽都鲁都儿迷失入仕途径不清楚，但其家与忽必烈家有密切关系，属于蒙元时期的"根脚"较大者，其出仕肯定与此相关。至大四年（1311）四月，忽都鲁都儿迷失已任集贤院学士。《元史》卷二四《仁宗一》记载："（至大四年四月丁卯）帝谕集贤学士忽都鲁都儿迷失曰：'向召老臣十人，所言治政，汝其详译以进，仍谕中书悉心举行。'"③《秘书监志》中一件圣旨提到官员入奏的时间和在场人物，"至大四年五月十二日，月赤察儿太师怯薛第三日吾殿西壁火儿赤房子里有时分，忽都鲁都儿迷失学士、九耀奴等有来……"④

延祐四年（1317），忽都鲁都儿迷失已经升任翰林学士承旨，《元史》卷二六《仁宗三》记载："（延祐四年四月乙丑）翰林学士承旨忽都鲁都儿迷失、刘赓等译《大学衍义》以进，帝览之，谓群臣曰：'《大学衍义》议论甚嘉，其令翰林学士阿怜铁木儿译以国语。'"⑤虞集《西山书院记》记载宋儒真德秀族人以其故居为学，延祐四年四月

---

① 许有壬：《至正集》卷61《普颜公神道碑铭》，《元人文集珍本丛刊》第7册，新文丰出版公司1985年版，第282页下—283页上。
② 蒲道源：《闲居丛稿》卷15《翰林院忽都都鲁迷失承旨曾祖父制》，"中央国立"图书馆1970年版，第638页。
③ 《元史》卷24《仁宗纪一》，第542页。
④ 王士点、商企翁编次，高荣盛点校：《秘书监志》卷3《廨宇》，浙江古籍出版社1992年版，第55页。《元史·仁宗纪一》记载忽都鲁都儿迷失至大四年四月已经是集贤院学士，点校本《秘书监志》将"学士"二字点断在后可能不准确。
⑤ 《元史》卷26《仁宗纪三》，第578页。

朝廷赐名西山书院,"是年,天子命大司农晏、翰林学士承旨忽都鲁都儿迷失译公所著《大学衍义》,用国字书之,每章题其端曰:真西山云。书成,奏之,上尝览观焉"①。

天历二年(1329)二月文宗开奎章阁,以忽都鲁都儿迷失为奎章阁大学士,《元史》卷三三《文宗一》记载:"(天历二年二月)甲寅,立奎章阁学士院,秩正三品,以翰林学士承旨忽都鲁都儿迷失、集贤大学士赵世延并为大学士,侍御史撒迪、翰林直学士虞集并为侍书学士,又置承制、供奉各一员。"②

从《元史》本纪中几则零散的材料来看,忽都鲁都儿迷失一直在集贤院、翰林国史院、奎章阁等机构任职,主要从事汉文典籍的翻译工作。《普颜神道碑》中也说忽都鲁都儿迷失"精卫兀书",其所翻译的书见于记载的有《资治通鉴》《大学衍义》《皇图大训序》《帝范》《贞观政要》等。

忽都鲁都儿迷失信仰佛教,《滋溪文稿》卷四《真定奉恩寺买田修殿记》记载"奎章阁大学士忽公请于朝,敕赐金字佛经若干卷"③,"忽公"即忽都鲁都儿迷失。《道园学古录》卷四八《大辨禅师宝华塔铭》记载:"天历二年四月二十一日,翰林学士承旨、光禄大夫阿邻帖木儿,奎章阁大学士、光禄大夫忽都鲁儿迷失,奎章阁学士参书文林郎柯九思侍便殿,具言师之道行良之志与文之所以未克者,有旨赐号曰大辨禅师,塔曰宝华之塔。"④忽都鲁儿迷失即忽都鲁都儿迷失。他为寺院请金字佛经,为希陵和尚请号大辨禅师,说明他是一个佛教徒。

忽都鲁都儿迷失汉学修养较高,与许多著名汉族文士有良好的关系。刘赓与忽都鲁都儿迷失同在翰林院为官,奎章阁建立后"阁学士忽都鲁儿弥失在翰林与公同为承旨十余年,慨公之不及斯时也,间为上言之。上以为感,制诏臣集著文以载其行事,而刻诸神道之碑"⑤。吴澄

---

① 虞集:《道园类稿》卷24《西山书院记》,《元人文集珍本丛刊》第5册,新文丰出版公司1985年版,第607页下。
② 《元史》卷33《文宗二》,第730—731页。
③ 苏天爵著,陈高华、孟繁清点校:《滋溪文稿》卷4《真定奉恩寺买田修殿记》,中华书局1997年版,第59页。
④ 虞集:《道园学古录》卷48《大辨禅师宝华塔铭》,《四部丛刊》本。
⑤ 虞集:《道园类稿》卷41《翰林学士承旨刘公神道碑铭》,《元人文集珍本丛刊》第6册,新文丰出版公司1985年版,第246页下—247页上。

归乡闲居，忽都鲁都儿迷失曾奉以礼物，吴澄专给其回信表达谢意。①虞集在其文集中多次提到忽都鲁都儿迷失，在《寄忽承旨》诗中有"故人相望远，北极在天边"②之句，在《奎章阁大学士光禄大夫忽公画像赞》③中虞集也极力赞颂忽都鲁都儿迷失。《山居新语》记载了揭傒斯的一件轶事，"揭曼硕傒斯天历初为授经郎，时上自北来，一日，揭梦在授经郎厅，忽报接驾，急出门迎之，恍如平日。及入厅，坐定视之，乃今上也。时奎章阁官院长忽都鲁笃鲁迷失、供奉学士沙剌班，揭以二公谨愿笃实，遂以此梦告之，后果相符"④。揭傒斯将涉及政治的梦向忽都鲁都儿迷失讲述，显示了二人私人关系密切，忽都鲁都儿迷失还曾为揭傒斯的父亲揭来成请谥。⑤

《普颜神道碑》记忽都鲁都儿迷失共兄弟四人，即宗统怯淂都鲁迷失、昌国州达鲁花赤小云石、普颜、忽都鲁都儿迷失。宗统怯淂都鲁迷失事迹不详。中华书局据清咸丰四年（1855）《宋元四明六志》本影印《至正四明续志》卷二《职官》有昌国州达鲁花赤"小六失海牙，奉议大夫，泰定四年八月之任"⑥。"六"当为"云"之误。普颜官至淮西江北道肃政廉访使，《普颜神道碑》铭中说"七十有五，寿斯谓得"，则普颜七十五岁卒，其卒后十一年是至正丁亥（1347），则其生年是1261年。忽都鲁都儿迷失为其弟，生年更在此后。

忽都鲁都儿迷失之侄、普颜之子神保至正丁亥任"中书省检校官"，后任监察御史。⑦ 神保与许有壬常有唱和，《至正集》中有《和神保钦之御史监试上京韵二首》和《和神保钦之御史监试上京韵四首》

---

① 吴澄：《吴文正公集》卷8《回忽都鲁笃弥实承旨书》，《元人文集珍本丛刊》第3册，新文丰出版公司1985年版，第181页下。
② 虞集：《道园学古录》卷28《寄忽承旨》，《四部丛刊》本。
③ 虞集：《道园类稿》卷15《奎章阁大学士光禄大夫忽公画像赞》，《元人文集珍本丛刊》第5册，新文丰出版公司1985年版，第454页下。
④ 杨瑀著，余大钧点校：《山居新语》卷1，中华书局2006年版，第199—200页。
⑤ 程钜夫：《雪楼集》卷9《贞文先生揭君之碑》，"中央国立"图书馆1970年版，第371页。
⑥ 王厚孙、徐亮纂：《至正四明续志》卷2《职官》，《宋元方志丛刊》第7册，中华书局1990年版，第6461页上。
⑦ 许有壬：《至正集》，《元人文集珍本丛刊》第7册，新文丰出版公司1985年版，第282页下。

共六首诗①，许有壬应神保之请为其父撰写神道碑铭。神保曾多次赴上都监试科举，可知神保汉学修养也非常高。

二 栾城哈珊家族

哈珊家族也是真定著名的畏兀儿人家族。《元史》卷一三四《小云石脱忽怜传》记载哈珊的祖父小云石脱忽怜"畏兀人，仕其国为吾鲁爱兀赤，犹华言大臣也。太祖时，与父来归。从征回回国还，事睿宗于潜邸。真定，睿宗分地，以为本路断事官"②。小云石脱忽怜为睿宗拖雷近臣，真定为睿宗分地，小云石脱忽怜被任命为真定路的达鲁花赤。

小云石脱忽怜有子四人，《哈珊神道碑》记载："爱兀赤公之息四。伯讳八儋，以左右手都万户领天下鹰房，而侍中近习莫与之京；仲讳速混察，从皇弟旭列育适西域；叔讳哈剌哈孙，以资德大夫、中书右丞行中书省事，后以本官袭父职，终于位；季讳间间，尝为宣慰使。"③ 八儋《元史》作八丹，作为忽必烈的家臣，八丹一直侍奉忽必烈，参加了征大理、讨阿里不哥等战争。忽必烈命其行省扬州，八丹辞曰："臣自幼未尝去陛下，愿留侍左右。"后改授隆兴府达鲁花赤，遥授中书右丞，谕之曰："是朕旧所居，汝往居之。"八丹又辞，忽必烈不允。三年后，海都叛，奉旨从甘麻剌太子往征之，师还，以功赐金一锭，卒赠银青荣禄大夫、司徒。④ 速混察"从皇帝旭列育适西域"，大概从此定居于伊利汗国；哈剌哈孙以资德大夫、中书右丞行中书省事；间间曾为宣慰使。除八丹外，关于其他兄弟三人没有更多资料。

八丹有子五人，"阿里，鹰房千户；石得，安西王相府官；德眼，汝定府达鲁花赤；阿散，甘肃行省平章政事；腊真，由会同馆使同知通政院，有政迹，官至荣禄大夫、中书省平章政事，兼翰林学士承旨、通政院使，卒"⑤。阿里有子妥纥帖木儿，《宣差妥纥帖木儿通议公惠政

---

① 许有壬：《至正集》，《元人文集珍本丛刊》第 7 册，新文丰出版公司 1985 年版，第 126 页上、第 154 页下。
② 《元史》卷 134《小云石脱忽怜传附八丹传》，第 3262 页。
③ 沈涛编纂：《常山贞石志》卷 21《哈珊神道碑》，《石刻史料新编》第 1 辑第 18 册，新文丰出版公司 1982 年版，第 13529 页。
④ 《元史》卷 134《小云石脱忽怜传附八丹传》，第 3263 页。
⑤ 《元史》卷 134《小云石脱忽怜传附八丹传》，第 3263 页。

碑》记载妥纥帖木儿曾任真定路达鲁花赤，多有惠政。①

八丹诸子中，以阿散即哈珊最著名，今石家庄市栾城区有《哈珊神道碑》。②据《哈珊神道碑》，哈珊"知本国文字，兼长骑射。裕宗辟春宫，以世家之胄，服象胥之役。至元廿年，以奉训大夫为詹事判官。廿四年，除真定路总管府达鲁华赤兼管内诸军奥鲁劝农事，升嘉议大夫，盖践其世位也"③。在真定任内，哈珊治理滹沱河水患，造福一方。"元贞之元，西陲有警，而甘肃平章政事适阙。中书数举而成庙未允。一旦，有旨曰：'甘肃平章，朕得之矣，真定路达鲁华赤哈珊其人也。巨室之裔，足谋略，善弓马，宜嗣股肱，以居方面。'特授荣禄大夫、甘肃等处行中书省平章政事，踵赐玉带。"④元贞年间西北诸王海都等叛乱，哈珊临危受命，被任命为甘肃行省平章政事，终于任上。

腊真子一人，"察乃，金紫光禄大夫、中书省平章政事"⑤。黄溍撰《亦辇真公神道碑》记载："考讳察乃，事仁宗皇帝，为金紫光禄大夫、陕西行御史台御史大夫。至治中，入为通政使，用新制，换荣禄大夫。泰定间，终于光禄大夫、中书平章政事。"⑥察乃子十人，《元史》只记载了老章、撒马笃二人姓名⑦，《亦辇真神道碑》记载了亦辇真兄弟十人的名讳及官职，"兄曰字字实，中奉大夫、河东山西道宣慰使；曰老汉；弟曰老章，光禄大夫、知枢密院事；曰草地里，中奉大夫、真定路总管府达鲁花赤；曰捏烈秃，资善大夫、宫傅；曰答剌海；曰罗罗，中奉大夫、江东建康道肃政廉访使；曰撒马笃，□□大夫、中书参知政事；曰伯颜帖木儿，朝散大夫、光禄少卿"⑧。其中老章为明宗近臣，

---

① 赵文濂：《新乐县志》卷5《艺文上》，成文出版社1968年版，第399—400页。
② 此碑原立于栾城县寺下村村南元代哈珊家族墓地旧址，1996年被推倒掩埋，2005年5月发掘出土并择地深藏，2016年建设文化公园掘出集中保藏，现存石家庄市栾城区文保所，笔者曾于2020年春天前往栾城文保所查看。此碑《常山贞石志》有录文，北京大学图书馆收藏拓片。
③ 沈涛编纂：《常山贞石志》卷21《哈珊神道碑》，《石刻史料新编》第1辑第18册，新文丰出版公司1982年版，第13529页下。
④ 沈涛编纂：《常山贞石志》卷21《哈珊神道碑》，《石刻史料新编》第1辑第18册，新文丰出版公司1982年版，第13530页上。
⑤ 《元史》卷134《小云石脱忽怜传附腊真传》，第3263页。
⑥ 黄溍著，王颋点校：《黄溍集》卷29《辽阳等处中书省左丞亦辇真公神道碑》，浙江古籍出版社2013年版，第1079—1080页。
⑦ 《元史》卷134《小云石脱忽怜传附八丹传》，第3263页。
⑧ 黄溍著，王颋点校：《黄溍集》卷29《辽阳等处中书省左丞亦辇真公神道碑》，浙江古籍出版社2013年版，第1081页。

曾从明宗皇帝逃亡,《亦辇真神道碑》记载:"公弟老章从明宗皇帝北狩,间关虎口,调护圣躬,亲倅无与为比。"① 亦辇真先为英宗皇帝必阇赤,泰定初为内八府宰相,后随高丽嗣王阿难答失里复国,顺帝初年擢资政大夫、河东山西道肃政廉访使,后除通政院使,再迁山东东西道宣慰使,拜辽阳等处行中书省左丞。

哈珊家族定居在真定路栾城县,他们的活动也多与真定、栾城有关。《元史》卷一三四《小云石脱忽怜传》记载:"真定,睿宗分地,以为本路断事官。"②《亦辇真公神道碑》记载:"俾世袭其职。"③ 小云失脱忽邻后人世袭真定路达鲁花赤,哈珊、草地里、妥绥帖木儿都曾任真定路达鲁花赤。《常山贞石志》卷一七《龙兴寺重修大觉六师殿记》碑阴题名中有"荣禄大夫甘肃省平章政事阿散相公并娘子撒的斤"④,此阿散即哈珊。哈珊死后"归葬于真定栾城县台头寺之左(先)茔"⑤,清同治《栾城县志》记载:"寺下村……元哈荣禄墓在村南。"⑥ 辽阳等处行中书省左丞亦辇真死后"葬于真定栾城先茔之次"⑦,大概从小云失脱忽邻迁居栾城开始,这个家族就将栾城作为其家乡,并在此建立祖茔。

在栾城县有善众寺,《栾城县善众寺创建方丈记》载:"国初监郡大资兀鲁爱兀赤公处此而有瑕丘之乐,乃大兴完善。"⑧ 兀鲁爱兀赤公为哈珊之祖,从兀鲁爱兀赤起,其家族就与善众寺结下深厚的关系。《栾城县重修善众寺碑铭》记载:"至元改元,行中书省右丞哈剌哈孙时为善众寺都功德主,疏请(惠满和尚)住持,弊者完之,罅者补之,仆者植之。

---

① 黄溍著,王颋点校:《黄溍集》卷29《辽阳等处行中书省左丞亦辇真公神道碑》,浙江古籍出版社2013年版,第1080页。

② 《元史》卷134《小云石脱忽怜传附八丹传》,第3262页。

③ 黄溍著,王颋点校:《黄溍集》卷29《辽阳等处行中书省左丞亦辇真公神道碑》,浙江古籍出版社2013年版,第1079页。

④ 沈涛编纂:《常山贞石志》卷17《龙兴寺重修大觉六师殿记》,《石刻史料新编》第1辑第18册,新文丰出版公司1982年版,第13456页上。

⑤ 沈涛编纂:《常山贞石志》卷21《哈珊神道碑》,《石刻史料新编》第1辑第18册,新文丰出版公司1982年版,第13530页下。

⑥ 张怀德纂:《栾城县志》卷2《村镇》,《中国方志丛书》本,成文出版社1976年版,第141页。

⑦ 黄溍著,王颋点校:《黄溍集》卷29《辽阳等处行中书省左丞亦辇真公神道碑》,浙江古籍出版社2013年版,第1079页。

⑧ 沈涛编纂:《常山贞石志》卷21《栾城县善众寺创建方丈记》,《石刻史料新编》第1辑第18册,新文丰出版公司1982年版,第13545页上。

不数载轮奂一新。"① 哈剌哈孙为八丹之弟。《栾城县善众寺创建方丈记》立碑人为"朝列大夫佥河东山西道肃政廉访司事班祝",为哈珊之子。从两方碑刻中可以看出哈珊家族世代作为栾城县善众寺的功德主。上文引《龙兴寺重修大觉六师殿记》碑阴有哈珊题名。哈珊家族小云失脱忽邻、哈剌哈孙、哈珊、班祝四代都信仰佛教,是一个佛教世家。②

三 真定路其他畏兀儿家族

真定路还有其他几个畏兀儿人家族。北京大学图书馆藏有《畏兀儿六十施佛宝牙记》拓片一张③,为缪荃孙艺风堂旧拓。拓片背部题签"涞水北廿里龙泉,大德九年",标明了原碑的地点与立碑时间。碑刻记述了一支真定居住的畏兀儿人后在保定路易州涞水县金山寺施佛牙的事情。为研究方便,迻录如下:

1. □④元国真定府在城居住太夫人王氏、故父老相公□
2. 畏兀儿人氏,有男六十,职受
3. 敕牒,将仕郎、充保定路雄州容城县达鲁花赤勾
4. 当,七年二月得替,于大都路涿州房山县龙头岗庄
5. 子内侍养孝母,住坐期间,知得
6. 金山居岩道者衲衣禅师三十余载不下山门,有如
7. 此清高,威严德幸,由是有今奉三宝大坛越太夫
8. 人王氏、男六十、宣差福智、娘子福惠、娘子福海、孙男
9. 福增、孙男智宝、重孙小云赤、宣差福威等同共志□,
10. 将相宅老相公秃烈也奴在生之日元供养
11. 佛宝牙一枝,

---

① 沈涛编纂:《常山贞石志》卷21《栾城县重修善众寺记》,《石刻史料新编》第1辑第18册,新文丰出版公司1982年版,第13474页上。
② 白寿彝先生据八丹似为八丹丁之省,是穆斯林的惯用名,其子阿里和阿散也是穆斯林常用名,判定他们都是穆斯林(《中国伊斯兰教史存稿》,第284—285页)。王胞生先生根据13世纪新疆的宗教格局认为"决不能以八丹姓氏即断为伊斯兰教信仰者"(《元代入滇的畏兀儿人》,《云南民族学院学报》1991年第1期)。我们通过研究可知此家族为佛教世家,而非穆斯林。
③ 北京大学图书馆编号为A33613,台北傅斯年图书馆也藏有此碑拓片。据中国人民大学考古系李雨濛博士告知,此碑原石现藏内蒙古鄂尔多斯市蒙元文化产业园。
④ 此处"元"字与其他行平齐,前缺,推测前面应有"大"字。

12. 斤重未敢度量，于大德九年三月初八日
13. 僧俗约四百有余，旗幡伞盖迎送，谨施
14. 金山师傅处供养，所以布施功德，端为上祝
15. 皇帝圣寿万安者，仍愿福智等现存获福，亡者生天矣。
16. 　　　　金山寺常住　　　立石。
17. 　　　　大德九年四月初□□。

图2-3　畏兀儿六十施佛宝牙记

畏兀儿人六十家族"真定府在城居住"，《常山贞石志》卷一六《无极县厅事题名记》题名中有"达鲁花赤秃列"①，不知是否就是碑刻

---

① 沈涛编纂：《常山贞石志》卷16《无极县厅事题名记》，《石刻史料新编》第1辑第18册，新文丰出版公司1982年版，第13439页上。

中的老相公秃列也奴。这支畏兀儿人定居真定的原因不可考,第 10 行有"相宅""老相公秃烈也奴"用语,推测与在此为官有关。题记中的"金山居岩道者衲衣禅师"即"淳德苦行圆融广慧衲衣禅师",《北京图书馆藏中国历代拓本汇编》收录其塔铭拓片①,是一位高僧。畏兀人六十家族长期供奉佛牙,并将其施于金山寺衲衣禅师,与元代多数畏兀儿人一样,他们笃信佛教,是虔诚的佛教徒。上述碑刻记述了一次盛大的施佛牙场景。陈垣先生搜集史籍有关佛牙记载,撰《佛牙故事》,文末说道:"古籍浩瀚,未能遍观。续有所见,当再补记。"②碑刻中关于畏兀儿家族施佛牙的记载,又是一则关于佛牙的故事。

见于文献记载的真定路畏兀儿人,还有孛儿罕忽里家族和脱烈海牙家族。《元宁晋县达鲁火赤孛儿罕忽里公去思碑》记载:"孛儿罕忽里公,其先畏吾儿氏族,官居真定,因家焉。祖宗以来,簪裳阀阅,(祖)撒里脱,本路断事官。父阔里伯枢,本路宣课副使。"③《元史·脱烈海牙传》记载:"祖八剌术,始徙真定,仕至帅府镇抚。"④孛儿罕忽里家族和脱烈海牙家族都是因在真定做官而定居真定。畏兀儿人廉希宪曾祖、祖均为高昌国的大臣,其父布鲁海牙后归附成吉思汗并参加西征,庄圣太后"赐以中山店舍园田、民户二十,授真定路达鲁花赤"。但布鲁海牙后"造大宅于燕京"⑤,离开真定,定居大都。

元代真定是大都南下的一座大城市,经济富庶、文化繁荣,吸引了大批蒙古人、色目人在此定居。这里又是拖雷家族的分地,忽都鲁都儿迷失家族、布鲁海牙家族、哈珊家族都与拖雷家族关系密切,作为家臣被委以真定的官职。孛儿罕忽里的祖父撒里脱是真定路断事官,父阔里伯枢是真定路宣课副使,估计也是受到忽必烈的委派。畏兀人是较早投降蒙古的部族,他们文化水平较高,受到拖雷家族青睐,也是其被授予真定路官职的原因。元代畏兀儿人故地哈剌火州和别十八里等地区尚没有伊斯兰化,迁入真定的畏兀儿人基本信仰佛教。

---

① 北京图书馆金石组编:《北京图书馆藏中国历代拓本汇编》第 49 册,中州古籍出版社 1989 年版,第 3—6 页。
② 陈垣:《陈垣学术论文集》第 2 集,中华书局 1982 年版,第 398 页。
③ 张振科等纂:《宁晋县志》卷 10《元宁晋县达鲁火赤孛儿罕忽里公去思碑》,成文出版社 1969 年版,第 1083 页。
④ 《元史》卷 137《脱烈海牙传》,第 3319 页。
⑤ 《元史》卷 125《布鲁海牙传》,第 3070—3071 页。

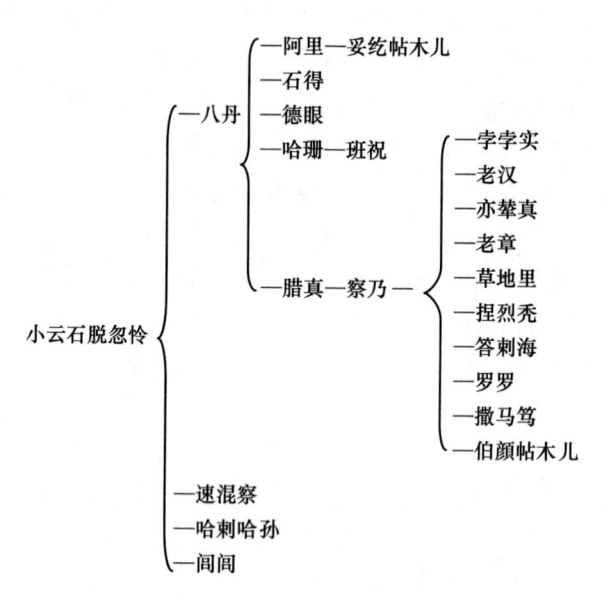

```
                            ┌─ 阿里─妥纥帖木儿
                            ├─ 石得
                   ┌─ 八丹 ─┤
                   │        ├─ 德眼                  ┌─ 孛孛实
                   │        ├─ 哈珊─班祝             ├─ 老汉
                   │        │                        ├─ 亦辇真
                   │        │                        ├─ 老章
                   │        └─ 腊真─察乃 ────────────┤── 草地里
 小云石脱忽怜 ─────┤                                 ├─ 捏烈秃
                   │                                 ├─ 答剌海
                   │                                 ├─ 罗罗
                   │                                 ├─ 撒马笃
                   │                                 └─ 伯颜帖木儿
                   ├─ 速混察
                   ├─ 哈剌哈孙
                   └─ 间间
```

图2-4 哈珊家族人物世系

第五节　元代汪古人八都鲁在真定的活动

阴山汪古是蒙元时期北方的突厥部族，辽金时期被称为白达达。他们世居阴山以北地区，为金朝守界壕，后降附成吉思汗。关于汪古部研究，始于20世纪30年代敖伦苏木古城遗址的发现。[①] 改革开放之后，周清澍先生撰写系列论文[②]，对汪古部进行系统研究。盖山林先生撰写《阴山汪古》[③] 对其进行全面介绍。近年以来，考古工作者在这一地区做了大量工作。[④] 但上述研究多关注阴山地区汪古部的情况，除周清澍先生《汪古部的领地及其统治制度》外，对汪古部的中原领地关注不

[①] 中见立夫：《内蒙古鄂伦苏木遗址及其出土文物的研究》，载郝时远、罗贤佑主编《蒙元史暨民族史论集》，社科文献出版社2006年版，第436页。

[②] 《汪古部统治家族》《汪古的族源》《历代汪古部首领封王事迹》《汪古部与成吉思汗家族世代通婚的关系》《汪古部的领地及其统治制度》，分别发表于《文史》第9、10、11、12、14辑，后收入《元蒙史札》（内蒙古大学出版社2001年版）及《周清澍文集（上）》（广西师范大学出版社2020年版）。

[③] 盖山林：《阴山汪古》，内蒙古人民出版社1991年版。

[④] 魏坚：《大漠朔风：魏坚北方考古文选·历史卷》，科学出版社2020年版。

多。本节借助新发现《金公塔铭》，对碑主汪古人八都鲁在真定的活动与信仰进行考察，希望能够推进这方面的研究。

河北省正定县刘秀峰先生藏有《金公塔铭》残碑拓片一帧，涉及汪古部在真定的统治。今先将塔铭迻录如下，再做考释。

1. ☐ 肃政廉访司事威茂氏安童书。
2. ☐ 尉山前十路诸
3. ☐ 捕鹰房达鲁花
4. ☐ 府总管遥受参
5. ☐ 都鲁金公之塔。
6. ☐ 吉日，住持讲论沙门智心等立石。石匠刘守敬刊。

图 2-5 《金公塔铭》残碑拓片

此塔铭原存正定，现不知所终，唯存拓片，未见著录。据拓片，原碑上残，拓片高 70 厘米，宽 65 厘米，碑刻是金公和尚的塔铭，可定名为《金公塔铭》。《金公塔铭》的书丹者为☐☐☐☐肃政廉访司事威茂氏安童；正定隆兴寺现存《真定府龙兴寺钞主赐紫沙门通照大师之碑》（下文简称《通照大师碑》）与《龙兴寺住持佛光宏教大师碑》①（下文简称《宏教大师碑》）书丹人均为"奉直大夫佥湖东江西道肃政廉访司事威茂氏安童"，所以三通碑刻的书丹者为同一人。威茂氏安童履历不详，应为蒙古人。他应是受龙兴寺住持智心之请，为三块碑书丹；甚至《金公塔铭》与《宏教大师碑》刊刻石匠都是同一人"刘守敬"。《通照大师碑》与《宏教大师碑》皆为至正六年（1346）八月刻立，《金公塔铭》的刻立时间也应为至正六年八月。

  陈垣先生在论述色目人书法家时评价说："书法在中国为艺术之一，以其象形文字，而又有篆、隶、楷、草各体之不同，数千年来，遂蔚为艺术史上一大观。然在拼音文字种族中，求能执笔为中国书，已极为不易得，况云工乎！故非浸润于中国文字经若干时，实无由言中国书法也。"②虽然元末明初陶宗仪《书史会要》列举元代书法家时有一些蒙古人，但整体而言，蒙古人擅书也不是易事。安童是当时的一位蒙古族书法家，应该也是受汉文化影响很深的蒙古人。

  塔铭立石者智心为真定龙兴寺住持，由龙兴寺住持立塔，说明此塔主金公与龙兴寺关系不一般。《常山贞石志》卷二二《宏教大师碑》记载："赵王之属山前十路都总管八都鲁以是职来真定，遇师而深幕之，竭诚景仰，奉供造礼不虚旬日，恪勤无心，执弟子礼□者有年。于卒也，倾其箧笥，凡为财货珍具容饰者，悉出以市郭西李氏园，创崇圣报恩寺，仍以畜产财物为资赡，率族属列状延师为主。"③《金公塔铭》志主为"☐☐☐都鲁"，应即《宏教大师碑》中的"山前十路都总管八都鲁"。光绪《正定县志》卷一五《寺观》记载："崇圣报恩寺。元八都鲁市郭西李氏园创建，今不可考。"④估计其史料来源也是《宏教大

---

  ① 沈涛：《常山贞石志》卷22，《石刻史料新编》第1辑第18册，新文丰出版公司1982年版。
  ② 陈垣：《元西域人华化考》，上海古籍出版社2000年版，第84页。
  ③ 《常山贞石志》卷22《宏教大师碑》，第13564页。
  ④ 光绪《正定县志》卷15《寺观》，《中国地方志集成·河北府县志辑》第3册，上海书店出版社2006年版，第244页。

师碑》的这段记载。

八都鲁是"赵王之属",此处赵王是元代汪古部首领。汪古部为金元时期漠南的突厥人部族,成吉思汗攻打乃蛮,乃蛮意欲联合汪古对抗成吉思汗,汪古部首领阿剌兀思剔吉忽里却将此消息通知成吉思汗。汪古部因此在蒙元时期受到黄金家族的优待,除了世尚公主之外,汪古部首领还先后被封为高唐王、魝王、赵王。

一般认为真定是拖雷家族封地,但蒙古分封的原则是分户而非封地,所以除了拖雷家族,真定还有其他诸王的封户。据《元史》卷九五《食货四·岁赐》记载,太祖长子术赤大王位:"戊戌年,真定晋州一万户"[1];太祖次子茶合觲(即察合台)大王位"戊戌年,真定深州一万户"[2];睿宗子拨绰大王位,"丁巳年,分拨真定蠡州三千三百四十七户"[3]。除这些封户较多诸王之外,见于《食货四·岁赐》记载的还有太祖第三斡耳朵、太祖第四斡耳朵、塔出驸马、孛鲁古妻佟氏、宿敦官人、孛哥帖木儿、也速鲁千户、哈剌口温、鱼儿泊八剌千户、添都虎儿、阿剌博儿赤、忽辛火者、大忒木儿等斡耳朵、诸王、驸马、功臣,在真定也有多少不等的封户。他们与封户所在地域有着密切的经济联系,有的还设立机构、任命职官进行管理。众所周知,真定拖雷封户最多,元代真定的达鲁花赤都由忽必烈家族任命。

真定也有汪古部的封户,《元故承务郎真定等路诸色人匠府总管关君墓碑铭》记载关德聚"世为真定新乐人,户版隶高唐王府。王进封赵,户仍隶之。君貌魁梧,性倜傥,负其才能,欲显于时。数侍赵王往来漠北,王念其劳,命同知真定等路诸色人匠总管府事,凡王之贡赋出纳、户数登耗皆司之"[4]。周清澍先生考证真定赵王民户,当是阿剌海公主时期抄掠河北所得。[5] 汪古部在真定设有"真定等路诸色人匠总管府",这个机构是管理赵王在中原地区民户的,应与《弘教大师碑》提到"山前十路都总管(府)"及《金公塔铭》中"山前十路诸

---

[1] 《元史》卷95《食货四·岁赐》,第2414页。
[2] 《元史》卷95《食货四·岁赐》,第2414页。
[3] 《元史》卷95《食货四·岁赐》,第2418页。
[4] 苏天爵著,陈高华、孟繁清点校:《滋溪文稿》卷20《元故承务郎真定等路诸色人匠府总管关君墓碑铭》,中华书局1997年版,第340页。
[5] 周清澍:《汪古部的领地及其统治制度——汪古部事辑之五》,第204页。

□□□捕鹰房达鲁花□□□府"是同一个机构。此机构的正式名称应为"山前十路诸色人匠打捕鹰房达鲁花赤总管府",在真定路置司。《龙兴寺重修大觉六师殿记》碑阴《重修大殿外护功德主》题名有"管领怯怜口提领男善人李政庆"①,可能是总管府下属机构职官。

这里的"山前十路"指哪十路,除上文提到的真定路外,史籍没有明确的记载。据周清澍先生考证,在大同路的丰州、东胜、云内三州,延安府、临洮、巩昌、坚州、汾州等处,都有汪古部所领散居中原的人户。②《至正条格·条格》卷二七《赋役·投下税粮》记载:"至元六年十二月,御史台呈:'赵王位下至元四年军需家口钱粮,本位下王傅,恃赖投下,不遵省部、台宪定拟明文,蹈习旧弊,每石折扣中统钞六十两,每岁差官催取。缘纳粮之人俱在奉元、巩昌等处散漫住坐,度其里路,各处至晋宁不下三五千里……'"③ 这段材料说明在奉元路也有汪古部民户。明初人殷奎撰《强斋集》卷一《咸阳侯氏谱图序》记载侯时中经历金元战火,在壬子岁落户陕州"隶赵王位下"④,河南府路陕州也有赵王怯怜口。

《元史》卷一○一《兵四·鹰房捕猎》记载:"元制自御位及诸王,皆有昔宝赤,盖鹰人也。是故捕猎有户,使之致鲜食以荐宗庙,供天庖,而齿革羽毛,又皆足以备用,此殆不可阙焉者也。……而打捕鹰房人户,多取析居、放良及漏籍孛兰奚、还俗僧道,与凡旷役无赖者,及招收亡宋旧役等户为之。其差发,除纳地税、商税,依例出军等六色宣课外,并免其杂泛差役。自太宗乙未年,抄籍分属御位下及诸王公主驸马各投下。及世祖时,行尚书省尝重定其籍,厥后永为定制焉。"⑤《元史》没有记载赵王在真定的打捕鹰房民户,《经世大典》的一件文书记载:"(至元二十七年)十一月十一日,丞相桑哥等奏:'阔里吉思投下军士,于真定府飞放,征取站赤饮食刍粟。撒里奏奉圣旨,拘执前来,

---

① 《常山贞石志》卷17《龙兴寺重修大觉六师殿记》,第13456页。
② 周清澍:《汪古部的领地及其统治制度——汪古部事辑之五》,第200—206页。
③ 韩国学中央研究院编,李玠奭、金浩东、金文京校注:《至正条格(校注本)》,(首尔)人文学(humanist)出版社2007年版,第74页。
④ 殷奎:《强斋集》卷1《咸阳侯氏谱图序》,《明别集丛刊(第一辑)》,黄山书社2013年版,第15页。
⑤ 《元史》卷101《兵四·鹰房捕猎》,第2599页。

食讫之物,勒其偿纳。今其人合无发还阔里思投下。'奉旨:'陪偿之后,可谕阔里吉思知之。'"① 阔里吉思是汪古部领袖,封高唐王,后被追封赵王。阔里吉思投下军士到真定飞放,是因为真定本就有汪古部的打捕鹰房户。

隆兴寺转轮藏阁有《转大藏经碑》一通,碑文剥落,难以识读,但碑中涉及的人名有"□□□参知政事八都鲁""□□□路都总管府都总□□都鲁"②,沈涛碑跋认为此八都鲁就是《佛光宏教大师碑》中的八都鲁。两相比较,《金公塔铭》第 4 行金公官职有"遥受参□□□",正与《转大藏经碑》"□□□知政事八都鲁"相合;《转大藏经碑》中的"□□□路都总管府都总□□都鲁"也与《弘教大师碑》中的"山前十路都总管八都鲁"相合,所以可以判断沈涛所言是准确的。说明八都鲁的职官还有"遥受参知政事"。

《吏学指南》记载:"遥授。不厘公务之官也。俗云虚职。"③ 元代诸王封地可以自己任命官员,但需得到朝廷的批准换授。《经世大典·序录》记载:"今制郡县之官,皆受命于朝廷,惟诸王邑司与其所赐汤沐之地得自举人,然必以名闻诸朝廷而后授职,不得通于他官。"④《元故承务郎真定等路诸色人匠府总管关君墓碑铭》记载关德聚任同知真定等路诸色人匠总管府事,"久之,赵王复荐君于朝,中书以闻,天子乃降玺书,升为其府总管,阶官承务郎"⑤。周清澍先生说关德聚作为赵王任命的私属官员,还要得到朝廷批准,纳入国家官僚行列。八都鲁的"□□□校尉""遥受参□□□"正是朝廷授予的职官。

八都鲁到真定任职时间不详,大德五年(1301)九月《龙兴寺重修大觉六师殿记》碑阴《重修大殿外护功德主》题名有"驸马位下都

---

① 赵世延等著,周少川等辑校:《经世大典辑校》卷 8《政典·驿传三》,中华书局 2020 年版,第 526 页。
② 《常山贞石志》卷 24《转大藏经碑》,第 13603—13604 页。
③ 徐元瑞著,杨讷点校:《吏学指南》,浙江古籍出版社 1988 年版,第 27 页。
④ 苏天爵编,张金铣校点:《元文类》卷 41《经世大典·序录》,安徽大学出版社 2020 年版,第 772 页。
⑤ 苏天爵著,陈高华、孟繁清点校:《滋溪文稿》卷 20《元故承务郎真定等路诸色人匠府总管关君墓碑铭》,第 340 页。

总管相公八都鲁并娘子冉氏"①，汪古部统治家族世代尚主，与黄金家族通婚，所以称"驸马"；此题名说明八都鲁在大德五年之前已经到真定，此时的汪古部首领封号仍是高唐王，此时驸马是阔里吉思或术忽难②。八都鲁既然是"率族属列状延师为主"，说明在真定路的汪古人不止八都鲁一人。

明万历修，清代康熙、乾隆续修《新乐县志》卷一五《人物志》记载关德聚家族人物信息，"关珎，县长寿乡西名村人生，□□淑于利不苟取，见善则敏为，仕元高唐郡王下管民长官。关政，珎长子，至治中为赵王位下提领。关益，珎次子，赋质纯厚，好学不倦，涉猎经史，至治时为赵王府提领。关德聚，政子，赋质异常，施为强毅，事业有先于前人，文宗至顺辛未受赵王钧旨，官至（真）定路都总管"③。此材料对于关氏家族人物关系的记载远较《元故承务郎真定等路诸色人匠府总管关君墓碑铭》丰富，必有所本。至顺辛未为至顺二年（1331），关德聚至顺二年任"真定路都总管"④，应是接替八都鲁任此职，说明八都鲁卒于此年或稍早。

八都鲁本为汪古人，汪古人的传统信仰是基督教聂斯托利派，即景教。从 20 世纪至今，在汪古部境内发现的景教遗物甚多。但八都鲁却信奉佛教，在真定参与了多项佛教活动。大德五年（1301）九月立《龙兴寺重修大觉六师殿记》碑阴"重修大殿外护功德主"题名有"驸马位下都总管相公八都鲁，并娘子冉氏"⑤，题名说明八都鲁在大德五年之前即已经来真定任职并信仰佛教，"外护功德主"说明此时他尚未出家。刻立年代不明的《转大藏经碑》的记载说明八都鲁还曾向龙兴寺舍财转经以求功德，说明他信仰之虔诚。至正六年（1346）八月刻立的《宏教大师碑》记载八都鲁对宏教大师极为尊奉，后专门买园建寺，请宏教大师住持。宏教大师圆寂于至元复号岁次乙亥（1335），则

---

① 《常山贞石志》卷 17《龙兴寺重修大觉六师殿记》，第 13456 页。
② 周清澍：《历代汪古部首领封王事迹——汪古部事辑之三》，《周清澍文集》，广西师范大学出版社 2020 年版，第 140 页。
③ 《新乐县志》卷 15《人物志》，国图藏乾隆二十二年刊本。
④ "真定路都总管"职官有误，应属后人误解，应为《元故承务郎真定等路诸色人匠府总管关君墓碑铭》所记"真定等路诸色人匠总管府都总管"。
⑤ 《常山贞石志》卷 17《龙兴寺重修大觉六师殿记》，第 13456 页。

八都鲁买园建寺的活动应在后至元元年（1335）之前。据《金公塔铭》，八都鲁去世后，龙兴寺住持智心等专门为其立塔。圆寂后建塔是僧人的行为，塔铭中称其为"金公"，说明八都鲁取有法号，他可能已经出家修行了。

虽然汪古部主体是信仰景教，但也有信仰佛教的。汪古部境内有宣教寺、定林禅寺、天宫院荐福寺、兴福院、大宗寺、永安寺等寺院，尤其阴山之南的丰州、东胜州和集宁路，佛教非常流行。① 王恽《秋涧先生大全集》卷五七《大元国大都创庆天庆寺碑铭并序》记载驸马高唐王与临济宗高僧雪堂禅师的交往，"既而驸马高唐郡王闻师名德，喜之，既觌止，即依慈荫，叩真诠，师顺事方，日有所觉，以至承嗔获谴、非罪而罹苦毒者，因师一言，多所纵释。其后，王请师住丰之法藏院，仍赠贝锦法衣，用著显异"②。看来汪古部首领也支持佛教的发展。

八都鲁是本就信仰佛教，还是到真定后改信佛教，材料所限，我们不是十分清楚。但八都鲁毕竟是汪古人，我们更倾向于他原本信仰景教，到真定后遇到龙兴寺住持宏教大师，"遇师而深幕之，竭诚景仰"，才改信佛教。这也不奇怪，元代景教世家净州天山马氏马节在进入中原后，就放弃了景教信仰，"入王屋山为道士"③。元代是中国历史上民族交汇融合的繁荣时期，不同民族的文化在碰撞中相互影响。

正定隆兴寺现存《通照大师碑》与《宏教大师碑》，两碑的撰文者皆是大食人瞻思，篆额者均为汉人杨俊民，且两碑后均有"朝散大夫真定路总管府达鲁花赤总管府兼本路诸军奥鲁总管府达鲁花赤管内劝农事草地里"题名。与新发现的《金公塔铭》一起，三碑皆为至正六年（1346）八月立，书丹人都是蒙古人威茂氏安童。这三通碑刻的撰文者、篆额者、书丹者分别为大食人、汉人、蒙古人，且立碑活动还有畏兀人的参与。

《元史·瞻思传》记载："瞻思，字得之，其先大食国人。国既内

---

① 盖山林：《阴山汪古》，内蒙古人民出版社1991年版，第302页。
② 王恽：《秋涧先生大全集》（《元人文集珍本丛刊》第2册），新文丰出版公司1985年版，第164页。
③ 苏天爵编，张金铣校点：《元文类》卷67《礼部尚书马公神道碑》，安徽大学出版社2020年版，第1357页。

附,大父鲁坤,乃东迁丰州。太宗时,以材授真定、济南等路监榷课税使,因家真定。父斡直,始从儒先生问学,轻财重义,不干仕进。赡思生九岁,日记古经传至千言。比弱冠,以所业就正于翰林学士承旨王思廉之门,由是博极群籍,汪洋茂衍,见诸践履,皆笃实之学,故其年虽少,已为乡邦所推重。"① 赡思祖先是大食人,即今阿拉伯人,其家族为回回世家。但赡思家族从父亲斡直开始就已经业儒,赡思从名儒王思廉学,汉文化修养也十分高。篆额者杨俊民为真定人,登至顺元年（1330）进士第,曾任应奉翰林文字、承事郎、同知制诰兼国史院编修官。②

《通照大师碑》与《宏教大师碑》碑后部题名"草地里"者为畏兀儿人,《元史·小云石脱忽怜传》记载:"小云石脱忽怜,畏兀人,仕其国为吾鲁爱兀赤,犹华言大臣也。太祖时,与父来归。从征回回国还,事睿宗于潜邸。真定,睿宗分地,以为本路断事官。"③ 小云石脱忽怜为畏兀人,家族信仰佛教,世袭真定路达鲁花赤。《常山贞石志》卷一七《龙兴寺重修大觉六师殿记》碑阴题名中有"荣禄大夫甘肃省平章政事阿散相公,并娘子撒的斤"④,阿散即哈珊,小云石脱忽怜之孙。草地里为小云石脱忽怜四世孙,哈珊之侄,曾任"中奉大夫真定路总管府达鲁花赤"⑤。可见小云石脱忽怜家族与真定龙兴寺关系密切。

在龙兴寺住持智心的安排下,龙兴寺在至正六年（1346）八月刻立了三通碑刻。八都鲁为汪古人,可能在到真定任职后改信佛教,优礼龙兴寺住持崇琛大师,后买园建寺请崇琛为住持。八都鲁去世后,住持智心请蒙古书法家安童写塔铭;同时请大食人赡思为其师崇琛及宋代慈恩宗大师通照撰写碑铭,请著名汉人学者杨俊民篆额。且在两通碑中都有真定路达鲁花赤、畏兀儿人草地里的助缘题名。不同种族的学者参与

---

① 《元史》卷190《儒学二·赡思传》,第4351页。
② 苏天爵著,陈高华、孟繁清点校:《滋溪文稿》卷16《杨氏东茔碑铭》,第255页。
③ 《元史》卷134《小云石脱忽怜传附八丹传》,第3262页。
④ 《常山贞石志》卷17《龙兴寺重修大觉六师殿记》,第13456页。
⑤ 黄溍著,王颋点校:《黄溍集》卷29《辽阳等处行中书省左丞亦辇真公神道碑》,浙江古籍出版社2013年版,第1081页。

龙兴寺的这次立碑活动，三通碑刻集中体现了不同种族在真定这个小熔炉中交往、交流，在文化上达到交融的过程。

第六节　元代蒙古酐温台家族史事考

河北省曲周县近年新出土元代墓志一合，墓志长方形，长约 86 厘米，宽约 44 厘米，保存完整，志盖篆书"元太中大夫镇江万户府达鲁花赤诺怀公圹志"。墓志介绍了志主诺怀的姓氏、籍贯、职官、先世职官及生平事迹，为研究元代史提供了新的材料。诺怀属于元代蒙古酐温台氏，对我们了解元代蒙古酐温台氏家族情况及元代蒙古人接受汉文化有所帮助。今就墓志涉及问题及酐温台家族士人化情况作粗浅研究。为研究方便，兹将墓志录文如下：

1. 先公讳诺怀，字德卿，蒙古酐温台氏。曾大父丑哥，以材武隶右手万户，驻营广平，因家焉。
2. 大父讳忽珊，赠中顺大夫、同佥枢密院事、上骑都尉，追封范阳郡伯。父讳蓦克笃，从阿术
3. 都元帅平江南，以功补右卫亲军百户。尾
4. 世祖皇帝亲征乃颜，进秩忠翊校尉、福州新军千户所达鲁花赤，赠亚中大夫、佥太常礼仪院
5. 事、轻车都尉、追封范阳郡侯。公侯之次子，延祐初枢密知院野儿吉祢开府，引见
6. 太皇太后，入备宿卫。父卒，时兄通议大夫江西茶运使讳万嘉间已仕

为山北辽东道肃政

7. 廉访司照磨，因让门爵于公，公遂袭父职。六年迁武略将军，镇江万户府镇抚。天历元年以
8. 覃恩进阶武德。宪府廉其能，举于
9. 朝，除江浙等处行中书省都镇抚。丞相答释铁穆尔开府，复荐之改朝列大夫、枢密院断事官，
10 至元三年升太中大夫、镇江万户，佩三珠虎符。六年七月升本府达鲁花赤。至正四年

图 2-6 诺怀墓志与志盖

11. 以疾致仕。五年春不肖孤永安获承世禄，夏六月廿九日公薨于京口私第，享年五十有

12. 六。夫人察寒塔儿真讳忙哥伦，封范阳郡夫人，先公四年卒。子男四人，永安、定安、丑厮、临安。女

13. 二人观音奴、徹徹伦。谨以九月四日奉柩归广平，十一月廿二日壬寅与夫人合葬曲周

14. 县和仲乡第四瞳祖茔之侧，从治命也。公在官纪律修明，将校畏服，虽韬略骑射智勇过

15. 人而雅尚儒术，喜作大字，自号静学，惟永安衅锺祸积，使我先公弗克永嚮寿考，宏图未

16. 竟而遽返冥漠，哀慕罔极。始述世系履历大概以纳诸幽，呜呼痛哉，呜呼痛哉！孤哀子明

17. 威将军、镇江万户府达鲁花赤永安泣血谨书，承事郎、永康县尹俞希鲁填讳。

一 关于墓志的考释

墓志主人诺怀为元代书法家。《至顺镇江志》卷一七《将佐》记载："诺怀，字德卿，蒙古术温台人，武德将军，至治元年三月二十日至，重建镇抚司，详见'公廨'门。至顺三年五月升江浙等处行中书省都镇抚。"①诺怀任职镇江万户府镇抚后重建镇抚所，尧岳作文以记之，其中提到诺怀说："公蒙古术温台人，字德卿，天资明锐，强记博学，不以势位凌轹当世，人皆谓敦诗书，说礼乐，今之郄谷也。辟室为藏修之所，号静学斋。又工大字，名山胜地，题识标榜，竞求其书。家庭兄弟雍睦友爱，偕仕天朝，咸著显绩。公居官十有二年，驭兵简严，不为民扰，台府交荐。今升江浙行省都镇抚去。"②墓志和《至顺镇江志》都提到诺怀善于写大字，在元末陶宗仪的书法史著作《书史会要》中记"诺怀"为那海，"那海，字德卿，蒙古人，官至镇江路镇守万户，善大字，郡之扁牓多其所书"③。诺怀与那海译音不同，实为同一人。过去在涉及元代书法家时往往提到那海，但材料限于《书史会要》《广平府志》等的简略记载，对他了解较少。这块墓志使我们对诺怀有了进一步的认识。

诺怀的父亲是福州新军千户所达鲁花赤蕎克笃，哥哥是江西茶运使万嘉闾，在元代许有壬《至正集》中分别有他们的神道碑。墓志和两块神道碑都提到此家族属于蒙古酎温台氏，江苏文献丛书本《至顺镇江志》作"术温台"，显然是传抄中的错误。周良霄先生作《元史北方部族表》，根据《至正集》中《赠金太常礼仪院事蕎克笃公神道碑》《故通议大夫江西等处権茶都转运使万公神道碑铭并序》，列出"酎温台氏"④。但也仅限于此，没有关于这个氏族的更多史料。我们对酎温台氏族的来源还有待考证。

---

① 俞希鲁：《至顺镇江志》卷17《司属》，江苏古籍出版社1999年版，第681页。
② 俞希鲁：《至顺镇江志》卷13《公廨》，江苏古籍出版社1999年版，第531页。
③ 陶宗仪：《书史会要》卷7《大元》，上海书店1984年版，第340页。
④ 周良霄：《元史北方部族表》，《中华文史论丛》2010年第1辑。

墓志对我们校勘文献有一定帮助。诺怀墓志中记其父在从世祖皇帝征乃颜后受封"福州新军千户所达鲁花赤"。许有壬《至正集》卷五七《故通议大夫江西等处榷茶都转运使万公神道碑铭并序》也记载为"福州新军千户达鲁花赤"①。但卷五六《赠签太常礼仪院事蓦克笃公神道碑》记载蓦克笃在乃颜之乱后因功封"福州亲军千户达鲁花赤"②,《全元文》照收此文。记载差异,必有一错。元朝没有"福州亲军",据《诺怀墓志》记载为"福州新军千户达鲁花赤",古籍传抄中难免产生鲁鱼豕亥的错误,蓦克笃所任官职应为"福州新军千户达鲁花赤"。

墓志第9行记诺怀在江浙等处行中书省都镇抚任内,受到丞相答释铁穆尔的引荐,任枢密院断事官。这个答释铁穆尔天历元年(1328)任知枢密院,出为江浙行中书省丞相,元统二年(1334)移江西,又回任浙江,后至元元年除南台大夫,转辽阳行中书省丞相,至正元年(1341)被乌古孙良祯劾罢。③ 墓志第5、6行记诺怀在延祐初年因知枢密院事野儿吉祢的引见,进入太皇太后的宿卫,太皇太后即元武宗与元仁宗的母亲答己,在《元典章》中保存有延祐七年(1320)三月《上太皇太后尊号》诏④,仁宗为答己之子,按汉制不应尊为太皇太后。但蒙古人对汉制不甚了解,赵翼《廿二史劄记》专列"帝为皇太子叔母为太皇太后"条,指出武宗立弟仁宗为皇太子,明宗立弟文宗为皇太子,顺帝立叔母为太皇太后都属名不正之举。⑤

墓志遇到先人名讳自己不敢亲书,要由别人替写。墓志第16行"承事郎永康县尹俞希鲁填讳"。俞希鲁,字德邻,永嘉人,编著《至顺镇江志》存世,是至今仅存几部元代方志之一。俞希鲁晚年任永康令,后迁儒林郎、松江府路同知。学者推定他"迁松江同知,纵早亦在至元末年"⑥。诺怀墓志刻写的至正五年(1345),俞希鲁仍署永康县

---

① 许有壬:《至正集》卷57《故通议大夫江西等处榷茶都转运使万公神道碑铭并序》,《元人文集珍本丛刊》第7册,新文丰出版公司1985年版,第268页。
② 许有壬:《至正集》卷57《赠签太常礼仪院事蓦克笃公神道碑》,《元人文集珍本丛刊》第7册,新文丰出版公司1985年版,第262页。
③ 陶宗仪:《南村辍耕录》卷13《刚介》,中华书局1958年版,第164页。
④ 《元典章》卷1《诏令一》,中国广播电视出版社1998年版,第21页。
⑤ 赵翼著,王树民校正:《廿二史劄记校正》卷30,中华书局1984年版,第708页。
⑥ 俞希鲁:《至顺镇江志》卷前《校勘记》,江苏古籍出版社1999年版,第7页。

尹，可知他改迁松江府路同知的时间更要在至正五年之后了。

据《重修广平府志·金石略》："达鲁花赤诺怀墓碣，在曲周县东北二十里胡家庄，旧有碣在路侧，岁久湮没，今墓旁翁仲颓然犹存。"① 则诺怀墓在曲周县东北二十里胡家庄，墓前原有神道碑。据墓志介绍，诺怀祖茔在"曲周县和仲乡第四疃"。而今在河北省曲周县东北虽没有名为"胡家庄"的村庄，但仍有第四疃乡第四疃村。自汉末至明的一千多年间，由于经常的大规模战乱，华北社会经济衰退，人口减少。明代以降，河北、山东各地多有外来移民组成村屯。至今在河北的一些传说及志书都有着山西洪洞大槐树移民河北的流传和记载。有学者指出："明初移民是历史的一部分，需要重视和研究；明初移民以前就已存在的村庄，更是先人创造历史的遗产，尤值得发掘。"② 不知墓志所提到的"第四疃"是不是现在的第四疃，如果是现在的第四疃，我们可以推测，今曲周县第四疃村不是明清移民形成的村落，最晚在元代以前已经建村，是金元时期的古村落，有着深入发掘的价值。

二　酊温台家族史事考

蒙古国初期，成吉思汗在分封千户后，把大部分千户分编成左右两翼军，即左右万户。《太师广平贞宪王碑》记载："国初官制简古，置左右万夫长，位诸将之上。首以武忠（博尔术）居右，东平忠武王（木华黎）居左。"③ 胡祗遹在《曲周县令杜公神道碑铭》中记载："岁乙未，武成大定，皇帝受群臣朝，割茅土以赐勋亲，邢、洺等四州隶右壁万户"④，曲周县属于右手万户辖地。酊温台家族驻营广平，隶属于右手万户。《元史》记载右手万户之下的千户绍古儿"事太祖，命同饮班朱尼河之水，扈从亲征。已而从破信安，略地河西，赐金虎符，授洺磁等路都达鲁花赤"⑤。绍古儿千户中原封地在洺磁路，即后来的广平

---

① 胡景桂：《广平金略》，《石刻史料新编》第3辑第25册，新文丰出版公司1986年版，第139页。
② 王庆成：《晚清华北乡村：历史与规模》，《历史研究》2007年第2期。
③ 阎复：《静轩集》卷3《太师广平贞宪王碑》，《元人文集珍本丛刊》第2册，新文丰出版公司1985年版，第546页上。
④ 胡祗遹著，魏崇武、周思成点校：《胡祗遹集》卷16《大元故元帅左都监曲周县令杜公神道碑铭》，吉林文史出版社2008年版，第361页。
⑤ 《元史》卷123《绍古儿传》，第3025页。

路。酎温台家族成员最初可能即隶属于绍古儿千户。因为纳古儿千户食邑封在广平路，所以酎温台家族就落籍在广平路曲周县。

万嘉闾《新元史》有传，作"万家驴，准台氏，父为撒喀都"，记诺怀为"纳罕"①，但同书《氏族表》记"万家驴，竹温台氏"，其父为薨克笃，并不列诺怀。② 同书同一氏族名和人名采用不同音写，这应该是柯劭忞疏忽之处。《万嘉闾神道碑》记载："服除，调山东道，赈饥有功，南台辟为行人。俄除利用监知事，又改南台管勾承发照磨兼狱丞。"万嘉闾曾任台管勾承发照磨兼狱丞，这一点可以和《至正金陵新志》记载相印证。《至正金陵新志》卷六记载江南行御史台照磨承发司管勾兼狱丞有"万嘉闾，将仕佐，延祐六年上"③。在天历两都之战时，万嘉闾为河南行省郎中，出守潼关。文宗皇帝自江陵至大都经过河南，授他为河南道廉访司副使。关于守御潼关一事，《元史》记载："先是，文宗即位之诏已播告天下，而陕西官府结连靖安王等起兵，东击潼关。阿礼海牙开府库，量出钞二十五万缗，属诸行省参政河南淮北蒙古军都万户朵列图、廉访副使万家闾犒军河南以御之。"由河南淮北蒙古军都万户朵列图、廉访副使万嘉闾一起守潼关。"是月二十五日，只儿哈率小汪总帅、脱帖木儿万户等之兵，突出潼关，东掠阌乡，拔灵宝，荡陕州、新安诸郡邑，放兵四劫，迤逦前进。河南告急之使狎至，而朵列图亦以兵寡为言。"④ 潼关失守，陕西行省的军队自潼关进入河南，后来因为大都军攻克上都，陕西军队瓦解，才缓解了这种紧张的军事形势。《万嘉闾神道碑》说他纠合军事力量"遂复夺之"，使潼关这一门户失而复得，恐怕是谀墓之词了。

两都之战期间，任职河南的万嘉闾曾开谕大将也先尼，使其移军卫辉。也先尼即是《元史》中记载的也先捏，他明则抵御陕西叛军，实则对双方战事持观望态度，且军纪败坏。他纵军抢掠，在保定遭到张柔后人抵抗后杀掉张景武等兄弟五人，后来他又驻营彰德，但军纪很差，《万嘉闾神道碑》说其"士卒将大肆掠"，受到监察御史赵晟弹劾："知

---

① 柯劭忞：《新元史》卷205《万家驴传》，开明书店1935年版，第403页。
② 柯劭忞：《新元史》卷28《氏族表》，开明书店1935年版，第55页。
③ 《至正金陵新志》卷6下，《宋元方志丛刊》第6册，中华书局1990年版，第5599页上。
④ 《元史》卷137《阿礼海牙传》，第3315页。

枢密院事也先捏将兵出御西军,闻河南告急,逗挠不行,方杀戮无辜,私人妇女。西军既退,有敕入朝,又不奉命。"① 万嘉闾能够对也先捏"开谕以理",使他"移卫辉境",保住了一郡平安。对败退的军将,万嘉闾作为廉访副使也认真弹劾,"陕西行台御史大夫也先帖木儿引兵从大庆关渡河,擒河中府官杀之。万户彻里帖木儿军溃而遁,河南廉访副使万家闾言:'彻里帖木儿身为大将,纪律不严,望风奔溃,宜加重罚,以示劝惩。'"②

万嘉闾任江西等处榷茶都转运使司事同知时,分治湖广、江西、江浙,有能声。神道碑说"课以登,商旅以通,官庶以不扰",这里的商旅以通,官庶以不扰所指恐怕是至元二年(1336)万嘉闾提议添印茶由事。《元史》记载:

> 至元二年,江西、湖广两行省具以茶运司同知万家闾所言添印茶由事,咨呈中书省云:"本司岁办额课二十八万九千二百余锭。除门摊批验钞外,数内茶引一百万张,每引十二两五钱,共为钞二十五万锭。末茶自有官印筒袋关防,其零斤草茶由帖,每年印造一千三百八万五千二百八十九斤,该钞二万九千八十余锭。茶引一张,照茶九十斤,客商兴贩。其小民买食及江南产茶去处零斤采卖,皆须由帖为照。春首发卖茶由,至于夏秋,茶由尽绝,民间阙用。以此考之,茶由数少课轻,便于民用而不敷,茶引课重数多,止于商旅兴贩,年终尚有停闲未卖者。每岁合印茶由,以十分为率,量添二分,计二百六十一万七千五十八斤。算依引目内官茶,每斤收钞一钱三分八厘八毫八丝,计增钞七千二百六十九锭七两,比验减去引目二万九千七十六张,庶几引不停闲,茶无私积。中书户部定拟,江西茶运司岁办公据十万道,引一百万,计钞二十八万九千二百余锭。茶引便于商贩,而山场小民全凭茶由为照,岁办茶由一千三百八万五千二百八十九斤,每斤一钱一分一厘一毫二丝,计钞五千八百一十六锭七两四钱一分,减引二万三千二百六十四

---

① 苏天爵著,陈高华、孟繁清点校:《滋溪文稿》卷11《皇元赠集贤直学士赵惠肃侯神道碑铭》,中华书局1997年版,第179页。
② 《元史》卷32《文宗纪一》,第713页。

张。茶引一张，造茶九十斤，纳官课十二两五钱。如于茶由量添二分，计二百六十一万七千五十八斤，每斤添收钞一钱三分八厘八毫八丝，计钞七千二百六十九锭七两，积出余零钞数，官课无亏，而便于民用。"合准本省所拟，具呈中书省，移咨行省，如所拟行之。①

万嘉闾建议减少茶引数目，增加茶由数目，这样使茶由敷用，茶引不余，官民两便。

至元六年（1269），万嘉闾任河间路总管，"丁文风中微之会，士气萎薾，弦诵绝响，慨然欲振起之"②。此时河间路文庙配位无设，殿宇卑漏且将近坍塌，到第二年即至正元年（1341），他与达鲁花赤塔卜觩一起上奏朝廷，得到许可兴修文庙。他首倡捐俸助役。有人认为岁饥不宜兴工，万嘉闾任为"食可去，圣教不可一日或废"。修成后的文庙面积比原来增广了三分之二，还增设了庙学。

万嘉闾有子寿安，至正年间曾任玉山县达鲁花赤，"至正乙丑，酎温台氏仁辅寿安公以世家遗泽、胄监英材来监兹邑，治政一以爱民为心。暇日访黄公亭故地，摩挲石刻，油然有感于心，乃捐己俸，倡邑民构亭以奉祀事……吾观安公之治邑，廉以律己，勤以奉公，甫越期年，兼全其事。惧赋役之不均也，则稽载籍，俾民验田亩以自实，民乐从之，事不劳而集。奉省檄出督文闱，民咸不忍其去，牒诉必留以质成于公，闻公之还，老稚欢呼累日，出境以迎之。与黄公之得民心盖异世而同符者也。然公之有德于民，则非特斯二者而已。如创端明书院，复刘氏义学以崇教化，新郑张双庙以旌忠节，辟松田旷土以劝农桑，兴芹泮文会以劝士习，铸法性院钟以明更点，建武安塔以表封疆，视黄公政绩在当时必有过之者焉"③。寿安在玉山任内勤于政事，修黄公亭、均赋役、办书院、兴学校、旌忠节、劝农桑等，深得民心，得到民众爱戴。

三 酎温台家族的汉化与士人化

酎温台家族从丑哥定居广平，并没有停止征战的步伐，他们随战势发

---

① 《元史》卷97《食货志五》，第2503—2504页。
② 许有壬：《至正集》卷50《河间路重修孔子庙碑》，《元人文集珍本丛刊》第7册，新文丰出版公司1985年版，第239页下。
③ 武次韶编：《玉山县志》卷31《艺文·复修黄公亭记》，国家图书馆藏道光三年刊本。

展一路南征。到忽珊一代，他参加讨李璮、平南宋两次战役，我们看到的仍是沙场上骁勇的战将。待至蓦克笃一代，因为在中原时间久了，酎温台家族有了明显的变化。虽然蓦克笃仍然投身军旅，但他已经倾心儒术，很注意下一辈的教育，《神道碑》说其"室家之雅尚儒术，延名士以教其子"。这种汉文化教育起到了良好效果，到万嘉闾、诺怀一代，情况已经发生较大变化。万嘉闾"小字万嘉闾，长因为名，国俗也，即华学，字以国卿"，字号乃是汉俗，万嘉闾的字"国卿"是友人所起，那么诺怀的字"德卿"应也为后来所起，万嘉闾的儿子寿安字"仁辅"。酎温台家族从无字，到友人命字，可见他们受汉文化影响越来越深。

酎温台家族与汉族士人结交，在礼仪方面遵从汉制，文化上与汉族士人已无别。许有壬字可用，彰德路汤阴人，元代著名文士，延祐二年（1315）进士，授辽州同知，延祐六年（1319）除山北辽东道经历。据许有壬《赠万国卿郎中并序》，万嘉闾皇庆壬子为山北宪照磨，许有壬延祐六年除山北廉访司经历，两人曾在一起共事，并受到刘公庸斋的举荐①，所以万嘉闾与许有壬定交应也在此时。二人相交甚深，万嘉闾在请许有壬为其父蓦克笃作神道碑时说："辱知我深且乐铭人善者，独子尔"；许有壬在追忆两人在山北宪司的生活时说："笑歌无芥蒂，出入每蝉联。"在其神道碑中，许有壬说他"喜交儒士，灼然有见于通议，故确然无间于吾徒也"。许有壬记述寿安在请为其父万嘉闾写神道碑时说："有壬交公厚，望其孤已泣，又洞其悫诚，盖为之动，遂相与大哭，久乃始克。读其状，其善状不能悉也。"见已亡故旧之子，悲从中来，遂涕泪横流。读了所写行状，感觉到不能尽述友人之善。不是相交至深，不会如此。万嘉闾结交的汉族士大夫还有刘端夫和著名理学家吴澄。刘端夫在《送万国卿序》中称赞他为"正人"，吴澄称赞他"谦厚和易，达练于事，坦坦然有乐为善之心"，并专门写了一篇《题刘端夫送万国卿序后》来褒扬他。② 万嘉闾的儿子寿安在玉山任内"创端明书院，复刘氏义学以崇教化，新郑张双庙以旌忠节"，"兴芹泮文会以劝

---

① 许有壬：《至正集》卷14《赠万国卿郎中并序》，《元人文集珍本丛刊》第7册，新文丰出版公司1985年版，第89页下。
② 吴澄：《吴文正公集》卷30《题刘端夫送万国卿序后》，《元人文集珍本丛刊》第3册，新文丰出版公司1985年版，第511页上。

士习",想必也与境内汉族文人有着广泛的接触。徐观,字国宝,玉山(今属江西)人,至正五年(1345)任铜陵县学教谕,迁绍兴路学录,累官漳州路知事。徐观在《复修黄公亭记》中对寿安的政绩给予极高评价,他与寿安之间的交谊应也匪浅。

《万嘉闾神道碑》记其父驀克笃于延祐年间去世,他"以太常忧归,服除,调山东道……",后"改迁江西道,又改燕南,皆以忧不起",此处为丁母忧。元代汉人有丁忧之制,蒙古人本不拘于此,万嘉闾丁忧实际是受汉人影响的原因。酎温台家族在做官过程中重视教育、积极兴办学校,用兴学来变革民俗,是他们崇尚儒学,受汉文化影响较深的重要表现。万嘉闾在金云南诸路肃政廉访司事、丽江宣抚达鲁花赤时,"建庙学凡八十二所";在任河间路总管时,首倡捐俸以兴庙学。广东省徐闻县有明洪武三十一年(1398)《司寇真像碑》,记载:"泰定改元,河南金宪万嘉闾得真像,自五十代孙光山尹思迪传郑州牧刘奉议,乃刻石传不朽,以广其传于无穷。"[①] 寿安在玉山"创端明书院,复刘氏义学以崇教化,新郑张双庙以旌忠节","兴芹泮文会以劝士习",从中可见他们对儒家文化的推崇。

诺怀"人皆谓敦诗书,说礼乐,今之郤縠也。辟室为藏修之所,号静学斋"。可见其汉学修养之高。他"善大字,郡之扁榜多其所书",是有一定成就的书法家。陈垣先生在论述色目人书法家时评价说:"书法在中国为艺术之一,以其象形文字,而又有篆、隶、楷、草各体之不同,数千年来,遂蔚为艺术史上一大观。然在拼音文字种族中,求能执笔为中国书,已极为不易得,况云工乎!故非浸润于中国文字经若干时,实无由言中国书法也。"[②] 诺怀在书法上有所成就,同样也是长时间浸润于中国文化的结果。"人皆谓敦诗书,说礼乐,今之郤縠也。辟室为藏修之所,号静学斋",完全一副汉族士人的样子。诺怀墓志为其子"明威将军、镇江万户府达鲁花赤永安泣血谨书",现在看墓志以小楷书写,字体清秀,可见永安亦识汉字,且在书法上亦有一定的造诣,可能是受过其父熏陶的结果。

酎温台家族的士人化过程中,甚至还出现了进士。《驀克笃神道

[①] 谭棣华、曹腾騑、冼剑民编:《广东碑刻集》,广东教育出版社2001年版,第486页。
[②] 陈垣:《元西域人华化考》卷5《美术篇》,上海古籍出版社2000年版,第84页。

碑》提到蓦克笃的女弟佛奴生子海直，登延祐辛酉（1321）进士第。元朝共开科16次，历次进士都有人研究过。延祐辛酉实为至治辛酉。至治元年（1321）三月庚辰"廷试进士泰普化、宋本等六十四人，赐及第、出身有差"[1]。海直应与泰普化、宋本等为同年。

萧启庆先生指出，元代中期之后，一些蒙古色目人与汉族士大夫声气相通，紧密接纳，相互之间有千丝万缕的联系，形成一个多族士人圈。这些蒙古色目人可以说已经士人化，但由于在元朝政权之下蒙古色目人为既得利益者，他们自然不愿意舍弃特权而与汉族真正融合。只有在元朝灭亡之后，因环境的变化或政治迫使，他们才放弃原来的族群认同，真正融入汉族中来。[2] 在酎温台家族中，我们也发现类似的情况。

虽然有上述汉化或说士人化的表现，但酎温台家族仍表现出明显的族群意识。万嘉闾与诺怀兄弟二人都是怯薛出身，哥哥万嘉闾曾入元成宗怯薛。"万嘉闾，字国卿……果以才受知秃赤大夫。大德癸卯，引见成宗皇帝，入备宿卫。"[3] 弟弟诺怀曾入仁宗母亲答己怯薛，墓志记载："延祐初枢密知院野儿吉祢开府，引见太皇太后，入备宿卫。"元代的怯薛出身是进入仕途的捷径。二人因为是蒙古氏族，进入怯薛而后出仕，这是他们既得政治利益的表现。因为他们是既得利益者，所以在汉化的同时也刻意保留他们的族群意识。忽珊配钦察氏与叶氏；蓦克笃娶钦察氏；万嘉闾先娶珊竹氏，而后才娶赵氏，诺怀娶察寒塔儿真；蓦克笃三个出嫁的女儿中，两个嫁给蒙古人，"脱脱泥、也速，适国子生完者溥化，延福提举迈兀答儿"。可以看出，酎温台家族在婚姻方面仍以蒙古、色目人为主，族群意识还比较明显。

综上，以新发现的诺怀墓志为切入，我们看到一个蒙古军旅世家随军南迁并融入汉族文化圈的过程，他们在与汉族士大夫接触的过程中受其影响，逐渐接受汉文化，只在婚姻等方面仍一定程度上保持着自身的习俗。酎温台家族在汉地的发展，是元代多民族共生与融合的一个缩影，体现了中华文化多元一体的格局。

---

[1] 《元史》卷27《英宗纪一》，第611页。
[2] 萧启庆：《论元代蒙古色目人的汉化与士人化》，载氏著《元代的族群文化与科举》，联经出版公司2008年版，第55—84页。
[3] 俞希鲁：《至顺镇江志》卷19《人材》，江苏古籍出版社1999年版，第775页。

第三章　蒙元时期河北的佛教与道教

　　蒙元统治者实行兼容的宗教政策，各个宗教为了获得发展，努力结纳皇室、贵族，受到统治者支持与否，成为宗教派别兴盛与否的关键。丘处机西行觐见成吉思汗，全真道受到崇奉而势力壮大，出现全真道侵占佛教寺院的情况。社会安定后佛教徒结纳权贵，尤其是借助藏传佛教势力，发动持续多年的佛道之争，佛教势力又占上风。元代各宗教派别的发展与蒙古统治者的支持有密切联系。周清澍《忽必烈早年的活动和手迹》[①]研究了《北京图书馆藏中国历代石刻拓本汇编》所公布的《护必烈大王令旨碑》拓片，就碑主智朗及其师海云与忽必烈的早年交往加以考察，指出忽必烈手迹的重要研究价值。樱井智美《〈创建开平府祭告济渎记〉考释》[②]对《北京图书馆藏中国历代石刻拓本汇编》所收《创建开平府祭告济渎记》碑刻资料加以注释，考证了立碑时间地点、碑文内容及其碑文中出现的人物，尤其通过正一道士王一清的活动分析了正一道在北方的地位。高丽杨《金元正一道在河北传承考》[③]利用碑刻资料分析了金元时期易州正一道的传承情况。刘晓《元"大开元"一宗初探》[④]主要利用方志中收录碑刻讨论了蒙古统治者大力扶植的宗教团体"大开元一宗"的宗教特色，考证了大开元一宗的寺院；同氏《万松行秀新考——以〈万松舍利塔铭〉为中心》[⑤]利用嘉庆《邢台县志》卷七所收《万松舍利塔铭》，对金元之际曹洞宗及万松行秀生平的进行考察。

[①]《中国史研究》2005年第1期。
[②]《元史论丛》第10辑，天津古籍出版社2005年版。
[③]《中国道教》2012年第6期。
[④]《中国史研究》2008年第1期。
[⑤]《中国史研究》2009年第1期。

关于河北地区宗教研究的成果并不丰硕，但学者研究都重视碑刻资料的运用，可见碑刻资料在河北地区宗教研究中的重要价值。本章继续发掘新碑刻资料，对佛道之争的核心区域、北方临济宗的法脉传承、大开元宗的佛教宗派归属等问题进行研究。

第一节 蒙元时期河北佛教与道教概述

蒙金战争时期，河北地区是受破坏最严重的地区之一。战争中各种宗教势力依附于汉人世侯以求自保，战争过后宗教势力也积极向统治者靠拢以求发展。佛教与道教受政治影响很大成为这一时期河北地区宗教发展的主要特点。本节从几个方面概述元代河北佛教、道教发展过程中的新特点。

一 河北佛教所受藏传佛教的影响

元代藏传佛教萨迦派通过向统治者靠拢，受到统治者的崇奉与扶持，藏传佛教势力在元代影响很大，最明显的表现就是出现众多的藏传佛教寺院建筑。元代大都是藏传佛教寺院最集中地区，建有大圣寿万安寺、大天寿万宁寺、大护国仁王寺、大崇恩福元寺、大承华普庆寺、大天源延圣寺、大觉海寺、大寿元忠国寺等藏传佛教寺院十余座，这些寺院均为皇家寺院。[1] 另外一些地方寺院虽不能确定是否是藏传佛教寺院，但寺中也供奉着藏传佛教神祇。涿州寺庙塑有摩诃葛剌像。[2]《元代画塑记》记载："（延祐）七年四月十六日，诸色府总管朵儿只等奏，八思吉、明里董阿二人传旨：'于兴和路寺西南角楼内，塑马哈哥剌佛及伴绕神圣，画十护神全，期至秋成。塑工命刘学士之徒张提举，画工命尚提举，二人率诸工以往。所需及饭膳，皆令即烈提举应付。秋间联至时作庆赞，毋误也。'马哈哥剌一，左右佛母二，伴绕神一十二圣。画三扇，高一丈五尺，阔一丈六尺。"[3] 兴和路寺供奉大黑天与佛母，

---

[1] 孙悟湖：《元代藏传佛教对汉地佛教的影响》，《中央民族大学学报》2005年第2期。
[2] 达仓宗巴·班觉桑布著，陈庆英译：《汉藏史集》，西藏人民出版社1986年版，第173页。
[3]《元代画塑记》，人民美术出版社1964年版，第21—22页。

极有可能是一座藏传佛教寺院。

河北各地与其他地方一样都建有帝师殿,延祐七年(1320)十一月"丁酉,诏各郡建帝师八思巴殿,其制视孔子庙有加"①。到泰定元年(1324)八月辛未,又"绘帝师八思巴像十一颁各行省,俾塑祀之"②。统治者模仿中原孔庙制度建立帝师殿,将八思巴与孔子一样祭祀,体现了藏传佛教对社会生活的影响。

在河北地区还有一些藏传佛教僧人活动。《大元顺德府大开元寺资戒坛碑》记载:"(至元十三年三月)十二日琏珍国师登坛说法,普降时雨,遍洒甘露,集坛下者十万余人,得闻法要,心开目明,如梦而觉,如醉而醒,如病而愈,如瘖而鸣,无不踊跃欢喜,得未曾有。"③ 在今正定隆兴寺有《胜公和尚道行碑》,胜公和尚为西夏遗民,崇奉的是藏传佛教,是佛学修养与文化修养都很深的高僧。④ 那摩、胆巴都曾任龙兴寺住持。胆巴曾修龙兴寺大觉六师殿。⑤ 这些藏传佛教高僧在河北地区的活动,无疑是借助统治者的权势进行的,他们以高河北地区汉地佛教一等的面目出现,对汉地僧人造成影响。

河北地区一些僧人往往受藏传佛教影响,从帝师或国师受戒。《宣公讲主大和尚塔铭》载:"至元八年,上选诸路师德教乘明者,受法旨大衣,詹元十一,众推僧录。荷之三载,事厌繁冗,退闲守道。元年十七,上复拣德师,取届大都,轮番演法。宣至琼华岛,赐白金一锭、妙帛等。次日就新寺阁内,国师授戒本一部,各路授戒,回至本府十方资福道院,依上与众僧传受,隙间披读圣典四帙各三、华严百部。"⑥

汉传佛教僧人在受帝师、国师戒后往往加号吉祥。《紫山大全集》卷一七《磁州嘉福寺贤公讲主碑》载:"(至元)九年,圣旨集诸路僧受戒。僧司荐公,召入万寿大殿,赞颂称旨,蒙赐法衣一袭。受戒于国

---

① 《元史》卷27《英宗纪一》,第607页。
② 《元史》卷29《泰定帝纪一》,第650页。
③ 《开元寺金石志》,国家图书馆出版社2011年版,第151页。
④ 孟繁清:《读〈胜公和尚道行碑铭〉》,《中国古代社会高层论坛文集——纪念郑天挺先生诞辰一百一十周年》,中华书局2011年版。
⑤ 沈涛:《常山贞石志》卷17《龙兴寺重修大觉六师殿记》,第13455页下。
⑥ 《开元寺金石志》,第338页。

师,加号吉祥。"①《林山大万寿禅寺龙公禅师寿塔》载:"蒙帝师法旨,秉赐曰吉祥,宣授提点,主管院门",其门资有"前大都路都僧录司提控怀吉祥"②。

在河北地区的碑刻中,带"吉祥"称号的僧人非常多,可能多为受过帝师戒或与帝师、国师关系密切的僧人。崇祯《永年县志》中收录《普会寺免税粮圣旨碑》提到"广平路有的普会寺、经藏院等寺里住持明宗通济大禅师一庵长老增吉祥"③,《一三零零年平山永明寺圣旨碑》中提到"真定路平山县慧日永明禅寺住持长老圆吉祥"④。《一三一三年林州宝严寺圣旨碑》:"彰德路林州里有的宝岩禅寺、太平禅寺里住的五松振吉祥长老。"⑤《一三一四年元氏开化寺圣旨碑》:"真定路的元氏县里有的开化寺里,住持通济英辩大师讲主坚吉祥、演法显密大师讲主铨吉祥。"⑥《一三二一年濬县天宁寺法旨碑》:"大名路濬州大伾山天宁寺里住持的讲主朗吉祥。"⑦《一三三七年平山万寿寺圣旨碑》:"真定路所管的平山县觉山有的天宁万寿寺里住侍的讲主三旦八、讲主论吉祥、运吉祥。"⑧《一三五四年大都崇国寺圣旨碑》:"大都里有的南北两崇国寺、天寿寺、香河隆安寺、三河延福寺、顺州龙云寺、遵化般若寺等寺院里住持佛日普明静慧大师孤峰讲主学吉祥。"⑨ 顺德路开元寺与皇家关系密切,开元寺的碑刻中也多带"吉祥"称号。《普门宝塔甓垣之记》中涉及带有"吉祥"名号的僧人有"监大开元寺事玄辨大师琬吉祥""管领顺德开元一宗诸路都提点明宗妙慧大师明吉祥""奉训大夫管领顺德开元一宗诸路都提点通照圆明大师奇吉祥","中奉大夫管领

---

① 胡祗遹著,魏崇武、周思成点校:《胡祗遹集》卷17《磁州嘉福寺贤公讲主碑》,吉林文史出版社2008年版,第374页。
② 此碑现存平山县三汲乡东林山万寿寺塔林。见董旭《平山万寿禅寺塔林塔铭考释》,《文物春秋》2015年第2期。
③ 崇祯《永年县志》卷7《艺文》,见国家图书馆地方志和家谱文献中心编《明代孤本方志选刊》,全国图书馆文献缩微复制中心2000年版,第7册,第590—592页。
④ 蔡美彪:《元代白话碑集录》,科学出版社1955年版,第46页。
⑤ 蔡美彪:《元代白话碑集录》,科学出版社1955年版,第64页。
⑥ 蔡美彪:《元代白话碑集录》,科学出版社1955年版,第65页。
⑦ 蔡美彪:《元代白话碑集录》,科学出版社1955年版,第77页。
⑧ 蔡美彪:《元代白话碑集录》,科学出版社1955年版,第89页。
⑨ 蔡美彪:《元代白话碑集录》,科学出版社1955年版,第94页。

大开元一宗诸路都宗摄圆照普明光显大禅师益吉祥"[1];《岐王唆南管卜施长明灯记》立石人为"照吉祥"[2]。

二 元代河北的道教

元代的道教大致可以分为江南的正一道和北方以全真道为代表的新道教,两者分别以南北为基地发展。1227 年丘处机西行觐见成吉思汗,使全真道得到统治者支持,在北方广泛发展,《西游录》记载有客提问说:"予闻诸行路之人云,今之出家人率多避役苟食者,若削发则难于归俗,故为僧者少,入道者多。"[3] 元好问《紫微观记》记载:"贞祐丧乱之后,荡然无纪网文章,蚩蚩之民,靡所趣向;为之教者,独是家而已。今河朔之人,什二为所陷没。"[4] "入道者多""河朔之人,什二为所陷没",说的都是全真道在河北地区的巨大影响。

今陕西周至县楼观台宗圣宫有中统四年(1263)所立《大元重修古楼观台宗圣宫记》碑,碑阴为《同尘真人门下宫观纲首名氏》,记载同尘真人门下宫观纲首"邢州观、庵、堂三十,纲首三十五","大名府宫、观、庵六十五,纲首六十八","洺州观、庵三十一,纲首三十九","彰德府观、庵十四,纲首十六","磁州宫、观、庵二十一,纲首二十五","林州宫、观、庵十一,纲首十三",不仅数量多,且与行唐县有邸氏家族题名道教碑刻中所列当地众多道观一样,具有多位于村、寨之中的特点,可见全真教的传播深入基层。

全真教短时期内发展壮大,不可避免地侵占大量僧去寺空的寺院(这种情况主要发生在河北北部,具体论述见本章第二节)。僧人势力有所恢复后,遂与道教势力展开争夺。僧人在统治者的支持下,经过三次佛道辩论,击败道士。道教被迫焚毁道藏,归还"元系先生占住二百三十七处数内寺院",势力受到打击。应该指出的是,这些斗争是佛教与道教上层的政治斗争,对河北地区基层的道教能产生多大的影响,是值得怀疑的。

---

[1] 《邢台开元寺金石志》,国家图书馆出版社 2011 年版,第 164 页。
[2] 《邢台开元寺金石志》,国家图书馆出版社 2011 年版,第 168 页。
[3] 耶律楚材著,向达校注:《西游录校注》,中华书局 1981 年版,第 17 页。
[4] 元好问著,狄宝心校注:《元好问文编年校注》卷 4《紫微观记》,中华书局 2012 年版,第 363 页。

北方也有正一道的流传，易州是北方正一道的一个重要活动区域，据《大元易州龙兴观宗支恒产记》记载："我祖师韩真人，初与同志萧、路、杜三真人浮江而南，拜三十代天师，受天心正一法。得法而归北方，学者遂共立萧、韩、路、杜四真人之教。"① 三十代天师名张继先，北宋末著名道士，元符三年（1100）嗣教，宋徽宗赐号"虚靖先生"，靖康二年（1127）羽化。四真人学道也应在元符三年至靖康二年之间。四真人浮江而南学正一道，则此前龙兴观就不是正一道派。此时辽衰金兴，北方的新道教正在兴起，龙兴观道士坚持正一道信仰，可谓独树一帜。除了龙兴观，据至顺二年（1331）皇太后懿旨，易州还有"洪元宫、烟霞观、玉泉观"等②，也是正一道宫观。

《大元易州龙兴观宗支恒产记》记载："韩真人传法于沙垡元命王真人，元命传洪崖和光刘真人，和光传本观祖师正真王真人，正真传孚真大师本宗提点王善明，孚真传崇和灵静大师王道善，泊抱元安素明真大师孙道继，崇和即玄正师也。"③ 玄正是碑中提到的时任"本观住持提点刘玄正"，为崇和灵静大师王道善之徒。这是龙兴观一个简略的传承，此碑碑阴"龙兴观正一宗支图"记载更为详细。

北方正一道处于全真道、太一道等新道教的大环境中，无疑会受到这些新道教的影响。龙兴观提点缑德宁至正"八年正月，进神仙玄门演教大宗师掌教大真人法旨，令充本门宗下提点，仍赐金襕紫服"④。神仙玄门演道大宗师掌教大真人则指全真教的末代掌教完颜德明，易州的正一道教是受全真教管理的。⑤ 元刊明刻本记载丘处机事迹的《玄风庆会图》题名中有"直隶保定府易州隆兴观住持悟玄纯素法师金斗耿景顺"⑥，此时虽已是明代，但正一宫道士参与到全真道士刻印丘处机事迹图册的工作中，也可以看出易州正一道在全真道大环境中所受影响。

---

① 陈垣编纂，陈智超、曾庆瑛校补：《道教金石略》，文物出版社1988年版，第986页。
② 陈垣编纂，陈智超、曾庆瑛校补：《道教金石略》，文物出版社1988年版，第937页。
③ 陈垣编纂，陈智超、曾庆瑛校补：《道教金石略》，文物出版社1988年版，第986页。
④ 《龙兴观提点缑公功行记》，《道教金石略》，文物出版社1988年版，第980页。
⑤ 林巧薇：《试论元代集贤院与地方道教事务管理的关系》，《世界宗教文化》2015年第6期。
⑥ 张方：《〈玄风庆会图〉残卷版本考》，《中华文化论坛》2015年第2期。

三 河北汉人世侯与宗教

汉人世侯在维护社会稳定中起了重要作用，间接保护了宗教。河北佛教之争的核心区域在幽云而非河北中南部，重要原因之一即是汉人世侯对宗教的间接保护作用（见本章第二节）。除此之外，汉人世侯对佛教、道教的直接接触也非常多，下面即分别论述。

汉人世侯首推顺天张氏，《蒙兀儿史记》记载："贞祐初，河朔盗起，柔年二十四，有女道士蔡氏语之曰：'金祚将终，君当为新朝辅。'以兵法授之。"①《满城县志略》卷十三《人物》记载："蔡真人，号湛然，贤台社人，母王氏感梦而生，六岁始能言，戒行甚严。大安初，闻长春邱真人，即恭诣之，口授真诀，遂得悟道。元帅张柔领军治满城，以状奏之，赐真人湛然江月之号。年五十九卒，有《江月集》数十卷行于世，翰林学士王鹗为之碑。"② 此事不见于《元史》及元人文集，但2003年满城岗头村出土《湛然江月超尘瑞应之碑》，碑刻末行有"都大功德主、宣差顺天府□□□万户张柔并夫人毛善行立石"③，可见蔡真人确有其人，张柔对其崇奉也并非虚言。易州龙兴观是一处正一道教在北方宫观，"大安兵余，尽为灰烬。圣朝开创，崇信道教。会宣差张万户略地，一瞬哀其名迹遽亡，慨然有兴复之志，乃与本州长官卢公聚为经营之谋"④，后张柔在众人建议下请到磐溪王真人，重兴龙兴观。可见张柔对道教的崇奉不分新道教还是正一道。

真定史氏在宗教信仰上可能更倾向于佛教。《卫生宝鉴》载："华严寺和上座代史侯出家"⑤，史侯指史天泽，史天泽令僧人替其出家，可见他是信仰佛教的。《真定十方临济慧照玄公大宗师道行碑铭》记载："皇朝抚有方夏，为主僧所居，殿宇荒摧。海云大宗师，临济之十七世孙也。监寺定明白府，致礼请海云主是席。丙午春复为十方禅寺，

---

① 屠寄：《蒙兀儿史记》卷51《张柔传》，上海古籍出版社、上海书店出版社2012年版，第388页下。
② 民国《满城县志略》卷13《人物·方外》，成文出版社1969年版，第400页。
③ 此碑现存满城县岗头村玉清观，见史理广编著《保定道教琐记》，内部出版物，2012年版，第94页。
④ 敬铉：《大朝易州重修龙兴观之碑》，《北京图书馆藏中国历代石刻拓本汇编》第48册，中州古籍出版社1989年版，第24页。
⑤ 罗天益：《卫生宝鉴》卷2，人民卫生出版社1987年版，第15页。

命其嗣子庵主通公、慵庵坚公、可庵朗公相继住持。殿宇佛像庄严完好，皆海云之力也。"①《大庆寿寺西堂海云大禅师碑》记载："岁在乙未（1235年），镇阳史帅疏请住持府中之临济禅寺，师重念祖师道场之地，即应命。既至乃为兴修，顿成状丽。"② 可见是临济寺的监寺定明请求史天泽，史天泽疏请海云禅师住持临济寺，重振真定临济寺。《万安恩公碑》载："真定等处五路万户史侯天泽、安国军□节度使赵侯伯元，洎两郡僚佐具疏致之，构开元寺圆照塔，富以财，贫以力，而助役于师者骈肩接武。"③ 史天泽也崇奉大开元一宗创始人万安广恩。史天泽还命其子史杠从刘秉忠学。1994年史天泽墓考古过程中，在墓道东侧接近主室的位置发现一座未被盗掘的女性石椁墓，棺四角各放一尊泥质小佛像。考古人员推测，她可能是史天泽一位后葬的夫人，信奉佛教。④

以邸顺为代表的行唐邸氏家族是较有影响的汉人世侯家族。邸氏家族崇奉道教，《女冠张守度墓志》记载："其后有曲阳邸君并及众官（中阙）度住持城隍庙。"⑤ "曲阳邸君"应是邸顺或其家族中重要成员，迎请女道士张守度住持城隍庙，体现了他们对道士的崇奉。今行唐县实验中学内文庙大成殿前有一块元碑，碑阴向上，见不到碑阳。碑阴多题名，除了涉及众多汉人世侯行唐邸氏家族成员外，碑阴还有列出某大师宗派图，其中涉及的均为此地道观，有丹阳观、太清观、阜平县流朝峪九真观、行唐县南羊贯村龙泉观、行唐县贾落营安神观、□□县黄华里修真观、阜平县崔家庄长生庵、真定府录事司东垣坊右德观、阜平县周家峪全真观、行唐县张茂村玄真观、行唐县在城长生观、行唐县在城真游观、行唐县在城玄真观、平山县封城村栖峰庵、无极县西东门村清真观、行唐县中羊贯村长真观、阜平县南川□头村长春庵、行唐县井府村长真庵、行唐县南羊贯玉阳庵。行唐邸氏家族成员出现在道教碑刻上，可见他们肯定是崇奉道教的。此道士宗派弟子都位于行唐及其附近

---

① 刘友恒、李秀婷：《〈真定十方临济慧照玄公大宗师道行碑铭〉浅谈》，《文物春秋》2007年第5期。
② 齐心主编：《北京元代史迹图志》，北京燕山出版社2009年版，第184页。
③ 《邢台开元寺金石志》，国家图书馆出版社2011年版，第158页。
④ 郝建文：《史天泽家族墓地考古记事》，《当代人》2015年第1期。
⑤ 光绪《重修曲阳县志》卷13《金石下》，国家图书馆藏光绪三十年刻本。

的真定、阜平、无极、平山狭小地域，可见并不是一位在道教界具有全国影响的人物。这些道观中有在城道观，更多则是深入乡村的道观，可见全真教在地域社会影响之深；邸氏家族多名成员与众多道士出现在碑阴题名中，体现了这个家族宗教信仰上的道教倾向。

元帅姬立斤元崇奉全真教，在新城县修建宫观，《新城县修龙翔观碑》记载："公名立斤，家故蔚州族，敦尚诗礼，膂力过人。当圣元取汴，从征，为宣德行军都元帅。圣上壮公，易名字哥，译言壮士也。逮回褒公锡土，分邑新城。邑虽小，实古督亢膏腴之地，家又世袭打捕鹰房都总管。素崇道教，师事清虚至德草冠张真人，因以是观归之。"①《冲虚真人郝公道行碑》记载冲虚真人郝善甫得到丘处机的赏识，预书"希真观"观名作为日后所建宫观观名，后郝善甫"过枣强，为兵官孟导邀事，伺意所欲，惟恐其无言无求。有言有求，无有不奔走致之者。知真人将安此，倡是县豪杰，改筑道庐而师之。南北为殿，东西为序，堂庑廪溷，所所皆具。翼藻之丽，为其乡冠。至是，始扁所赐'希真观'者。会试道书，六县道流闻所讲解，皆愿下之，推为冀州道正"②。地方军事势力兵官孟导崇奉全真道教，伺其所欲，扶持全真道的发展。

四　皇家与河北地区宗教

真定是拖雷家族封地，因而拖雷家族与真定关系也相对密切。在真定多有与皇家关系密切的寺院宫观。真定路有道教玉华宫，《玉华宫碑》记载客省副使也先不花曾祖母"带伦王姑姑事显懿庄圣皇太后多历年所，其德为保傅甚高，举圣神文武皇帝弥月不迟，其功赞化育甚大，太后嘉其忠爱之至，世皇怀其保抱之勤，爰即真定创玉华宫，以曾祖母学道其中，又即玉华构孝思殿，以皇太后侑食睿宗皇帝其间，然后赐之冠服，锡以土田，为万亿年无疆，万子孙永保"③。玉华宫与皇家关系密切，其创立者王姑姑曾是忽必烈的保姆，忽必烈曾亲降圣旨护持

---

① 《新城县修龙翔观碑》，王宗昱编：《金元全真教石刻新编》，北京大学出版社 2005 年版，第 224 页。
② 姚燧著，查洪德点校：《姚燧集》，人民文学出版社 2011 年版，第 587 页。
③ 刘岳申：《申斋集》卷 7《玉华宫碑》，"中央国立"图书馆 1970 年版，第 314 页。

玉华宫，称其为老王姑。① 玉华宫中有唆鲁和帖尼太后和拖雷的影堂，每年遣臣祭祀。《河朔访古录》记载玉华宫"外为红绰楔垣墙，四周槐柳森列，重门棨戟，广殿修庑，金碧辉映，宏壮华丽，拟于宫掖。制命羽流崇奉香镫，置卫士以守门闼，岁以月日，中书以故事奏闻，命集贤院臣代祀函香致醴，遣太常雅乐率燕南宪臣、真定守臣，具朝服，备牲牢，行三献之礼"②。宏壮华丽，拟于宫掖，卫士守护，集贤代祀，无不显示出玉华宫的皇家气派。

真定隆兴寺是著名的佛教寺院，阿里不哥曾多次作为大隆兴寺的施主。《重修大龙兴功德记》记载："自乙卯年三月八日阿里不哥大王命使扎古儿歹八赤海赟持令旨，悉除寺门贡赋及赐到白金，大作佛事三昼夜。丙辰秋王复命赐白金重修观音大殿，金傅其像。丁巳正月朔日，国师新降到贤王令旨，赐白金，敕印藏经。其年六月二十日，王命使秃思吉歹令丞相阔阔歹赐白金，看转大藏经一会。今年二月十有三日，王命塔合住赐白金用庆新经，广集僧众，作药师大道场三昼夜。"③

元仁宗也曾为龙兴寺施主，"仁宗潜邸，尝从太后之怀宁，幸龙兴，登阁而望，徙倚久之。即居春宫，赐获鹿之田亩五千为寺恒业。既践天位，以寺之大悲阁历岁既久，虽尚完固，而栏槛腐朽，绮绘黯然，盖瓦级缚或破缺疏漏，大士之像金彩□昧，赐黄金贰伯伍拾余两，钞币为钱计者九千七百，诏殊祥院使阿剌卜花、律师崇琛募工修治，谕燕南道肃政廉访司率总管府官属视役。未逾期，碧瓦朱栏，金碧流绚，焕然一新，如始作矣"④。除了修阁，延祐四年（1317），仁宗还命人到龙兴寺看念藏经、施长明灯钱，《龙兴寺长明灯钱记》碑中收录此件圣旨："闰正月初十日，拜住怯薛第一日，嘉禧殿内有时分，对速古尔赤脱欢、尚书黑闾、火儿赤站班、司徒舍儿伯赤脱因院使，特奉圣旨，阿剌卜花真定府龙兴寺里看念藏经去者，更问省家要壹伯锭中统钞，龙兴寺里分

---

① 王恽：《秋涧先生大全集》卷82《中堂纪事下》，《元人文集珍本丛刊》第2册，新文丰出版公司1985年版，第385页上。
② 迺贤：《河朔访古录》卷上，文渊阁《四库全书》第593册，第25页。
③ 沈涛：《常山贞石志》卷15《重修大龙兴功德记》，《石刻史料新编》第1辑18册，新文丰出版公司1985年版，第13426页上。
④ 沈涛：《常山贞石志》卷15《龙兴寺重修大悲阁记》，《石刻史料新编》第1辑18册，新文丰出版公司1985年版，第13547页下。

付常住，存本用息，点长明灯者。么道。钦此。"①

易州曾有兴国禅寺，海云禅师曾住持兴国寺。《北京图书馆藏中国历代石刻拓本汇编》收录《护必烈大王令旨碑》拓片，即《兴国寺朗公长老开堂敕》，周清澍探讨《兴国寺朗公长老开堂敕》石刻的时代背景，就碑主智朗及其师海云与早年忽必烈的交往活动进行了考察，并揭示出碑阴忽必烈手迹的重要研究价值。② 令旨和疏文都说明忽必烈与河北佛教的关系。

真定路灵寿县祁林院原为五台山大寿宁寺下院，战乱中僧人普寂就将祁林院田园据为己有，并自改宗支，易法号普寂为资淮，脱离与大寿宁寺的关系。大德丁酉（1297），僧人顺吉祥将资淮隐产之事"上达椒闱，皇太后特遣掌管天下僧官衙门宣政院判谨敦相公赍擎懿旨，驰驿前来真定府开读讫，将三尊佛祁林院一宗田园照见明白，尽行分付寿宁寺依旧为主"③。此处"皇太后"为真金之妃、成宗之母阔阔真。

忽必烈与邢州大开元寺关系密切，成为大开元寺的大功德主，"己酉岁嗣僧崇朗因太保刘秉忠奏，疏请圣上为大功德主，遂嘉纳焉；且闻师梵行清修，乃遣近侍护葬及建塔赐铭，谥曰弘慈博化大士，敕寺额曰大开元寺，塔曰普门之塔。尔后累降纶恩，优护赡恤，靡不备至"④。所以"顺德府大开元寺，爰自圣天子潜邸迄于御极，持护宠锡者前后非一，至精蓝净众，特命近臣主领，不与他寺比"⑤。正因为受到皇家崇奉，大开元寺僧人被作为单独宗派列出，称大开元一宗，直接隶属于宣政院。

总体来说，全真教在蒙元前期占优势，佛教后来居上，统治者对佛教扶植的力度更大一些。在河北地区动荡的社会环境中，除了外来宗教影响较小不计外，佛道等固有宗教纷纷投靠世侯、贵族、皇家，依靠权力的庇

---

① 沈涛：《常山贞石志》卷19《龙兴寺长明灯钱记》，《石刻史料新编》第1辑18册，新文丰出版公司1985年版，第13499页上。
② 周清澍：《忽必烈早年的活动和手迹》，《中国史研究》2005年第1期。
③ 沈涛：《常山贞石志》卷18《祁林院历代圣主恩慧抚护碑》，《石刻史料新编》第1辑18册，新文丰出版公司1985年版，第13489页上。
④ 王恽：《秋涧先生大全集》卷67《顺德府大开元寺重建普门塔碑铭》，《元人文集珍本丛刊》第2册，新文丰出版公司1985年版，第255页下。
⑤ 王恽：《秋涧先生大全集》卷67《顺德府大开元寺重建普门塔碑铭》，《元人文集珍本丛刊》第2册，新文丰出版公司1985年版，第254页下。

护求得自身发展，因而也出现了完全由政治势力扶植起来的宗派，如玄教、大开元一宗、北方临济宗、曹洞宗、藏传佛教等也均有此特点。

第二节　蒙元时期河北地区的佛道之争

　　佛道之争是蒙元时期宗教史上的大事，同时也是政治史上的大事。关于佛道之争，学者多分析其原因、事件经过，对佛道之争的重点区域鲜有探讨。实际上从佛道之争的区域入手，可以让我们更清楚地了解佛道之争的起因及影响。本节即以现存碑刻和《至元辨伪录》相关记载入手，探讨其起因及影响。

　　金代全真道兴起，在北方社会广泛传播。尤其是金元战争之际，兵荒马乱之中僧人大量逃亡，而全真教因为丘处机至西域觐见成吉思汗，受到成吉思汗的护持，在北方广泛传教。道士增多遂占领僧去寺空的寺院，甚至霸占有僧人的寺院。随着社会逐渐安定，僧人在势力有所恢复的情况下开始反击，1258年忽必烈受蒙哥之命在开平举行僧道辩论，道人辩败，将道人占据的四百八十二处寺院中的二百三十七处回付僧人。但佛道之间的冲突并没有因此最终解决，鸡儿年（1260）圣旨中提到"教回与来的寺院内，一半不曾回，与了的再争"[①]。

　　现存碑刻中，也多有能反映此时期佛道斗争曲折的内容。蔚县玉泉寺有《至元十七年圣旨碑》，记载浮图山玉泉寺被侯先生占据，改名飞泉观，"次后叭志明复占住坐到戊午年间，有僧使慈提点赍奉到皇帝圣旨，节该：'将先生每占了和尚每寺院四百八十二处内，断定回付与和尚每二百三十七处。钦此。'照得浮图山已在吐退数内，其耿志明依奉圣旨当官写了吐退文状，其寺院水土未曾回付，占住到今"[②]。可见1258年僧道辩论后，虽然道士写了吐退文状，但并没有真正交付僧人。直至至元十八年（1281）道士阎志进才写了吐退文状，最终将飞仙观改为玉泉寺。

　　《元代白话碑集录》收录两通关于遵化县般若院的公文碑，记载了般若院回付后因为无人住持，被总制院拨付大都崇国寺作为下院的过

[①] 释迈祥：《至元辨伪录》卷2，元刊本。
[②] 刘建华：《河北蔚县玉泉寺至元十七年圣旨碑考略》，《考古》1988年第4期。

程。碑文迻录如下：

> 皇帝圣旨里，总制院照得：大都路蓟州遵化县般若院一所，元系先生占住二百三十七处数内寺院。钦奉圣旨回付，依旧为寺。今为无僧住持，有本院官桑哥玉都实经历奏："大都遵化县般若院是先生每根底回将来的院子，如今与崇国寺交差和尚每住呵怎生。"奉圣旨："那般者。"钦此，除外使院合下，仰照验据般若院并所属庄田、水碾等物，钦依圣旨处分事意，委僧修理住持施行，须议扎付者。右给付崇国寺。准此。照会崇国寺。至元二十一年二月十九日。众官印押。
>
> 皇帝圣旨里，帝师法旨里，宣授大都路都僧录司承奉总统所扎付该：二月十五日，大殿内总制院官桑哥相公对崇国寺讲主省会本所官正宗弘教大师，属蓟州的般若院，系二百三十七处数内回付到院子。见无主人，您总统每将那院子便分付与大都崇国寺家，教做下院者。奉此，总所合下，仰照验，依奉桑哥相公钧旨处分事理，将般若院交付崇国寺，永远为主施行。奉此，使司除已行下蓟州僧正司依上交付外，所有崇国寺收把执照，合行出给者。右付崇国寺收执。准此。执照事。至元二十年二月二十七日。众官印押。①

遵化县般若院在《至元辨伪录》中也见记载，"遵化县……东北般若院大殿，中瞳寺云堂，净家谷云堂三门，尽被张先生拆了，盖作开阳观"②。般若院被道士张先生占据改为开阳观，经过佛道辩论，般若院也在回付二百三十七处数内，但回付却没有僧人管理，为此总制院使桑哥将其分属大都崇国寺，作为崇国寺的下院。

北京市门头沟至元三十年（1293）《重修灵岳寺记》记载了灵岳寺回付的过程，"丙辰春，遇上颁诏勘当先生占住寺院有无、多寡，诸路通籍见数计四百八十二处。是时僧缘恩者诸官告争本寺，至戊午岁（中缺）圣旨改正，将先生所占寺内二百三十七处断付僧人，余皆回免。尚

---

① 蔡美彪：《元代白话碑集录》，科学出版社1955年版，第32—33页。此碑位于北京市西城区护国寺街，《北京图书馆藏中国历代石刻拓本汇编》第48册第88页收录此碑拓片。

② 释迈祥：《至元辨伪录》卷3，元刊本。

有道士甘、蔡等辈肆行凶暴，抗拒诏命，不易回付，以致斩首劓鼻，递流远方。正典刑讫，始付安定恩公，自是为宗主住持本寺"。碑刻铭文中简单记述了这个过程，"天兵南捅，僧去寺空。怅狂道士，占作琳宫。宗主恩公，卫围犯难。力破邪徒，曾无忌惮。丙辰之春，抄数寺竟。戊午年间，奉旨改正"①。可见灵岳寺在金元之际僧去寺空，被道士占据。灵岳寺在回付僧人的二百三十七处寺院数内，但道士甘志泉、蔡志祥等抗拒诏命，不回付僧人，因此被斩首劓鼻，递流远方，此后才由僧人住持。从中可见斗争的激烈程度。

佛道之争对当时宗教各派影响都很大，具体到各个寺院更是涉及切身利益，僧人在取得斗争胜利后，往往会记录其经过，用以防止日后再生纠纷。这三通碑刻分别位于燕京、蔚县、遵化县，在燕云一线。而我们在北方其他地方并没有发现类似碑刻，除了年代久远造成碑刻遗失因素，不得不让人怀疑是否佛道之争主要发生在这一地区？

《至元辨伪录》是记录蒙元佛道之争的重要文献，僧人释祥迈撰写，虽不无偏袒佛教之嫌，但仍是研究这一事件的基本文献。在此书中，列举了许多道士占据寺院的实例，对我们考察佛道之争的区域尤为重要。今据此书，将其列举佛道之争中道士所占寺院列表如下：

表 3-1　　　　《至元辨伪录》所见佛道之争情况

地名	寺名	僧人	道观	道士	事迹
盘山中盘	法兴寺	振公长老	栖云观	王政道、陈知观、吴先生等	改拆殿宇、打损佛像、平荡古佛舍利宝塔。拆坏影堂正殿三门云堂
德兴府	水谷寺	兵火之后无僧看守		王先生、右法录	毁诸像填于水堑
燕北玉泉山					打坏白玉石观音像，击碎石塔穿石作洞，内刻道像
西京天城	夫子庙		文成观		

---

① 齐心主编：《北京元代史迹图志》，北京燕山出版社 2009 年版，第 72 页。

续表

地名	寺名	僧人	道观	道士	事迹
景州龙角山			冲虚观	贾先生	
平谷县	水谷寺				正殿三身,皆刘鸾绝手,悉打涧中,改观居之
太原府净居山				宋德芳	穿石作洞改为道院,立碑树号
相州黄华山					道士占定
混源	崇福寺		西道院		道士占讫
滦州					下县数座佛殿道士拆讫并毁佛像
檀州黍谷山	灵岩寺		大同观	贾志平、王志钦	荡除佛像,塑起三清,石幢子推入涧中,有底田园占佃为主
檀州	木林寺		天宝万寿宫	全许知观	拆毁塑像改立三清
良乡县张谢村	兴禅寺			孔志童	强占种佃、欺侮尼众
燕京通玄关	观音院			李志常	打绝圣像,塑著三清
燕京净恩禅寺			修真观	女冠	永占住持
燕京	悯忠寺东塔院			大道信道姑	占守住坐
燕京	慈圣院		玄都观	薛道录	占住
燕京	宝塔寺经藏院			天长观下任道姑福童	占定住坐
燕京	资圣寺		葆真观	巩志朗	占定住持
燕京颢花门外	金桥寺			张知观	拆毁大殿平治基址,安先生丘冢改作坟地
燕京铜马坊	建福院			鬅头张先生	占改住坐

续表

地名	寺名	僧人	道观	道士	事迹
燕京春台坊西万盈坊	弘教院			樊先生	拆寺将木石於戴外郎宅东盖讫天齐仁圣庙
燕京西北隅	吉祥院		长春宫		占作窑场炼丹经
玉田县北乡	妙峰院			荣道士、杨道姑、路道姑	尽行拆讫，於田家庄盖女冠住坐
通州在城	观音院		通仙观	陈和童	打坏观音改塑老君
宛平县斋堂村	灵乐寺		通仙观	刘知观	把释迦太子卖与他人，火爆石碑，藏了铜钟，拆讫佛殿，坏了舍利宝塔，平荡坟林，塑起三清
涿州在城	设济院		齐仙观	贾先生	折了塔尖
涿州	行满寺		永宁观	糠禅任志坚	打碎白玉石观音并占讫住坐
涿州	广因寺		十方观	梁先生	住坐
平谷县	历西寺			王知观	打坏塑像，占植栗园，磨了石碑，耕了地土
平谷县文家庄	水谷寺			王知观	打了塑像，却塑老君，并独波寺正殿拆讫，占植栗园改作道院
顺州年丰	龙泉寺		大道观	马法师	
安次县	北台寺			羊皮李	占佃
安次县	普慈寺			杨道姑	占讫
遵化县	台山寺			刘先生	占下院灵应山栗园
遵化县				张先生	占植净因院罗文谷栗园
遵化县	般若院、中疃寺、净家谷云堂三门			张先生	拆了盖作开阳观

续表

地名	寺名	僧人	道观	道士	事迹
蓟州	天香寺			王道政	占佃栗园地土，拆讫舍利宝塔塔上铁竿亦自使了，又拆坟塔十三座。甘泉山下院水碾一所，孙先生强行盖了
蓟州	报国寺			贾先生、吴先生	占下院栗园。崆峒山下院田地栗园，盖观占守

　　从上表中可以看出，佛道争夺的重点区域位于燕京、西京、滦州、遵化、檀州、顺州、蓟州等燕云一线。耶律楚材《西游录》中所举道士侵占寺院、文庙的例子，分别发生在天成、景州。① 虽然释祥迈在《至元辨伪录》中说"其余东平、济南、益都、真定、河南、关西、平阳、太原、武朔、云中、白霤、辽东、肥水等路，打拆夺占、碎幢磨碑难可胜言，略知名者五百余处"②，但我们在文献中少见记载，碑刻中也未有反映。学者考证《至元辨伪录》多有夸张之处，将佛道斗争的区域扩大到整个北方可能也是其中之一，佛道间争夺的主要区域乃是在燕云一带。

　　这种局面的形成，大概是与蒙古的进攻态势相符合的。蒙古的入侵，这一带受损害最大。僧人大量逃亡，文献中常出现"僧去寺空"等词语。《西游录》中记载有人提出观点说："兵火以来，精舍寺场率为摧坏。若道士不居占，亦为势家所有，或撤毁以为薪，又何益焉！"③ 耶律楚材说："此曹首以修葺寺舍救护圣像为辞。居既久，渐毁尊像，寻改额名，有磨灭佛教之意。"④ 道士霸占寺院先以修寺名义占据，时间长了再毁佛像、改寺名。这些都说明僧人逃走导致后来道士乘虚而入。而在蒙古占领这一地区不久，丘处机西行觐见成吉思汗，全真教得

---

① 耶律楚材著，向达校注：《西游录》，中华书局1981年版，第17页。校注中以"景州"为今河北景县，但景州实为今唐山遵化。
② 释迈祥：《至元辨伪录》卷3，元刊本。
③ 耶律楚材：《西游录》，中华书局1981年版，第17页。
④ 耶律楚材：《西游录》，中华书局1981年版，第18页。

到蒙古统治者庇护，进入急速发展期，《元史·丘处机传》记载："时国兵践蹂中原，河南、北尤甚，民罹俘戮，无所逃命。处机还燕，使其徒持牒招求于战伐之余，由是为人奴者得复为良，与滨死而得更生者，毋虑二三万人。"① 僧人逃走空下的寺院被急剧扩充的道侣所占据。文献中常见的"尽行拆讫""打坏观音""改塑三清"等行为，多是和平进行的。其实霸占佛寺的不仅只有道士，许多寺院也被蒙古军队、匠局占领，《大蒙古国燕京大庆寿寺西堂海云大禅师碑》记载："时京城及天下寺宇皆为军、民、人匠之所占据，丞相以闻，蒙降御宝，宣谕悉令遣去……至是寺宇始得肃清为佛净界。"② 说明窝阔台时期军、民、人匠占据佛寺也不在少数。

日本学者中村淳《蒙古时代"道佛争抢"的真像——忽必烈统治中国之道》一文认为佛道斗争的真相是蒙古统治者从全真道手中收回被垄断的统治权。③ 蒙古兵锋南下，受到冲击最严重的也是幽云一线，丘处机西行，得到成吉思汗圣旨统领天下宗教，其势力范围也主要在燕京及其北边一线区域。在河北的中南部，情况则与此不同。贞祐南迁，河北出现大大小小的地方势力聚众自保。木华黎经略中原，这些人多投降蒙古，成为蒙古与残金争战的主力。与北部相比，河北的中南部社会受到的冲击还属较小，"僧去寺空"的情况也相对要少。虽然《至元辨伪录》中也提到相州黄华山寺院也被道士占据，宋德芳占太原净居山，但总体来说这种情况比燕云地区要轻许多。

我们考察河北中南部的一些寺院，发现多是在金元时期传承有序，并没有受到佛道之争的影响。除了真定龙兴寺、邢州开元寺等著名的大寺院不用说外，许多小寺院也没有受到佛道之争的影响。例如今鹿泉上庄龙泉寺有金代的赐额碑和元大德年间《重修龙泉寺记》碑；真定《□圆觉院玑公座主塔记》记载："三十岁，师付以坚守无辍，复值天兵，变乱锋敌之间，一无所损，盖经之灵验也。"④ 真定圆觉院未受战乱影响的主要原因可能是史天泽对真定的保护。曲阳慈济院为金代寺

---

① 《元史》卷202《丘处机传》，第4525页。
② 《北京元代史迹图志》，北京燕山出版社2009年版，第184页。
③ 原载《东洋报》第75卷，1994年。译文刊于《蒙古学信息》1996年第3期。
④ 孙继民主编：《河北新发现碑刻题记与隋唐史研究·附录》，河北人民出版社2006年版，第312页。

院，善和大师自幼在此出家，"圣朝革命，抚定郡邑，流民稍集。万松老人名重一时，往焉。既而，首众僧于万寿，服勤累年，多所发药。辛卯秋，复回故院"①。虽然善和大师一度离开慈济院，但寺院并没有被道士占据，他后来又回到慈济院。类似寺院很多，不多举例。

至元十七年（1280）之后僧人取得佛道之争的彻底胜利，但佛道之争可能并没有就此结束，佛教得势，甚至出现僧人霸占道院的事情。易州龙兴观是唐代以来道教名观，但"至元二十年间，缁侣觊觎，持力争夺。是时道正王善明、提点魏道玄、道判陈道易等，具碑幢墨本诉于有司。朝议以道德之真直其理，彼乃惭退，众得以安"②。僧人试图霸占道观是在僧人战胜道士后出现的过激行为。

综上所述，元代佛道之争的中心区域在河北北部一带，这里受蒙古军队冲击最严重，所以僧人逃亡最多，道士占据的寺院也最多。在河北中南部地区，汉人世侯对稳定社会秩序起了重要作用，所以佛教受到冲击也小，道士占据寺院的情况也少。

第三节　元代北方临济宗的法脉传承

宋金的分治，造成临济宗又一次分为南北两宗。学界对南宗的传承比较清楚，北宗的传承则多语焉不详。相关论著多讲南宗，对北宗只简略介绍海云印简及刘秉忠。③ 其实，元代北方临济宗不仅只有海云一系，而且海云弟子中也有不少高僧，值得深入研究。20世纪80年代，日本临济宗代表团赠予正定有关临济宗的文字资料中，有《真定十方临济慧照玄公大宗师道行碑铭》。此碑立于元代，今已不存。李辉先生以

---

① 庞雪平、魏敏：《元代〈宣授善和大师塔铭〉碑浅析》，《文物春秋》2009年第6期。
② 《龙兴观綀公提点功行记》，《道家金石略》，文物出版社1988年版，第980页。
③ 杨曾文《宋元禅宗史》（中国社会科学出版社2006年版），吴立民主编《禅宗宗派源流》（中国社会科学出版社1998年版），杜继文、魏道儒《中国禅宗通史》（江苏人民出版社2008年版）对元代禅宗北宗只简略涉及海云印简、刘秉忠；叶宪允《论十三、十四世纪禅宗临济宗的南宗与北宗》（载河北禅学研究所编《中国禅学》第7卷，大象出版社2014年版，第349—358页）对金元时期禅宗南北宗的分派的原因及各自不同特色进行了分析，但对北宗也没有详细考证；洪修平《元代临济宗法脉延续及海外影响略论》（《禅学研究》第7期，江苏人民出版社2008年版）对元代南方临济宗法脉考证甚详，对北方临济宗法脉则仅述及海云印简。

此碑记载为主,考察了金代临济宗的法脉传。① 其实此碑涉及元代北方临济宗的内容,对我们考察元代临济宗在北方的传承有重要帮助。今即以碑刻资料为中心,对元代北宗临济法脉传承进行考证。

一 琅玡觉法脉

《真定十方临济慧照玄公大宗师道行碑铭》记载:

> 其大略则由兴化奖而下,四世而至汾阳昭。其上足曰慈明圆、琅琊觉……琅琊觉传泐潭月,月传毗陵真,真传白水白,白传天宁党,党传慈照纯,纯传郑州宝,宝传竹林藏、庆寿亨、少林鉴。庆寿亨传东平汴、太原昭;少林鉴传法王通,通传安闲觉,觉传南京智、西安赟。南京智传寿峰湛,西安赟传雪堂仁公,由临济十八世矣。②

临济宗自汾阳昭之后分为慈明圆和琅琊觉两脉,蒙元时期北方临济宗也均传自这两派。这条资料对考证元朝临济宗的北宗传承十分珍贵。

据此碑,郑州宝的弟子有竹林藏、庆寿亨、少林鉴三人。《洞林大觉禅寺第一代西堂宝公大宗师颂古序》记载:

> (洞林宝公)方今嗣续,拔萃者三。少林鉴机锋罔测,变化无穷,天下衲僧,难出其彀,真一代英杰之士也。庆寿亨雄文逸翰,咳玉喷珠,有"珍重白苹红蓼花"之句,章庙大称赏之,故师号为红蓼花。竹林藏禅学稳密,道眼通明,颂□方珠玉,拯济孤贫。③

据此可知,少林鉴、庆寿亨、竹林藏为洞林宝的弟子。洞林禅寺位于郑州荥阳县,郑州宝即洞林宝,二者实为一人。既称"洞林大觉禅寺第一代",则郑州宝应是郑州洞林大觉禅寺的开山祖师。

---

① 李辉:《金朝临济宗源流考》,《世界宗教研究》2011 年第 1 期。
② 刘友恒、李秀婷《〈真定十方临济慧照玄公大宗师道行碑铭〉浅谈》,《文物春秋》2007 年第 5 期。
③ 林从伦:《洞林大觉禅寺第一代西堂宝公大宗师颂古序》,《金石萃编》卷 4,《石刻史料新编》第 1 辑第 5 册,新文丰出版公司 1982 年版,第 3543 页上。

庆寿亨又名虚明亨，元好问撰《太原昭禅师语录引》中说："虚明急于接纳，故子孙满天下，又皆称其家，如慈云海、清凉相、罗汉汴与法王昭公，皆是也。"① 李辉先生认为虚明禅师这些弟子中，"仅清凉相事迹可考"②，并对清凉相做了考证。实际上除了清凉相，东平汴也有迹可循。元好问《告山赟禅师塔铭》中说："不肖交于汴公者三十余年矣。汴南迁后，嗣法虚明亨公，在法兄弟最后蒙印可，于临济一枝，亭亭直上，不为震风凌雨之所摧偃。龙兴焚荡之余，破屋数椽，日与残僧三四辈灌园自给，不肯轻傍时贵之门。"③ 龙兴汴就是东平汴，可知龙兴汴与元好问熟识，为虚明亨南渡后弟子。

《真定十方临济慧照玄公大宗师道行碑铭》记载：

> 少林鉴传法王通，通传安闲觉，觉传南京智、西安赟。南京智传寿峰湛，西安赟传雪堂仁公。

少林鉴、法王通、安闲觉、南京智资料均不多。郑州宝四传为寿峰湛禅师与西安赟禅师。寿峰湛禅师资料不多，只知雪堂普仁最初从寿峰湛祝发；西安赟又称"西菴赟"，又被称为"永泰赟公"，可能曾经住持过燕京永泰寺。④ 西安赟与元朝上层有密切的交往，贾汝舟《重刻〈禅源诠〉序》中说：

> 昔至元十二年春正月，世祖皇帝万机之暇，御琼华岛延请帝师，太保文贞刘公亦在焉。乃召在京耆宿，问诸禅教乖互之义，先师西菴赟公等八人，因以圭峰《禅源诠》文为对，允惬宸衷。当时先师嘱其弟双泉泰公为之记，仍命雪堂镂板流行。⑤

---

① 元好问：《太原昭禅师语录引》，《元好问文编年校注》，中华书局2012年版，第401页。
② 李辉：《金朝临济宗源流考》，《世界宗教研究》2011年第1期。
③ 元好问：《告山赟禅师塔铭》，《元好问文编年校注》，中华书局2012年版，第1470页。
④ 王恽：《秋涧先生大全集》卷57《大元国大都创庆天庆寺碑铭并序》，《元人文集珍本丛刊》第2册，新文丰出版公司1985年版，第164页。
⑤ 宗密著，邱高兴校释：《禅源诸诠集都序》，中州古籍出版社2008年版，第7页。

西安赟能够与刘秉忠等一起参与忽必烈延请帝师的活动,应该也是一位地位较高的禅僧。西安赟还有一位师弟双泉泰公,也是临济宗琅玡觉系的传人。

雪堂仁公为西安赟的弟子,被称为"临济十八代嫡孙,琅玡第十世的派"①,《秋涧集》卷五七《大元国大都创庆天庆寺碑铭并序》载雪堂仁公的名讳甚详:

  师讳普仁,字仲山,姓张氏,雪堂其道号也。世为许昌人,父世荣官至丰州司录参军,母夹谷氏。师生有祯祥,甫毁龀不茹酒胾。初祝发于寿峰湛老,再具戒于竹林云和尚,及参永泰赟公,一见器异,即蒙印可,至有机锋洒落,莹彻水轮,头角峥嵘,光腾星纬之论。赟派出临济,第而上之,师乃慧照十九代孙也。②

雪堂仁公名普仁,字仲山,姓张氏,世为许昌人。雪堂仁公的父亲张世荣官至丰州司录参军,元贞二年(1296)《重阳洞林寺藏经记》中说他"始振迹云朔"③,《天德柴氏悦亲图诗卷序》记载天德柴氏一门父慈子孝,雪堂禅师"以乡里盛事,乃绘诸图画,形容其岁时家庭拜庆之欢"④,雪堂禅师以天德作为乡里。《大元国大都创天庆寺碑铭并序》说他"师业嗣法,犹窟潜天德,以经戒严、机锋峻,越在云朔,名动京师"⑤。从各种文献中提到的他与丰州的关系可以断定,他出生在北方的丰州一带,并在这里出家。

《大元国大都创天庆寺碑铭并序》记载雪堂仁公的经历较为详细。雪堂仁公最先与驸马高唐王结缘,"既而驸马高唐郡王闻师名德,喜之,既靓止,即依慈荫,叩真诠,师顺事随方,日有所觉,以至承嗔获谴、

---

① 郭天赐:《临济慧照玄公大宗师语录序》,《临济录》,中州古籍出版社2001年版,第2页。
② 王恽:《秋涧先生大全集》卷57《大元国大都创庆天庆寺碑铭并序》,《元人文集珍本丛刊》第2册,新文丰出版公司1985年版,第164页下。
③ 蔡美彪:《元代白话碑集录》,科学出版社1955年版,第120页。
④ 王恽:《秋涧先生大全集》卷42《天德柴氏悦亲图诗卷序》,《元人文集珍本丛刊》第2册,新文丰出版公司1985年版,第18页。
⑤ 王恽:《秋涧先生大全集》卷57《大元国大都创天庆寺碑铭并序》,《元人文集珍本丛刊》第2册,新文丰出版公司1985年版,第164页上。

非罪而罹苦毒者，因师一言，多所纵释。其后，王请师住丰之法藏院，仍赠贝锦法衣，用著显异"。丰州一带属于汪古部封地，汪古部首领世与黄金家族通婚，所以汪古部首领多称驸马。"至元壬申（1272）"雪堂禅师始到大都，此前的驸马高唐郡王可能为汪古部首领高唐武襄王爱不花。

雪堂仁公到大都，住持永泰寺弥陀院，"寻以道行上闻，有诏所在护持。及观光大都，郡王乃出重币易是院，为师待问驻锡之所，与其徒奉香火、修洁精进而已。至于建大道场，扩充无量功德，盖遵养而有俟也"。不久，晋王甘麻剌出资重建弥陀院，改名天庆寺，"逮甲申冬皇孙绀麻剌以师持诵保釐，故欲辟静室处之，宫府辞不可。翼日，出货泉二十五百缗洎名骡二，仍谕留守段祯、詹事丞张九思，即所居庀徒蒇事，起三大士正殿，丈室七巨楹，下至门闾庖湢、宾客之所，略皆完美"。皇孙绀麻剌即晋王甘麻剌，在后来雪堂仁公所属十几座寺院中，"俱有钦奉御宝圣旨、太后懿旨、晋王令旨护持"，由晋王绀麻剌出资在辽永泰寺弥陁院旧址上所建的这座寺院就是大都天庆寺。

"后三岁，（雪堂普仁）奉皇孙衮香，礼江浙名刹，起造藏经。师冒涉江湖，往返万里，存神过化，高风所及，奔走供养，且有金仙通灵，伽蓝主护之应。呀，亦异哉！凡得经四藏，计二万八千余卷，分贮大都之开泰、天庆，汴洛之惠安、法祥，及永丰法藏院，仍以法物付之，使人无南北，通畅玄风，寿圣皇，赞宝绪，天花雨纷，梵唱雷动，日开八方之供者，此师之所图惟也。"元贞二年（1296）《重阳洞林寺藏经记》记载："初，今上在潜邸，师尝奉命持香礼江浙名蓝。法航所至，州府寮属作礼供养，日积奬贶。购所谓五千余卷满二十藏，为函一万有奇。浮江踰淮，輂运毕至。凡所统十大寺率以全藏授，仍请卫法玺书，寺给一通。其用心博哉。"①则上引文中的"皇孙"即后来的元成宗铁穆耳，雪堂仁公曾奉铁穆耳之名到江浙访名蓝、购藏经。

雪堂仁公好儒学，结交权臣和文士，"师喜儒学，有器识，所交皆藩维大臣、文武豪士，缓急于士大夫，周旋不荣悴间，解纷振乏，要有实效，然去来其间，殆云凝而风休也。尝即寺雅集，自鹿庵、左山二大老已下，至野斋、东林，凡一十九人，作为文字，道其不凡。时方之庐

---

① 蔡美彪：《元代白话碑集录》，科学出版社1955年版，第120页。

阜莲社云，是亦将因儒释僧之特达者也"①。雪堂普仁在大都天庆寺举行的雅集，是元代初期著名的文人雅集。②大德二年（1298）六月无外惟大为《梵网经菩萨戒序》所写序言中说："雪堂平生乐与名士大夫交游，不以死生患难为问，至于恤贫好施，义襟豁然，皆非人所可及见，于诸贤哲之诗之文者详矣。"③邓文原为雪堂普仁重刻《禅源诠》作序，说"文原与师为方外交"④。包头燕家梁元代遗址出土铜铺上有"雪堂总统置古铜祭器，奉施古丰宣圣庙内永远供养，大德九年月日记"二十八字铭文⑤，雪堂总统即雪堂普仁，他作为佛教高僧向宣圣庙奉献礼器，足见他对儒学的倾心。

元贞二年（1296）《重阳洞林寺经藏记》记载："至元三十年（1293），诏授江淮福建隆兴等处释教总统，力辞不就。"《真定十方临济慧照玄公大宗师道行碑铭》立石时间不详，但雪堂普仁自称"前江淮福建等处释教总统"，在其他一些记载中也都称他为"雪堂总统"，他应该是曾经任此职的，但时间可能不长。雪堂普仁在北方影响很大，《重阳洞林寺经藏记》记载："诸方同派法属倾仰依向，若京师之开泰、大名之临济、汴梁之慧安、嵩阴之罗汉、丰州之法藏、洛阳之发祥、潞邑之胜觉、京兆之开元、西京之护国、郑州之洞林皆礼请住持，书疏迭至，辄忻然受之。虽杖锡未能徧及，凡一寺经画必相关白，有所兴作则出夜衣盂之资以助。"⑥大德二年（1298）七月，前监察御史郭天赐为《梵网经菩萨戒序》所写序言中说：

今者总统雪堂禅师发菩提心，发大悲心，发金刚坚固心，发圣功德不思议心，遂于大都创建天庆禅寺，重修开泰禅寺、洛阳发禅

---

① 王恽：《秋涧先生大全集》卷57《大元国大都创天庆寺碑铭并序》，《元人文集珍本丛刊》第2册，新文丰出版公司1985年版，第164页。
② 叶爱欣："'雪堂雅集'与元初馆阁诗人文学活动考"，《平顶山学院学报》2006年第6期；查洪德：《元代诗坛的雅集之风》，《安徽师范大学学报》2013年第6期。
③ 无外惟大：《梵网经菩萨戒序》，《卍新纂续藏经》第60册《梵网经菩萨戒注》，新文丰出版公司1993年版，第501页。
④ 宗密著，邱高兴校释：《禅源诸诠集都序》，中州古籍出版社2008年版，第6页。
⑤ 唐彩霞、张红星：《包头燕家梁遗址出土铜铺铭文考略》，《内蒙古社会科学》2014年第4期。
⑥ 蔡美彪：《元代白话碑集录》，科学出版社1955年版，第120页。

寺（《重阳洞林寺藏经记》中作"发祥"），郑州大觉禅寺，丰州法藏禅寺，汴梁开宝惠安禅寺，滁州琅琊禅寺，通州胜觉禅寺，大名临济禅寺，嵩阴静慧罗汉禅寺十大名刹，俱有钦奉御宝圣旨、太后懿旨、晋王令旨护持，悉皆增崇殿宇，修置田园，塑造佛像，建立经藏，饭僧数万，种种功德，无限胜因。①

雪堂普仁还热衷于刻印禅宗典籍，见于记载的经他手重刻的典籍有《临济录》《禅源铨》《梵网经菩萨戒》《洞林大觉禅寺第一代西堂宝公大宗师颂古》《洞林大觉禅寺第一代西堂宝公大宗师林溪录》等书。雪堂禅师大概圆寂于元统二年（1334）或稍早，荥阳洞林寺今有其舍利塔幢，刻于元统二年，上有"大元特赐王印开府仪同三司上柱同冀国公大司空领临济宗佛慧圆鉴雪堂大禅师灵宅舍利之塔"文字。②

《林溪录序》中说：

> 自饮光传衣以来，可安祖心之后，名喧宇宙者，代不乏贤。故临济下出二大宗师，曰慈明圆，曰琅琊觉。觉下出洞林宝，望琅琊第六世。洞林下出安闲，望洞林下出安闲（疑此七字为衍字），望洞林第三世。安闲出雪堂，望洞林第五世。③

洞林寺可以说是临济宗琅琊觉系的祖庭，所以雪堂仁公对洞林寺十分重视，郑州大觉寺中有1295年忽必烈圣旨、1301年帝师吃剌思巴斡节儿法旨、1309年晋王令旨、1309年答己太后令旨、1309年皇太子爱育黎拔里八达令旨、1312年元仁宗圣旨、1318年小薛大王令旨等七通元代白话圣旨碑。④洞林寺与皇家关系密切，雪堂禅师在其中起了重要作用。

---

① 无外惟大：《梵网经菩萨戒序》，《卍新纂续藏经》第60册《梵网经菩萨戒注》，新文丰出版公司1993年版，第503页。
② 荥阳文物志编纂委员会：《荥阳文物志》，中州古籍出版社2011年版，第141页。
③ 王昶：《金石萃编》卷4《洞林大觉禅寺第一代西堂宝公大宗师林溪录序》，《石刻史料新编》第1辑第5册，新文丰出版公司1982年版，第3544页。
④ 蔡美彪：《元代白话碑集录》，科学出版社1955年版，第36、48、57、58、62、74页。

二 慈明圆法脉

《真定十方临济慧照玄公大宗师道行碑铭》记载：

> 其大略则由兴化奖而下，四世而至汾阳昭。其上足曰慈明圆、琅琊觉。慈明圆传杨岐会，会传白云端，端传五祖演，演传佛果勤、佛鉴、天目齐……天目齐传汝州和，和传竹林宝，宝传竹林安，安传竹林海，海传庆寿璋、白涧一、归云宣。宣传平山亮；白涧一传冲虚、懒牧归；庆寿璋传海云大宗师、竹林彝。彝传龙华惠；海云传可庵朗、龙宫玉、赜庵儇。可庵传太傅刘文贞公、庆寿满；龙宫玉传大名海；赜庵传庆寿安。①

元代临济宗杨岐派基本属于竹林海弟子。竹林海为金末人物，《永乐大典》卷一二〇四三"幸寺赐酒"条引《古今事通》载："法海，号容庵，字巨川，武川人，姓刘氏。住庆寿，章宗幸寺，师侍立，问：'饮否？'曰：'微饮。'以御酒三钟赐之尽。从旦至日中，立不变容，帝曰：'大人也。待一日出世，朕与开堂。'他日诏住竹林寺，辞曰：'贫僧耽饮。'帝赠诗曰：'一杯一杯复一杯，玉山自倒非人推。春光都来九十，沉醉须教一百回。'每日赐酒三十三瓶。"②据此可知，法海号容庵，字巨川，武川人，姓刘氏，曾受到金章宗的崇敬，曾住竹林寺。

竹林海有弟子庆寿璋、白涧一、归云宣三人，其中以庆寿璋弟子海云禅师的法脉最为兴盛，下面即对归云宣、白涧一、庆寿璋三人的法脉流传进行梳理。

北京西山潭柘寺有《浑源州永安禅寺第一代归云大禅师塔铭》为归云宣塔铭，记载归云禅师名志宣，字广徽，姓李氏，生于广宁，少年即随容庵老人出家，后随师住持竹林寺，容庵圆寂后先后住持浑源永安寺、赵州柏林寺等七座寺院，终年五十九岁。归云宣"嗣法门资文琼、

---

① 刘友恒、李秀婷：《〈真定十方临济慧照玄公大宗师道行碑铭〉浅谈》，《文物春秋》2007年第5期。

② 《永乐大典》卷12043，中华书局1986年版，第5204页。

圆鑑、信亮、惟恒、□□、□□、圆强、□明、宗□、广□、文让、道因、祖明、道悟、祖能等"①，"信亮"应即是《真定十方临济慧照玄公大宗师道行碑铭》中的"平山亮"。

白涧一资料不多，《真定十方临济慧照玄公大宗师道行碑铭》记载："白涧一传冲虚、懒牧归"，《浑源州永安禅寺第一代归云大禅师塔铭》书丹人为"住持法侄懒牧野人悟归"②，可知懒牧归法号为悟归。大庆寿寺是元代北方临济宗的祖庭，《大兴隆塔院历代住山题名碑》记载大庆寿寺历代住持，其中第十一代为"懒牧归禅师"，第十二代为"冲虚禅师"③，冲虚禅师应即"白涧一传冲虚昉、懒牧归"中的"冲虚昉"。懒牧归有弟子勤公，今北京门头沟有《仝塔山白瀑寿峰禅寺第十一代勤公禅师塔铭》，由"诸路释教都总统大庆寿寺传法嗣祖沙门西云子安撰"，记载勤公"年甫弱冠，礼懒牧归和尚为师"，后"白瀑虚席，僧众恳于庆寿，海云宗师出疏开堂，请师出世，师领白瀑之命，一主是山四十余载"④。《大都竹林禅寺第二十三代慧公禅师塔记》记载："后闻燕山潭柘懒牧归公法席之盛，挑囊奔扣"⑤，道慧也是懒牧归的弟子。

庆寿璋传海云大宗师，海云禅师被作为元代北宗临济的代表人物，学界探讨较多，今从略。但海云法脉兴盛，弟子广布，学界探讨不多。据《庆寿寺西堂海云大禅师碑》，"临济宗十六代□兴□随□□□□发人□□□分法乳者十有四人，出世者九人，祝发者千有余人，受戒王公大人百数，信士善人以千万计"⑥。可知海云禅师有徒弟十四人，而碑后所列"嗣法小师云□□真禅师、禅林省晖禅师、□□□通禅师、□□□真禅师、临济志坚禅师、庆寿智朗禅师、龙宫道玉禅师、北平洪

---

① 《北京图书馆藏中国历代石刻拓本汇编》（中州古籍出版社1990年版，第48册，第11—12页）收录《浑源州永安禅寺第一代归云大禅师塔铭》拓片；《北京元代史迹图志》（北京燕山出版社2009年版，第160页）、张云涛主编《潭柘寺碑记》（中国文史出版社2010年版，第244—245页）收录拓片录文。

② 《北京图书馆藏中国历代石刻拓本汇编》，中州古籍出版社1990年版，第48册，第11页。

③ 《北京图书馆藏中国历代石刻拓本汇编》，中州古籍出版社1990年版，第54册，第121页。

④ 齐心主编：《北京元代史迹图志》，北京燕山出版社2009年版，第196页。

⑤ 齐心主编：《北京元代史迹图志》，北京燕山出版社2009年版，第163页。

⑥ 齐心主编：《北京元代史迹图志》，北京燕山出版社2009年版，第185页。

真禅师、华严惠明禅师、□□□□禅师、开元道政禅师、驻跸悟果禅师、真□文禅师、庵主法坚禅师"恰为十四人，这十四人应为海云的弟子。下面即对有迹可循的几位弟子进行考证。

可庵智朗。《真定十方临济慧照玄公大宗师道行碑铭》记载："可庵传太傅刘文贞公"，可知可庵智朗为刘秉忠之师。《北京图书馆藏中国历代石刻拓本汇编》第四十九册有《护必烈大王令旨碑》的拓本，只收录此碑正面忽必烈令旨。北京大学图书馆收藏此碑拓片，为艺风堂旧拓，编号A162345，题《兴国寺赐朗公长老令旨二道》，碑阳、碑阴完整，可知此碑正面为忽必烈令旨，背面为忽必烈请朗公住持兴国禅寺的疏文。此碑落款题"甲辰年"即1244年，说明此年可庵朗任兴国禅寺住持。《大庆寿寺西堂海云大禅师碑》记载："癸未（1223）秋，燕京大行台丞相刘公时为宣差安抚大使，同行省石抹公、都元帅赵公及京城豪贵，以疏力请师就庆寿开堂，住持易州之兴国禅寺，时避水寨之扰，乃居于石经山之东峰。"① 可见海云禅师曾住持兴国禅寺，所以才有可庵朗后来被请住持兴国寺。

《真定十方临济慧照玄公大宗师道行碑铭》记载："丙午（1246）春复为十方禅寺，命其嗣子庵主通公、慵庵坚公、可庵朗公相继住持。殿宇佛像庄严完好，皆海云之力也。"② 说明可庵朗此后还住持过真定临济禅寺。此后朗公又回到了大庆寿寺，《大庆寿寺西堂海云大禅师碑》后列徒弟姓名有"庆寿智朗"，1953年拆除双塔寺，出土海云禅师葬志，后题"嗣法小师智朗等志"，此智朗应就是朗公。庆寿寺有海云禅师和可庵智朗的寿塔，后被俗称为双塔寺。从可庵智朗的活动轨迹来看，他与海云禅师的关系最为密切。

据《真定十方临济慧照玄公大宗师道行碑铭》，"可庵传太傅刘文贞公、庆寿满"，据《临济正宗之碑》，"朗公度荦庵满及太傅刘文贞"，"荦庵满"即"庆寿满"。满公前有"庆寿二字"，说明满公曾住持过大庆寿寺。《真定路十方万岁禅寺庄产碑》记载："至甲午岁，僧泽□□疏请庆寿□云宗□为主，遂授慵□□□曰筸庵、曰休岩、曰瑞云、曰晦

---

① 齐心主编：《北京元代史迹图志》，北京燕山出版社2009年版，第183页。
② 刘友恒、李秀婷：《〈真定十方临济慧照玄公大宗师道行碑铭〉浅谈》，《文物春秋》2007年第5期。

居清公相继住持。"① 可见满公曾住持过真定万岁禅寺。另外，满公还曾住持过泰安某寺院，《秋涧集》卷九六《玉堂嘉话》载："庆寿长老满公曾住泰安天保寨。闻土人说：党竹溪未第时，家甚窘，至令其子为人牧猪。"② 太傅刘文贞公即刘秉忠。

上述《真定路十方万岁禅寺庄产碑》记载休岩曾住持庆寿寺，《真定路平山县林山大万寿禅寺宝公宗主塔铭》最后落款为"宣授诸路释教都总统大庆寿寺退堂休岩志"③，《常山贞石志》卷一七《龙兴寺重修大觉六师殿记》碑阴题名有"宣授诸路释教都总统休岩"④，休岩禅师曾住持真定路万岁禅寺和大都大庆寿寺，他即使不是海云的亲传弟子，也是其再传徒孙。

惠明禅师。今大同华严寺有《西京大华严寺佛日圆照明公和尚碑铭》⑤，佛日圆照明公和尚即为海云禅师弟子惠明禅师。明《补续高僧传》卷二五有《元惠明传》，史料来源也是此碑。另大同曲回寺有《曲回寺碑记》⑥多记述惠明禅师事迹。据此两块碑刻可知，惠明禅师蔚州灵丘人，号崇玄，幼年礼西京崇玄寺崇业大师剃发出家，后游历诸方，先后投冲虚昉公、松岩晖公。后到燕京之庆寿寺，参海云禅师，受到海云的器重。此后隐居灵丘曲回寺，重兴此寺。庚戌年（1250），西京忽兰大官人，府尹、总管刘公、华严本主法师英公具疏敬请海云住持大华严寺，海云让惠明与其同行。到云中后，海云命其住持华严寺，将荒败的寺院打理得井井有条。壬子（1252）春，皇弟忽必烈特旨命永住大华严焉。癸丑（1253）中，独谟干公主加"佛日圆照"徽号。乙卯（1255）春，主燕京庆寿寺。后因皇室屡于庆寿作大法会，惠明禅师厌于迎送，又隐退灵丘曲回寺。至元七年（1270）二月圆寂，俗寿七十二，僧腊四十五。

---

① 刘友恒：《从〈真定路十方万岁禅寺庄产碑〉看正定历史上另一座临济宗寺院》，《文物春秋》2009 年第 3 期。
② 王恽著，杨晓春点校：《玉堂嘉话》卷 4，中华书局 2006 年版，第 117 页。
③ 董旭：《平山万寿禅寺塔林塔铭考》，《文物春秋》2015 年第 2 期。
④ 沈涛：《常山贞石志》卷 17《龙兴寺重修大觉六师殿记》，《石刻史料新编》第 1 辑第 18 册，新文丰出版公司 1982 年版，第 13456 页。
⑤ 胡聘之：《山右石刻丛编》卷 25《华严寺明公和尚碑》，《石刻史料新编》第 1 辑第 20 册，新文丰出版公司 1982 年版，第 15521 页。
⑥ 《三晋石刻大全·大同市灵丘卷》，三晋出版社 2010 年版，第 25—27 页。

《西京大华严寺佛日圆照明公和尚碑铭》记载惠明禅师嗣法七人，"首曰昭冲，奉旨住大庆寿寺，承海云之道，为僧门总统；次曰义辩，住西京南关崇玄寺；次曰法钟，继住华严，堂构先业。余者各为一方法主"①。《曲回寺碑记》碑后立碑人题名有"历授诸路释教都统、领海云后事、大都大庆寿寺传法住持道真知灵禅师筠庵长老□立石"。碑阴《先师宗派》图中惠明嗣法者有"庆寿住持筠庵、华严退堂隐庵、崇玄退堂松溪、曲回住山蓬庵、应□住山松庵、浑源开居浩庵、云中隐迹千庵"等。《大兴隆塔院历代住山题名碑》记大庆寿寺"第二十代总统筠庵冲禅师"②，可见筠庵昭冲在海云徒孙中是一位非常重要的人物，"领海云后事"似乎说明领海云去世后他就做大庆寿寺的住持，并被任命为诸路释教都总统。

庵主通公。《真定十方临济慧照玄公大宗师道行碑铭》记载："皇朝抚有方夏，为主僧所居，殿宇荒摧。海云大宗师，临济之十七世孙也。监寺定明白府，致礼请海云主是席。丙午春复为十方禅寺，命其嗣子庵主通公、慵庵坚公、可庵朗公相继住持。殿宇佛像庄严完好，皆海云之力也。"《大庆寿寺西堂海云大禅师碑》记载："岁在乙未（1235），镇阳史帅疏请住持府中之临济禅寺，师重念祖师道场之地，即应命。既至，乃为兴修，顿成状丽。"③可见是临济寺的监寺定明请求史天泽，史天泽疏请海云禅师住持临济寺。丙午春（1246）命其徒庵主通公、慵庵坚公、可庵朗公相继住持临济寺。《大庆寿寺西堂海云大禅师碑》碑后所列十四人中有"真定维摩福通"，《勍公禅师塔铭》提到真定有维摩院④，维摩福通应是维摩院的住持，有可能是此处的"庵主通公"。

在住持临济之前一年，海云禅师还曾受邀住持真定十方万岁禅院，"至甲午岁，僧泽□□疏请庆寿□云宗□为主，遂授慵□□□、曰竿庵，

---

① 胡聘之：《山右石刻丛编》卷25《华严寺明公和尚碑》，《石刻史料新编》第1辑第20册，新文丰出版公司1982年版，第15521页。
② 《北京图书馆藏中国历代石刻拓本汇编》第54册，中州古籍出版社1990年版，第121页。
③ 齐心主编：《北京元代史迹图志》，北京燕山出版社2009年版，第184页。
④ 李源河主编：《翰墨石影——河南省文史研究馆馆藏拓片精选》卷6，广陵书社2003年版，第27页。

曰休岩，曰瑞云，曰晦居清公相继住持"①。慵庵坚公曾在真定临济寺和万岁寺都任过住持。海云禅师荼毗后骨殖分八份分别建塔，其中就有"镇阳临济、万岁二"②，在真定临济寺和万岁寺原来都是有海云禅师的舍利塔的。

临济志坚。2015年7月河北省古建研究所在修缮正定南门的过程中出土至元四年（1267）"寓庵坚公禅师寿塔"石刻，上有"至元四年岁次丁卯正月初六日临济禅寺预建"字样，为临济寺遗物。学者依据海云弟子法号中都有一"庵"字，考证"寓庵坚公亦有可能为海云禅师的嗣法弟子"③。法号带"庵"者众多，据此认为其为海云弟子不一定可靠。但认为寓庵坚公是海云弟子则是正确的，《大庆寿寺西堂海云大禅师碑》碑后所列海云禅师弟子中有"临济志坚"，可能就是这位寓庵坚公。

龙宫道玉。《真定十方临济慧照玄公大宗师道行碑铭》记载海云禅师的弟子除了可庵朗和赜庵儇外，还有龙宫玉。此龙宫玉应即《大庆寿寺西堂海云大禅师碑》后列题名中的"龙宫道玉"。《雪楼集》卷六《海云简和尚塔塔碑》记载其相继所住寺院，其中有"云中之龙宫"④，1983年大同市南城门出土《佛日圆明海云祐圣国师舍利宝塔记》碑，记载海云圆寂于西京华严寺，后将其骨殖分八处建塔，其中就有"西京华严、龙宫二"，立碑人为"大龙宫寺住持第十五代传法嗣祖沙门龙云智俊立□"⑤。"龙宫道玉"应该是海云在龙宫寺的弟子。

海云传法十四人中有"驻跸悟果禅师"，因其他禅师法号前多冠以寺院名称，则此悟果禅师应住在驻跸寺。《析津志辑佚》载："驻跸寺，

---

① 刘友恒：《从〈真定路十方万岁禅寺庄产碑〉看正定历史上另一座临济宗寺院》，《文物春秋》2009年第3期。

② 《佛日圆明海云祐圣国师舍利宝塔记》，张焯：《云冈石窟编年史》，文物出版社2006年版，第305页。

③ 张国清、贡俊录、刘友恒：《元代临济寺"寓庵坚公禅师寿塔"铭考》，《文物春秋》2015年第4期。

④ 程钜夫：《雪楼集》卷6《海云简和尚塔碑》，"中央国立"图书馆1970年版，第284页。

⑤ 《佛日圆明海云祐圣国师舍利宝塔记》，张焯：《云冈石窟编年史》，文物出版社2006年版，第305页。

在敬客坊南，双庙北，街东。"① 清吴长元《辰垣识略》卷一三载："普会寺，辽之驻跸寺也。在玉河乡池水村。明嘉靖中太监蔡秀恭重建，土人呼其地为蔡公店，殿前石幢一，书大佛顶尊胜陀罗尼经，后题大朝岁次己酉，当是金定宗未立国号之时，因称大朝，亦未可定。"不知此二寺是否为同一寺。

松岩晖公。《大庆寿寺海云禅师碑》第49—51行记载："后即以寺事付松岩晖公，及以闻松岩□□□又入圆寂，师哭之恸，乃请可庵朗公，朗公闻之□□□□，遂召慵庵坚公主之。慵庵居之，未□□□□□□□□思之，非可庵孰可为□□□求之，可庵不能固辞，遂从其命，亦住持。虽大禅□主其法席，凡常住之□不足者，师独任□□□竟使之安传其道焉。"可见松岩晖公、慵庵坚公、可庵朗公先后住持大庆寿寺。明代《大兴隆塔院历代住山题名碑》记载大庆寿寺第十三至十五代住持分别是松岩晖公、慵庵坚公、可庵朗公②。松岩晖公应该也是海云禅师的一位弟子。

赜庵儇事迹不详，他传法庆寿安，即西云子安，"喜作诗，通书学，以无碍妙辩现当机应身"。光绪《顺天府志》卷一二九《金石志三·智度寺无住禅师塔铭》记载："大都海云禅寺前住持传法嗣祖沙门西云子安书丹"③，从碑刻所列职衔来看，西云子安曾任海云禅寺住持。《临济正宗之碑》记载："元贞元年，成宗有诏迎西云住大都大庆寿寺，进承清问。经历三朝，发扬玄言，得诸佛智，悬判三乘如一二数，由是临济之道愈扩而大。今皇帝钦承祖武，独明妙心，刻玉为印，以赐西云，其文曰：'临济正宗之印。'特加师荣禄大夫、大司空，领临济一宗事。仍诏立碑临济院，命臣孟頫为文称扬佛祖之道，以示不朽。"④成宗时西云子安奉旨住大庆寿寺，武宗即位，受赐临济正宗之印。西云子安有弟子北溪延公和鲁云兴公，二人相继住持大庆寿寺。⑤"以临济子孙相

---

① 熊梦祥：《析津志辑佚》，北京古籍出版社1983年版，第70页。
② 《北京图书馆藏中国历代石刻拓本汇编》，中州古籍出版社1990年版，第54册，第121页。
③ 光绪《顺天府志》卷129《金石三》，北京古籍出版社1987年版，第6825页。
④ 赵孟頫著，任道斌点校：《赵孟頫文集》，上海书店出版社2010年版，第175页。
⑤ 黄溍：《金华黄先生文集》卷41《北溪延公塔铭》《鲁云兴公舍利塔铭》，《四部丛刊》本。

次，专庆寿法席者，海云简公、颐庵某公、西云安公、北溪延公暨禅师五人，而秋亭亨公及今显仪继之。"①秋亭亨公和显仪在鲁云兴公后相继住持大庆寿寺，领临济一宗。

综上，元代北方临济宗除了海云印简为代表的慈明圆法脉，还有以雪堂普仁为代表的琅琊觉法脉。雪堂仁公受到驸马高唐王、晋王、元成宗、答己太后等的崇奉，海云和尚更是与忽必烈等关系密切，真金的名字就是海云所起，大庆寿寺"为裕皇祝釐之所"②。海云一系被确立为临济正宗，赵孟頫奉敕撰《临济正宗之碑》，体现的都是统治者对其的支持。重视与统治上层建立密切关系，正是蒙元北宗临济的主要特点。

第四节　元代大开元一宗新探

大开元一宗是元代北方佛教的一个特殊宗派，它以净土信仰为主，主张禅净结合，受到统治者的扶持，直接隶属于宣政院。关于大开元一宗的资料较少，刘晓先生曾撰写《元代大开元一宗初探》③一文，对大开元一宗的研究有开创之功。新发现的一些碑刻资料对大开元一宗研究有推动作用，今即以新发现碑刻为中心继续研究，乞请方家教正。

一　史籍失载的一位都宗摄

河南文史研究馆选取馆藏碑刻拓片六百余份，整理编辑成《翰墨石影》一书，这些拓片多拓于民国时期，其中许多碑刻今已不存，仅存的这些拓片就成为孤本，其史料价值不言自明。书中收录《住持无为懃公道行之碑》拓片图版一通④，楷书，二十五行，满行五十字，碑额篆书"住持无为懃公道行之碑"，记载懃公和尚与大开元一宗有密切关系，而传世文献中不见关于此人的记载。为研究方便，先参考《翰墨石影》录文将碑刻重新迻录如下：

---

①　黄溍:《金华黄先生文集》卷41《鲁云兴公舍利塔铭》,《四部丛刊》本。
②　程钜夫:《雪楼集》卷18《大庆寿寺大藏经碑》,"中央国立"图书馆1970年版, 第709页。
③　刘晓:《元"大开元一宗"初探》,《中国史研究》2008年第1期。
④　李源河主编:《翰墨石影——河南省文史研究馆馆藏拓片精选（七）》, 广陵书社2003年版, 第12页。

1. □□□□□照智辩大师懃公之碑
2. □□□□□山大少林□□□□日本国沙门邵元撰，门资胜镇书并篆额。
3. □□□□□濬教源于□□□□□魏国茂禅苑于少林，四十二章光耀于天下，一花五叶，芬芳于人间，虽禅教各立门庭，而根□
4. □□□岭教者，佛之言□□□佛心也，心言相应则其道大行者矣。
5. □□□□□第四代住持无为讲主者，真定府晋州古城县西王里人也，讳洪懃，族吴氏，生而颖拔，禀性雅朗，国朝□初□□□
6. □□□□而□□□，曾自言曰：至化难逃，尘□经身，不如出家入无为之道。归家之□，□□不移，□辞亲割爱，行到真定府东天□
7. □□□□□□萨为师，□簪落发，以偿夙志。肋生□云门嫡派，□公□□也，巾侍□□，志行过□，辞师□□，遍历□□千寺，栖
8. □□□□许之洪济，实相□□将也，师慕其风，永锡造焉，益公一见，□□□投，依□□□，深□证□，究唯识□奥义，为嗣法之上
9. 足。延祐二年，大□虚席，阖□者宿法属等捧疏敦请，师惠然来就。延祐□年退隐宴居。泰定甲子复请再住，大兴□木之役，重建佛
10. 殿，轮焕□观，创立方丈、东西廊庑，□旧有殿宇，屏秽增新，又于常住田地界畔挑开濠渠，以免□界□扰，又造□□塔，修一丰碑以
11. □□师行道之跡。至顺壬申，又隐退居。元统癸酉重复丈室，□建山门，安四天王之像。师前后五任□间，院内凡所宜有者，咸修备
12. 之，□于本县城里置买房舍四十余间，其余微细之事不可胜数。□□于元统二年钦奉
13. □□□□□□□班的苔法旨，特赐圆明普照智辩大师之号，以旌立法扶宗之功，□□管□大开元寺一宗诸路都宗
14. 摄所□□一□□□□□，凡隶开元之寺院，□领其事。师□□□法陵□□□□津，故□□寺常□□□□今不断，诸方负笈之徒
15. 幢□往者其门，实一方之法窟也。又自抽己资，命于僧徒□□□严经□□余部，常自暗诵药师本愿经，昼夜无替，以为自利利人

16. 之要法，此□前□□□乏粮，师住之后，护惜常住，仓廪充□，□□□□万石□瞻□不应□□来，实□运住持之牓样也。余窃见今

17. 时□□□盾而□□□□之疾者多矣，师乃不然，肋生门下□，云门百世之□，□□□中□，慈恩千载之风，故其道大行，其德日新。

18. 门徒有百十余人，非其宿植□□□，何而至于此欤！一日□之门人征记于余，□□□愚蒙兼拙翰墨，语多鄙俚，深愧来哲，聊伸管

19. 窥，以纪梗概。赘之以赞□：

20. 摩腾入汉，起教白马。四十二□，光耀天下。达摩来魏，传□□□。一花五叶，芬芳古今。禅教虽□，归元无二。

21. 如斯而行，祖道不坠。奇哉懃公，两家相容。继肋生派，承接严宗。唯识百法，索隐探赜。学业功成，名播讲席。

22. 三住大□，一新修造。界定地□，割开渠道。开大门□，学徒□臻。□鼓拷钟，常转法轮。灌顶国师，大班的荅

23. 特赐徽号，以旌其德。竭力扶竖，开元一宗。有权有实，□劳有功。大海之墨，虚空之纸，师道师德，不可殚纪。

24. 略□□赞，我说此偈，□勒坚珉，永寿万世，桑田可变，□□可尽。盛业鸿基，尘劫不泯。

25. 大元至元六年辛巳月上旬日，提点靖公并门人胜灯、胜江、胜□、胜相、胜贤等□石。石匠提领娄思益镌。

此碑撰写人为日本沙门邵元（1275—1364），俗姓源，号古源，日本著名禅师。元泰定四年（1327）因"自慕中华释教之盛，附舶访道而来"，曾参访五台山等地寺院，后驻锡于玉泉寺和少林寺，至正七年（1347）返日，元至正二十四年（1364）圆寂。邵元是中日文化交流上的重要人物，叶昌炽《语石》卷八统计邵元在中国所撰碑有四通，认为"以岛国比丘，而金石文字流传于中土者有四刻，扶桑朝旭，此其曈昽之兆已"[①]。豫博《日僧邵元在我国所撰碑文塔铭考略》依据《寰宇访碑录》和《攈古录》的记载统计"邵元在元代来我国后所撰碑文塔

---

① 叶昌炽著，王其祎校点：《语石》卷8《外国人书一则》，辽宁教育出版社1998年版，第227页。

第三章　蒙元时期河北的佛教与道教　171

铭共有五石"①。这些都是学者根据当时所见材料的统计，上述《懃公道行碑》即为又一通邵元撰写碑刻，弥足珍贵。

懃公，真定府晋州古城县西王里人，《懃公道行碑》第6—7行载："行到真定府东天□□□□□□□□萨为师，□簪落发，以偿夙志"。拓片漫漶影响我们释读，但仍大致可判断出懃公在真定府某座寺庙出家，推测应是在真定府东天宁寺出家，东天宁寺也是一座大开元一宗寺院（详见后文论述）。后懃公云游诸寺，《懃公道行碑》第8—9行"许之洪济，实相□□□将也，师慕其风，永锡造焉。益公一见，□□□投，依□□□，深□证□，究唯识□奥义，为嗣法之上足"。从第7行、17行"肋生□云门嫡浪""肋生门下□，云门百世之□"来判断，懃公得法的寺院是一座云门宗寺院。学者考证真定十方洪济禅院为一座云门宗禅院②，懃公得法的寺院极有可能是真定十方洪济禅院。

《懃公道行碑》第12—14行"元统二年钦奉□□□□□□□□□班的荅法旨，特赐圆明普照智辩大师之号，以旌立法扶宗之功，□□管□大开元寺一宗诸路都宗摄所□□一□□□□□，凡隶开元之寺院，□领其事"。其中有"班的荅法旨"之语，第22行铭文也有"灌顶国师，大班的荅"之语，可见班的荅为一位宣政院的西蕃僧。《通制条格》卷二八《杂令》载，至大四年（1311）十一月十九日，纳牙失里班的答八哈奏请每年自三月初一日为始至十五日，禁断大都及各城宰杀卖肉。据方龄贵先生注释，"纳牙失里班的答八哈"后疑脱"失"字，"八哈失"为蒙古语 bagši 之对音，训为师傅、有学问的喇嘛，源出于汉语之"博士"③。疑此纳牙失里班的答八哈失即《懃公道行碑》中的灌顶国师班的荅。无为懃公受到国师班的荅的赐号，说明懃公崇高的地位。碑刻漫漶影响了对其解读，但可以看出大意为懃公元统二年（1334）受国师班的荅赐号圆明普照智辩大师，任大开元寺一宗都宗摄。《懃公道行碑》第14行有"凡隶开元之寺院，□领其事"，懃公领开元一宗的寺院，说明他应是大开元一宗的都宗摄；第23行铭文亦有"竭力扶竖，开元一宗。有权有实，□劳有功"之语，如

---

① 豫博：《日僧邵元在我国所撰碑文塔铭考略》，《文物》1973年第6期。
② 刘晓：《金元北方云门宗初探——以大圣安寺为中心》，《历史研究》2010年第6期。
③ 方龄贵校注：《通制条格校注》，中华书局2001年版，第677页。

懃公不是开元一宗都宗摄，是不适宜用"竭力扶竖""有权有实"之辞的。

邢州开元寺原有《开元寺历代住持垂训法名颂》碑，记载开元寺历代住持暨大开元一宗历任都宗摄，惜今已不存。民国《威县志》卷十五《宗教》记载大开元一宗的历任宗摄为"开山祖师万安菩萨，第二代通慧崇润禅师，第三代梅庵崇朗禅师，第四代明空崇悟禅师，第五代百泉崇瑀禅师，第六代龙溪崇严禅师，第七代草堂广诠禅师，第八代清泉崇音禅师，第九代银山妙用禅师，第十代柏山妙玉禅师[1]，第十一代静岩妙安禅师，第十二代损庵洪益禅师，第十三代翠峰普琳禅师，第十四代寿峰普俊禅师，第十五代无极洪缘禅师，第十六代高峰普镇禅师，第十七代藏峰胜悦禅师，第十八代月照洪迈禅师，第十九代月溪禧顺禅师"[2]。据此记载，在损庵洪益之后任开元寺住持的是翠峰普琳禅师。损庵洪益曾在延祐三年至至顺元年（1316—1330）、至顺三年至元统二年（1332—1334）两任大开元一宗诸路都宗摄，其道行碑记载他"元统甲戌，力以疾辞，退怡于寺之西偏"[3]，元统甲戌即元统二年（1334），可见损庵洪益元统二年辞任大开元一宗诸路都宗摄。但据邢台开元寺现存《顺德路大开元寺钟楼记》碑记载："今当代住持翠峰琳公，自至元乙亥钦膺明旨，主是刹，绾银章而位宗摄……"[4] 翠峰普琳禅师在至元乙亥（1335）任开元寺住持。在损庵洪益辞任之后，翠峰普琳第二年才任住持和都宗摄，中间恰间隔一段时间。而据《懃公道行碑》，懃公正是在元统二年继任大开元一宗诸路都宗摄。时间上吻合，从侧面证明元统二年懃公接替损庵洪益继任大开元一宗都宗摄，但很快就又由翠峰普琳接替。可能因为任职时间短，或其他原因，无为懃公被遗忘了。他是一位被遗忘的大开元一宗都宗摄。

民国《威县志》中没有交代所载开元寺历代住持名号的史料来源，

---

[1] 民国《威县志》中记载开元寺第十代住持为"柏山妙生禅师"。但据《开元寺金石志》第173页《开元寺护国仁王佛阁记》，住持为"柏山玉公"。则"妙生"应为"妙玉"之误。

[2] 崔正春等：《威县志》，成文出版社1976年版，第1105页。

[3] 张仲炘辑：《湖北金石志》，《石刻史料新编》第1辑，新文丰出版公司1982年版，第16册第12224页下。

[4] 冀金刚、赵福寿主编：《邢台开元寺金石志》，国家图书馆出版社2013年版，第180页。

《邢台开元寺金石志》的编者认为这条记载源自已经佚失的《开元寺历代住持垂训法名颂》碑①，不知何据。民国《威县志》记载的开元寺历代住持中，唯独缺少圆明普照智辩大师无为懃公。懃公虽任职时间短，但元代刻立《开元寺历代住持垂训法名颂》碑不至于漏掉一位住持。可以推测民国《威县志》这条材料或不是来源于《开元寺历代住持垂训法名颂》碑，可能是另有所本。

据刘晓先生分析，大开元宗在元中期后出现颓势，损庵洪益在重振大开元宗的工作中贡献较大。《懃公道行碑》第23行铭文亦有"竭力扶竖，开元一宗"之语，无为懃公接替损庵洪益任大开元一宗都宗摄，对恢复大开元一宗的纲纪也做出了努力。

据《河南石刻拓片存目》载，此碑"在舞阳县"，但没有指明碑刻所在寺院。碑文漫漶，无为懃公住持的这座寺院名称不得而知。碑刻第10行有"延祐二年，大□虚席"之句，第22行有"三住大□，一新修造"之语，"大□"即懃公住持的寺院。乾隆《舞阳县志》卷十二《寺庙》有"大悲寺"②，不知懃公住持的寺院是否即此大悲寺。懃公名洪懃，其弟子胜灯、胜江、胜□、胜相、胜贤等均为"胜"字辈，符合大开元一宗万安广恩所立宗脉排行，可知这是一处大开元一宗寺院。

二 大开元一宗的寺院

大开元一宗在元代直接受宣政院领导，影响很大，有不少分支寺院。据刘晓先生研究，现明确为大开元一宗寺院主要有潞州大伓山天宁寺、彰德安阳县兴阳院等寺院。③ 实际上可以明确归属大开元一宗的寺院还有一些，充分利用新发现的碑刻和方志资料，我们可以在这方面做进一步的探索。

今山西省运城市平陆县常乐镇石穴村竹林寺存《重修中条山竹林教寺记》碑，此碑高190厘米，宽92厘米，厚20厘米，碑文楷书，共27行，行51字，首、座佚失，元至正十四年（1354）刊。《三晋石刻总

---

① 《邢台开元寺金石志》，第170—171页。
② 丁永琪等：乾隆《舞阳县志》，国家图书馆藏乾隆十年（1745）刻本。
③ 刘晓：《元"大开元一宗"初探》，《中国史研究》2008年第1期。

目·运城卷》①《中国文物地图（山西分册下）》②著录，有简介无录文。据碑刻记载，元代的中条山竹林寺是一座大开元一宗寺院。

据乾隆《平陆县志》，"竹林寺，在县西北中条山之大通岭，唐僧妙成建。金承安僧惠灯、元至正洪渊、明洪武僧禧应继修。唐金舌和尚法名智兴，少于终南山师德悟三年，师忽令栖中条，兴求其地弗得，还问师，师复遣之，至此有竹影之盛，见一老，相语，移时不见，自此眉长三尺二寸，日夜诵经不辍。山去长安五百里，睿宗闻哦经声，累诏不至，命截其舌焚之，化为金，哦声益厉，帝还金，复化为舌。既涅槃，敕瘗其骨，为建亭。国朝顺治十年重修"③。金末寺院化为灰烬，《重修中条山竹林教寺记》碑刻记述竹林教寺元代重修的过程，今将相关内容迻录如下：

> 建及元朝开辟，天下抚定，至元十三年，有南北留史村众檀信、李秀、石玉并耆老人等，佥议通官具疏，敦请圣惠镇兴宝寺主崇□妙鉴永远住持。欣然而应。师本贯邢州，顺德开元寺僧万安贾菩萨门资，行业真纯，戒德严洁。始至山寺，人迹断绝，狼虎攸游，遐迩邑民见师执劳勤苦，并各发心戮力助工，负备荷具，开基剪榛，採杞梓之材，收豫樟之木，于是抡焉模焉，经之营之，无日暂辍，不数稔间，归依有殿，饭僧有堂，厨库之门，两庑僧舍，悉皆完备。所宜用物，咸置有之。由是吹大法螺，击大法鼓，演大法音，转大法轮，晨香夕烛，答报佛恩，地久天长，祝延圣寿。金枝荫覆于八纮，玉叶联绵于万劫，风调雨顺，国泰民安。今则功崇名遂，行藏有时，古理之常也。④

竹林寺住持崇□妙鉴师"本贯邢州，顺德开元寺僧万安贾菩萨门资"，顺德开元寺指邢州路大开元寺，万安贾菩萨为大开元一宗的创始人万安广恩。万安广恩名广恩，号万安，俗姓贾，洺州洺水县张华里

---

① 吴均：《三晋石刻总目·运城地区卷》，山西古籍出版社1998年版，第176页。
② 国家文物局主编：《中国文物地图·山西分册（下）》，中国地图出版社2006年版，第1160页。
③ 言如泗等：《乾隆平陆县志》，成文出版社1976年版，第353页。
④ 陈文武主编：《三晋石刻大全·运城市平陆县卷》，三晋出版社2022年版，第33页。

人，十九岁出家，后任邢州开元寺住持。"大开元一宗"是由万安广恩开创的以净土信仰为主、禅净结合的佛教派别，是当时蒙古统治者大力扶植的宗教团体之一。竹林教寺住持崇□妙鉴为邢州人，是大开元寺万安广恩弟子，且此碑碑阴刻有大开元一宗的宗派字图"广崇妙普，洪胜喜昌，继祖续宗，惠镇维方"①。可以确定中条山竹林教寺是一处元代"大开元一宗"寺院，崇□妙鉴是广恩嫡传弟子。

河南文史馆碑刻拓片集《翰墨石影》卷六收录《创修天王院记》②拓片一通，《河南石刻拓片存目》载"在辉县署后天王院"。天王院的创立者普印禅师为共城人，姓张，"年及龀岁，不味五荤，聪惠天然，几为不俗。父母奇云，议舍东原阳谷明行寺，礼杜公化主之资琛和尚为师，训名普印，字圆明，号弘宗净性大师，顺德开元之属。"父母舍入阳谷明行寺，训名普印，成为顺德开元之属，说明阳谷明行寺是一座大开元一宗寺院。后普印禅师在辉县创建天王院，寺成而未有额，"是刹虽圆，名额未著，一日躬临顺德开元，敬祈额号，僧止而奉旨：'告天王言而敕令祝寿，既云告天祝寿，宜立天王院也'"。普印禅师到顺德大开元寺请寺额，也说明新建立的天王院也是一座大开元一宗的寺院。《创修天王院记》的立碑人为"印公之资洪江等"，普印禅师为大开元一宗普字辈，其弟子为洪字辈。普印禅师"礼杜公化主之资琛和尚为师"，则琛和尚法号应为妙琛。琛和尚之师杜公化主应为崇字辈，是万安广恩的弟子。

民国《续修广饶县志》卷二十五《艺文志·金石考证》载有《故禅师妙贵碑》，"右碑在城北十五里韩疃寺，至元二十三年正月立，释氏福和撰记并书。略云禅师法讳妙贵，俗姓刘氏，本贯徐州人，年十九受持五戒，专精咒课，二十九至邢州开元寺礼说公为师，削发训名。一日杖履东游至益都府乐安县韩疃村古刹，基迹仍存，本处檀信请师驻锡，不数年间创建一新。辛亥岁游历青社，印于志公之室，志公欣然付衣。壬戌岁南游遂逝，门人辈收灵骨塔于乐安韩疃之昭庆寺"③。妙贵

---

① 据《大开元寺弘慈博化大士万安恩公碑》，此后应还有"圆明道德，寂静真常。了本心通，大觉慈化，法登无尽，亘古名扬"二十四字。

② 李源河主编：《翰墨石影——河南省文史研究馆馆藏拓片精选（六）》，第55页。按：此碑今存辉县天王寺。

③ 王文彬等：《续修广饶县志》，成文出版社1968年版，第1089—1090页。

禅师"至邢州开元寺礼说公为师,削发训名",说明他是一位开元一宗僧人。而妙贵禅师创建的昭庆寺极有可能也是一座大开元一宗寺院。

民国《齐河县志》卷三十三《艺文》载有《旬公和尚碑铭》,据载旬公和尚为京兆乾州人,"自圣朝天兵安民之后,闻邢台宏慈博化之风,迤逦跋涉乎山川,杖履直造乎襄国,躬诣开元杖室,瞻礼万安慈容,欣然鍼芥相投,师资契合,染衣祝发"①。旬公和尚为万安广恩的入室弟子,在万安广恩圆寂后,旬公和尚、校尉张公等人敦请住持慈恩寺,"师欣然受之,更不相让"。但寺院在兵后只剩下七级砖塔一座,旬公和尚率领徒弟重建寺院,使慈恩寺声名远播。旬公和尚至元十一年(1283)圆寂后,"门人妙盖等持师行实,躬诣顺德路大开元之祖庭,往复有三,不远千里炷香乞铭"②。最终此碑由大开元寺住持损庵洪益和尚撰写。旬公和尚为万安广恩弟子,法讳崇旬,崇旬弟子有名妙盖,可知慈恩寺依照万安广恩制定字辈来起法号;且齐河县慈恩寺和尚将顺德大开元寺称为祖庭,可知齐河县刘宏镇慈恩寺是一座大开元一宗寺院。

2016年8月,河北省正定县在修缮古城墙时,在西城墙发现元代东天宁寺住持容公长老塔铭,现存正定隆兴寺。此塔铭中记载容公长老"师俗姓王氏,生而异常,父母许令出家。及长,偶至顺德大开元寺,誓曰:'吾终身于此矣。'遂师先公,训曰普容"③。容公长老在邢州开元寺出家,是一位大开元一宗僧人。容公长老法号"普容",塔铭后开列弟子法号,有现住持洪能,首座洪印,监寺元潭,维那洪□,典座洪庆,直岁洪澄,嗣法洪资、胜利。④ 从字派排辈普、洪、胜来看,也符合大开元一宗的字派。1984年正定文管所征集到延祐七年(1320)《十方东天宁寺圆公之塔》石刻,其中第四面记载圆公生平,"师之居东丽也,俗姓李。童龀不群,志乐出家,至于弱冠方遂雅怀,逮真定府木塔礼朏公为师,训名普圆"⑤。圆公是一位高丽僧人,礼朏公为师,训名

---

① 杨豫等:《齐河县志》,成文出版社1968年版,第1880页。
② 民国《齐河县志》,第1882页。
③ 刘友恒:《正定新发现东天宁寺住持容公长老塔铭和普化寺晦岩禅师欢公行业残碑》,《文物春秋》2017年第1期。
④ 题名中有"监寺元潭",应不是大开元一宗僧人。
⑤ 刘友恒:《正定天宁寺元代塔铭考略》,《文物春秋》2018年第4期。

普圆,其门资有"洪端、洪□",符合大开元一宗字派。另外一通至正九年(1349)《真定府东天宁禅寺英悟大师和公监寺之塔》塔铭,记载英悟大师法号胜和,其"竖塔门资僧禧恭、禧宁、禧湍、禧坚、禧同"①。胜、禧的字派也符合大开元一宗的字派。根据这些新发现的碑刻,真定路在城东天宁寺僧人法号多符合大开元一宗字派,有的僧人即在邢州开元寺出家,东天宁寺也是一座大开元一宗寺院。②

三 大开元一宗的宗派属性

大开元一宗的创始人万安广恩大力弘扬净土信仰,并著有《白莲集》。刘晓先生据此认为"将广恩创建的宗教团体划归净土宗,似更为恰当"③。但宋代之后形成禅净合流局面,净土宗向来有被称为"寓宗"的说法,即寄托、依附于某一宗派,而不单独成为一个宗派,各个宗派中都有净土宗的思想。日本佛教学者望月信亨认为"宋代三百年间,一般说来,净土教颇为兴隆,特别是净土信仰渐渐深入民间。然净土多依附天台及禅宗等诸宗而流行,因此,其教旨形成台净融合,禅净双修之一种思潮。看来不过是名符其实的'寓宗'而已"④。汤用彤先生亦认为"中国各宗均有净土之说,而且弥陀弥勒崇拜实有不同,亦无统一之理论……净土是否为一教派实有问题"⑤,既然各宗均有净土之说,则将净土信仰作为大开元一宗的特色是不成立的⑥,将大开元一宗划为净土宗也是不恰当的。

河南省林州市合涧乡南庵沟村北㠝谷寺有《勋公禅师塔铭》碑,立于元宪宗八年(1258),介绍了勋公从事佛教活动和重修㠝谷寺的历史

---

① 刘友恒:《正定天宁寺元代塔铭考略》,《文物春秋》2018年第4期。
② 正定私人收藏至元十九年(1282)《天宁寺月公长老寿塔铭》,月公长老生平不详,但劝缘题名与建塔题名基本符合大开元一宗的字派,惟建塔题名中有"小师权讲正俊、上座正喜、正元",却又不符合大开元一宗字派,原因待考。见刘友恒《正定天宁寺元代塔铭考略》,《文物春秋》2018年第4期。
③ 刘晓:《元代大开元一宗初探》,《中国史研究》2008年第1期。
④ 望月信亨著,释印海译:《中国净土教理史》,中国佛教文化研究所1974年版,第195页。
⑤ 汤用彤:《论中国佛教无"十宗"》,《往日杂稿:康复札记》,生活·读书·新知三联书店2011年版,第310页。
⑥ 元代禅宗高僧中峰明本、天如惟则、楚石梵琦等思想当中均有很强的净土思想,参见陈扬炯《中国净土宗通史》第7章第1节《元代的净土宗》,凤凰出版社2008年版。

功绩，其中记载："主此寺者，我法兄勋公，洺州洺水人也，姓张氏，礼天长经城□云寺西堂月公首座为师，邢台□□□□皆昆仲也。上广字同，授具于屈阳，先参于万松万寿寺主……"① 勋公禅师洺州洺水人也，与万安广恩乡贯相同。《万安恩公碑》记载万安广恩"经镇法云禅寺坚公，祝发之师也；晖公，得戒之师也"②。勋公与万安广恩都在经城镇法云禅寺出家，二人都是禅僧。《勋公禅师塔铭》记载勋公"先参于万松万寿寺主……"万松是金元之际北方曹洞宗领袖，大万寿寺是元代曹洞宗的祖庭，勋公参万松于万寿寺，为曹洞宗传人。万安广恩与大万寿寺也关系密切，《万安恩公碑》记载："燕京大万寿寺开资戒大会，万䂖禅师行秀延师登坛说戒，大撒甘露，四众欢喜，得未曾有愿力之广也。"③ 万安广恩在万寿寺开坛说法，在宗派归属上他可能更倾向于曹洞宗。

关于大开元一宗的宗派归属，我们不妨看一下明清僧人的观点。清代济能纂辑《角虎集》集录有关禅家论净土之语，将万安广恩归类为曹洞宗。④ 清代临济宗僧迅雷《缁门世谱》也将万安广恩归类为曹洞宗僧人。⑤《宗教律诸家演派》把万安广恩归为洞山下二十八世（雪庭下十四世）。⑥《续灯正统》虽无广恩和尚传，但在目录中把他归入曹洞宗。⑦ 既然明清僧人都把万安广恩归于曹洞宗传人，我们与其将大开元一宗划归为净土宗，不如将其划归为曹洞宗的一个支派更合适。它在元代被单独划出作为一个宗派，完全是政治势力支持的结果。

需要注意的是，虽然万安广恩开创的大开元一宗属于曹洞宗，但其弟子徒孙并不限于仅在曹洞宗系统内传承。据黄溍《大庆寿禅寺住持秋亭禅师亨公道行碑》，僧人秋亭洪亨在邢州开元寺出家，后来却成为大

---

① 张凤台等：《林县志》卷14《金石上》，成文出版社1968年版，第1036页。
② 《邢台开元寺金石志》，第157页。
③ 《邢台开元寺金石志》，第157页。
④ 济能纂辑：《角虎集》卷上《顺德万安广恩禅师》，《卍续藏经》第109册，新文丰出版公司1995年版，第528页。
⑤ 迅雷明喜：《缁门世谱》，《禅宗全书》第24册，文殊出版社1988年版，第650页上。
⑥ 守一空成编：《宗教律诸家演派》，《卍续藏经》第150册，新文丰出版公司1995年版，第564页。
⑦ 别庵性统：《续灯正统·目录》，《禅宗全书》第24册，文殊出版社1988年版，第54页上。

庆寿寺住持、临济宗的领袖。这里需要区分的是僧人的宗统与法统，"佛教的宗统，指僧人出家剃度时的师徒传承关系，犹如血缘群体中垂直的父子关系。佛教的法统，指僧人学习佛法过程中建立起来的师徒传承关系，犹如在学校中传授知识的师生关系"①。秋亭洪亨"顺德之綦阳镇孔氏子也……七岁，即令出家，礼本府开元寺公为师，服勤左右，朝夕匪懈"。秋亭洪亨在邢州开元寺剃度出家，字派属于大开元一宗的"洪"字辈，其继承的是开元寺的宗统。但他后来"至京师，谒西云禅师安公于大庆寿寺，一见辄加赏识，命入室侍香。师勤于咨决，虽示以呵责，略无动色，西云大奇之，传衣而付法焉"，获得的是大庆寿寺的法统。但这并不影响在宗统上他还属于大开元一宗，秋亭洪亨后曾"归隐于顺德之开元寺，足不出户者逾十年"。

综上，懿公是一位被遗忘的大开元一宗诸路都宗摄。他在元统二年（1334）接替损庵洪益继任大开元一宗都宗摄，但在至元元年（1335）即被翠峰普琳接替，任职时间很短。元代在与邢州临近的中书省南部、河南行省等地分布着许多大开元一宗的寺院，通过碑刻我们发现，中条山竹林寺、辉县天王院、广饶昭庆寺、齐河县慈恩寺、真定东天宁寺等都是大开元一宗寺院。大开元一宗实际上是曹洞宗的分支，它被单独作为一个宗派，是统治者支持的结果。

第五节　元《重修通仙观记》考释

河北省井陉县段庄村背靠仙翁山，山下原有通仙观，今已毁。观内原有《大元国重修通仙观记》碑一通，现只保存篆书"敕赐通仙观记"碑额、赑屃座和一截残碑。此碑未见著录，《全元文》亦未收。早年村民王近义曾制作拓片，段庄村委会2005年据此拓片复刻；村民王海考藏有此拓本册页复印件。此碑内容涉及元代符箓派旧道教在河北的传播及忽必烈御医马道全的经历，具有重要的史料价值。今据复刻碑文字行款，校以拓本册页，对此碑进行整理并考释。

---

① 叶德荣：《宗统与法统——以嵩山少林寺为中心》，广东人民出版社2010年版，第4页。

1. 大元国重修通仙观记。翰林学士承旨王鹗撰，真定万户史樟□额并书。

2. 真定古常山郡也，郡之西南西五十里旧隶天长县，金改威州，为其路出井陉，以井陉为附邑。□东北四十五里背山面水，有观曰

3. 通仙，世传唐明皇开元末通玄先生张果尸解于此，故以仙翁名其山。山之崖介紫云洞、山神堂，有仙翁殿，像通玄其中。山之南向起

4. 玉皇阁，阁凡三簷，望之雄伟；左右二小殿，左三官、右四圣也。阁之前构三清正殿，南斗、北斗翊其傍，中有醮坛，坛东西则二十八

5. 宿、九曜殿也。三门榜以"敕修通仙之观"。盖观废于宋季，金初至太宗天会间有仙翁杜宗宣奉敕重修，殿阁门庑，奂然一新。额赐于

6. 十三年，而碑立于十四年，实熙宗即位之始年也。贞祐劫火，焚荡无余，碑虽剥落，其略犹可考焉。岁庚子，州县官吏耆□疏请道□

7. 郭信元来主是观。信元本法箓科，神针法灸，所治无不瘥，若报以物，辞不受。性喜济人，每遇暑□，多种瓜道侧，躬自锄溉，使商旅□

8. 来者恣食之，岁率以为常。怜贫敬老，喜导人为善，仍与官府协和。将逝之年前期三日，遍辞诸□曰："某月日某当去。"世人初不能谅，

9. 及期果然，一方敬仰，称为信元子，享年七十有二，度弟子百余。有马君道全者，开州人，躯干魁□，须髯苔然，年甫十岁值兵乱，备尝

10. 艰阻，雅慕玄风，弱冠礼清河尹真人。自尔丐食于人者五年，坐环堵者二年。岁丙午，遇洞真□□人于燕，遂受符箓，行持天心正法。

11. 闻通玄信元子长于法箓，往从之。朝夕传授，尽得其妙。信元卒，众推君住持。君亲广乞化，□□□清殿，仙翁、山神二堂，东厨西斋，稍

12. 有次第。方将经营缔构，期于落成，而道行升闻，俄于至元二年，符宝郎董文忠荐于

13. 上，是年冬十一月，遣太医郝允中驿召赴行在。时

14. 上与太子燕王有微疾，君神针所刺，无移时而立愈。

15. 上异之，赐金法服一袭、宝剑一匣，宠御隆厚。越明年二月，扈从抵上都，授馆半期，救治五十□人，化而归道者甚众。秋八月复随

16. 驾来燕，有

17. 诏寓玉阳观，酒馔所须，皆从官给，君与众共之，无少留。名誉日彰，男女求治者肩相摩、踵相接。君不以贵富贫贱易其志，求者必治，

18. 治者必效。长春掌教诚明张真人素慎许可，一见器之，署以"保真大师"之号。又明年三月

19. 上北幸，君请一还通仙，奏可。赐玺书以宠其行，仍敕再听后命。玉阳与余邻比，时得相从。一日绘其通仙故迹，偕装、韩二老宿踵门

20. 来见，求书其事，刻之贞石。余初难之，久之见其心地坦夷，语言端直，即其所告者而书之。初，君之居通仙也，痛二亲不得相见，每夜

21. 礼北斗千拜，冀一见之。其父母时在南方，忽梦神人报以所居，物色求之，果得相聚。孝养七年，既没，葬于其观之侧。是皆以忠诚感召，

22. 不可不书，故并及之，庶出家人有亲者皆景行焉。

23. 岁疆圉单阏清明前一日，翰林学士承旨慎独老人王鹗百一记。

24. 至元九年岁次壬申夏四月十五日保真大师马道全立石。徒张道迁。石匠周元、李全刊。

碑刻由翰林学士承旨王鹗撰写于至元四年（1267），记载了通仙观的兴废及马道全的人生际遇。王鹗"字百一，开州东明人。金正大初，中进士第，累擢尚书省右司员外郎。金亡，居保定。岁甲辰，召居王邸。中统元年，拜翰林学士承旨，奏立翰林国史院，诏从其请。至元五年，致仕。十年卒，年八十四"[①]。王鹗是金朝进士，是忽必烈潜邸中汉人的核心人物。碑刻篆额书丹者为著名世侯史天泽之侄、史天倪之子史樟，1244年授真定路兵马都总管。[②] 史樟好道教，王恽《九公子画像

---

① 苏天爵辑撰，姚景安点校：《元朝名臣事略》卷12《内翰王文康公》，中华书局1996年版，第237页。
② 王恽：《秋涧先生大全集》卷54《大元故真定路兵马都总管史公（楫）神道碑铭》，《元人文集珍本丛刊》第2册，新文丰出版公司1985年版，第140页下。

赞》载:"史开府子名樟,喜庄列学,屡为万夫长,有时麻衣草履,以散仙自号。"① 真定路平山县原有至元十六年(1279)《张炼阳先生碑铭》,也是史樟篆额书丹。② 马道全请史樟为碑刻书丹,推测他们之间可能是熟识的。

碑文第 3 行记载:"世传唐明皇开元末通玄先生张果尸解于此,故以仙翁名其山。山之崖介紫云洞、山神堂,有仙翁殿,像通玄其中。"碑文第 5 至 6 行记载通仙观的兴废,"盖观废于宋季,金初至太宗天会间有仙翁杜宗宣奉敕重修,殿阁门庑,奂然一新。额赐于十三年,而碑立于十四年,实熙宗即位之始年也"。通仙观宋末被毁,金初杜宣宗重修。民国《井陉县志料》收录民国时期威州镇出土金天会十五年(1137)《威州新建威仪司三清殿记》,立石道士题名中有杜宗宣。③《威州新建威仪司三清殿记》记载金初有人在张果老遗迹建祠,天会十年(1132)道士何宗志任威仪,即寓居于仙翁堂。到天会十五年才在威州新建威仪司。今井陉段庄村后之山称为仙翁山,所谓"仙翁堂",应即通仙观。可知通仙观在金初重修,曾是威州的威仪司驻地。此时全真教尚未创立,参与建立威仪司三清殿的应该都是符箓派旧道教道士,通仙观是金代的旧道派宫观。有学者利用碑刻资料论证了正一派在金元时期河北易州的传承④,除了易州龙兴观等宫观之外,井陉通仙观本也是一座符箓派旧道教宫观。惜此碑碑阴不存,否则可能找出一系列与之相关的旧道教宫观。

全真教兴起后,原来的符箓派旧道教逐渐式微,现在想找出河北旧道教的遗迹,殊非易事。上述易州龙兴观、井陉通仙观都是自宋金以来流传下来旧道教宫观。除此之外,元代北方还有一类是宋元之际从南方新传入的符箓派道教。饶州符箓派道士王一清,投降蒙古,忽必烈多次任命其为宋蒙之间使者。王一清后在彰德建立崇真观。蔡美彪《元代白话碑辑录》收录彰德路上清正一宫圣旨碑三通,分别赐予李天师与文德圭。文德圭为王一清的徒弟,自然也是符箓派道士。上清正一宫圣旨碑

---

① 王恽:《秋涧先生大全集》卷 66《九公子画像赞》,《元人文集珍本丛刊》第 2 册,新文丰出版公司 1985 年版,第 239 页上。
② 王宗昱:《金元全真教石刻新编》,北京大学出版社 2005 年版,第 219 页。
③ 《井陉县志料》第 14 编《金石》,国图藏天津义利印刷局印 1935 年版。
④ 高丽杨:《金元正一道在河北传承考》,《中国道教》2012 年第 6 期。

中的"正一宫""李天师"也说明上清正一宫属于符箓派宫观。①《西岩集》卷一三《刘法师诗序》记载相下刘法师"以道陵教受圣天子知"②,应诏阙庭。相下为彰德路,道陵教指天师道。刘法师从事"道陵教",则其为符箓派道士。"相下刘法师"是否属于彰德路上清正一宫或崇真宫,我们不得而知。

金末通仙观再遭战火,"贞祐劫火,焚荡无余"。金末蒙古人大兵压境,贞祐二年(1214)金宣宗迁都南京,河北地方武装纷纷起而自保,在威州一带活动的是后来被金封为恒山公的武仙,"武仙,威州人。或曰尝为道士,时人以此呼之。贞祐二年,仙率乡兵保威州西山,附者日众,诏仙权威州刺史"③。兴定四年(1221)武仙降蒙,正大二年(1225)武仙杀真定帅史天倪,又降金朝,"大元大将笑乃䚟讨仙,仙走。阅月,乘夜复入真定,笑乃䚟复击之,仙乃奔汴京"④。武仙与蒙古军在此拉锯战,对当地破坏一定非常大,通仙观在这场战火中被破坏殆尽。

碑文第 6 至 7 行记载"岁庚子,州县官吏耆□疏请道□郭信元来主是观"。庚子年是公元 1140 年,此年郭信元被请来住持通仙观。碑刻记载"信元本法箓科",法箓是用以"驱鬼压邪"的丹书、符咒。重符箓是旧道派的特征,金元兴起的全真道重视内丹,再结合通仙观是金代以来的旧道场,推测郭信元属于符箓派道士。金元时期全真等新道教方兴未艾,宋代以来的符箓派旧道教也一缕不绝。郭信元史籍中记载不多,今光绪《续修井陉县志》卷六《方技》载元人"郭信元,与妻弟入中台山采药,饥甚,曰:'吾为汝正定市饼'。结草为鹤,跨之,不移晷持饼至矣。又曰:'扬州好灯市',呼妻弟共往观之。结草鹤如前,各跨一只,顷刻到扬州城,观灯火辉煌,士民杂还。元令妻弟少息,跨鹤先归。妻弟沿途乞食归,经月余"⑤。志书记载荒诞不经,但应有所本,

---

① 樱井智美:《〈创建开平府祭告济渎记〉考释》,载《元史论丛》第 10 辑,中国广播电视出版社 2005 年版。
② 张之翰:《西岩集》卷 13《刘法师诗序》,吉林文史出版社 2009 年版,第 164 页。
③ 脱脱等:《金史》卷 118《武仙传》,中华书局 1975 年版,第 2577 页。
④ 《金史》卷 118《武仙传》,第 2577 页。
⑤ 雍正《井陉县志》卷 6《方技》,中国文史出版社 2013 年版,第 227 页。

从中可见他是一位高道。

碑文第 9 至 10 行记载郭信元的弟子"有马君道全者,开州人,躯干魁□,须髯茁然,年甫十岁值兵乱,备尝艰阻,雅慕玄风,弱冠礼清河尹真人。自尔丐食于人者五年,坐环堵者二年"。"兵乱"是指蒙古与金之间的战争。贞祐南迁之后,河北处于军阀割据的无政府状态,百姓入全真者多。"清河尹真人"是丘处机弟子尹志平,在丘处机殁后掌教,后赐号"清和演道玄德真人"。有学者总结金元时期全真教内丹修炼方式为:乞讨、远游、坐环、战睡魔。① 马道全拜尹志平为师后"丐食于人者五年,坐环堵者二年"的生活正是全真教的修炼生活,他是一位全真教道士。

碑文第 10 至 11 行记载:"岁丙午,遇洞真□□人于燕,遂受符箓,行持天心正法。闻通玄信元子长于法箓,往从之。朝夕传授,尽得其妙。信元卒,众推君住持。"丙午岁指元宪宗元年(1246),"洞真□□人"应指洞真于真人于善庆。于善庆先后从学与马丹阳和丘长春,后来"进号通玄广德洞真真人"②。马道全先后从学于尹志平与于善庆,是出身于全真教的道士。全真教也是从事法箓传授的③,洞真真人于善庆曾"礼体玄大师,寻佩受法箓"④,于善庆从王处一受法箓,可见于善庆是长于法箓的,马道全就从洞真于真人受符箓。马道全先后学道于尹志平与于善庆,是全真道第三代弟子。碑文第 11 行记载马道全听说郭信元"长于法箓",遂拜师入郭信元门下,可见他主要是随郭信元学习符箓。

陈垣先生将金元道教分为以全真、真大、太一为代表新道教与传统符箓派旧道教,给人的印象是二者泾渭分明。马道全先拜师于全真教的尹志平、于善庆,后又拜师于符箓派的郭信元,他游移于新道教与旧道教之间的经历,似乎提示我们新道教与旧道教之间的界限并非

---

① 张广保:《全真教的创立与历史传承》第 5 章《金元全真教的修炼生活》,中华书局 2015 年版,第 176 页。
② 杨奂:《还山遗稿》卷上《洞真真人于先生碑并序》,吉林文史出版社 2010 年版,第 289—291 页。
③ 宋学立:《金元全真教授箓史论略》,《世界宗教研究》2021 年第 1 期。
④ 杨奂:《还山遗稿》卷上《洞真真人于先生碑并序》,吉林文史出版社 2010 年版,第 290 页。

那么明显。① 井陉通仙观先由郭信元主持，是传统符箓派的宫观，后由全真派的马道全主持，应转变成了全真教宫观。

郭信元擅长针灸，"神针法灸，所治无不瘥"。马道全作为郭信元弟子，也精通针灸。他继承郭信元住持通仙观，本将作为一个无名道士终此一生。但命运的垂青改变了马道全的人生轨迹。碑文第12至13行记载马道全"道行升闻，俄于至元二年，符宝郎董文忠荐于上"。董文忠出自元代世侯藁城董氏，董俊之子、董文炳之弟。《元史》卷一四八《董文忠传》记载："世祖即位，置符宝局，以文忠为郎，授奉训大夫，居益近密，尝呼董八而不名。"② 符宝郎"掌宝玺、金银符牌"③。董文忠在外朝的官职是符宝郎，符宝郎本不负责荐举人才，但元朝中央官员多具有双重身份，即除了外朝官之外，还常兼任职怯薛。董文忠可以向忽必烈荐举马道全的关键是其长期任职怯薛，是忽必烈的近臣，而非因为他是符宝郎。

碑刻中说马道全因"道行升闻"而为董文忠荐举，应该是溢美之词。忽必烈可能并不了解道教，其被荐举的真正原因应该是他擅长针灸。蒙古大汗对医学十分感兴趣，对医学人才十分重视，身边常常聚集一批医士，太宗身边有太医郑师真，忽必烈身边有太医窦默、许国桢、罗天益、颜天翼、善和大师等人。这些御医除了为大汗诊病，还常被忽必烈询问治民方略。④ 马道全被征召，主要是因为医术，而非道行；且忽必烈也是"遣太医郝允中驿召赴行在"，也说明忽必烈征召马道全的主要原因是其医术高明。马道全到忽必烈宫廷之后，也主要是行医治病。碑文中屡有马道全为人诊病的记载，如碑文第14—18行所载"时上与太子燕王有微疾，君神针所刺，无移时而立愈。上异之，赐金法服一袭、宝剑一匣，宠御隆厚"。"越明年二月，扈从抵上都，授馆半期，救治五十□人，化而归道者甚众。""男女求治者肩相摩、踵相接。君

---

① 刘晓先生曾考证真大教玉虚观系统后与正一道教合流，称"正一大道"。见氏作《元代大道教玉虚观系的再探讨——从两通石刻拓片说起》，《中国史研究》2005年第1期。
② 《元史》卷148《董文忠传》，第3502页。
③ 《元史》卷88《百官志四》，第2218页。
④ 如善和大师作为御医在忽必烈身边，"上问治民之要，对曰：'宗乘奥典，颇常经心；利民之事，未之学也'"。见庞雪萍、魏敏《元代〈宣授善和大师塔铭〉碑浅析》，《文物春秋》2009年第6期。

不以贵富贫贱易其志,求者必治,治者必效。"医术为马道全带来了巨大的声誉,马道全是忽必烈的一位御医。

碑文第13行说:"是年冬十一月,遣太医郝允中驿召赴行在。"此"行在"所指何处?中统四年(1263)五月,忽必烈改开平为上都,成为元帝国的都城。中统五年(1264)八月将原来燕京改称中都。至元九年(1272)二月,忽必烈称在原金中都东北新修建的大城为大都,成为元朝的新都城。从中统四年开始,元朝皇帝实行两都巡幸,"每年四月,迤北草青,则架幸上都以避暑,颁赐于其宗戚,马亦就水草。八月草将枯,则架回大都"①。查《元史·世祖本纪》,至元二年(1265)八月戊子"车架至自上都"②,指从上都回到中都。此时的中都还不算是元朝的正式都城,王鹗使用"行在"一词代指忽必烈的驻冬地中都。

至元四年(1267)三月忽必烈巡幸上都之时,马道全请求暂返通仙观,得到忽必烈的允准,且"赐玺书以宠其行,仍敕再听后命"。所谓"玺书"指护持宫观、蠲免赋役的圣旨,如至元十年(1273)忽必烈颁发给终南山上清太平宫的玺书,"加护本宫,令告天助寿,除免诸役"③,类似的圣旨碑在蒙元时期的宫观、寺院中多见。马道全在中都寓居玉阳观,《元一统志》记载玉阳观在旧城康乐坊,由李志常在太宗时期创建,初名履真观,后改为玉阳观。④《析津志》记载:"玉阳观在敬客坊内。有王百一石刻。古帖所述碑,俗呼为百一帖是也。"⑤ 敬客坊与康乐坊都位于中都旧城,即原来金中都城,不知《析津志》与《元一统志》哪个记载正确。

综上,马道全是全真教道士,先后学道于尹志平、于善庆,是全真教第三代弟子;马道全后又从符箓派道士郭信元学习符箓与针灸,他随从新、旧两派道教学道,似乎说明新旧道派之间并非泾渭分明。他至元

---

① 叶子奇:《草木子》卷3《杂制篇》,中华书局1959年版,第64页。
② 《元史》卷6《世祖纪三》,第108页。
③ 《重刊上清太平宫圣旨》,载《道家金石略》,文物出版社1988年版,第709页。
④ 孛兰肹等撰,赵万里辑校:《元一统志》卷1《中书省统山东西河北之地·大都路》,中华书局1966年版,第48页。
⑤ 熊梦祥:《析津志辑佚》,北京古籍出版社1983年版,第87页。

二年十一月被荐觐见忽必烈，成为忽必烈的御医。至元三年（1266）二月随忽必烈到上都，八月又随驾回到中都。至元四年（1267）三月忽必烈再赴上都时，马道全请求暂返井陉通仙观，得到忽必烈的允准。至元四年之后马道全与元朝宫廷的联系，因材料缺少就不得而知了。

第四章　蒙元治下的河北经济与社会

河北地区的经济与社会在蒙元时期经历了一个由破坏到发展恢复的过程，在恢复过程中又掺入许多草原因素。元代河北地区经济的研究取得一定成绩，孟繁清师等《蒙元时期环渤海地区社会经济发展研究》[①]通过考察认为蒙元环渤海地区经济发展不平衡，交通运输业、官营手工业发展成绩很大，诸色户计有弊有利等特点，元代北方经济并不是全面倒退。孟繁清师主编《河北经济史（第二卷）》[②]第三章《蒙元时期》，在概括蒙元统治者对河北政治经营的基础上，得出相似的观点。程民生《中国北方经济史》[③]第七章着眼于经济重心南移之后包括河北在内的北方经济发展，从地区分布和行业生产两方面进行考察，认为金元北方并未衰落，许多方面不亚于南方，官营手工业、畜牧业、部分手工业仍占优势。

杨印民的系列论文《元代环渤海地区的毛、麻、棉织业》[④]、《元代腹里地区的军事工业》《元代腹里地区酒业初探》[⑤]对腹里地区的纺织业、酒业、军事工业进行了研究。默书民《元代前期腹里地区的土地开发与田产争讼》[⑥]从元代前期该地区农业土地的开发利用以及元世祖中后期出现的土地价格暴涨、田讼剧增等现象，说明腹里地区的农业经济的恢复程度和发展水平。吴宏岐的《元代北方汉地农牧经济的地域特

[①]　天津教育出版社 2003 年版。
[②]　人民出版社 2003 年版。
[③]　人民出版社 2004 年版。
[④]　《内蒙古社会科学》2006 年第 3 期。
[⑤]　《河北师范大学学报》2004 年第 3 期。
[⑥]　《河北师范大学学报》2003 年第 4 期。

征》①第二、三部分探讨腹里地区的农业和畜牧业的分布特点。王培华《元代北方灾荒与救济》②一书概括了元代各种灾伤的申检体覆制度，对元代北方水、旱等灾荒的受灾年次、受灾路府州县数量加以统计，分析了灾荒程度、国家救灾措施，进而探求各种灾荒发生规律。人口问题经济研究的重要领域。高树林《元朝时期的河北人口初探》③在分析元代河北人口发展特殊性的基础上，论述了元朝河北人口状况。默书民的《关于元代腹里地区的人口问题》④通过对元朝前后两个时期的人口数量推测，探讨元代该地区农业经济的恢复和发展的状况。

元代河北地区经济与社会研究已经取得一定成绩，进一步深入研究期待史料的开拓。本章从方志、金石碑刻中搜集史料，对元大都及周边官马饲养、北方草地与农田争讼、河北的铁冶业、太行山区堡寨等几个问题进行有益的探索。

第一节　蒙元统治对河北经济社会的影响

蒙古南下，河北地区首当其冲，遭受的破坏也最大。金朝灭亡之后，许多人迁回河北地区，蒙古统治者也注意采用汉法，河北地区经济有所恢复。值得注意的是，元朝河北地区的经济中加入了许多北方草原因素，对河北经济的发展产生很大影响。蒙元时期河北的经济状况，孟繁清已经有高度的概括⑤，本节侧重蒙元统治下草原因素对河北地区经济与社会的影响，对河北地区经济的发展做一说明。

一　蒙金战争及其对河北的破坏

1214年金宣宗迁都汴京，金朝在河朔地区的统治基本瓦解，在这种情况下，河北地区盗贼充斥。《深冀二州元帅府事王公行状》记载："金卫绍王遇杀，天兵南下，宣宗失燕走汴，河北郡县虽开设守令，而

---

① 《中国历史地理论丛》1989年第3辑。
② 北京师范大学出版社2010年版。
③ 《河北大学学报》1984年第1期。
④ 《河北师范大学学报》2000年第3期。
⑤ 孟繁清等：《蒙元时期环渤海地区社会经济发展研究》，天津教育出版社2003年版；孟繁清主编：《河北经济史（第二卷）》，人民出版社2004年版。

政治威令，解弛沮丧。土寇四起，力不能治，弱肉强食，互相残贼，奔窜莫知所依。"①《元史·邸顺传》记载："丙子，真定饥，群盗据城叛，民皆穴地以避之，盗发地而噉其人，顺擒数百人杀之。"②顺德路总管张公佐"高祖府君某值金人南徙，河朔盗起，偕里人避崛室中，盗索出之，历问何有，众不能对，杀之。府君遗盗藏衣一箧，遂独得生"③。蒙金战争使金朝政权无法在河北地区立足，蒙古人又没有立即填补权力的真空，这样就导致盗贼蜂起，给百姓的生命安全带来严重威胁。

蒙古在战争中采取屠城政策，对稍有抵抗的城市即进行屠城，以增加威慑力。"国制，凡敌人拒命，矢石一发，则杀无赦。"④在战争中，屠城的记载时常出现，保州是一个典型。"贞祐元年十二月十有七日，保州陷，尽驱居民出，而君及其父与焉。是夕，下令老者杀，卒闻命，以杀为嬉。未及君之父者十余人，而君乃恻然欲代其父死，遂潜往伏其父于下，以两手据地，俛而延颈以待之。卒举火未暇省阅，君项、脑中两刀而死，夜及半，幸复苏。后二日，令再下，无老幼尽杀。时君已以艺被选，而行次安肃矣，闻其父死，谓人曰：'我当逃归葬吾父。'遂归，求父尸而得之，负以涉河，水伤胫至血出，发母塚下尸而塞之，乃还，而众不之觉也。"⑤保州受到了毁灭性的杀戮，保州在蒙古大军攻破后，受到了灭绝性的毁坏。后张柔重建顺天府时，"顺天府为芜城者十五年矣……置行幕荒秽中，披荆棘，拾瓦砾，力以营建为事"⑥。保州屠城造成城市十多年的荒芜，战争对河北地区的破坏可见一斑。

蠡州王兴秀率三十余村之民迎降，得到幸免，而其它村庄则被杀戮殆尽。"帅善其（王兴秀）来，与之帜，曰：'张汝之乡，我兵自敛戢，不汝侵也。'大兵及城，城方力完守具，破死萧大夫，两军愤厉，一鼓

---

① 胡祗遹著，魏崇武、周思成校点：《胡祗遹集》卷18《深冀二州元帅府事王公行状》，吉林文史出版社2008年版，第394页。
② 《元史》卷151《邸顺传》，第3570页。
③ 苏天爵著，陈高华、孟繁清点校：《滋溪文稿》卷16《宁晋张氏先茔碑铭》，中华书局1997年版，第258页。
④ 苏天爵辑撰，姚景安点校：《元朝名臣事略》卷5《中书耶律文正王》，中华书局1996年版，第78页。
⑤ 刘因：《静修先生文集》卷17《孝子田君墓表》，《四部丛刊》本。
⑥ 元好问著，狄宝心校注：《元好问文编年校注》卷6《顺天府营建记》，中华书局2012年版，第1128页。

屠其城，无噍类遗，而三十村无毫毛伤者。兵去而艰食，民死相藉。公旧富粟，地藏，尽发以廪饿人，又假为种，责其力田作，以继糊口。"①蠡州遭到屠城，王兴秀所率三十余村躲过一劫。兵后民无得食，王兴秀发掘此前所埋粟作为口粮，这种在战乱中掘地藏粟的现象当不少见。

卫州同样被屠城，"国朝癸酉岁，天兵北动，奄奠中夏。明年，分道而南，连亘河朔，卫乃被围。粤三日城破，以州旅拒不即下，悉驱民出泊近甸，无噍类珍殪。初，星妖下流，淇上群儿气吐成谣，闾歌里陌间曰：'团栾冬，半破年，寒食节，绝人烟'之谶。寻罹厄，实贞祐二年春正月十有二日也"②。战后的邢州，"千里萧条，为之一空。城中才百余家，皆以土塞门，穴地出入。望见单马则匿之丛薄间，侯过而后敢出。行人过客，虽欲求之勺饮，亦不可得。为官吏者，亦昼伏夜出，以理诉谍，人谓之鬼衙，甚者或弃印而去"③。

在盗贼充斥，蒙古兵锋不时侵扰之下，百姓争着南迁避乱，最明显的例子是涿州张子良就率万余口南迁（见第一章第三节）。大量人口南迁，使各黄河渡口人满为患，渡河十分困难，"贞祐初，人争南渡而厄于河，河阳三城至于淮、泗，上下千余里，积流民数百万，饥疫荐至，死者十七八"④。《河阳遁士苟君墓铭》记载："时金迁汴，限河以国，流民南渡，为北兵所挤而厄于河，孟津渡尤为要塞，而津吏因缘为奸，名为守法，而控勒纳贿，积流民数十万，蹈藉以死。"⑤ 仅河津一渡即有流民数十万，可见南迁之民之多。

1234年金朝灭亡，原来南迁的百姓一部分继续南迁入宋境内，一部分人预料到蒙军即将南攻宋朝，为躲避兵锋返回北方。《敕赐保定郭氏先茔碑铭》载："保直四达之冲，人物所集。属河南平，衣冠北渡，

---

① 姚燧著，查洪德点校：《姚燧集》卷21《怀远大将军招抚使王公神道碑》，人民文学出版社2011年版，第325页。

② 王恽：《秋涧先生大全集》卷39《堆金冢记》，《元人文集珍本丛刊》第1册，新文丰出版公司1985年版，第526页下。

③ 宋子贞：《改邢州为顺德府记》，《畿辅通志》卷97，文渊阁《四库全书》第506册，第309页下—310页上。

④ 郝经著，秦雪清整理：《郝文忠公陵川文集》卷36《先大父墓志铭》，山西人民出版社2006年版，第500页。

⑤ 郝经著，秦雪清整理：《郝文忠公陵川文集》卷35《河阳遁士苟君墓铭》，山西人民出版社2006年版，第495页。

多寓焉。"①《河阳遁士苟君墓铭》记载:"岁壬辰,河南亡,君知不可为,乃散所保,各归乡里。兵锋方南,遂北首以避之,居燕、赵之间。宣使老索来莅顺天,知其材,欲引为参佐,力辞不就。"② 苟士忠本河阳人,金末南迁,金亡北渡,寓居保定,其子苟宗道与郝经同使南宋被拘。赵节妇李氏本河南人,"因乱北渡,寓河间献州之乐寿县"③。易州李氏"岁壬辰,天兵克汴,诏徙河南之民实河北郡县,先曾祖挈其家侨易州"④。《滋溪文稿》卷一六《杨氏东茔碑铭》记载杨成"岁壬辰,北渡河,侨家真定郡"⑤。史天泽"壬辰,招降老幼十万余口,将护北渡,使其自便处所,或使归乡里,一无所问,其德可胜言哉!"⑥ 郝经也是金亡后迁徙顺天。

除了主动的迁徙,还有大批人口被裹挟到北方。汴京被攻破后,首将速不觮上奏,意欲屠城,被耶律楚材谏止,"时避兵在汴者,户一百四十七万。仍奏选工匠、儒、释、道、医、卜之流,散居河北,官为给赡"⑦。元代真定的繁荣也与人口北徙有关,《河朔访古录》记载:"大抵真定极为繁丽者,盖国朝与宋约同灭金,蔡城既破,遂以土地归宋,百姓则国朝尽迁于北。故汴梁、郑州之人多居真定,于是有故都之遗风焉。"⑧ 陈高华先生考证,所谓战前约定蔡州归宋属于子虚乌有,但蒙古军将大批人口北迁确是事实。

蒙古军队在河北地区造成的破坏是很大的;河北地区人口在金元之际南迁与北渡,不能安于生产,对社会经济的影响也是十分严重的。虽然人口的北迁对经济的恢复起了一定作用,例如顺天"兵乱以来,三十

---

① 刘敏中著,邓瑞全、谢辉点校:《刘敏中集》卷9《敕赐保定郭氏先茔碑铭》,吉林文史出版社2008年版,第104页。
② 郝经著,秦雪清整理:《郝文忠公陵川文集》卷35《河阳遁士苟君墓铭》,山西人民出版社2006年版,第495页。
③ 王旭:《兰轩集》卷16《赵节妇传》,文渊阁《四库全书》第1202册,第889页上。
④ 苏天爵著,陈高华、孟繁清点校:《滋溪文稿》卷20《易州李氏角山阡表》,中华书局1997年版,第341页。
⑤ 苏天爵著,陈高华、孟繁清点校:《滋溪文稿》卷16《杨氏东茔碑铭》,中华书局1997年版,第256页。
⑥ 迺贤:《河朔访古录》,文渊阁《四库全书》第593册,第28页上。
⑦ 苏天爵辑撰,姚景安点校:《元朝名臣事略》卷5《中书耶律文正王》,中华书局1996年版,第78页。
⑧ 迺贤:《河朔访古录》,文渊阁《四库全书》第593册,第23页下—24页上。

余年,生聚教育,将复治平之旧"①。但据孟繁清师研究,河北地区的人口与金代相比减少了许多②,可以说这种恢复也是一定程度上的恢复。

二 元代河北经济中出现的草原因素

在元代河北地区经济发展中,出现许多不同于以往的、影响经济发展的因素,它们根植于北方草原游牧社会,由蒙古统治者带来,我们称其为草原因素。它们对河北地区经济发展影响很大,下面分几个方面分析这些草原因素的影响。

河北地区是蒙古占领较早的地区,随着蒙古人的占领,一些西域的商贾以斡脱商人的身份进入这一地区,发放高利贷。《牧庵集》卷二五《磁州滏阳高氏坟道碑》记载:"壬子,天下大料民户,岁入银四两。民已无所于得,州县迫征不休。回鹘利之,为券,出母钱代输,岁责倍偿,不足,则易子为母。不能十年,阖郡委积,数盈百万。令长逃债,多委印去。"③王磐任真定、顺德等路宣慰使,"郡有西域大贾,称贷取息,有不时偿者,辄置狱于家,拘系榜掠。其人且恃势干官府,直来坐厅事,指麾自若。磐大怒,叱左右捽下,笞之数十。时府治寓城上,即挤诸城下,几死,郡人称快"④。权真定五路万户、假赵州庆源军节度副使王玉在任上时也遇到这样的问题,"有民负西域贾人银,倍其母,不能偿,玉出银五千两代偿之"⑤。大名路军马管民次官王珍在入见太宗窝阔台时说:"大名困于赋调,贷借西域贾人银八十铤,及逋粮五万斛,若复征之,民无生者矣。"⑥ 这些西域商贾多有官方背景,发放高利贷对当地经济造成破坏,受到汉人官吏的抵制。

元代实行诸色户计制度,把全国民众按照不同的职业划分为不同的户计,有民户、军户、站户、匠户、儒户、僧道户等众多门类。他们以

---

① 郝经著,秦雪清整理:《郝文忠公陵川文集》卷30《宰义会序》,山西人民出版社2006年版,第418页。
② 孟繁清主编:《河北经济史(第二卷)》,人民出版社2004年版,第173页。
③ 姚燧:《牧庵集》卷25《磁州滏阳高氏坟道碑》,人民文学出版社2011年版,第384页。
④ 《元史》卷160《王磐传》,第3752页。
⑤ 《元史》卷151《王玉传》,第3568页。
⑥ 《元史》卷152《王珍传》,第3592页。

所从事的行业为统治者世袭当差,这种制度对明代影响很大。① 元代河北作为统治的中心,当然施行更加严格。元代户籍划分的严格与细密,户计之间差役繁重程度的高下,在《安平县尹赤盏侯德政碑》中得到细致的体现。此碑记载真定路鼓城县人马云从"大父寄居鼓城,户本无籍,冒属所主军户老孙大。延祐五年开封本籍宗人马良卿询访云从大父,赍到执照,取索差役钱三定,元统二年亦然。及云从时,老孙大之孙曰安定,乃影占户籍,令云从津贴军钱,云从自首实县,申州照籍,而孙安定祖父孙留儿籍内并无云从大父姓名,欲收云从为民。孙安定用钱干到千户所公文,牒县追征军钱。鼓城达鲁花赤忽都帖木儿徇私抑为帖户。云从赴宪司陈告,事下安平县,县令移主簿赤盏侯鞫问得实,申覆省部,允云从为民,签充车站"②。马云从寄居鼓城县,冒属所主军户老孙大,属于冒籍户。后来弄假成真,老孙大之孙曰安定以他们为帖军户。马云从不服,经过艰苦努力,被签充站户。不同户计的划分及相互之间差役的轻重,是导致这场争讼的主要原因,从中也可见户计划分的严格。

蒙元时期与其他时代相比,河北地区经济上出现的另外一个重要特征是大量官办局院的出现。蒙元时期河北的丝织业工匠主要来源是战争中掠夺的大量人口,其中既有中原人口,也有西域工匠。蒙元统治者重视对工匠人才的掠夺,即使屠城,也往往将工匠挑出,《静修先生文集》卷二一《武遂杨翁遗事》中武遂杨翁对刘因讲述保州屠城之事,说"保州屠城,惟匠者免,予冒入匠中,如予者亦甚众,或欲精择能否,其一人默语之曰:'能挟锯即匠也,拔人于生,挤人于死,惟所择。'事遂已,而凡冒入匠中者,皆赖以生"③。"能挟锯即匠也",大批人口像武遂杨翁一样托身工匠以求苟活。

真定匠户总管杨成壬辰北渡后侨家真定,"岁丁巳,遂占户版,隶刘元帅织局。时官制未备,元帅廉君有守,因命董匠众,称总管。君分功授法,岁献其程,已而朝廷所设官至,君退就匠列,织组谋画,众咸

---

① 李治安:《蒙元帝国与13—14世纪的中国社会秩序》,《文史哲》2013年第6期。
② 《深州风土记》卷11《金石中》,上海书店出版社2006年版,第175页。
③ 刘因:《静修先生文集》卷21《武遂杨翁遗事》,《四部丛刊》本。

咨焉"①。刘元帅织局是朝廷设在真定的一处织造局。《河朔访古录》记载:"真定路城中,开元寺后,绣女局内,复有巨碑埋土中。"② 绣女局大概也是朝廷的织造机构。孛鲁太师命何实驻兵于邢州,"分织匠五百户,置局课织",后"邢因武仙之乱,岁屡饥,请移匠局于博,孛鲁从之"③。蓟县文保所收藏一通大德元年《御衣局记碑》,追述蓟县御衣局的成立过程说:"庚子年,蓟州达鲁花赤涅斜谕旨,察罕军前寿州拜降人数内童男女五佰,付涅斜起移之。蓟及所在有司创兴公廨,构屋炊居,令童男女宗师效绣。明年辛丑,所习有业,匠户籍成,肇创局院。"④ 蓟县御衣局是隶属宫廷的官营手工业机构,其工匠都来自战争中掠夺的寿州的童南童女。

蒙古统治者在与金、宋战争的同时进行西征,掠夺的西域工匠也不在少数。刘敏"癸未,授安抚使,便宜行事,兼燕京路征收税课、漕运、盐场、僧道、司天等事,给以西域工匠千余户,及山东、山西兵士,立两军戍燕。"⑤《元史》卷一二二《哈散纳传》:"至太宗时,仍命领阿儿浑军,并回回人匠三千户驻于荨麻林。"⑥《史集》记载荨麻林"此城大多数居民为撒麻耳干人,他们按撒麻耳干的习俗,建起了很多花园"⑦。《史集》进一步明确了荨麻林的回回工匠主要是中亚撒马尔罕人。

元代的分封制给河北地区也带来一定的影响,诸王驸马在封地占有民户,设立机构,他们野蛮的统治方式及飞放畋猎等活动,给河北地区经济带来不良影响。宋子贞《改邢州为顺德府记》记载:"始河南既下,海宇混一,朝廷遣重臣大括户口,归之郡县,用颁赉诸有功,自诸王驸马及将帅部伍其分地各有差,每二户出丝一斤以供官用,五户出丝一斤以与所赐之家,仍许自署官吏。邢州九县,为户凡一万五千,皆属

---

① 苏天爵著,陈高华、孟繁清点校:《滋溪文稿》卷16《杨氏东茔碑铭》,中华书局1997年版,第256页。
② 迺贤:《河朔访古录》卷上,文渊阁《四库全书》第593册,第27页上。
③ 《元史》卷150《严实传》,第3552页。
④ 刘斌、杨新:《读蓟县御衣局记碑》,《天津档案》2014年第2期。
⑤ 《元史》卷153《刘敏传》,第3609页。
⑥ 《元史》卷122《哈散纳传》,第3016页。
⑦ 拉施特主编,余大钧、周建奇译:《史集》第2卷,商务印书馆1985年版,第324页。

达尔（剌）罕部，每城置达噜噶齐（达鲁花赤）一员，译言监视之人也。其人武弁不习吏事，重以求取为念。故奸吏乘之，肆为朘割，始于贫民下户，次则中人富家，末则权贵势要，剥肤椎髓，惟恐不竭。至无所与取，则求贷于贾胡，以供日用。累息既多，乃责民以偿之，束缚笞榜，无所不至。百姓始大骇，散而之四方矣。"①《元史·世祖本纪》记载："邢州有两答剌罕言于帝曰：'邢吾分地也，受封之初，民万余户，今日减月削，才五七百户耳，宜选良吏抚循之。'"② 邢州从分封之初的一万五千户，十几年的时间变成五七百户，都是蒙古诸王只知剥削的统治方式造成的。

诸王驸马在封地设立机构进行管理，他们与封地有着密切的经济联系。真定是拖雷的封地，"太宗大封同姓，国母弟睿宗真定，享国不延，庄圣太后主是分邑，置规运库，林为之使"③。庄圣太后在真定有规运库。《真定等路诸色人匠府总管关君墓碑铭》记载关德聚"世为真定新乐人，户版隶高唐王府。王进封赵，户仍隶之。君貌魁梧，性倜傥，负其才能，欲显于时。数侍赵王往来漠北，王念其劳，命同知真定等路诸色人匠总管府事，凡王之贡赋出纳、户数登耗皆司之"④。真定有汪古部赵王的民户，周清澍先生考证当是阿剌海公主时期抄掠河北所得。⑤《常山贞石志》卷二二《真定隆兴寺佛光弘教大师之碑》载："赵王之属山前十路都总管八都鲁以是职来真定，遇师而深慕之，竭诚景仰，奉供造礼不虚旬日，恪勤无心，执弟子礼□者有年。于卒也，倾其惓笥，凡为财货珍具容饰者，悉出以市郭西李氏园，创崇圣报恩寺，仍以畜产财物为资赡，率族属列状延师为主。"⑥ 汪古部在真定还设有山前十路都总管府这样的机构。顾名思义，这个机构是管理赵王在中原地区民户

---

① 《畿辅通志》卷97，文渊阁《四库全书》第506册，第309页下。
② 《元史》卷4《世祖本纪一》，第57—58页。
③ 姚燧：《牧庵集》卷23《淮安路总管兼府尹兼管内劝农事高公神道碑铭并序》，人民文学出版社2011年版，第362页。
④ 苏天爵著，陈高华、孟繁清点校：《滋溪文稿》卷20《真定等路诸色人匠府总管关君墓碑铭》，中华书局1997年版，第340页。
⑤ 周清澍：《汪古部的领地及其统治制度——汪古部事辑之五》，载氏著《元蒙史札》，内蒙古大学出版社2001年版，第182页。
⑥ 沈涛：《常山贞石志》卷22《真定隆兴寺佛光弘教大师之碑》，《石刻史料新编》第1辑第18册，新文丰出版公司1977年版，第13564页下。

的，或是真定等路诸色人匠总管府的上一级机构，或是同一机构。

诸王驸马与封地的经济关系，无非是掠夺其经济利益。真定还有阿里不哥的种田户，南宋人黄二为蒙古人所掳，"鞑主第三兄使往沙沱河牧羊，凡三年；冀州种田，凡二年"，后逃入朝鲜，被送归南宋。黄时鉴先生考证"鞑主第三兄"实是蒙哥三弟阿里不哥。① 可见真定有阿里不哥的私属种田人口。彰德路为旭烈兀分地，1259 年彰德课税使常德西去波斯觐见旭烈兀，"应是报告其分地财赋事宜，或送纳其应得课银"②。涿州出土至顺三年（1332）王懿德墓志记载王懿德为"豫王位下真定等处种田户总管"③。

除了经济利益的掠夺，诸王驸马对封地还有种种骚扰。"阔里吉思投下军士于真定府飞放，征取站赤饮食刍粟。"④ 飞放是北方民族的畋猎活动，真定路有汪古部阔里吉思的投下军士，他们的畋猎活动对当地是一种骚扰。《安伯宁知府墓志铭》记载："大名，王邸在焉，部曲三千人，若居器饩廪刍粟，或给诸官，或假诸民，规约有方，吏不得并缘为奸。王尝欲击毬于宣圣庙隙地，公进曰：'此风化所原，非戏所也。'王为止。又尝以行事得失问公，公极言其失，王怒，公徐曰：'王问当以正对，谀以陷王不义，可乎！'王悟，改容谢之。傅尉者有罪遇原，朝服出迓，公叱曰：'汝囚伍也，而与命官列乎？'斥去之。"⑤ 贵由后王大名王留居食邑，部曲有三千人，从其不法行径来看，这些部曲对地方肯定有非常大的骚扰。

蒙古入主中原，给河北经济带来很大的冲击。大量人口的死亡与逃亡，蒙古野蛮的统治方式，使河北经济长时间得不到完全恢复。蒙古入主中原后，河北是统治的中心区域，各种北制因素在河北体现最明显，斡脱商人、诸色户计、官营手工业、分封制度对河北经济产生深刻影响。这体现了草原旧俗的影响，也是草原游牧生产方式与汉地定居农业

---

① 黄时鉴：《宋丽蒙关系史事一瞥——〈收刺丽国送还人〉考述》，《东西交流史论稿》，上海古籍出版社 1998 年版。
② 陈得芝：《刘郁〈常德西使记〉校注》，《中华文史论丛》2015 年第 1 辑。
③ 《新中国出土墓志（壹）》上册，文物出版社 2004 年版，第 167 页。
④ 《永乐大典》卷 19418《经世大典·站赤》，中华书局 1986 年版，第 7212 页上。
⑤ 许有壬：《至正集》卷 60《安伯宁知府墓志铭》，《元人文集珍本丛刊》第 7 册，新文丰出版公司 1985 年版，第 277 页上。

生产方式的冲突。

第二节　元朝皇帝驻冬大都期间的宿卫马匹饲养

蒙古是马背上的民族，《元史·兵志三》中说"元起朔方，俗善骑射，因以弓马之利取天下，古或未之有，盖其沙漠万里，牧养蕃息，太仆之马，殆不可以数计，亦一代之盛哉"[①]。元代实行两都巡幸的制度，每年皇帝来往于上都与大都，各怯薛、投下饲养的大量马驼也游移于上都、大都之间，成为一种盛观。夏季在上都草原地区可以自由牧放，冬春大量马驼进入农耕区的大都，其饲养就成为一个严重的社会问题。每年冬春，各侍从人等将马集中于大都，对大都及周边区域定居民的生活造成严重影响。国家图书馆藏拓《帖哥也里可温去思碑》中将妥善处理"养国马"问题作为献州达鲁花赤帖哥也里可温的政绩之一[②]，就体现出这一点。前贤对此问题关注不多，陈高华、史卫民先生在论述元代官马时，简略关注了怯薛马匹的饲养[③]；丁超先生从农牧矛盾的角度来研究两都巡幸，分析了缓解秋冬大批牲畜南返对大都饲料造成压力的三种途径[④]。但对冬春大都宿卫马匹饲养的出现、宿卫马匹数量、分饲区域、饲养方式及其影响等，均无涉及。本节对这一问题进行探究分析。

一　官养与分饲

蒙古兴起于朔漠草原，牧放畋猎是其主要的生活方式，本无需考虑马匹饲养的问题。但随着忽必烈时期政治中心逐渐南移，农耕区的燕京（中统五年［1264］改称中都，至元九年［1272］改称大都）政治地位越来越高，后成为两都之一。两都巡幸制度下，每年冬季大量宿卫马匹

[①]　《元史》卷100《兵志三》，第2553页。
[②]　北京图书馆金石组编：《北京图书馆藏中国历代石刻拓本汇编（48）》，中州古籍出版社1989年版，第42页。
[③]　陈高华、史卫民：《中国经济通史（元代经济卷）》，经济日报出版社2000年版，第359页。
[④]　丁超：《元代大都地区的农牧矛盾与两都巡幸制度》，《清华大学学报》2011年第2期。

跟随皇帝到达大都，其饲养就成为一个难以回避的重要问题。

元代大都地区饲养宿卫马匹，随着大都政治地位的提高，经历一个从无到有的过程。中统初年，燕京地区尚无需饲养宿卫马匹，《元朝名臣事略》卷一二《太常徐公》记载中统元年（1260）徐世隆任燕京等路宣抚使，"中书省檄诸路当养禁卫之羸马，数以千、万计，刍秣与其什器，前期戒备。公曰：'国马牧于北方，往年无饲于南者。上新临天下，京畿根本地，烦扰之事，必不为之，马将不来。'吏曰：'此军需也，其责不轻。'公曰：'责当我坐。'遂弗为备，马果不至"①。中书省檄诸路所养为禁卫之羸马，这与两都巡幸中所有宿卫马匹到大都需饲养略不相同。徐世隆不做前期准备，禁卫羸马也没有真到燕京等路。此时政治中心位于开平（中统四年［1263］改称上都），两都巡幸制度尚未建立，不会有大批马匹到燕京。但中书省檄诸路养禁卫羸马，实际上已经露出大都饲养宿卫马匹的端倪。

中统四年二月二十五日忽必烈赴上都，八月二十五日返回燕京，两都巡幸正式开始。此后大多数皇帝"每年四月，迤北草青，则驾幸上都以避暑，颁赐于其宗戚，马亦就水草。八月草将枯，则驾回大都"②。皇帝每年冬春驻大都，大都周围必然聚集大量蒙古宿卫的马匹。至元二十五年（1288）二月下诏："征大都南诸路所放扈从马赴京，官给刍粟价，令自籴之，无扰诸县民。"③忽必烈下诏禁止扈从马在大都以南诸路扰民，可以想见当时马匹数量不少，且已经出现扰民现象。天历二年（1329）十二月癸丑"以河间路清池、南皮县牧地赐斡罗思驻冬"④，斡罗思可能指斡罗思军士。至顺元年（1330）五月，设立宣忠扈卫亲军都万户府管理斡罗思军士。次年四月，改万户府为宣忠斡罗思扈卫亲军都指挥使司。这些斡罗思军士是扈卫亲军，每年往返于大都、上都之间，因此需要牧地来驻冬。

需要朝廷牧养的，主要是冬春草枯季节随皇帝驻大都的宿卫马匹，其牧养方式主要分为大都饲养和外路饲养两种。至大元年（1308）九

---

① 苏天爵辑撰，姚景安点校：《元朝名臣事略》卷12《太常徐公》，中华书局1996年版，第251页。
② 《草木子》卷3下，中华书局1959年版，第64页。
③ 《元史》卷15《世祖纪十二》，第309页。
④ 《元史》卷35《文宗纪四》，第794页。

月，大臣奏："大都去岁饲马九万四千匹，今请减为五万匹，外路饲马十一万九千余匹，今请减为六万匹。"① 至顺二年（1331年）九月癸酉"中书省臣言：'今岁当饲马驼十四万八千四百匹，京城饲六万匹，余令外郡分饲，每匹给刍粟价钞四锭'"②。从中可见，大都可以接纳的马匹数量有限，大部分的马匹需要分饲外路，这也是宿卫马匹饲养的主要方式。

元贞元年（1295）十月固安州一件文书中说道："本处年例有帖麦赤牧放官驼，自九月初，到本州良渠、留礼、西内村等处，至下年四月终，往上都。自冬至春，并不立圈喂饲，俱于百姓地内牧放，致令嚼囓桑枣、果木，诸树死损。"③ 牧放时间是九月至来春四月。《元史·武宗一》记载："今会是年十月终，马驼九万三千余，至来春二月，阙刍六百万束、料十五万石"④，提到牧放的时间十月至来春二月。二者虽略有差异，但基本都是元代皇帝两都巡幸在大都期间。且固安州申状中明确指出"自九月初，到本州良渠、留礼、西内村等处，至下年四月终，往上都"，这些需要到大都周围州县民间饲养的马驼，都是在大都驻冬期间的宿卫马匹。

宿卫马匹分饲民间的记载也常见于方志和元人文集中，《深州风土记》卷一一《元安平县达鲁花赤撒儿塔温公德政碑》记载："常例，岁冬御苑及侍从马驼散处各州县饲养。"⑤《滋溪文稿》卷一一《皇元赠集贤直学士赵惠肃侯神道碑铭》记载："岁终又以卫士马分饲民间。"⑥ 民国《徐水县新志》卷一二《元遂州同知王公去思碑记》记载："马驼岁一分秣，刍粟什器之需家至户到，加以黠吏夤缘科赋倍蓰，民有不胜其苦者。"⑦ 易州"有司岁饲官橐驼，圉人挟势为奸，陵轹官府，公下令

---

① 《元史》卷22《武宗纪一》，第503页。
② 《元史》卷35《文宗纪四》，第790页。
③ 《大元马政记》，广文书局1961年版，第51页。
④ 《元史》卷22《武宗纪一》，第489—490页。
⑤ 王镛：《元安平县达鲁花赤撒儿塔温公德政碑》，《同治深州风土记》卷11《金石中》，上海书店出版社2006年版，第177页下。
⑥ 苏天爵著，陈高华、孟繁清点校：《滋溪文稿》卷11《皇元赠集贤直学士赵惠肃侯神道碑铭》，中华书局1997年版，第178页。
⑦ 王宗哲：《元遂州同知王公去思碑记》，《民国徐水县新志》卷12《艺文记上》，成文出版社1966年版，第772页。

验实日给饩廪及刍豆，民以无扰"①。元人和洽任济宁路沛县尹，"初，朝廷岁命卫士以驼马分饲民家，及闻民多被扰，始命郡县筑驼圈，作马厩，官吏董之，庶几编民不至受害。公时在沛，买地三十亩，作马厩数十楹"②。张珪在奏疏中指出："阔端赤牧养马驼，岁有常法，分布郡县，各有常数，而宿卫近侍，委之仆御，役民放牧。"③ 指出了这些马驼每年冬春饲养的方式就是分布郡县、役民放牧。

宿卫马匹分饲民间，每年朝廷都给予刍粟钞锭。大德元年（1297）九月己丑，成宗命"给卫士牧马外郡者粮，令毋仰食于民"④。宋本为太常礼仪院判官，"奉堂帖发粟赈河间饥，饥民多粟少，段擅发岁饲官马驼刍粟钞五百余锭以足之"⑤。延祐年间真定路静安县县尹王瑞承因判错案件，"借使喂养马驼钱买嘱苦主，将李黑儿尸身焚埋，弥缝己罪"⑥。地方官能动用养马钞锭，这些钞锭是发给州县储存的。宿卫马匹分饲民间，草料的供给由度支监负责，《元史·百官六》载："度支监，秩正三品。掌给马驼刍粟。"⑦ 度支监由李可孙发展而来，是执掌马驼刍粟的供给机构。《通制条格》卷一五《冒支官钱粮》记载：

> 至大四年七月，中书省。刑部呈："议得今后凡发各处合喂马疋，宜令度支监仔细用心分拣，行移合属须要文字，马疋到槽，至日验数放支。中间但有冒滥不应之数，着落喂马人员追陪断罪。当该官吏有失照略，量事轻重决罚。"都省准拟。⑧

度支监要给各地州县发下文书，从马匹到后当日验数放支，中间如

---

① 程徐：《达鲁花赤马公去思碑》，《弘治易州志》卷18《文章》，《天一阁藏明代方志选刊》本。
② 《滋溪文稿》卷17《元故奉议大夫河南行省员外郎致仕赠嘉议大夫真定路总管和公墓碑铭》，第277页。
③ 《元史》卷175《张珪传》，第4081页。
④ 《元史》卷19《成宗纪二》，第413页。
⑤ 宋褧：《燕石集》卷15《故集贤直学士大中大夫经筵官兼国子祭酒宋公行状》，文渊阁《四库全书》第1212册，第511页下—512页上。
⑥ 《元典章·新集·刑部》，中华书局、天津古籍出版社2011年版，第2237页。
⑦ 《元史》卷90《百官志六》，第2292页。
⑧ 方龄贵：《通制条格校注》卷15《厩牧·冒支官钱粮》，中华书局2001年版，第448页。

有冒滥不当给而给，喂马人员追陪断罪，当该官吏决罚。《元史·兵志三》记载："牧人曰哈赤、哈剌赤；有千户、百户，父子相承任事。自夏及冬，随地之宜，行逐水草，十月各至本地。朝廷岁以九月、十月遣寺官驰驿阅视，较其多寡，有所产驹，即烙印取勘，收除见在数目，造蒙古、回回、汉字文册以闻，其总数盖不可知也。"① 每年夏秋季节，牧人逐水草放牧，十月份入冬草枯，各至本地驻冬。因此朝廷也在九、十月份遣太仆寺官阅视数量增减，造册上报。宿卫马匹的管理也是每年九、十月份造册呈报，下文将要引用的《元史》本纪所载大德十一年（1307）、至大元年（1308）、至顺二年（1331）宿卫马匹数量的统计，都是在九、十月份统计出来的。

宿卫马匹分饲的区域，上文所引史料主要涉及大都路固安州，保定路遂州、易州、安喜县，河间路清池县、南皮县，真定路安平县，济宁路沛县等州县；《滋溪文稿》卷一六《元故广宁路总管致仕礼部尚书李公墓碑铭》记载"悉出驼马分饲山东、河朔"；至元二十五年（1288）二月诏书中笼统称为"大都南诸路"②。但宿卫马匹分饲并非仅限于大都以南，大都北部或上都部分地区每年冬春也要牧养宿卫马匹。元贞二年（1296）冬十月壬寅，诏"以宣德、奉圣、怀来、缙山等处牧宿卫马"③。《玩斋集》卷七《兴和郡守康里君善政记》记载兴和路"先是，官马分饲城中，刍粟不给，民甚苦之。君（按：郡守康里君）散之郊野，农家遂称均平"④。《元史·兵志三》载枢密院所辖后卫屯田于世祖至元十五年（1278）置立于永清等处，"后以永清等处田亩低下，迁昌平县之太平庄。泰定三年五月，以太平庄乃世祖经行之地，营盘所在，春秋往来，牧放卫士头匹，不宜与汉军立屯，遂罢之，止于旧立屯所，耕作如故"⑤。昌平、兴和、宣德、奉圣、怀来、缙山等都位于大都以北，但都要饲养宿卫马匹。《大元马政记》所收几件文书，记载了至元二十七年至三十年间（1290—1293）山后地区宿卫马匹的饲养情况，

---

① 《元史》卷100《兵志三》，第2554页。
② 《元史》卷15《世祖纪十二》，第309页。
③ 《元史》卷19《成宗纪二》，第406页。
④ 贡师泰：《玩斋集》卷7《兴和郡守康里君善政记》，文渊阁《四库全书》第1215册，第628页下。
⑤ 《元史》卷100《兵志三》，第2559页。

第四章 蒙元治下的河北经济与社会　203

下面逐条征引分析：

> 二十七年十月二十八日，丞相桑哥奏："只儿哈忽昔宝赤并憨哈纳思、乞里吉思等马，总计五百一匹，先奉旨于云州、宣德府周回牧养。又哈迷昔宝赤马二千六十匹，曾移文于兴州、松州牧养。今上都留守司上言：今年宣德、云、兴、松四州，百姓田禾霜灾阙食，若于其周回牧马，不可。乞取回京师饲秣。"奉旨准。①

宣德、云、兴、松四州在常岁是要饲养官马的，只是至元二十七年（1290）年岁不稔，将这四州所养官马暂时放到大都周围饲养。宣德、云州、兴州都位于大都北部靠近大都的地区，只有松州位于上都之东，离大都相对较远。

> 二十九年八月二十一日，丞相完泽等奏："去年，山后田禾微收，又因和籴，奏准不曾牧养官马。今年又用粮，乞依旧例免牧官马。"奉旨准。②
>
> 三十年八月十四日，平章不忽木等奏："按坦火儿欢地及抚州所有官马，除肥健者支散外，其瘦病者，按坦火儿欢马分付上都，抚州马委抚州，令各于其境内牧养。山后今年颇丰，欲和籴粮，除此瘦马外，其余怯薛鳎及昔宝赤马，乞不令牧养。"上曰："是矣，可谕各头目，勿令因朕遗忘，又复往牧其地。"③

"山后"在元代所指范围大致在上都路、兴和路南部及大同路东部④，宣德、云、兴、松等州都包括在内。至元二十八年（1291）收成有所起色，但因为和籴，奏准不养官马。至元二十九（1292）、三十年（1293）因为同样原因，奏准除了按坦火儿欢地及抚州瘦马外，不再牧养"怯薛鳎及昔宝赤马"。因为此地需要和籴粮食的特殊原因不牧养

---

① 《大元马政记》，第50页。
② 《大元马政记》，第50页。
③ 《大元马政记》，第50—51页。
④ 李鸣飞：《"山后"在历史上的变化》，《陕西理工学院学报》2007年第1期。

"怯薛鳄及昔宝赤马",说明正常情况下这些地区是要牧养宿卫马匹的。

这些宿卫马匹的多少,难有具体的数目,但大体维持在十多万匹。《元史·武宗纪一》记载大德十一年(1307)十一月乙丑"中书省臣言:'宿卫廪给及马驼刍料,父子兄弟世相袭者给之,不当给者,请令孛可孙汰之。今会是年十月终,马驼九万三千余,至来春二月,阙刍六百万束、料十五万石;比又增马五万余匹。此国重务,臣等敢以上闻。'有旨:'不当给者勿给。'"① 第二年即至大元年(1308)九月,大臣奏:"大都去岁饲马九万四千匹,今请减为五万匹,外路饲马十一万九千余匹,今请减为六万匹,自十月十五日为始"②,得到元武宗同意。两相比较可知,大德十一年(1307)马驼九万三千余匹(或九万四千匹)是大都饲马数量,尚不包括外路饲马数量。大德十一年大都饲马九万四千匹,外路十一万九千匹,合计二十一万三千匹。数量相当庞大,这大概与此年的政治变动有关。大德十一年正月元成宗病死,爱育黎拔力八达与其母答己太后自怀孟回到大都,迅速控制了大都形势。怀宁王海山总兵漠北,三月在和林召开忽里台大会,然后率大军分道南来,五月在上都正式即位,是为元武宗。此前爱育黎拔力八达、答己太后与海山之间关于帝位人选有较量,只是海山率大批军队南下,迫使爱育黎拔力八达让出皇位。大德十一年冬季大都及周边聚集马匹二十一万三千匹,其中大多数应是武宗带来兵马。③ 但这毕竟不是常态,至大元年大臣奏请大都由上一年九万四千匹减为五万匹,外路由十一万九千匹减为六万匹,恢复到常年的数目。

但这个数目在元代一直处于增长过程中。《元史·文宗纪四》记载至顺二年(1331)九月癸酉"中书省臣言:'今岁当饲马驼十四万八千四百匹,京城饲六万匹,余令外郡分饲,每匹给刍粟价钞四锭。'从之。"④ 宿卫马匹数量由至大元年的十一万匹,到至顺二年增长至十四万八千四百匹。至顺二年当饲马驼十四万八千四百匹,二十多年间增长

---

① 《元史》卷22《武宗纪一》,第489—490页。
② 《元史》卷22《武宗纪一》,第503页。
③ 《元史》卷22《武宗纪一》记载大德十一年七月"丙戌,以内郡岁歉,令诸王卫士还大都者柬汰以入。"因此大德十一年冬季大都及周边聚集马匹二十一万三千匹,还是经过淘汰后的结果。见点校本《元史》第485页。
④ 《元史》卷35《文宗四》,第790页。

了近四万匹。至顺二年当饲马驼十四万八千四百匹，每匹给刍粟价钞四锭，合计不到六十万锭。后至元六年（1340）十一月一件度支监文书中称，"本监专一发遣喂养马驼等，并各枝儿大小怯薛马疋年例合用草料，约该价钞七十万定有余"①。草料价钞从六十万锭增长到七十万锭，可见马匹数量又有增长，官府给予刍料，也是一项沉重的负担。

除了马驼，昔宝赤的猎鹰也采用类似的方式过冬。延祐元年（1314）八月中书省奏准的一件文书中说道："去年'昔宝赤每，教拾月里入大都来者'。么道，圣旨有呵，预先将鹰入来，教外头拴的，又将入来了的也多有来。今年'教拾月初一日入来者'。么道，圣旨有来。如今昔宝赤每根底，差人去大都的入来的，拾月初一日合里头拴的鹰，教将入来者，外头拴的鹰，教外头拴者。那里拴呵，教昔宝赤官人每、度支监官每根底说将来，凭度支监文字，教各州城准备草料呵，怎生？奏呵，'那般者'。么道，圣旨了也。钦此。"②昔宝赤的猎鹰每年冬季分为里头拴的鹰（大都）和外头拴的鹰（外路）两部分，十月初一日，或入大都，或到各州城，凭度支监的文书支请草料。

二 弊端及影响

每年冬春宿卫近侍马驼分布郡县，虽然朝廷支给大量的刍粟钞锭用于饲养，但仍是弊端百出。其影响较大者主要有二，一是冒支官粮，二是骚扰百姓。

诸王驸马怯薛马匹不到放养之地，虚冒支请钞锭，是冒滥的主要形式。《通制条格》卷一五《冒支官钱粮》记载：

> 至大四年七月，中书省。刑部呈："议得今后凡发各处合喂马疋，宜令度支监仔细用心分拣，行移合属须要文字，马疋到槽，至日验数放支。中间但有冒滥不应之数，着落喂马人员追陪断罪。当该官吏有失照略，量事轻重决罚。"都省准拟。③

---

① 《至正条格·条格》卷24《厩牧·喂养驼马》，第33页。
② 《通制条格校注》卷15《厩牧·擅支马驼草料》，第447页。
③ 《通制条格校注》卷15《冒支官钱粮》，第448页。

泰定三年（1326）八月一件文书中记载永平路乐亭县达鲁花赤唆南巴将鲁王位下一百匹不到槽马合该草料支给，受到笞一十七下的责罚。① 类似的文书在泰定三年又一次被重申，且规定更加严格。《至正条格·断例》卷九《厩库·喂养驼马程限》记载：

> 泰定三年十二月，户部呈："度支监关：'今后应发各处喂养马驼，须要照依元定马程，日行百里，扣算到彼该支草料日期，随即依例放支。若有先到马数，不许应付。敢有似前违例取与之人，马主并有司提调官吏，比拟借马喂养例，减等各决叁拾柒下，标附过名。支过钱粮，止于犯人名下均征还官。'议得：各路喂养马驼，拟合扣算大都至喂马处所各各里路，怯薛歹人等到彼日期，验实有到槽马数，应付草料。若有违例之人，依准本监所拟，科断追陪，标附过名。"都省准拟。②

马匹提前到达喂养地点，增长了喂养时间，增加了喂养成本，受到朝廷的禁止。至大三年（1310）文书中即规定"马疋到槽，至日验数放支"，泰定三年（1326）文书对到槽日期规定更严格，按照日行百里计算，要扣除路程上时间，不将其计入朝廷支付草料时间，"若有先到马数，不许应付"。

宿卫、投下凭势诛求无已，往往将伴当及亲属的马匹一起到地方放养。《通制条格》卷一五《擅支马驼草料》载：

> 延祐元年八月，中书省奏准事理：一件。"分拨城子里的老奴婢每根脚，他每的马疋，依着怯薛歹的例，与了草料，和他每一处怯薛里行的伴当，也依例支与有，倚着他每'根脚分拨到底城子'。么道。他每余剩梯己马匹并他每哥哥、弟兄每的马疋，教喂养去呵，百姓每生受有。路官人每根底与将文书去，那般的每根底，无度支监并部家文书的，不教与草料呵，怎生？"奏呵，"那

---

① 《至正条格·断例》卷10《厩库·拗支草料》，第279页。
② 《至正条格·断例》卷9《厩库·喂养驼马程限》，第257页。

般者"。么道,圣旨了也。钦此。①

"分拨城子里的老奴婢每"是指分封的各个投下,他们的马匹也和宿卫怯薛一样分布郡县饲养。不仅如此,他们伴当的马匹、梯己马匹及亲属的马匹都要由朝廷喂养,这无疑也是一种冒滥。

除了冒领滥支,还常有怯薛和投下不赴应到州县喂养。《至正条格·条格》卷二四《厩牧·喂养马驼》记载:

> 至元六年十一月,中书省奏:"户部官□(备)著度支监文书里呈:'本监专一发遣喂养马驼等,并各枝儿大小怯薛马疋年例合用草料,约该价钞七十万定有余。近年以来,怯薛丹并各枝儿合发外处马疋有,孛可孙人等,将本监发马文字领受,不即遣赶所发地面喂养,故意迁延,直至冬深,告说:'马疋瘦弱,天气寒冷,地理窎远,不能前去。'或别称缘故,愿要草料价钱。今后一应怯薛丹、各枝儿,到槽之日,有司依前点视飞申,如全不到槽,钦依已奉圣旨事意施行。敢有似前请给价钱者,将当该孛可孙人等,取问治罪。'本部议得:'依准度支监定拟禁止'的,说有。俺商量来。今后不行前去喂养,在内支给价钞呵,将当该衙门首领官吏并孛可孙人等,要罪过呵,怎生?"奏呵,奉圣旨:"那般者。"②

怯薛们以各种理由留在大都,这就加重了大都的负担。《滋溪文稿》卷一六《元故广宁路总管致仕礼部尚书李公墓碑铭》载:"大驾岁幸上都,公卿宿卫之士扈从而还,悉出驼马分饲山东、河朔,以少者留京师,度支即以刍料给之。比岁或惮地远,恃贵幸多不肯行,于是京师供给愈烦,财用或不足矣。公不恤怨,议度郡县远近、年谷丰歉,皆命驱驼马出之,而国用亦少纾焉。"③地理窎远、惮地远是怯薛宿卫不愿意到州县喂养马驼的主要原因。

怯薛投下驼马散之民间,势必对民间造成骚扰。一方面,宿卫们为

---

① 《通制条格校注》卷15《冒支官钱粮》,第447页。
② 《至正条格·条格》卷24《厩牧·喂养驼马》,第33页。
③ 《滋溪文稿》卷16《元故广宁路总管致仕礼部尚书李公墓碑铭》,第267—268页。

非作歹，给人们的生产生活带来影响。元代中期张珪在奏疏中指出："宿卫近侍，委之仆御，役民放牧。始至，即夺其居，俾饮食之，残伤桑果，百害蜂起；其仆御四出，无所拘钤，私鬻刍豆，瘠损马驼。"①《深州风土记》卷一一《元安平县达鲁花赤撒儿塔温公德政碑》记载："常例，岁冬御苑及侍从马驼散处各州县饲养，圉人觇吏民懦善者，肆其贪纵。公筑院厩，外设壕堑，禁其出入，粮刍给足，骄横者置诸法。旁近游民假威群圉，往往持伪券蹂躏村落，公尝扞禁卫，知其根穴，执其党，鞫责破券而遣之，后有至者，闻风越境。"②

另一方面是给百姓带来沉重的负担。《滋溪文稿》卷一一《皇元赠集贤直学士赵惠肃侯神道碑铭》记载："朝廷和买于民而直不时给，岁终又以卫士马分饲民间，公以县剧民困为言，并得蠲免。"③《元遂州同知王公去思碑记》记载："马驼岁一分秣，刍粟什器之需家至户到，加以黠吏寅缘科赋倍蓰，民有不胜其苦者。至元己卯本路拨降马驼三百余匹，公患其太重，即白之府庭，均他所以甦民力，辞理优至，辄允其请。"④ 易州"有司岁饲官橐驼，圉人挟势为奸，陵轹官府，公下令验实日给饩廪及刍豆，民以无扰"⑤。

《石田先生文集》卷八《记河外事》详细记载了马祖常听到的一个菽贵于粟的奇怪现象，有力地说明了这种饲养官马给百姓带来的负担。这里不避烦冗，全文征引如下：

> 有计吏河外来，称河外斗菽三十千，弱民持钱告籴大家，大家亦无有，菽日益贵，民日益病，而有司赋之日益急也。余方食，投箸记其说，且曰："菽之比粟也，奚急？而病若是，是履贱踊贵也，有司赋之亟，其谓何？请子悉之。"吏曰："子儒服者，所谓治天下之事，子盖懵懵也。故事，国马食，岁征诸内地而不给，则漕河

---

① 《元史》卷175《张珪传》，第4081页。
② 佚名：《元安平县达鲁花赤撒儿塔温公德政碑》，《深州风土记》卷11《金石中》，《中国方志集成》本，上海书店出版社2006年版，第177页下。
③ 《滋溪文稿》卷11《皇元赠集贤直学士赵惠肃侯神道碑铭》，第178页。
④ 王宗哲：《元遂州同知王公去思碑记》，《民国徐水县新志》卷12《艺文记上》，成文出版社1966年版，第772页。
⑤ 程徐：《达鲁花赤马公去思碑》，《弘治易州志》卷18《文章》，《天一阁藏明代方志选刊》本。

间盐，错置郡邑，算民之口而廪食之，估当其直，而以藁秸入之官，又不给，则差河北郡县凡民数几，可秫马几，俾马就食于外。今中山、河间、赵地百姓无糠粃救旦夕命，人挈男女之里中，不得易斗米，其均赋于河外，有以也。子泥于古而昧于今，而不知通变之道，子不仕则已，子而仕，将见瘝官之罚集子之躬矣。余言尽不可信耶！"①

文中，马祖常记述他听到河外（指黄河以南地区）斗菽三十千，贵于粟，十分不解。计吏向他说明这都是养官马造成的。平常年份国马食岁征诸内地而不给，则散养于河北州县，现在河北遭遇灾害，所以将这种负担转嫁到河外，造成河外菽贵于粟的奇特现象。可见这种负担的沉重，在灾害之年更甚。

宿卫马匹大都饲养和分饲州县，所需饲草都须百姓备办，无论是和买还是盐折草，对百姓危害都很大。上文述及，宿卫马匹分饲民间，每年朝廷都给予相关州县大量刍粟钞锭，用于和买草料。和买过程中有种种弊端，对百姓来说也是沉重的负担。王恽《秋涧先生大全文集》卷九〇《秋税准喂养马驼草料》载：

> 窃见保定等路百姓，每岁拨赴远仓送纳，又椿配和买各位下马驼所用草粟，设立仓场官收支，中间官吏作弊，百姓重并生受。如按察司每岁各处追首钞有三五百定者，尽系添答多取于民，若于百姓所纳秋税内尽行折作草粟，赴各处喂养马驼仓场送纳，使民免远仓纳税之劳，无和买椿配之扰，及革去给□克减之弊，实为便益②。

各位下马驼所用草粟桩配和买而来，在当地设立仓场收储。王恽提出将秋税折草粟，赴各处喂养马驼仓场送纳，简化了程序，减轻了百姓负担。

---

① 马祖常：《石田先生文集》卷8，《元人文集珍本丛刊》第6册，新文丰出版公司1986年版，第613页下—614页上。
② 王恽《秋涧先生大全文集》卷90《秋税准喂养马驼草料》，《元人文集珍本丛刊》第2册，新文丰出版公司1985年版，第462页上。

元代采取盐折草的制度，官府每年俵散食盐，秋后百姓纳草，《元史·食货志》载："成宗大德八年，定其则例。每年以河间盐，令有司于五月预给京畿郡县之民，至秋成，各验盐数输草，以给京师秣马之用。每盐二斤，折草一束，重一十斤。岁用草八百万束，折盐四万引云。"① 关义"以母忧归里，一日访父老，有盐折稈草，初系雄、易二州，食用宝坻盐，货之家，折纳、和雇和买、杂派并行，科拨折纳车辆载装，日久费多。宝坻运盐，情弊多端，或遇捕获，枉遭刑宪。公体访得实，谓于民不便，于盐法有坏，定赋纳总耗秸皆止五百里内。援古证今，白上官，请郡县户役蠲免，民受其赐"②。盐折草给百姓造成很大的负担，其运输成为百姓的一项差役。甚至两都的站户都要承担。③

另外，为了防止秋耕对牧放的影响，政府还常常下令禁止秋耕，这样就不利于来年农作物的生长。④ 这也是对定居百姓正常生活秩序的骚扰。

三　散放与团槽

元朝中央政府深知饲养官马扰民严重，也试图采取解决办法。至元二十五年二月下诏："征大都南诸路所放扈从马赴京，官给刍粟价，令自籴之，无扰诸县民。"⑤《元史》卷二〇《成宗三》记载，大德四年（1300）十一月壬"诏颁宽令，免上都、大都、隆兴大德五年丝银、税粮；附近秣养马驼之郡免税粮十分之三，其余免十分之一"⑥。附近秣养马驼之郡免税粮十分之三，优于上都、大都、隆兴之外的其他地区，是有意减轻这些地区的负担，体现了中央官府对此事的重视。

《经世大典》中收录一件元贞元年（1295）文书，体现了元朝中央

---

① 《元史》卷96《食货志四·市籴》，第2470页。
② 邓樟：《廉访使关公爱民碑记》，乾隆《行唐县新志》卷14《艺文》，国家图书馆藏乾隆二十九年刊本。
③ 《通制条格校注》记载："至元二十三年十二月二十六日，中书省奏：'……据上都大都站户，既是自备首思，钦依圣旨事意，除盐折和买草料依例出备外，其余和雇和买、杂泛差役除免。'"见方龄贵点校《通制条格校注》卷17，第508页。
④ 丁超：《元代大都地区的农牧矛盾与两都巡幸制度》，《清华大学学报》2011年第2期。
⑤ 《元史》卷15《世祖十二》，第309页。
⑥ 《元史》卷20《成宗三》，第432页。

官府对此事的认识：

> 成宗皇帝元贞元年十月，中书省据大司农司呈："大都路备固安州申：本处年例，有帖麦赤牧放官驼，自九月初到本州良渠、留礼、西内村等处，至下年四月终，往上都。自冬至春，并不立圈喂饲，俱于百姓地内牧放，致令嚼嚙桑枣、果木，诸树死损。会验到诏敕内一款节该：国民用财，皆本于农，所在官司钦依先皇帝累降圣旨，岁时劝课。当耕作时，不急之役，一切停罢，毋致妨农，公吏人等，非必须差遣者，不得辄令下乡。仍禁约军马，不以是何诸色人等，毋得纵放头匹，食践、损坏桑果、田禾，违者治罪赔偿。乞行下合属禁治事。"都省箚付宣徽院禁约，又下兵部，更为行移，依上施行。①

元成宗至元三十一年（1294）四月即位，元贞元年（1295）这件文书所批评的不立圈喂饲、于百姓地内牧放的散养方法，实际上是忽必烈时期宿卫马匹的饲养方法。张珪在泰定元年（1324）一份奏疏中说："大德中，始责州县正官监视，盖暖棚、团槽枥以牧之。"可见元成宗时期进行了改革，一度采取了团槽法喂养官马。团槽法即将马匹集中圈养，有利于管理，避免了宿卫、侍从鱼肉乡民。张珪在奏疏中对元成宗时期的改革予以肯定。

但好景不长，"至治初，复散之民间，其害如故。监察御史及河间路守臣屡言之"。可见大德间政府"盖暖棚、团槽枥以牧之"的方法，在至治初又恢复到原来分饲民间的方法。因此，张珪建议"宜如大德团槽之制，正官监临，阅视肥瘠，拘钤宿卫仆御，著为令"②，提出仍旧采取"团槽"之法的建议。但《元史》明言"帝不从"。《至正集》卷五九《故中奉大夫侍御史慕公墓志铭》记载山东道廉访司经历慕完曾上书："言卫士驰驼马，宜聚枥以绝散居之扰，乡民德焉。"③ 张珪复行

---

① 《大元马政记》，第51页。
② 《元史》卷175《张珪传》，第4081页。
③ 许有壬：《至正集》卷59《故中奉大夫侍御史慕公墓志铭》，《元人文集珍本丛刊》第7册，新文丰出版公司1985年版，第276页。

团槽法的建议没有得到采纳，原因大致有二：一是团槽是汉地喂养牲畜的方式，而蒙古习惯的是放牧。从一定意义说，这也是蒙古法与汉法矛盾的表现。二是团槽之法不利于官马的生息。元人郑介夫说："又兼牧于野者，安于水草，习于驰骤，以之临敌，易于鞭策。蓄于私家者，饱以刍豆，勤于剪拂，一旦置之荒郊，便已瘦弱无力，况当矢石之冲，何济于用？"① 明朝在北直隶地区也饲养大批官马，明太宗皇帝将散养法与团槽法作对比说："凡物遂其性则生息蕃。往时北京军士养马，散牧于野，顺适其性，人不劳而马蕃。近闻置棚造坊縶维之，如此牧养是拂逆其性矣，安能使之生遂？朕常以此训谕司牧者，皆不能遵用，尔兵部申戒饬之。"② "凡物遂其性则生息蕃"是统治者倾向于采取散养办法的重要原因。

虽然每年官府都会拨给大量草料，但宿卫、投下们并没有对大都与上都进行区分，他们与在夏营地一样进行自由放牧，对大都周边民众科敛，纵放马匹，啃坏树木等，给农民造成极大的骚扰。至正十八（1358）年，关先生、破头潘、沙刘二等农民起义军攻陷上都，上都被焚毁，"大驾不复时巡"，两都巡幸制被破坏。相应地在大都及周边宿卫的马驼也不到上都牧养，全年饲养于大都及周边，因而对元朝中央造成的经济压力就更大，使本就断绝南方粮食输入的元朝廷经济雪上加霜，加速了元朝的灭亡。

上都位于草原，每年夏秋宿卫马匹在上都期间可以自由放牧；大都是农业区，且在大都期间属于冬春草枯时期，宿卫马匹除小部分在大都饲养外，大部分分散到大都周边州县饲养。学者认为元代大都地区的农牧矛盾是两都巡幸制度背后的经济动因③，当然这是不可否认的。但北方游牧民族的游牧活动应该是两都巡幸制度的主要动因。北方游牧民族历来有冬营地与夏营地的划分，每年在冬营地与夏营地之间往返游牧。杉山正明教授论述了辽代上京临潢府和金代"桓抚之间"区域作为夏都的意义，指出"那里一方面是王室的避暑地，另一方面也是近卫军牧

---

① 邱树森、何兆吉辑点：《元代奏议集录（下）》，浙江古籍出版社1998年版，第124页。
② 《明太宗实录》卷117，"中央"研究院历史语言研究所1962年版，第1485—1486页。
③ 丁超：《元代大都地区的农牧矛盾与两都巡幸制度》，《清华大学学报》2011年第2期。

养大量马群,尤其是大型战马的夏季营地。望眼望去,草原一带尽是王室与近卫军的专用官有牧场"①。

拉施特在《史集》中描述了蒙古的游牧活动,窝阔台汗春天所在之处是距哈拉和林一天行程的迦坚茶罕之地,夏天则在月儿灭怯土的地方,秋天所在之处是距哈拉和林四天行程的古薛纳兀儿,冬天的驻地为汪吉。②阿里不哥的夏营地在阿勒台,冬营地则在帖客和乞儿吉思,其间相距三日途程。③西方传教士鲁木鲁乞记载蒙古人"冬季他们到南方较温暖的地区,夏季到北方较寒冷的地方"④。伊利汗国每年也在冬营地与夏营地之间往返的游牧。⑤安西王府也是夏天驻扎开城,"冬驻白海"⑥。对于每年往返于大都、上都之间驻夏与驻冬的蒙古宿卫来说,他们的游牧活动中本就有冬营地与夏营地的区分,两都巡幸制度不过是在冬营地大都与夏营地上都之间的迁移,大都及其周边地区不过是蒙古人的冬营地。拉施特在叙述忽必烈选择自己的驻地时说:"他(忽必烈)就以该处君主的京城,汉语称之为中都的汗八里城作了自己的驻冬地。"⑦他直接把元大都称为忽必烈的驻冬地。从这种意义上说,元代金莲川上都地区夏营地的功能与辽、金并无二致。但大都及周边区域是农耕区,宿卫自由牧放无疑对定居百姓造成很大的骚扰。张珪与元武宗关于团槽与散放的分歧,是蒙汉二元文化对立的结果。

综上所述,元代两都巡幸制下,每年冬春大都都会聚集大量宿卫马匹,常数有十几万匹,大德十一年(1307)甚至达到二十一万余匹。这些马匹分为大都饲养和分饲外路两部分,国家拨给刍粟钞锭至州县,凭度支监文书支请。这种方式下,宿卫马匹冒滥支请很多,对民众骚扰

---

① 杉山正明著,周俊宇译:《忽必烈的挑战》,广阳出版社2012年版,第83页。
② 拉施特主编,余大钧、周建奇译:《史集》第2卷,商务印书馆1985年版,第70页。
③ 拉施特主编,余大钧、周建奇译:《史集》第2卷,第365页。
④ 道森编,吕蒲译,周良霄注:《出使蒙古记》,中国社会科学出版社1983年版,第107—257页。
⑤ 本田实信:《イルハソの冬营地·夏营地》,《東洋史研究》第34卷第4号(1976年)。
⑥ 《大元故从仕郎韩城县尹张公墓志铭并序》,樊波:《西安碑林藏元〈张翼墓志〉补考》,《文博》2016年第4期。
⑦ 拉施特主编,余大钧、周建奇译:《史集》第2卷《忽必烈合罕纪》,商务印书馆1985年版,第321页。

也很大。在朝廷中也曾一度改散养方式为团槽法，但实行不久就又改为分饲散养办法。据南炳文先生研究，明代两畿及河南、山东也有民养官马①，但元代大都及周边地区的民养官马与之在养马目的、养马方式、饲养时间等方面并不相同。元代大都及周边地区的民养官马是在元代特殊政治体制下出现的，具有鲜明的北方游牧民族特色。在蒙古统治者心目中，被汉人看作是主要都城的元大都，不过是蒙古人的冬营地。

第三节　元代北方的牧马草地及其与农田争讼

游牧民族入主中原，给北方社会带来深刻影响。大量牧马草地的出现，是其中重要的一项。元代北方牧马草地分布广泛、易生纠纷，时人多有记载，但相关研究不多。② 本书裒辑史料，分析元代牧马草地的类别及其与农田的争讼，并通过与宋、明两代的对比，分析北族王朝与中原王朝对待草地与农田之间侵占问题的不同态度，体现元代不同于其他朝代的特点。

一　元代北方牧马草地的种类

蒙古人是马背上的民族，随着蒙古人入主中原，带来了游牧生产方式。但环境改变了，没有了无垠的草原，广阔的耕地就被辟为牧马草地，造成元代北方存在面积广大的牧场。元代北方的牧马草地，大致可分为皇家牧场、探马赤草地、站赤草地、昔宝赤草地和诸王草地五种。

皇家牧场是归太仆寺管辖、主要怯薛、侍卫亲军及大斡耳朵的牧马草场。《元史》卷一〇〇《兵志三·马政》记载："世祖中统四年，设群牧所，隶太府监。寻升尚牧监，又升太仆院，改卫尉院。院废，立太仆寺，属之宣徽院。后隶中书省，典掌御位下、大斡耳朵马。其牧地，东越耽罗，北逾火里秃麻，西至甘肃，南暨云南等地，凡一十四处，自

---

① 南炳文：《明代两畿鲁豫的民养官马制度》，《中华文史论丛》1981 年第 2 辑。
② 陈高华、史卫民《中国经济通史·元代经济卷》（经济日报出版社 2000 年）对元代十四处牧马草场位置进行了简要分析；默书民《元代前期腹里地区的土地开发与田产争讼》（《河北师范大学学报》2003 年第 4 期）研究腹里地区的土地开发，涉及牧地与农田之间的争讼，认为牧马草地常被农田侵占。

上都、大都以至玉你伯牙、折连怯呆儿，周回万里，无非牧地。"① 太仆寺下辖牧马草地在全国有十四处，其中位于北方中原地区的有如下几处：

> 左手永平等处御位下：永平地哈剌赤千户六十。乐亭地拙里牙赤、阿都赤、答剌赤迷里迷失，亦儿哥赤马某撒儿答。香河按赤定住、亦马赤速哥铁木儿。河西务爱牙赤亭罗觯。漷州哈剌赤脱忽察。桃花岛青昔宝赤赤班等。
>
> 大斡耳朵位下：河西务玉提赤百户马扎儿。
>
> 右手固安州四怯薛八剌哈赤平章那怀为长：固安州哈剌赤脱忽察，哈赤忽里哈赤、按赤不都儿。真定昔宝赤脱脱。左卫哈剌赤塔不觯。青州哈剌赤阿哈不花。涿州哈剌赤不鲁哈思。②

"御位下""大斡耳朵位下"都是指皇帝、皇后所属。哈剌赤、哈赤、阿都赤是牧马人，拙里牙赤为统计、计算者，答剌赤为掌酒者，亦儿哥赤是骟羊人，按赤为猎户，亦马赤为掌管山羊的人，爱牙赤为执碗人，玉提赤是兽医，昔宝赤是放鹰者，这些都是为皇家服务的怯薛执事。这些牧地涉及地域有永平、乐亭、香河、河西务、漷州、桃花岛、固安、真定、青州③、涿州，都位于元大都周围。

另外，元朝皇帝每年在大都与上都之间两都巡幸，有大批骑马宿卫跟从。因此在两都之间需要有草地以供牧放。《至正条格》卷一《断例·卫禁·侵耕纳钵草地》记载："在前累朝皇帝时分，大都至上都等处有的纳钵营盘……如今相邻着的百姓每，好生侵耕踏践了有。又比及车驾行幸，先行的诸王、公主、驸马，并各枝儿怯薛歹、女孩儿、火者、各爱马人等，于纳钵内，将自己的车辆、头疋安下，作践草茸。火里孙每当阑呵，倚气力，将火里孙每好生打拷有。为这上头，草长不出来的缘故，是这般有。"④ 纳钵营盘是两都之间的行宫，附近都有供牧

---

① 宋濂等：《元史》卷100《兵三·马政》，中华书局1976年版，第2553页。
② 《元史》卷100《兵三·马政》，第2557—2558页。
③ 此处"青州"可能为"清州"，即今沧州青县、天津静海一带。
④ 韩国学中央研究院编，李玠奭、金浩东、金文京校注：《至正条格校注》卷1《断例·卫禁·侵耕纳钵草地》，（首尔）人文学（humanist）出版社2007年版，第170—171页。

放的草地。这些纳钵草地主要为皇帝两都巡幸服务,在性质上也属于皇家牧场。

探马赤军镇戍守中原,他们占有大量的牧马草地。《元史·肖乃台传》载:"金亡,朝廷以肖乃台功多,命并将史氏三万户军以图南征,赐东平户三百,俾食其赋,命严实为治第宅,分拨牧马草地,日膳供二羊及衣粮等。"① 金亡之后,中原汉地基本在汉世候的控制之下。肖乃台统探马赤军驻守东平,由汉世候严实分拨草地。《元史·石高山传》记载中统三年(1262)石高山入见世祖,奏曰:"在昔太祖皇帝所集按察儿、孛罗、窟里台、孛罗海拔都、阔阔不花五部探马赤军,金亡之后,散居牧地,多有入民籍者。国家土宇未一,宜加招集,以备驱策。"② 五部探马赤军散居中原,被称为"散居牧地",可见探马赤军所在之地都是有牧地的。胡祗遹《县政要式》论述县令为官注意事项,强调"各村荒闲官地及牧马营盘,亦仰于各村下标注"③。可见各地牧马营盘分布之广。

灭南宋之后,这些探马赤军仍旧镇戍中原。淮西行省参知政事塔出"帅师攻安丰、庐、寿等州,俘生口万余来献,赐蒲萄酒二壶,仍以曹州官园为第宅,给城南闲田为牧地"④。濮阳唐兀杨氏是一个探马赤军人家族,因祖传遗集《述善集》及唐兀公碑而闻名。杨崇喜自述定居濮阳县的过程说:"大事既定,来开州濮阳县东,官与草地,偕民错居,卜祖茔置居于草地之西北,俗呼十八郎寨者,迄今百年,逾六世矣。"⑤《述善集》中收录《伯颜宗道传》,是著名理学家哈剌鲁人伯颜宗道的传记,其中记载其家族"宋平,天下始偃兵,弗服,乃土著隶山东河北蒙古军籍,分赐刍牧地为编民,遂家濮阳县南之月城村"⑥。杨崇喜和伯颜宗道的祖先作为探马赤军定居中原,文献中都强调分予"牧地""草地",可见元朝在划定探马赤军驻营区域时,要相应划分给一定面

---

① 《元史》卷120《肖乃台传》,第2966页。
② 《元史》卷166《石高山传》,第3897页。
③ 胡祗遹著,魏崇武、周思成点校:《胡祗遹集》卷23《杂著·县政要式》,吉林文史出版社2008年版,第483页。
④ 《元史》卷135《塔出传》,第3273页。
⑤ 《元代西夏遗民文献〈述善集〉校注》,第49页。
⑥ 《元代西夏遗民文献〈述善集〉校注》,第226页。

积的牧场。奉元路《赡学田记碑》碑阴记载赡学田地四至，其中多有"至探马赤草地""至回回草地"的记载①，说明了探马赤草地与学田犬牙交错的状况。

元代站赤主要分为陆站与水站，陆站须备有驿马，需要有自己的草地。中统初年任监察御史的王恽在一件弹劾文状中指出，"今察到涿州站憸占牧马地内有熟地二百七十七顷二十二亩，每年召人租种，每亩收粟三升、秆草一束。为此取到管站官提领马仲祥呈，并与所察相同……"②王恽纠弹站官马仲祥的原因，是他将牧马草地召人租种，违反了牧地用于牧马的规定。涿州站所占牧马地中仅熟地即有二百七十七顷二十二亩，应还有相应数目的生地，可见涿州站牧马地数量之大。

至元二十六年（1289）四月的一件文书中称："中书省摽拨大都城东北无主荒地五十六顷三十亩，付大都站，以充铺马刍牧之地。"③大都站有自己的牧马草地。至正十三年（1353）《便移站赤去思记碑》记载兵部员外郎拜明善整治站赤，将陵州至高唐间另立太平站，文中记道："乃建言移符呈省，就领官钱二千五百缗，率领两州僚属亲诣公同踏视，置买馆舍、圉廐、庖廪、牧地，督责工匠人夫，不旬日而已落成矣。"④可见太平站在立站之初，即置办有牧地。

针对一些牲畜进入站赤牧地，泰定四年（1327）的一件文书指出："上都周遭草地，及各站牧马地内，旧例马牛外来者，执之以供驿传，三日后回付畜主。羊口入禁，没为馆食。今议若畜主不出识认者，合无作不兰奚数收系之。奉旨准。"⑤进入上都周围草地及各站牧马地内的马牛，如果没有人识认，则要作不兰奚收系，可见上都周围各站都有牧马草地。

庚子年（1240）一件禁约使臣多索分例祇应草料的圣旨中规定：

---

① 《西安碑林全集》，广东经济出版社、海天出版社1999年版，第29册，第2957—2958页。
② 王恽：《秋涧先生大全集》卷88《乞征问取牧马地草粟事状》，《元人文集珍本丛刊》第2册，新文丰出版公司1985年版，第441页上。
③ 《经世大典辑校》卷8《政典·驿传三》，第518—519页。
④ 冯云鹓：《济南金石志》卷4《元至正十三年便移站赤去思记碑》，《石刻史料新编》第2辑13册，新文丰出版公司1979年版，第9937页。
⑤ 《经世大典辑校》卷8《政典·驿传六》，中华书局2020年版，第629页。

"兼有长行马匹草料，自十月一日草枯时为始放支，至向前四月一日住支。"①虽文书中并未明说四月至九月不支给草料的原因，但四月至九月牧草茂盛，马匹是可以牧放的，说明驿站有自己的草场。《元典章》卷三十六《兵部三·站赤·立站赤条画》记载："诸站元有牧马草地，仰管民官与本站官打量见数，插立标竿，明示界畔，无得互相侵乱，亦不得挟势冒占民田。"②《立站赤条画》是建立站赤的制度性文件，说明诸站是有牧马草地的。大德五年（1328）的一件文书记载："大德五年，通政院奉令旨，各路收（牧）地造籍，诸人毋得争夺云云。"③通政院是主管全国驿站的机构，通政院所言"各路牧地"指的是各地站赤的牧地。从这些记载可见，全国多数驿站应是有牧马草地的。

昔宝赤是皇帝、贵族的养鹰人，鹰坊打猎需要有自己牧马草地。《元史·兵志》载右手固安州四怯薛八剌哈赤平章那怀为长之下牧地有"真定昔宝赤脱脱"④。说明真定也有昔宝赤牧地。《元史·阿沙不花传》记载："阿沙不花以大同、兴和两郡当车驾所经有帷台岭者，数十里无居民，请诏有司作室岭中，徙邑民百户居之，割境内昔宝赤牧地使耕种以自养，从之。阿沙不花既领昔宝赤，帝复欲尽徙兴和桃山数十村之民，以其地为昔宝赤牧地。阿沙不花固请存三千户以给鹰食，帝皆听纳。"⑤从中可见，大同、兴和两路昔宝赤牧地不少。新发现《铁著墓志铭》记载："撒迪弥实……以功臣子召入宿卫。世皇见而爱其气骨，器异之。既冠，沉毅果决，普力、智计过人。日遂近侍，特命领昔宝赤……首建上都，赐第大西关及住夏草地。"⑥铁著家族世袭昔宝赤，忽必烈令撒迪弥实领昔宝赤后，赐给"住夏草地"，也说明昔宝赤是有牧地的。

分封制是元代一项基本制度，有部分宗王因为各种原因而留驻中原

---

① 赵世延、虞集等撰，周少川、魏训田、谢辉辑校：《经世大典辑校》卷8《政典》，中华书局2020年版，第446页。
② 《元典章》卷36《兵部三》，第1238页。
③ 熊梦祥著，北京图书馆善本组辑：《析津志辑佚》，北京古籍出版社1983年版，第120页。
④ 《元史》卷100《兵志三·马政》，第2257页。
⑤ 《元史》卷136《阿沙不花传》，第3297页。
⑥ 转引自李治安《元康里氏铁著家族世袭怯薛及昔宝赤新考》，《史学月刊》2019年第10期。

食邑，在中原仍旧保持其游牧生活，朝廷须赐予牧马草地。《元史》卷一三四《和尚传附千奴传》记载："东平、大名诸路有诸王牧马草地"①。《潞州学田记》记载："至元二十八年，于藩王小薛得分牧地上党。"② 小薛大王是窝阔台系宗王，忽必烈在至元二十八年（1291）在潞州为小薛大王划分牧地。赵天麟《太平金镜册》卷四《树八事以丰天下之食货·限田产》指出："伏见今王公大人之家，或占名田近于千倾，不耕不稼，谓之草场，专用牧放孳畜。"③ 这里能够广占田为牧场的，应多是诸王、驸马等贵族。

二 元代北方草地对农田的侵占

蒙古人进入中原，对中原地区以农业为主的生产方式不甚理解，窝阔台时期中使别迭曾提出："虽得汉人亦无所用，不若尽去之，使草木畅茂，以为牧地。"④ 这种提议虽遭到耶律楚材的抵制，但并没有从根本上抑制蒙古人在汉地的游牧活动。如上所述，各种类型的牧马草地在北方汉地星罗棋布，是随着蒙古人进入中原出现的新景象。草地与农田犬牙相错，极易产生疆界纠纷。两者纠纷的纷繁复杂，也是其他朝代少有的现象。

史籍中多有牧马草地侵占农田的记载。《元史·察必皇后传》记载："一日，四怯薛官奏割京城外近地牧马，帝既允，方以图进，后至帝前，将谏，先阳责太保刘秉忠曰：'汝汉人聪明者，言则帝听，汝何为不谏。向初到定都时，若以地牧马则可，今军蘸俱分业已定，夺之可乎？'帝默然，命寝其事。"⑤ 四怯薛官割京城外近地牧马，必然导致侵占农田。察必皇后委婉进谏，限制了草地的扩张，但这显然与蒙古人的利益相悖。但察必皇后所说"向初到定都时，若以地牧马则可"，可见蒙古人入主中原初期，占农田为草地十分普遍。

---

① 《元史》卷134《和尚传附千奴传》，第3258页。
② 杨笃：《长治金石志》，《石刻史料新编》第3辑31册，新文丰出版公司1979年版，第86页下。
③ 陈得芝辑点：《元代奏议集录（上）》，浙江古籍出版社1998年版，第292页。
④ 宋子贞：《中书令耶律公神道碑》，《元文类》卷57，商务印书馆1958年版，第832页。
⑤ 《元史》卷114《察必皇后传》，第2871页。

探马赤军占农田为草地的记载不绝于书。李璮乱后，撒吉思任山东行省都督、益都路达鲁花赤，《元史·撒吉思传》记载："统军抄不花田游无度，害稼病民，元帅野速答尔据民田为牧地，撒吉思随事表闻。有旨，杖抄不花一百，令野速答尔还其田。"①《元史·世祖纪二》记载："（中统四年秋七月壬寅）诏阿术戒蒙古军，不得以民田为牧地。"②《元史·塔里赤传》记载："时南北民户主客良贱杂糅，蒙古军牧马草地互相占据，命塔里赤至其地理之，军民各得其所，由是世祖知其能。"③《元史·姜彧传》记载姜彧知滨州，"时行营军士多占民田为牧地，纵牛马坏民禾稼桑枣，彧言于中书，遣官分画疆畔，捕其强猾不法者置之法。"④至元十一年（1274）三月"亦乞里带强取民租产、桑园、庐舍、坟墓分为探马赤军牧地，诏还其民。"⑤大德四年（1300）九月"曹州探马赤军与民讼地百二十顷，诏别以邻近官田如数给之。"⑥。至大四年（1311）"河东、陕西、巩昌、延安、燕南、河北、辽阳、河南、山东诸翼卫探马赤争草地讼者二百余起"⑦。从这些记载可见探马赤军占农田为草地的普遍性。

　　《元典章·新集》收录延祐六年（1319）的一件文书，记载各处探马赤军与百姓田地争讼非常频繁，"各处探马赤与百姓相争地土的，七十余顷有⑧。在先几遍省里、枢密院里、经正监里差人交归断去呵，他每迁延不即予决，直至务停回还，不得杜绝，交多人每生受有"。大德三年（1299），御史台备着山东廉访司文书说："相争田地里多了有，经十年不得结绝的也有……"⑨ 这件文书说明探马赤军与农田之间的土地争讼频繁，且归断十分困难，多年得不到解决。虽文书未详说是农田侵占草地，还是草地侵占农田，但枢密院"掌天下兵甲机

---

① 《元史》卷134《撒吉思传》，第3244页。
② 《元史》卷5《世祖二》，第93页。
③ 《元史》卷135《塔里赤传》，第3275—3276页。
④ 《元史》卷167《姜彧传》，第3928页。
⑤ 《元史》卷8《世祖纪》，第154页。
⑥ 《元史》卷20《成宗纪》，第432页。
⑦ 《元史》卷132《拔都儿传》，第3212页。
⑧ 颇怀疑此处"七十余顷"为"七千余项"。
⑨ 陈高华等点校：《元典章》新集《刑部·停务·互争不结绝地租官收》，中华书局、天津古籍出版社2011年版，第2220页。

密之务"①，经正监"掌营盘纳钵及标拨投下草地，有词讼则治之"②。他们之所以"迁延不即予决"，应是因为探马赤军是既得利益者，这是土地争讼多年得不到解决的主要原因。

寺院田地也会被怯薛军侵占。天历元年（1328）十一月《大都南城大万寿禅寺复田记》记载了燕京万寿寺田产被怯薛军牧场侵占，在牧场侵占田地中极具代表性，这里不烦繁冗，将全碑转引如下：

> 燕都万寿寺者，昔金天会间青州辩禅师开化行道之所也。□诸寺最号为法奥，巾□众多，产植库薄，日给□继，颇为病。太保刘文贞公屡尝念之。中统□□，民之豪族有曰张仲俱子世英以固安□□□五百顷寄遗公，公言于世祖皇帝，转□□□□其主者雪□裕公，以岁入□餐粥，为常住□□计。至元十九年有司抄籍，计其地在固安者□百九十三顷三亩，在霸州者三百七顷十□□，分作寺户供报，在公在私，□知其□，□□□□暴如也。然地之鄙四，而二与牧驼□□□□□者□首周法，大德七年有怗蓦赤暨不作赤胜古伯那火者，挟权恃强，冥心冒占，指寺之界，谓为彼业，讻□公庭，迫二纪而犹豫靡决。泰定三年宣政院官撒留哈具言于上，钦奉玉音，俾廉能□□者决之。当是时，东作已兴，姑寝斯举。明年□□首委断事官咬住间、宣徽同金蒙哥撒儿，□□僧副留守寺琐住、经正监太卿妥坚不花、大仆寺丞塔海、固安知州薛世昌等执至公之衡，操大中之柄，洗人欲而白天理，蒐源委而按图籍，十手所指，十目所视，折诬坐妄，而归地于□□慧公，俾古之下，一定不易。是□理在天，□□在私，欲以势力之所可欲也如此。噫，寺今后□齐子云云得以安坐而食，当思所以修身务本，以善导人而有密资于治功，庶不为无补于今之世者焉。天历元年岁次戊辰十一月吉日③。

---

① 《元史》卷86《百官二》，第2155页。
② 《元史》卷90《百官六》，第2295页。
③ 虞集：《大都南城大万寿禅寺复田记》，《崇祯固安县志》卷8《附录·寺观》，国图藏本。虞集各版本文集均未收此文，王颋先生点校《虞集全集》将此文辑出，本文据《崇祯固安县志》重新迻录。

固安豪民张仲复、张世英父子将田五百顷进献给太保刘秉忠，刘秉忠奏明忽必烈，将田产转赠大万寿寺。但田地四至中有两边与探马赤草地相接，导致大德七年（1303）田地被怯薛军夺占。"大德七年有怗薯赤暨不作赤胜古伯那火者，挟权恃强，冥心冒占，指寺之界，谓为彼业，讻□公庭，迨二纪而犹豫靡决。"① 大德七年万寿寺田地被侵占，寺院与怯薛军的争讼二十多年得不到归断。泰定三年（1326）宣政院官撒留哈将此事奏报皇帝，第二年才按照图籍得以恢复。燕京万寿寺是一所著名寺院，是曹洞宗祖庭，从万松行秀开始，历代曹洞宗领袖都住持大万寿寺，且与元代皇家关系密切。具有皇家背景的大万寿寺田地被侵占二十多年，从中我们可以看到怯薛军势力的强大，其他农田被强占更是寻常。

学田具有官田的性质，也常常被草地侵占。王构任济南路总管，"学田为牧地所侵者，理而归之"②。奉元《赡学田记碑》记载："陕西西南之大藩，而奉元陕西之名郡，行省行台之所临莅，其田土租入视他郡颇多。前乎此也，以因循苟简，交承不明，失于勾稽，积数十年小则侵其畔，大则没其全，甚者去其籍至无谓。"③ 文中虽未明说什么人侵占学田，但碑阴田地四至多有"至探马赤草地""至回回草地"的记载，说明学田与探马赤军牧地犬牙交错，侵占学田的可能正是这些探马赤军草地。

诸王、贵族更是仗势占农田为草地。《元史·郑鼎传附郑制宜传》记载郑制宜任御史台侍御史，"安西旧有牧地，圉人恃势，冒夺民田十万余顷，讼于有司，积年不能理。制宜奉诏而往，按图籍以正之，讼由是息"④。此处安西指忽必烈之孙、安西王阿难答，安西王圉人仗势夺民田为牧地达十万余顷，规模十分庞大。《元史·和尚传附千奴传》记载："东平、大名诸路有诸王牧马草地，与民田相间，互相侵冒，有司

---

① 虞集：《大都南城大万寿禅寺复田记》，《崇祯固安县志》卷8《附录·寺观》，国图藏本。

② 《元史》卷164《王构传》，第3856页。

③ 高峡主编：《西安碑林全集》，广东经济出版社、海天出版社1999年版，第29册，第2957页。

④ 《元史》卷154《郑鼎传附郑制宜传》，第3637页。

视强弱为予夺,连岁争讼不能定。乃命起千奴治之,其讼遂息。"① 诸王势力较探马赤军更大,有司视强弱为予夺,导致这种侵占的争讼断起来很困难。《至正条格》收录至元六年(1240)七月初七日的一件文书记载:"比者伯颜党乞失者延不花等,恃势夺占大都、河南、江淮、腹里诸处,及保定、雄、霸等州官民田土、房产,指称屯卫牧马草地,割为己业。"② 伯颜是权臣,仗势侵夺民田、房产为牧马草地,涉及的地域也非常广泛。

虽然蒙古人常占农田为牧马草地,但草地被侵占为田地的情况也见于记载。至元三年(1237)二月乙酉,"诏理断阿术部下所俘人口、畜牧及其草地为民侵种者"③。至正十六年三月癸未,"台臣言:'系官牧马草地,俱为权豪所占。今后除规运总管府见种外,余尽取勘,令大司农召募耕垦,岁收租课以资国用。'从之"④。规运总管府是各大皇家佛寺管理寺院田产的机构,也参与到侵占牧地的活动中,且因势力较大难以回收,其他田地则被收归为大司农出租。

探马赤草地在元代牧马草地中所占比重最大,且因涉及元代军事镇戍,具有极重要地位。但官府分拨探马赤军的草地,也常因各种原因被改变性质。《秋涧先生大全集》卷九十《定夺官地给民》载:"京兆路州郡所有营盘草地极广,旧为探马赤牧马地面,近年迁往西州屯驻,其地悉为闲田,并随路营盘草地宽阔去处,量给侧近无田农民种养,并赡不足。"⑤ 京兆路的探马赤军因为驻地迁移,其原有牧地改为农田。大德三年(1299)五月庚子,"免山东也速带而牧地岁输粟之半"⑥。大德七年(1303)春正月己酉,"益都诸处牧马之地为民所垦者,亩输租一斗太重,减为四升"⑦。从官府收租来看,改牧地为农田得到承认。这里牧马草地被开垦的原因不清楚,可能也是探马赤移戍之后空出来的牧地被改为农田。

---

① 《元史》卷134《和尚传附千奴传》,第3258页。
② 《至正条格》卷26《条格·田令·豪夺官民田土》,第64页。
③ 《元史》卷6《世祖三》,第110页。
④ 《元史》卷44《顺帝纪八》,第930页。
⑤ 王恽:《秋涧先生大全集》卷90《定夺官地给民》,《元人文集珍本丛刊》第2册,新文丰出版公司1985年版,第469页下。
⑥ 《元史》卷20《成宗三》,第427页。
⑦ 《元史》卷21《成宗四》,第447页。

探马赤军人的典卖也是导致草地变农田的原因之一。延祐七年（1320）的一件文书记载："军人每年差调置备军需什物的上头，将根元分拨与来的草地典与了人的，不交回付元价，将地分拨与军人每者。么道，在前枢密院一面上位根底奏了来。若交这般行呵，动摇有。探马赤军人典质与了人的地土，验元价收赎，将地归还元主。"① 每遇军人出征，需要自己准备武器装备。分割给探马赤军人的牧马草地，被他们或典或卖，变为农田。但牧马草地是探马赤军得以维系的重要条件，元朝官府竭力对其保护，除买卖不再变动外，典质的土地都须回赎。

在各种类型草地中，站赤草地较为特殊。站户因不占有特权，草地也常被影占为田地。畏兀人亦辇真为通政院使，"大同东胜州之吴滦、永兴、马牛三驿牧马草地为诸人所侵冒，讼久弗决，公被旨按问得其实，十二乡之人百有余家冒耕其地已十六七年，一旦同声辞服，愿返所侵地，公为正其经界，而缓其历年之租赋"②。驿站草地被冒耕，会导致驿站消乏，所以官府竭力阻止驿站草地被侵占。元贞二年（1296）一件圣旨记载："但属站的草地每，不拣谁，占了来呵，回与者。"③ 皇帝颁发圣旨保护站赤草地，显示了站赤草地被百姓占种的严重性。

有时草地还被以行政命令划为农田。中统二年（1261）七月己丑，"敕怀孟牧地听民耕垦"④。怀孟为忽必烈封地，改牧地为农田属于皇帝的仁政。"元统二年，改封颜子考曲阜侯为杞国公，谥文裕；妣齐姜氏为杞国夫人，谥端献；夫人戴氏兖国夫人，谥贞素。又割益都邹县牧地三十顷，征其岁入，以给常祀。"⑤ 邹县牧地被改为颜子祭田，体现的是皇帝重视儒学。但这种改草地为农田的情况较为特殊，数量也不会很大。

虽然元代牧马草地与农田之间互有侵占，但哪一方占主流，是一个值得探讨的问题。有学者指出，"虽然在元代自始至终存在着侵夺农田

---

① 《元典章》新集《户部·田宅·探马赤军典卖草地》，第2121页。
② 黄溍：《金华黄先生文集》卷24《辽阳等处行中书省左丞亦辇真公神道碑》，《四部丛刊》本。
③ 《元典章》卷36《兵部三》，第1241页。《经世大典》收录此条，作"（元贞）二年正月七日"。
④ 《元史》卷4《世祖一》，第73页。
⑤ 《元史》卷77《祭礼六》，第1920页。

为牧地的现象,但总的趋势是牧马草地不断被蚕食鲸吞"①。但我们通过对上述分析可以看出,在草地与农田争讼中,官府"视强弱为予夺",政治势力在双方转换中起到重要作用。除站户社会地位较低,其草地常被农田侵占外,其他类型草地占有者多具有政治或身份上的优势,两者相争的结果肯定是大批农田被改为草地。我们认为,元代北方牧马草地侵占农田是主流。

三 元代与宋、明的对比

唐代前期主要边患是西北的突厥,主战场在西北,因而牧场也主要在西北。唐后期至宋代,国家的威胁主要在河北,相应的牧场也主要分布在河北。但北宋的牧监养马最后以失败告终,关于这一问题的论述较多②,这里不再赘述。在同样的土地上,北宋的牧监草地因被农田侵占难以维系,元代则牧马草地侵占农田如火如荼。在大相径庭的结果背后,我们看到的是不同经济思维方式作用的结果。

《宋史·张问传》记载张问为大名府通判,"群牧地在魏,岁久冒入于民,有司按旧籍括之,地数易主,券不明,吏苟趣办,持诏书夺人田,至毁室庐、发丘墓。问至,则曰:'是岂朝廷意耶?'其上以闻。仁宗谕大臣曰:'吏用心悉如问,何患赤子之不安也。'立罢之"③。牧地被民户侵占,有司按照旧籍括取田地,本属正当行为。张问到任后提出反对意见,上奏后得到宋仁宗的褒奖,括牧地活动被废止。《宋史·范纯仁传》记载范纯仁知襄邑县,"县有牧地,卫士牧马,以践民稼,纯仁捕一人杖之。牧地初不隶县,主者怒曰:'天子宿卫,令敢尔邪?'白其事于上,劾治甚急。纯仁言:'养兵出于税亩,若使暴民田而不得问,税安所出?'诏释之,且听牧地隶县。凡牧地隶县,自纯仁始"④。在农业环境中成长起来的范纯仁,头脑中全是以农为本的思想。大概是在他的建议下,牧地从原来中央直属改为郡县管理。北宋作为农业国

---

① 默书民:《元代前期腹里地区的土地开发与田产争讼》,《河北师范大学学报》2003年第4期。

② 张显运:《试论北宋时期的马监牧地》,《兰州学刊》2012年第8期;肖晓凡:《北宋农牧用地矛盾略论———以河北路为中心》,《农业考古》2020年第3期。

③ 脱脱等:《宋史》卷331《张问传》,中华书局1977年版,第10662页。

④ 《宋史》卷314《范纯仁传》,第10282页。

家，虽因外患而不得不在河北养马，但传统重农思维仍占主流，在农田与草地产生矛盾时，君臣心中的天平不自觉地倾向到了农田一边。

与宋代情况相似，牧场的被农田侵占，也是明代马政弊坏的直接原因。明代养马分为民养官马与官府的监苑马。但无论哪种牧养方式，都需要有牧场。邱濬在《大学衍义补》卷一二四《牧马之政》中引用宋太宗划定牧场事件后评论道：

> 马以资军用，诚国家之急务，然用军欲何为哉？卫民而已！本欲卫民，未有事乃先害民可乎？宋太宗虑牧马侵民田，遣使检视，良是也。然不遣文吏，而遣中使，何哉？夫天下土地，何者而非国家之有，在民犹在官也，而在官者则非民有矣，其疆界之彼此，诚不可不为画定也。疆界不定，则官田日广，民田日削，马虽蕃而民日耗，而用马以谁卫哉？①

宋太宗虑牧地侵占民田，划定其疆界的做法，受到邱濬的肯定。他认为养马本为卫民，如果牧地侵占农田，则造成养马而害民，这是不应该的。可以看出，邱濬的思想与宋太宗、宋仁宗等相同，都将农田利益放在牧地利益之前。在这种思想的指导下，明代官马饲养的苑监官牧在明代中期就已经开始衰落，《明史》卷九二《兵志·马政》评论："按明世马政，法久弊丛。其始盛终衰之故，大率由草场兴废。"② 后来虽有杨一清的整顿，但还是没能挽回颓败的趋势③。

韩茂莉先生分析宋代官马饲养失败的原因指出，"在传统的农耕区内设置牧监，弃农从牧则显然有悖于事物发展规律的，这是唐后期及北宋马政失败的根本原因"④。南炳文先生分析明代北方牧场被侵占原因，也认为："在这里倘搞农业所得收益要比长草牧马强得多。因此，除了特殊情况，在这里是不可能用牧放马匹来代替农业生产的，这是一个经

---

① 邱濬著，林冠群、周济夫校点《大学衍义补》卷124《牧马之政（中）》，京华出版社1999年版，第1076页。
② 张廷玉等：《明史》卷92《兵志·马政》，中华书局1974年版，第2275页。
③ 南炳文：《明代的苑监官牧》，《南开学报》1982年第5期。
④ 韩茂莉：《唐宋牧马业地理分布论析》，《中国历史地理论丛》1987年第2辑。

济规律"①。两位学者都认为，在自然条件限制下，北方牧场被农田侵占是自然规律作用的结果。但这种分析显然不适用于元代。元朝统治者习惯于游牧生活，对农业很隔阂，进入汉地的时候，不自觉带入了游牧生活习惯。不同的思维方式导致不同的统治政策，因而出现不同的结果，宋、明官府对农田侵占草地束手无策，元朝官府对草地侵占农田则几乎视而不见。牧场与农田之间的田产争讼，不仅是农、牧矛盾的体现，更是蒙汉二元文化冲突的体现。

唐末五代以来，随着北方民族南下，北方的农业区被迫融入许多游牧因素，宋朝是这样，元朝更是如此。这种状况一直甚至延续至明清，任意翻开一本明清方志，多有牧马草地的记载，这是北族南下对中原汉地产生的一个影响。虽然都建立牧马草地，但各朝状况并不相同，有被动与主动之别。被动建立的草场往往缺乏政治力量的有力支持，趋于萎缩以致废弃，如北宋、明代北方的草场被农田侵占的难以维系；主动建立的草场背后具有统治者的坚强支持，往往侵占农田，蓬勃发展，如元代北方的草场。宋、明北方牧监养马失败的直接原因是草场被农田侵占，而根本原因则是传统重农思维作用的结果。大蒙古国时期别迭以中原为牧地的思想，终元一代在蒙古人的头脑中始终未变，这是元代不同于其他中原王朝的特点。

第四节　元代直隶省部地区铁冶研究

元代中书省腹里地区大抵可以划分为山东东西道宣慰司、河东山西道宣慰司和直隶省部地区三部分。直隶省部地区大体包括今河北省全部、河南省北部及内蒙古自治区南部部分地区。②元代直隶省部地区铁冶状况，学者在一些通论性著作中多有涉及。③但受资料限制，深入研

---

① 南炳文：《明代两畿鲁豫的民养官马制度》，《中华文史论丛》1981年第2辑。
② 葛仁考：《元代直隶省部研究》，博士学位论文，南开大学历史学院，2010年，第6页。
③ 主要有陈高华、史卫民《中国经济通史·元代经济卷》，经济日报出版社2000年版；胡小鹏《中国手工业经济通史·宋元卷》，福建人民出版社2004年版；刘莉亚《元代手工业研究》，博士学位论文，河北大学宋史研究中心，2004年；彭少辉《元代的科学技术与社会》，河南大学出版社2010年版。

究不多。笔者钩稽文献，辅以新发现金石拓片，试对元代直隶省部地区的铁冶进行考察。

一　燕南地区的铁冶机构

《元史》卷九四《食货二·岁课》中说"产铁之所，在腹里曰河东、顺德、檀景、济南"①，对腹里地区的铁冶进行了简单的概括，其中隶属直隶省部辖区的是顺德和檀景。元人王恽在《省罢铁冶疏》中说："窃见燕北、燕南通设立铁冶提举司大小一十七处，约用煽炼人户三万有余……"②燕南、燕北合起来基本上是直隶省部辖区，下面即分燕南、燕北两部分对直隶省部地区铁冶分别论述。

燕南所指即为顺德等处铁冶都提举司。《食货二·岁课》记载：

> 在顺德等处者，至元三十一年，拨冶户六千煽焉。大德元年，设都提举司掌之，其后亦废置不常。至延祐六年，始罢两提举司，并为顺德广平彰德等处提举司。所隶之冶六：曰神德，曰左村，曰丰阳，曰临水，曰沙窝，曰固镇。③

《元史·食货志》顺帝朝之前材料抄自业已佚失的《经世大典》④，保留了弥足珍贵的原始材料。但这段材料叙述简略，有明显的节略抄录痕迹，细读我们可以在其中提出一连串的问题：燕南的冶铁是否始于至元三十一年（1294）？大德元年（1297）设立了一个还是多个铁冶都提举司？延祐六年（1319）废罢的冶铁两个提举司分别是哪两个？

此处的"顺德等处"铁冶应包括顺德、广平、彰德等路的铁冶，但这几处铁冶并非初创于至元三十一年。忽必烈在潜邸，总领漠南事，以刘肃与张耕治理邢州，《元朝名臣事略》卷十《尚书刘文献公》载：

---

① 宋濂等：《元史》卷94《食货二·岁课》，第2378页。按：此处"檀景"所指即为檀景等处採金铁冶都提举司，点校本《元史》将"檀"与"景"点断是不合适的。

② 王恽：《秋涧先生大全集》卷90《便民三十五事·省罢铁冶户》，《元人文集珍本丛刊》第2册，新文丰出版公司1985年版，第467页上。

③ 《元史》卷94《食货二·岁课》，第2381页。

④ 余元盦：《〈元史〉表志部分史源之探讨》（原载《西北民族文化研究丛刊》第1辑，1949年5月），收入吴凤霞主编《辽史、金史、元史研究》，中国大百科全书出版社2009年版，第412—415页。

"公（刘肃）到郡，公私缺乏，日不能给。遂兴铁冶，以足公用……"①其时顺德已经开始冶铁。广平路的铁冶提举司设置也比较早，《滋溪文稿》卷一八《阎侯墓碑》载："（至元）十三年，迁承事郎、洺磁路铁冶同提举，佩银符。"②《中庵集》卷七《少中大夫同知南京路总管府事赵公墓道碑铭》载："奸臣复嫉公云州之能，以洺磁铁冶累政废弛，课失以万计，即除朝列大夫、同知洺磁路总管府事，兼本路铁冶都提举，治效如云州。"③此段纪事年代在至元七年（1270）至至元十四年（1277）之间。洺磁路为广平路前身，则至元十三年或更早已经有洺磁路铁冶提举司。

《食货二·岁课》载："大德元年，设都提举司掌之，其后亦废置不常。"关于大德元年之后燕南的铁冶提举司情况，《元史》卷一九《成宗二》载："（大德元年十一月壬戌）罢顺德、彰德、广平等路五提举司，立都提举司二，升正四品，设官四员，直隶中书户部。卫辉路提举司隶广平彰德都提举司，真定铁冶隶顺德都提举司。罢保定紫荆关铁冶提举司，还其户八百为民。"④这段史料说明了大德元年（1297）之前的铁冶提举司设置和大德元年的变化，大德元年之前，燕南的铁冶机构基本上是以路为单位划分为六处，分别是卫辉铁冶提举司、彰德铁冶提举司、广平铁冶提举司、顺德铁冶提举司、真定铁冶提举司和保定紫荆关铁冶提举司。大德元年将保定紫荆关铁冶提举司罢去，其他五处铁冶提举司省并为二。合并后的两处都提举司《元史》中记载模糊不清，但我们可以在一些碑刻中找到其具体名称。今河北省邯郸市峰峰矿区黑龙洞有一方元大德五年（1301）秋七月题记，官员题名有"朝列大夫广平彰德卫辉等处铁冶都提举东昌杨溥"⑤，碑刻中的职官正好反映了这次提举司合并后的情况。20世纪50年代在邢台沙河县綦阳村村南观

---

① 苏天爵辑撰，姚景安点校：《元朝名臣事略》卷10《尚书刘文献公》，中华书局1996年版，第198页。
② 苏天爵著，陈高华、孟繁清点校：《滋溪文稿》卷18《故承务郎杞县尹阎侯墓碑》，中华书局1997年版，第293页。
③ 刘敏中著，邓瑞全、谢辉校点：《刘敏中集》卷7《少中大夫同知南京路总管府事赵公墓道碑铭》，吉林文史出版社2008年版，第92页。
④ 《元史》卷19《成宗纪二》，第414页。
⑤ 张林堂主编：《响堂山石窟碑刻题记总录》（第2册），外文出版社2007年版，第275页。

音寺庙的后面有一座被土埋着半截的石碑，上面刻写"顺德等处铁冶都提举司，大德二年九月日立石"①。大名人刘珪的墓碑铭记载他在大德元年任顺德等处铁冶都提举司。② 石刻文献说明大德元年合并后的两处铁冶都提举司分别是广平彰德卫辉等处铁冶都提举司和顺德等处铁冶都提举司。这两个机构在武宗时期又有变化，《元史》卷二二《武宗纪一》记载至大元年（1308）闰十一月乙巳"罢顺德、广平铁冶提举司，听民自便，有司税之如旧"③。《元史》卷二三《武宗纪二》记载至大三年（1310）正月乙未"复立广平、顺德路铁冶都提举司"④。说明武宗时期这两个铁冶都提举司有一个废罢与复立的过程。

《食货二·岁课》载："至延祐六年，始罢两提举司，并为顺德广平彰德等处提举司。"延祐六年（1319）铁冶机构调整时废掉的应即广平彰德卫辉等处铁冶都提举司和顺德等处铁冶都提举司，卫辉、彰德、广平、顺德、真定等处的铁冶都隶属于新组建的顺德广平彰德等处铁冶都提举司。《食货二·岁课》记载的机构中均缺少了"都"字。武安妙觉寺铸造于天历二年（1329）十二月的铁钟上铸有"顺德广平彰德等处怗冶都提举司"⑤；《经世大典》编成于元后期，抄自《经世大典》的《元史·食货志》在延祐六年后再没有铁冶机构分合变化的记载，可见这一机构经过元前期的调整、定型，直至元末再没有变化。

据《食货二·岁课》，顺德广平彰德等处铁冶都提举司所隶之冶六：曰神德，曰左村，曰丰阳，曰临水，曰沙窝，曰固镇。固镇、临水

---

① 任志远：《文物工作报导·沙河县的古代冶铁遗址》，《文物参考资料》1957年第6期。

② 乾隆《大名县志》卷32《乡贤传四·刘珪》，国家图书馆藏乾隆五十四年（1789）刊本。按：乾隆《大名县志》卷四十《杂记》："府城内西南隅普照寺乾隆四十七年居民在寺掘土得石，出之为元总管刘珪墓碑铭，采其政绩，为之立传，见《乡贤》。"可见乾隆《大名县志》卷32《乡贤传四·刘珪》的资料来源是乾隆四十七年（1782）出土的刘珪墓碑铭，资料可信。

③ 《元史》卷22《武宗纪一》，第505页。

④ 《元史》卷23《武宗纪二》，第521页。中华书局校点本《元史》此处在"广平"与"顺德路"之间没有加顿号，容易使人误解此处为一个机构"广平、顺德路铁冶都提举司"。实际上此时是两个并列机构，加顿号点开为宜。

⑤ 《顺德广平彰德冶都提举司造钟识》拓片（天历二年十二月），北京大学图书馆藏，编号 A161812。

隶属于广平路磁州，今邯郸市峰峰矿区有临水镇，武安市有固镇村。关于其他几个冶场的地理方位，郭声波先生认为沙窝"只能在彰德路（约当今河南安阳地区）地界，尤可能在今安阳、林县、鹤壁间的传统产铁区"①。其实沙窝位于广平路磁州武安县。明初洪武年间高巍《开铁冶疏》提出："且以臣邻境所有言之，今在河南之北、北平之南、山西之东、山东之西旧有八冶，曰临水、曰彭城、曰固镇、曰崔炉、曰祁阳、曰山嘴儿、曰沙窝、曰渡口。询之故老，言在元时设立总司提督搹取，日万贯。"② 高巍为山西辽州人，学者们常误将这八冶作为辽州的冶场，用以研究辽州的冶铁。实际上他所指"河南之北、北平之南、山西之东、山东之西"区域基本上相当于现在的河北省中南部地区。在这八冶之中有沙窝冶。据乾隆《武安县志》，武安县的沙明里旧名沙窝里，下辖有沙窝村。③ 下文要提到的武安阳邑镇《重修寿圣寺碑》碑阴中就有沙窝冶铁官题名。

关于丰阳冶，郭声波先生据"1958年在邢台朱庄村西发现古铁器若干，其中一部分铁斧铸有'丰明'二字，当系冶坊名。附近又发现一座残炼铁炉和炼渣，铁斧当出于此"。推测"丰"者，丰明也，认为丰阳冶是丰明和綦阳两冶的合称。④ 此说甚为牵强，且不说从未见有綦阳与丰明有合称的记载，就是是否存在丰明冶仍属疑问。綦阳又称綦村，历史上一直是著名的铁冶重镇。綦村冶旁原有冶神祠，宋代《重修冶神庙记》中说："顺德之在河朔，为朝廷一襟要。其地多隆冈秀阜，坑冶之利，自昔有之。綦村者，即其所也。"⑤ 元人王恽在《论革罢拨户煽炼冶事》中列举綦阳"户二千七百六十四户"⑥。明初洪武年间辽阳人高巍《开铁冶疏》指出八冶的具体名称，其中有祁阳，即綦阳。在西伯利亚的哈卡斯和索斯诺夫卡村、内蒙古黑水城遗址都出过"綦

---

① 郭声波：《元代顺德等处冶铁提举司诸冶考》，《中国历史地理论丛》1987年第1辑。
② 《辽州志》卷6《艺文》，《中国方志丛书》影清雍正十一年（1733年）石印本，成文出版社1976年版，第655—656页。
③ 蒋光祖等：《武安县志》卷3《疆域》，成文出版社1976年版，第127页。
④ 郭声波：《元代顺德等处冶铁提举司诸冶考》，《中国历史地理论丛》1987年第1辑。
⑤ 民国《沙河县志》卷1《疆域》，上海书店、巴蜀书社、江苏古籍出版社2006年版，第13页。
⑥ 王恽：《秋涧先生大全集》卷89《论革罢拨户兴煽炉冶事》，《元人文集珍本丛刊》第2册，新文丰出版公司1985年版，第452页下。

阳"铭文的犁铧。① 以綦阳铁冶的重要性而言，顺德广平彰德等处铁冶都提举司所隶六冶中不可能没有綦阳。繁体字"豐"与"綦"均笔画较烦琐，颇疑"丰阳"为"綦阳"之误。

关于左村冶，郭声波先生认为左村应位于顺德路，依据是据讲"在左村一所民房地基下，曾发现过古代炼铁炉"②，显然这只是一种推测。能够载在《经世大典》中的应该都是一些规模较大、影响较大的冶场。这种名不见经传的冶场是否会出现在国家的政书中是一种疑问。《紫山大全集》卷一八《显武将军安阳县令兼辅岩县令李公墓志铭》记载李玉"岁壬寅，兼充安阳县令。既而帅府以林虑阙官，不妨本职，兼充林虑县令。后以本职兼铜冶、申村两冶铁场使"③。康熙《林县志》卷一《沿革·村疃》记载："申村管"统村十二，其中有石村。④ 今林州市申村和石村距离较近，且曾分别发现过宋代冶铁遗址。⑤ "左"与"石"字形相近，推测《食货志》中的"左村"有可能为"石村"之误。⑥ 至于神德冶的具体位置，因没有相关资料，不得其详，大概属于彰德路或卫辉路。

关于顺德广平彰德等处铁冶都提举司机构的驻地，史籍没有记载。在今峰峰矿区黑龙洞元代题记中，记载广平彰德卫辉等处铁冶都提举司官员多人在临水镇游览观音堂，且有广平彰德卫辉等处铁冶都提举东昌杨溥"今迁抵此"之句⑦，说明都提举司距此不远。嘉靖《磁州志》卷三《重修临水镇庙学之碑》记载："磁州有学，倚郭滏阳县学移置临水镇……皇庆二年铁冶都提举王懋下车之初而叹曰：此屋不筑，大为阙典，即谋兴造。捐己公俸、同寅协力，为僚属倡，经营于元祐（此处"元祐"应为"延祐"之误，作者注）改元六月，落成于三年九月，图

---

① 转引自刘未《綦阳犁镜》，《鸡冠壶：历史考古札记》，上海古籍出版社2019年版，第322—325页。

② 郭声波：《元代顺德等处冶铁提举司诸冶考》，《中国历史地理论丛》1987年第1辑。

③ 胡祗遹著，魏崇武、周思成点校：《胡祗遹集》卷18《显武将军安阳县令兼辅岩县令李公墓志铭》，吉林文史出版社2008年版，第383页。

④ 康熙《林县志》卷1《沿革·村疃》，清康熙三十四年刻本。

⑤ 李京华：《中原冶金技术研究》，中州古籍出版社1994年版，第14页。

⑥ 郭声波先生认为"顺德、广平、彰德等处提举司"以顺德路（约当今河北邢台地区）标首，依习惯列名法，顺德路地界的铁冶点应排在六冶中靠前的位置。列第三位的丰阳冶经证实在顺德路，则第一、二位之神德、左村冶也在顺德路，大概是没有什么问题的。但我们通过考证可以看出，这几处冶场的排列并没有什么顺序。

⑦ 《响堂山碑刻题记总录》（第2册），第275页。

画贤像，仓庾一新，庙学始备。"① 滏阳县的庙学没有位于县城而是位于临水镇，皇庆二年（1313）的铁冶都提举司为广平彰德卫辉等处铁冶都提举司，铁冶都提举王懋在临水镇上任，说明铁冶都提举司官署驻在此地。《明太祖宝训》卷四《仁政》记载洪武十五年（1382）五月广平府吏王允道奏言："磁州临水镇地产铁，元时尝于此置铁冶都提举司，总辖沙窝等八冶，炉丁万五千户，岁收铁百万余斤……"②

顺德广平彰德等处铁冶都提举司置于广平路磁州滏阳县临水镇，大概是与这里冶铁地位、地理位置、经济水平等条件相关的。广平路的冶铁在直隶省部地区产量最多，《元史·食货志》所列燕南的六个冶场，广平路占了三个。广平路威州同知纳速儿丁"至正辛卯夏四月至州……燕以南郡有铁冶，岁给河间运司煎盐镬叶，广平额加别郡，是年府委君总管督役事，骑卒之费，毫发皆自备，工程速而价给如数，炭冶等户，众莫敢侵渔，民便之"③。广平"额加别郡"也说明了广平路铁产量最大。虽然没有资料说明临水冶铁产量大于固镇冶和沙窝冶，但临水镇相对靠近南北交通主干道，交通条件较其他两冶便利。除了冶铁，临水镇还是一个以制瓷闻名的工商业城镇。元代这里成为北方最大的民窑——磁州窑的烧造中心，至今还保留有许多明清时期的瓷窑。瓷器生产使这里成为富甲一方的工商城镇，元人马昫《李靖庙记》记载："惟今临水镇，实古昭德城，隶赵邦之故墟，属胄昴之分野，当七雄战国之际，为出入之卫焉。以今陶冶之利甲于河朔，资给公私，无不得其所矣。"④ 大概延祐六年合并后的顺德广平彰德铁冶都提举司驻地也在广平路磁州滏阳县临水镇。

二 燕北地区的铁冶机构

在燕北的即是檀景等处铁冶提举司。据《元史》卷九四《食货

---

① 嘉靖《磁州志》卷3《重修临水镇庙学之碑》，《天一阁明代方志选刊续编》第3册，上海书店1990年版，第961—962页。
② 《明太祖宝训》卷4，"中央"研究院历史语言研究所1962年校印本，第328—329页。
③ 嘉靖《威县志》卷3《职官志·同知》，《天一阁藏明代方志选刊续编》第2册，上海书店1990年版，第693页。
④ 嘉靖《磁州志》卷3《李靖庙记》，《天一阁明代方志选刊续编》第3册，上海书店1990年版，第917—918页。

二·岁课》:

> 在檀、景等处者，太宗丙申年，始于北京拨户煽焉。中统二年，立提举司掌之，其后亦废置不常。大德五年，始并檀、景三提举司为都提举司，所隶之冶有七，曰双峰，曰暗峪，曰银崖，曰大峪，曰五峪，曰利贞，曰锥山。①

檀是檀州，今北京密云地区。景州为何地，学者多有误解。元代河间路下辖景州，景州领蓚县、故城、阜城、东光、吴桥五县。所以往往将此处的景州认为是河间路景州。嘉靖《河间府志》也记载东光县"废都提举司。元初檀景等处採金铁冶都提举司管领景州、滦阳三冶。废铁冶司，元张汉民，无棣人，为景州铁冶司提举"②。显然嘉靖《河间府志》把檀景等处铁冶都提举司的"景"认为是河间路景州。但令人怀疑的是景州距离檀州甚远，且河间路景州从来没有产铁的记载。王颋先生依据《金史》卷二四《地理志》："遵化县，辽景州清安军"的记载，指出景州为遵化县。③ 今北京北部密云、遵化多山区，而景州所在为平原区，在檀、景等处所隶七冶名称多与山相关，也从侧面证明这里的景州不是景州辖境。惜王先生的文章流传不广，至今仍有很多学者在论著中仍将"景"认为是河间路景州。檀景等处不仅产铁，仍产金，《元史》卷九四《食货二·岁课》："产金之所，在腹里曰益都、檀、景"④，《元史》卷八一《百官一》对檀景等处铁冶机构的全称为檀景等处採金铁冶都提举司。

燕北等处铁冶机构的设置沿革，《元史》卷八五《百官一》记载："国初，中统始置景州提举司，管领景州、滦阳、新匠三冶。至元十四年，又置檀州提举司，管领双峰、暗峪、大峪、五峰等冶。大德五年，

---

① 《元史》卷94《食货二·岁课》，第2381页。按：大德五年并檀州提举司与景州三提举司为都提举司，"檀"与"景"之间加顿号为宜。

② 嘉靖《河间府志》卷3《建置志》，《天一阁藏明代方志选刊》第1册，上海古籍书店1981年版。

③ 王颋：《元代矿冶业考略》，复旦大学中国历史地理研究所编：《历史地理研究[1]》，复旦大学出版社1986年版，第157页。

④ 《元史》卷94《食货二·岁课》，第2377页。按："此处的"檀景"指檀景等处採金铁冶都提举司，"檀"与"景"不点断为宜。

檀州、景州三提举司,并置檀州等处採金铁冶都提举司,而滦阳、双峰等冶悉隶焉。"① 将《元史·百官志》这段记载与《元史》卷九四《食货二·岁课》结合来读,我们就会对檀景等处採金铁冶都提举司有比较清楚的认识。燕北等处的冶铁在太宗时期就已经开始,中统二年(1261)的时候设立了景州提举司,管领景州、滦阳、新匠三冶。至元十四年(1277)设立檀州提举司,管领双峰、暗峪、大峪、五峰等冶。《元史·五行志》记载:"至元十三年,雾灵山伐木官刘氏言,檀州大峪锥山出铁矿,有司覆视之,寻立四冶。"② 这段史料记载的就是至元十四年(1277)檀州提举司设置的原因。大德五年(1301),檀州提举司和景州提举司合并,组成檀景等处採金铁冶都提举司。

锥山位于今北京密云。民国三年(1914)《密云县志》记载:"锥山。县东七十里即锥山,西北有大谷,《汉书·地理志》:'铁矿山'即此。"③ 暗峪位于今平谷县,明正德五年《龙泉寺记》记载:"盘龙为东畿,大山蜿蜒,以西又十里为暗峪,峰峦峭刻,气势连霄,为平谷治东之界。"④ 据《元史·百官志》中"又置檀州提举司,管领双峰、暗峪、大峪、五峰等冶。"则七处冶场中,锥山、双峰、暗峪、大峪在檀州。

仍有五峪(不知是否为《百官志》中的"五峰")、银崖和利贞三冶位于何处不清楚。据《元史·百官志》记载,中统初年设立景州铁冶提举司时所辖有景州、滦阳、新匠三冶。景州即辽代遵化县,景州冶位于遵化县。滦阳冶位于辽阳行省大宁路惠州,《元一统志》记载惠州有铁冶二所"一在州西北二百三十里寺子峪,名滦阳冶"⑤。新匠冶的具体位置不详。将《食货志》与《百官志》对读,我们发现《食货志》中大德五年檀、景提举司合并时,仍说"景三提举司",《百官志》中大德五年合并之后的檀景等处採金铁冶都提举司仍有滦阳冶,这说明原景州三冶并未废罢。但在《食货志》所列七冶中又确实没有景州三冶,

---

① 《元史》卷85《百官一》,第2134页。按:疑此处的"檀州"应为"檀景"之误。
② 《元史》卷50《五行一》,第1069页。按:此处"大峪"与"锥山"之间加顿号点断为宜。
③ 臧理臣:民国《密云县志》卷1《舆地》之4《山》,中国国家图书馆藏北平京华书局铅印本,1914年。
④ 李兴焯:民国《平谷县志》卷6上《龙泉寺记》,中国国家图书馆藏抄本。
⑤ 孛兰肸等撰,赵万里辑校:《元一统志》卷2《辽阳等处行中书省·大宁路》,中华书局1966年版,第208页。

颇怀疑《食货二·岁课》漏掉了景州三冶，所列七冶都是檀州所辖。王恽说："窃见燕北、燕南通设铁冶提举司大小一十七处"，如果我们将燕南六冶、燕北七冶、大德元年废罢的保定紫荆关铁冶及景州三冶加起来，总数恰为十七处。不知这是一种巧合，还是事实就是这样。

关于元代直隶省部地区铁课额，《元史·食货志》记载了江浙、江西、湖广、河南、陕西、云南等行省的每年铁课额，缺载腹里地区，应是抄录遗漏的结果。王恽对綦阳的冶铁做过统计，"綦阳，户二千七百六十四户，每户四两，计钞一百二十一锭单六两；办铁七十五万斤，每十斤价钞一锭，计钞一百五十定"①。另据王恽《省罢铁冶疏》记载："窃见燕北、燕南通设立铁冶提举司大小一十七处，约用煽炼人户三万有余，周岁可煽课铁约一千六百余万。"② 燕南、燕北恰是直隶省部地区。按各处铁课额都如綦阳年课额七十五万斤计算，则十七处总计为一千七百七十五万斤，与王恽的统计相差不多。当然这只是元初的铁课额。

三 《重修寿圣寺碑》所见基层冶铁

关于元代基层冶场，史料阙如造成研究困难。新发现的碑刻可以在一定程度上弥补这方面的缺憾。武安县阳邑镇寿圣寺原有《重修寿圣寺碑》一通，碑阳记载广平路磁州武安县阳邑镇铁冶官员与税使官率众重修寿圣寺的经过，碑阴则为铁冶官员与民众题名。此碑今已不存，民国《武安县志》收录碑阳③，未录碑阴。所幸北京大学图书馆藏有此碑拓片，为缪荃孙艺风堂旧拓，碑阳、碑阴俱全。④ 碑阴题名对研究元代基层冶铁有一定帮助。为研究方便，不避琐冗将碑阴迻录，同时也为学界提供一份珍贵资料。

---

① 王恽：《秋涧先生大全集》卷89《论革罢拨户兴煽炉冶事》，《元人文集珍本丛刊》第2册，新文丰出版公司1985年版，第452页下。
② 王恽：《秋涧先生大全集》卷90《便民三十五事·省罢铁冶户》，《元人文集珍本丛刊》第2册，新文丰出版公司1985年版，第467页上。
③ 民国《武安县志》卷13《金石》，上海书店出版社2006年版，第323页。
④ 《重修寿圣寺碑》拓片（至元十七年），北京大学图书馆藏，编号为A161016。按：北京大学图书馆"秘籍琳琅——北京大学数字图书馆古文献资源库"误作《重修圣寿寺碑》，年代也误为至元十六年（1279）。

第四章　蒙元治下的河北经济与社会　　237

1. 磁州武安县北阳邑。

2. 北阳邑 社长李旺，乡老周海、李兴、傅宽、周江、徐兴、肖兴、裴荣、柴恕、柴玉、侯德、孟吉、侯□、田广、王□、王瑛、郭信、郭□。

3. 侯政、张元、□旺、景清、王祐、高清、孟玉、和茂、李海、李赛、韩全、徐成、王宝、闫兴、闫宽、于竜、王春、王成、路□。

4. 胡德、郭忠、曲三、金玉、丁义、侯整、于胜、赵宝、马良、高德用、王松、牛信、薛成、王德成、贾成、王琮、王山、张□、潘仔、闫三、□□。

5. 李德、曲大、郭老、孟牙推、徐信、魏江、施丁。铁匠芦用、芦贵、续坚、张德、芦□、周下、李仔。

6. 张王馆 乡老李稳，杨进、庞兴、齐显、齐四、齐荣、韩荣、王用、□进、孙大、韩玉、李伟、□□、□□、孙三、张三、王三、王二。

7. 木井村 社长吉显，安聚、孙聚、王兴、韩显、连海、李元、段和、张玉、杨林、李春、郭全、杨□、张林、刘元、温大、常进、秦大。

8. 王□、杨二、连二、王分、李先生、高林、高二、张元、李让、王义、张胤、刘德、刘玉、逯义。

9. 西柏林村 社长郭庆，乡老郭宝，解仔、严琮、皇宝、王海、郭义、郭津、温全、郭瑛、郭琮、郭整、王宝、童成、景德。

10. 南阳邑村 社长高胤，乡老何元，程惠、郭忠、刘温、李元、高信、李义、郭闰、申政、宋赟、申平、刘成、赵仲、王瑄、牛四、李兴、牛宽、刘辰。

11. 阳邑炉官大使马英，□□赵义，矿炭库使黄国用，怗库官梁鹏，司吏李茂，大鉴成兴、副鉴言信、小鉴晁兴、小鉴韩荣、百户王显、妻李氏。

12. □□等处管民副提领平贤、会史孙整、百□鲍显、郭义。本炉炒铁匠张成、宋义、高兴、张荣、韩□、宋德。

13. 沙窝镇炉官大使□□，副使范义，铁库官孙□，郭口村申显、王□、申福、宋琳、申仪、宋四、王祐、申赟、申思。

14. 郭口村 社长□□，樊定、李成、王全、窦成、杨林、李戎、李宽、王赟、杨闰、李实、王元、李林、王宝□。

15. 南丛井村□□，郭全、郭琛、郭通、樊玉、白□、施安、陈泰、胡绍祖、史义、曹琛、郝成、李乂、□□、□□、樊琛、王显、申旺、赵□妻李氏男马儿，赵德、李义、窦庄、吴海、申显。

16. 北丛井村 社长江元，乡老窦绍，李荣、窦成、李信、杨林、连旺、王添、王喜、孙大夫、王林、贾百户、张旺、施玉、男施大。

17. 上泉村 社长杜钦，乡老严明，李琳、李玉、严信、韩瑛、郭瑛、郝□、郭坚、郭玉、李景、张旺、任信、任伟、严□、郭成。

18. 东柏林村刘清、□□大提领□百庄张遇、张德、魏广、张清、李成、高显、高二、张五、龙江、龙□、任大、任二、刘二、郭义、任琛。

19. 圪岭庄任元、任宽、任□、高贵、李平、张大□。 温村提领孙恕、孙祚。 栢官村乡老孟吉、李安、百户刘泰

20. 下白石吴忠、元泰、元宽、吴安、□兴、吴海、庞政、庞展、马平、吴全、赵□、吴钦、李太、赵玉、王成。

21. 光村 社长韩琛，仵信、仵□、仵三、胡德、王清、梁成、高稳、高林。 东栢林冯山妻任氏、男冯海、藉海。

22. 下庄村 社长吉昌，刘玉、□□、王义、韩平、韩荣、韩贵、李□、梁贵、梁贤。辛武庄王平男王安。

23. 牛心冶村 乡老史添，赵赟、张□、张三、赵大、郭三让、茂坦、□□、杨宽。

24. 固镇□详，提领马珪。张王馆白老、杨二、齐为僧。

25. 至元十七年岁次庚辰乙酉月丙戌日立石纪。

碑刻立于至元十七年（1280），而撰文时间可能为碑阳记载的"至元十六年岁次己卯十月乙亥朔十五日"，阳邑镇炉官税使带领附近村民修庙的时间应在至元十六年或之前不久，此时正是阿合马理财时期，兴煽铁冶是他理财的重要内容之一。阳邑镇的冶铁官员带领民众修庙，从侧面反映了此时冶铁的兴盛。

碑阴题名中涉及了固镇、阳邑和沙窝三处的冶铁官员。固镇、阳邑、沙窝都位于武安西部，阳邑几乎位于固镇和沙窝的中间位置，且距离较近，所以碑刻中会出现三处冶铁官员题名。因为寿圣寺位于阳邑

镇，阳邑铁冶官主持了这次修寺活动，所以其中涉及的阳邑冶铁官员最多。碑阳最后一行题名为"功德主敕赐固镇等处铁冶副提举赵"，而阳邑与沙窝未见有铁冶提举的职官出现，并且在后来隶属于顺德广平彰德的六冶中也没有阳邑冶，推测阳邑冶可能属于固镇冶下辖的冶场。

碑阴题名显示在基层的冶场中有炉官大使、副使、矿炭库使、帖库官，司吏、大鉴、副鉴、小鉴、炒铁匠等人。大使、副使应为阳邑冶的正副长官，大鉴、副鉴、小鉴可能是负责技术的官员，《济南莱芜等处铁冶都提举司管辖碑》记载济南莱芜等处铁冶都提举司设有大监、副监等官员。碑阴题名中沙窝镇有"铁库官孙□"，阳邑有"帖库官梁鹏"。帖库即铁库，冶铸好的铁器应是先存放铁器之库，再由官司发卖。《济南莱芜等处铁冶都提举司管辖碑》中提到的几个监中也都有矿铁库使。①

通过碑刻，我们可以大致还原顺德广平彰德等处铁冶都提举司及其下辖机构官员设置。顺德广平彰德等处铁冶都提举司设置有都提举、副提举、同提举、提控案牍等官吏。② 其下辖六个铁冶提举司，以固镇冶为例，《重修寿圣寺碑》碑阳有"功德主敕赐固镇等处铁冶副提举赵"，则固镇冶应该还有"铁冶副举"的设置。固镇下辖有固镇、阳邑、沙窝三个冶场，每个冶场设置炉官大使、副使、矿炭库使、帖库官，司吏、大鉴、副鉴、小鉴、炒铁匠等官吏与技术人员。

元代北方煤的使用已经比较普遍，《马可·波罗行纪》记载："契丹全境之中，有一种黑石，采自山中，如同脉络，燃烧与薪无异。其火候且较薪为优，盖夜间燃火，次晨不息。其质优良，致使全境不燃他物。所产木材固多，然不燃烧。盖石之火力足，而其价亦贱于木也。"③碑阴题名第11行有"矿炭库使黄国用"，矿炭无疑是煤，说明元代武安是普遍使用煤来冶铁的。广平路用煤冶铁，在其他文献中也有记载。"广平提举司所管的壹座炉里，各与壹千伍佰定钞，教提举司官预先收买下矿炭，侯正额煽办了，便接续煽炼，金火雇工一切的依体例，这钱

---

① 莱芜市政协文史资料委员会编：《莱芜文物》，齐鲁书社1998年版，第85页。
② 张林堂主编：《响堂山石窟碑刻题记总录》（第2册），外文出版社2007年版，第275页。
③ 马可·波罗著，冯承钧译：《马可·波罗行纪》，上海书店出版社2001年版，第255页。

里支与。"① 冶铁用煤并非普遍的状况，今莱芜南冶镇仙人山《重修安期真人祠记碑》中就记载元代莱芜铁冶"伐木为炭，熔矿为金"②。

题名第 12 行有"本炉炒铁匠张成□、宋义、高兴、张荣、韩□、张德。"炒铁我国古代炼铁除渣方法之一。将炼铁炉的铁液流入炒铁炉中，炉中加石灰，用柳木棍搅拌、造渣、氧化脱碳，同时不断地取出锻打，成为质量较纯的低碳钢即毛铁。③《天工开物》记载了这种炒铁的方法："若造熟铁，则生铁流出时相连数尺内，低下数寸筑一方塘，短墙抵之。其铁流入塘内，数人执持柳木棍排立墙上，先以污潮泥晒干，春筛细罗如面，一人疾手撒滟，众人柳棍疾搅，即时炒成熟铁。其柳棍每炒一次，烧折二三寸，再用，则又更之。炒过稍冷时，或有就塘内斩划成方块者，或有提出挥椎打圆后货者。"④ 元代武安的冶铁使用的应该也是这种炒铁的方法。20 世纪 70 年代，磁县南开河沉船出土一批铁器，其中五件以炒钢为原料的钢制品，表明邯郸地区磁县在元代这种炒钢技术还在流传，并且发展使用比较普遍。⑤ 今磁县元代为滏阳县，和武安县均为广平路下辖县，题名中有"炒铁匠"的出现，是关于这种技术被普遍使用的最直接的记载。

元初广平等路采用的主要生产方式是官府在矿区设司置冶，签拨户计，由其提供劳役，直接进行矿冶生产。"今窃见各处铁冶拨出户计，设立头目管领，周岁额办铁货，令人户常川煽炼纳官。"王恽以綦阳等处铁冶为例，认为不如"将上项户计罢去当差，许从诸人自治窑冶煽炼，据官用铁货给价和买。"⑥ 说明此时綦阳是采用设立铁冶户官办的。《元史》卷一九《成宗二》载："（大德元年十一月壬戌）罢保定紫荆关铁冶提举司，还其户八百为民。"说明此前这些冶户是不入民籍的。《重修寿圣寺碑》立于至元十七年（1280），与綦阳一样也是官府拨冶

---

① 韩国学中央研究院编，李玠奭、金浩东、金文京校注：《至正条格（校注本）》，（首尔）人文学（humanist）出版社 2007 年版，第 298 页。
② 莱芜市政协文史资料委员会编：《莱芜文物》，齐鲁书社 1998 年版，第 84 页。
③ 张明之、韩丙告主编：《铸造词典》，中国农业机械出版社 1986 年版，第 241 页。
④ 宋应星著，钟广言注释：《天工开物》，广东人民出版社 1976 年版，第 363—364 页。
⑤ 中国冶金史编写组、首钢研究所金相组：《磁县元代木船出土铁器金相鉴定》，《考古》1978 年第 6 期。
⑥ 王恽：《秋涧先生大全集》卷 89《论革罢拨户兴煽炉冶事》，《元人文集珍本丛刊》第 2 册，新文丰出版公司 1985 年版，第 452 页下。

户煽练，碑阴提到的村庄都位于阳邑、固镇、沙窝周围，可能其中的一部分人就是官拨的冶户。

综上所述，元代直隶省部地区的铁冶机构可大致分为燕南和燕北两部分。燕南最早是各路均设提举司，大德元年（1297）合并为广平彰德卫辉等处铁冶都提举司和顺德等处铁冶都提举司。延祐六年（1319）两都提举司合并为顺德广平彰德等处铁冶都提举司。所隶六冶中临水冶、固镇冶和沙窝冶位于广平路，丰阳冶应为綦阳冶之误，位于顺德路；左村冶应为石村冶之误，位于彰德路。燕北太宗时就已冶铁，中统二年（1261）设立景州提举司，至元十四年（1277）设立檀州提举司，大德元年两提举司合并为檀景等处採金铁冶都提举司。《元史·食货志》在抄录《经世大典》相关内容时，可能漏掉了景州三冶，其所列七冶都属于檀州提举司。新发现《重修寿圣寺碑》碑阴使我们对基层冶场有了进一步的了解，凸显了石刻资料对历史研究的重要性。

第五节 《天宝寨记》所见元末太行山区地方武装

元明易代之际，在元廷的统一指挥下，太行山地区建立了系列堡寨，成为抵御起义军的一支重要力量。但反映元军与明军对垒的记载很多，反映元末民间地方武装的材料很少。今即以新发现摩崖碑刻《天宝寨记》为中心，对这些民间地方堡寨武装进行研究。

一 《天宝寨记》考释

河北省邯郸市磁县陶泉乡花驼村位于太行山深处，此村山上有一处摩崖碑刻，碑文楷书，额题"天宝寨记"四字，内容涉及元明战争中的地方武装及民众的政治倾向，具有珍贵的史料价值。此碑未见著录。今先将碑记迻录如下，再作考释。

1. 至正廿八年闰七月初六日在寨避兵官民人等姓名开列于后：
2. 各处人民一万余户，各村社万夫长，磁州、辉州判官姜成，同知胡佑先，
3. 路村王忠，黄沙社赵子和，全社长张彦实，槐树社于成

□□□□台进道

4. 彭城高成、白土赵信、郭村苗林、中寨柳成、城子里赵彦清、索家庄郑仲礼

5. □□庄主簿张信、北贾壁主簿□进、石场村县尉魏彦谦、白土主簿杨旺

6. 闲良官：行院经历张文殷，都事尚继良、县尹解惟祯，县尹□□，

图 4-1 《天宝寨记》碑

7. 泰□州同库□中，□州同王可祯，东平府判席正，辉州判官张弥□、录判田青，

8. 磁州判官王□、开州判官李宽、滑州同知蔺宽、辽州同柳得春、威州判官王鲸信，

9. 登州同知□□、怀庆府判马太、彰德府判赵德陆、滏阳县杜登、卫辉府判张仲悯。

10. 见任官：磁州判官李孟实，滏阳县尹朱元，□□韩哲，典史胡

思忠，巡检万家间。

11. 医工：葛从善、张□□、郝惟善、徐仕进。

12. 耆宿：谢议、宋国安、朱义甫、蔚士□、宋伯刚、于白成。滏阳主簿马成。

13. 行院断事官易福元，淮南等处行中书省参政哈剌把都。

14. 寨主：怀庆府判□忠，曲周主簿□策，获嘉主簿□□□□□□□。

15. 镇抚：大名路治中□□□，开州同知□□□辛乡□□□□，忠显校尉百户□□□。

16. 潞州判官张通，林州同知赵成，赵州官张守道，巡检赵庭玉。

17. 提调寨官：辽阳等处行枢密院　　□院张守义。

18. 戊申年十一月吉日置石。石匠刘全，大□总管郭受恩、郭赐恩。

天宝寨所在地元代属于广平路磁州滏阳县。至正二十八年（1368）闰七月，明军北伐如火如荼，"辛丑（初三），大明兵取卫辉路。癸卯（初五），大明兵取彰德路"①。"乙巳（初七）大将军徐达等师至磁州。遣人诣虢州召指挥王臻还兵守漳河。明日达师至邯郸，元守将遁去。"②碑文第1行记载官民"至正廿八年闰七月初六日在寨避兵"，可见正是在明军北伐势如破竹，已经攻下彰德路，即将攻打磁州的形势下，这些官民避兵到天宝寨。

此摩崖碑刻是一通题名碑，内容均为官民题名。分析题记中的题名，大致可以分为如下几种：各村社万夫长、闲良官、见任官、医工、耆宿。第3—4行题名内容为"村社名"加"姓名"的形式，应即第2行中的"各村社万夫长"。各村社中出现万夫长，应与元末朝廷实行团结乡兵政策有关，这些人都是被临时任命的团练首领。

碑文第5行"□□庄主簿张信、北贾壁主簿□进、石场村县尉魏彦谦，白土主簿杨旺"，其中除"□□庄"因石刻漫漶不知村名外，其他

---

① 《元史》卷47《顺帝纪十》，第985页。
② 《明太祖实录》卷33，"中央"研究院历史语言研究所1962年校印本，第580页。

北贾壁、石场村、白土是至今仍存在的村子。县尉"专一捕盗"[1]，主簿一般设在县中，上、中、下县都置主簿一员，尉一员，其中下县"民少事简之地，则以簿兼尉"[2]。仁宗延祐元年（1314）六月"壬辰，增置畿内州县同知、主簿各一员。"[3] 至正十七年（1357）正月"辛卯，命山东分省团结义兵，每州添设判官一员，每县添设主簿一员，专率义兵以事守御……"[4] 碑文中的这些主簿会是居家的某些县的退职主簿、县尉吗？如果是这样，肯定会把县的名称带上，不会略去县名而仅留主簿、县尉。且如是退职主簿、县尉，则应归入"闲良官"中。所以从各方面推测，这些主簿、县尉都应是设置在村中的主簿、县尉。村中设有主簿、县尉，这是不见于记载的历史现象，或许是在战争形势下的权宜之计。但无论是闲良官还是这些村中的主簿、县尉，他们在《天宝寨记》中被单独列出，表明他们在维持秩序中发挥着一定作用。

碑文第6—9行均为闲良官，所谓闲良官是什么类型的官，《元典章》的一件文书标题为"闲良官把柄官府"，其中记载："大德七年十月十九日，江西行省准中书省咨：尹滋等言：诸闲良官内，有一等豪猾无知小人，不曾请俸勾当，诳受宣敕，不去远方之任。或有驰驿，因作买卖，虚走一遭，推事回还，别续求仕。或在家住坐，与司县官接为交友，俱不当杂役，更影占别户。如此把柄不均……"[5]《陶文简公全集》卷一一《世传第六》记载："山长府君讳义行昌三幸府君第三子也，当元季以行业推择，署鹭洲书院山长，无何请罢还。明兴，例改闲良官。"[6] 可见闲良官是曾任官而退职的官员。此处闲良官除未标明任官地方与漫漶不清外，涉及地域有东平府、辉州、磁州、开州、滑州、辽州、威州、登州、怀庆府、彰德府、滏阳县杜登、卫辉府，这些地区多位于磁州以南，可能是在明军北伐步步紧逼的形势下，他们弃官逃到磁州的。

---

[1] 陈高华等点校：《元典章》卷9《吏部三·捕盗官·县尉专一巡捕》，中华书局、天津古籍出版社2011年版，第359页。

[2] 《元史》卷91《百官七》，第2318页。

[3] 《元史》卷25《仁宗二》，第565页。

[4] 《元史》卷45《顺帝八》，第935页。

[5] 《元典章》卷57《刑部十九·诸禁·禁豪霸·闲良官把柄官府》，第1916—1917页。

[6] 陶望龄：《陶文简公全集》卷11《世传第六》，国家图书馆藏明天启六年（1626）刻本。

第 10 行为见任官，有"磁州判官李孟实，滏阳县尹朱元，□□韩哲，典史胡思忠，巡检万家间。"磁州为广平路属州，滏阳县为磁州倚郭县。上文分析，正是在明军北伐即将进至磁州的时候，官民到天宝寨避兵，开列现任职官中见任官只有此五人，说明这些官民是从磁州到天宝寨的。

碑文第 13 行有"淮南等处行中书省参政哈剌把都"。淮南等处行中书省的全称是淮南江北等处行中书省，至正十二年（1352）"闰三月，置淮南江北等处行中书省于扬州，以淮西宣慰司、两淮盐运司、扬州、淮安、徐州、唐州、安丰、蕲、黄皆隶焉。除平章二员，右丞、左丞各一员，参政二员，及首领官、属官共二十五员。为头平章，兼提调镇南王傅府事。至十一月，始铸淮南江北等处行中书省印给之"①。淮南等处行中书省治所在扬州，此时早已被红巾军占领，参政哈剌把都也是仅有虚衔。

至正后期，为了应对战争的形势，元朝添设置了一些行政机构。《元史·百官志八》中记载：

> 至正兵兴，四郊多垒，中书、枢密，俱有分省、分院；而行中书省、行枢密院增置之外，亦有分省、分院。自省院以及郡县，又各有添设之员。而各处总兵官以便宜行事者，承制拟授，具姓名以军功奏闻，则宣命敕牒随所索而给之，无有考核其实者。于是名爵日滥，纪纲日紊，疆宇日蹙，而遂至于亡矣。②

碑文第 17 行"提调寨官辽阳等处行枢密院□院张守义"，碑文不清楚，张守义官职似为辽阳等处行枢密院知院。辽阳等处行枢密院应就是此时期添置的机构。关于元顺帝时期的行枢密院，《元史·百官志八》有"行枢密院"条：

> 至元三年，伯颜右丞相奏准，于四川及湖广、江西之境，及江浙，凡三处，各置行枢密院，以镇遏奸乱之民。每处设知院一员，

---

① 《元史》卷 92《百官八》，第 2332—2333 页。
② 《元史》卷 92《百官八》，第 2327 页。

同知、佥院、院判各一员。湖广、江西二省所辖地里险远,添设同佥一员……至正十三年五月,岭北行枢密院添设断事官二员……十五年十月,置淮南江北等处行枢密院于扬州。十二月,河南行枢密院添设院判一员。十六年三月,置江浙行枢密院于杭州……十八年,以参政崔敬为山东等处行枢密院副使,分院于潍州,兼领屯田事。十九年八月,以察罕帖木儿为河南行省平章政事,兼河南山东等处行枢密院知院。二十六年八月,置福建江西等处行枢密院。①

其中提到的行枢密院有九处,但没有辽阳等处行枢密院。元末李守恒曾任辽阳等处行枢密院断事府经历②;清代丰润农民在耕地时得到至正二十五年(1365)中书礼部造"辽阳等处行枢密院断事官印"③。这些说明元末确实设置过辽阳等处行枢密院。《元史·百官志》顺帝朝部分来自明初文臣搜集资料,其中有缺漏实属正常。

碑文第1行书写日期为"至正廿八年闰七月初六日",可知从这一天开始军民到天宝寨避兵。碑文第18行书写日期为"戊申年十一月吉日",此为刻写摩崖的时间。查《中国历史纪年表》,"戊申"为至正二十八年(1368)。前后时间书写的形式不同,反映了碑记作者的思想倾向。至正二十八年闰七月初六元朝仍做拼死一搏,所以仍书元朝年号;此年七月丙寅夜,元顺帝开健德门北逃上都,元朝灭亡。官民在天宝寨避兵,一直到这一年十一月仍不书洪武年号而用干支纪年,说明作者忠于元朝的思想倾向。《天宝寨记》是不多见的反映元明之际普通人思想倾向的材料。

二 太行山西部的堡寨

太行山以其复杂的地势易守难攻,在金元之际的战乱中,即成为理想的避乱场所。《元史》卷一四七《张柔传》记载:"金贞祐间,

---

① 《元史》卷92《百官八》,第2333—2334页。
② 刘钟英等:《安次县志》卷8《艺文志》,《中国方志丛书》,成文出版社1969年版,第431页。
③ 杨钟义撰,雷恩海、姜朝晖点校:《雪桥诗话续集》卷8,人民文学出版社2011年版,第1328—1329页。

河北盗起，柔聚族党保西山东流寨，选壮士，结队伍以自卫，盗不敢犯。"①《元史》卷一五一《邸顺传》记载："金末盗起，顺会诸族，集乡人豪壮数百人，（邸顺）与其弟常，筑两寨于石城、玄保，分据以守。"② 邸顺是行唐人，在动乱中与其弟建立堡寨自保。《敕赐御史中丞赵公先德碑铭》记载赵柔在金末"团结义民，栅险以阨其兵冲，使不得犯，为便道以给薪水如平时，乡之人赖以全活者亿万计。会天兵下紫荆口，柔率义民归行省八扎，且以单骑入各堡砦谕逆顺，各堡砦豪长皆弛兵来归我行省。行省以闻，制授龙虎卫上将军，真定、涿、易等路兵马都元帅……"③ 紫荆关位于易县，赵柔在紫荆关投降蒙古军，他所结寨地点应就在紫荆关。赵柔单骑谕降各堡寨，后被授予真定、涿、易等路兵马都元帅，则他谕降堡寨也是这些地区西部太行山的堡寨。

同样，太行山也容易被盗贼占据之所。《故光禄大夫太保赠太傅仪同三司谥文贞刘公行状》记载刘秉忠之父刘润在大蒙古国初期任邢州录事，"时西山诸堡寨未附，寇盗充斥，录事公时或暮夜醉归，虽凶恶辈，必相与扶送至家而去"④。材料说明当时邢州西部的太行山区是盗贼出没之地。《故易州等处军民总管何侯神道碑铭》记载："初，侯之父尝为山西贼所袭，乃言诸靖侯，与十二人俱冒险捷出，以复父仇，杀掠数百里，破灵邱、奉圣、安水诸堡寨。"⑤ 这条材料中的灵丘、奉圣、安水诸堡寨也都是盗贼巢穴。

金元之际蒙古军队与原来金朝武装在太行山区也展开拉锯式的争夺。木华黎任命史天倪为河北西路都元帅，后被武仙所害。史天泽与肖乃台合力反攻，"仙弃真定，奔西山抱犊寨"⑥。后来武仙以抱犊寨为基地，又攻占真定，史天泽跳城墙逃至藁城，在董俊的帮助下才又夺回真

---

① 《元史》卷147《张柔传》，第3471页。
② 《元史》卷151《邸顺传》，第3570页。
③ 马祖常：《石田先生文集》卷13《敕赐御史中丞赵公先德碑铭》，《元人文集珍本丛刊》第6册，新文丰出版公司1982年版，第661页上。
④ 张文谦：《故光禄大夫太保赠太傅仪同三司谥文贞刘公行状》，《藏春集》卷6，《元人文集珍本丛刊》第1册，新文丰出版公司1982年版，第99页下。
⑤ 郝经：《郝经集编年校笺》卷35《故易州等处军民总管何侯神道碑铭》，人民文学出版社2018年版，第941页。
⑥ 《元史》卷120《肖乃台传》，第2965页。

定城。"然高公、抱犊诸栅,仙之巢穴也,不即翦覆,则终遗后患"①,攻破抱犊寨之后,史天泽才真正在真定站稳脚跟。《元史》卷一五〇《何伯祥传》记载:"何伯祥,易州易县人。幼从军于金,从张柔来归。太祖定河朔,惟保定王子昌、信安张进坚守不下。子昌,金骁将也,柔命伯祥取之。兵逼其城,子昌出走,追及之,伯祥执枪驰马,子昌反射之,中手而贯枪,伯祥拔矢弃枪,策马直前,徒手搏之,擒子昌。进闻之,亦遁去。伯祥遂攻西山诸寨,悉平之。"②王子昌等人应是在西山建寨以抵御蒙古军,何伯祥攻打西山诸寨,将其攻灭。

元朝建立后,在特殊情况下,太行山地区的堡寨也会被利用起来。《元史》卷四《世祖一》记载中统二年(1261)十月庚子"修燕京旧城。命平章政事赵璧、左三部尚书怯烈门率蒙古、汉军驻燕京近郊、太行一带,东至平滦,西控关陕,应有险阻,于附近民内选谙武事者,修立堡寨守御"③。中统二年秋,阿里不哥占领和林并挥师南下,十一月与忽必烈在大漠南缘的昔土木脑儿展开激战。此时正是忽必烈与阿里不哥汗位争夺激烈之时,忽必烈修燕京,驻重兵,选取熟悉武事百姓设立堡寨守御,目的即是为防止阿里不哥南下进攻。

在元末战乱情况下,太行山更是成为军民抵御叛军的屏障。《元史·顺帝纪八》记载至正十八年(1358)"二月己巳朔,议团结西山寨大小十一处以为保障,命中书右丞塔失帖木儿、左丞乌古孙良桢等总行提调,设万夫长、千夫长、百夫长,编立牌甲,分守要害,互相策应。"④元朝廷在大都西部太行山区建立众多的堡寨,命中书右丞塔失铁木儿、左丞乌古孙良桢等总行提调,各寨"分守要害,互相策应",加强在西山各处的防卫。《元中顺大夫秘书监丞陈君墓志铭》记载:"淮寇陷湖州,所在绎骚。适有朝旨,令郡县团结义民以自守。"⑤虽然此条史料所涉为南方的湖州,但其中明确记载团结义兵秉承朝廷的旨意。据此可

---

① 苏天爵辑撰,姚景安点校:《元朝名臣事略》卷7《丞相史忠武王》,中华书局1996年版,第115页。
② 《元史》卷150《何伯祥传》,第3544页。
③ 《元史》卷4《世祖一》,第75页。
④ 《元史》卷45《顺帝纪八》,第941页。
⑤ 戴良:《戴良集》卷15《元中顺大夫秘书监丞陈君墓志铭》,吉林文史出版社2008年版,第256页。

以推测在太行山地区团结义兵、建立堡寨，是元朝政府的统一部署。

元末见于记载的太行山区堡寨，在保定路、易州、房山县等处都有分布。《元史》卷一四五《月鲁不花传》记载月鲁不花以吏部尚书兼保定路达鲁花赤，"遂兼统黑军数千人及团结西山八十二寨民义军，势大张。贼再侵境，皆不利，遁去"①。保定路西部太行山设有八十二寨，可见规模之大，应该组成一个较为系统的防御体系。《一山文集》卷六《刘则礼传》记载："岁戊申，京师失守，车驾北巡，则礼所部兵溃散，仅余百人，止于易之龙门山。居无何，从十余骑由间道谒总戎云中，至即俾还徵兵。时将作院使田买驴团结沿山诸砦，留则礼共事，遂与画策封守。"② 这条史料显示，将作院使田买驴率领义兵在易州西部山区建立的诸寨，在至正二十八年（1368）元顺帝北遁的情况下，仍在坚持抵抗。

房山邻近大都，附近堡寨可能更多。秘书少监张庸"团结房山，迁同佥将作院事，又除刑部尚书，仍领团结"③。这里只说"团结房山"，没有说堡寨的数量，应是一系列堡寨组成的防御体系。在今北京市房山区韩村河镇圣水峪村西白云山上，仍有元至正十九年（1359）般舟寨众寨官题名④，今转引如下：

> 维大元国大都路涿州房山县般舟寨主万户岳钦，钦奉」圣旨中书刑部防御团练官普颜郎中，」省台委官、顺德路知事蒲良」钦，副万户坟庄刘伯真，」万户皇后台张守珎，副千户杜村魏宗义，」千户岳家庄岳士彬，副千户北郑店王谊」敝成。」中院王进中，」西村李三□。」正官位下内史府总管、新城□敬，堡头屯百户□□，」新城县外门王明善，」团□□吏、泹池张彦忠、□乐深、□士能，南郑□□。」至正十九年三月有□日建立」石匠良□梁子□、独树梅仲□□。」

---

① 《元史》卷145《月鲁不花传》，第3450页。
② 李继本：《一山文集》卷6《刘则礼传》，国家图书馆藏清康熙二十八年（1689）金侃抄本。
③ 《元史》卷196《忠义四·张庸传》，第4436页。
④ 马垒：《圣水峪元至正摩崖题记考释》，《文物春秋》2013年第6期。

将此题记与《天宝寨记》对比，发现二者在某些方面存在共性。一是二者都有寨主的设置，且《天宝寨记》中还有"提调寨官"与"镇抚"的职官设置。从般舟寨题记来看，寨主来自上级官府的任命，而非自己自封。《析津志》记载："至正戊戌十八年五月奉奏圣旨，都堂特委御史台治书张冲叔靖，翰林学士金刚宝子贞，刑部郎中秦裕佰景容，工部员外郎周肃友恭，省检校吕谦伯益暨宛平县达鲁花赤和尚国宾与合属首领官吏，为团结事到来东斋堂村，设立万夫长、千夫长、牌子头目人等，于各处把隘口、寨、村、岭，必令垒塞去处。"[①] 这条材料也说明堡寨的设立是官方的统一部署。由此推测《天宝寨记》中众职官也是上级官府的任命，天宝寨可能早已存在军事堡寨，只是在明军即将攻占磁州的形势下，众多民众才到天宝寨避兵。二是般舟寨题记中在副万户、万户、千户、副千户与人名之间，都有坟庄、皇后台、杜村、岳家庄等村名，这与《天宝寨记》中"各村社万夫长"后列各个村、社的名字，甚至在一些村中出现了主簿、县尉的职官相似，这说明堡寨中值守的主要力量都是村社百姓组成的团练。这些团练成为元末防守的一支重要力量。

这些堡寨的最终结局，多数都最终降附明朝。秘书少监张庸团结房山，"会诸寨既降，庸守骆驼谷，遣从事段祯请援于扩廓帖木儿，不报。庸独坚守拒战，众将溃，庸无去志。已而寨民李世杰执庸出降，以见主将，庸不屈，与祯同被杀"[②]。张庸所统领的房山地区的多数堡寨后来归附明军，张庸被寨民挟持出降，不屈被杀。将作院使田买驴所统领的易州堡寨最终也是"率其众降"[③]。天宝寨最后的归宿，史料阙如我们不得而知。但通过类似堡寨的命运，我们可以进行猜测。磁州军民在天宝寨避兵，但明军并未尾随进攻天宝寨，此年七月"己酉大将军徐达等师次临清"[④]。七月己酉是七月十一日，明军在攻下广平后即折向东，到达临清，后直取大都。天宝寨的五万军民在山中坚守近五个月，在确定元朝已经灭亡的情况下，于此年十一月刻立摩崖作为纪念，此后可能

---

① 熊梦祥：《析津志辑佚》，北京古籍出版社1983年版，第250页。
② 《元史》卷196《忠义四·张庸传》，第4436页。
③ 李继本：《一山文集》卷6《刘则礼传》，国家图书馆藏清康熙二十八年（1689）金侃抄本。
④ 《明太祖实录》卷33，第581页。

就解散归附明政权了。

综上，在元末的太行山地区，建立了一系列军事性的堡寨，它们即是百姓避乱的港湾，也是抵御红巾军的据点。堡寨多由朝廷选派的官员统一指挥，主要由地方团练负责戍守，并对团练首领给予万户、千户、百户的职衔，甚至如《天宝寨记》中所显示的，给予一些团练首领主簿、县尉的官职。这些堡寨在元朝大势已去的形势下，可能多数都降附了明朝，但在元末动乱的过程中，他们也是一支不可忽视的地方武装力量。

余 论

元代河北地区的新特征

河北地区，尤其是其北部处在草原文明与农业文明的交界地，自古代以来这里都是中原王朝防御北方游牧政权的核心区。但自五代后晋幽云十六州的割让开始，中原地区失去防护的天然屏障，河北地区暴露在北方游牧政权的铁蹄下，这里成为北方游牧政权继续南下的后勤基地。金、元王朝都以这里为跳板向南征伐。虽然早已不是第一次处在游牧民族政权的统治之下，但在蒙古统治下，河北地区社会呈现出不同于以往的新特征，甚至影响后世。

（一）军功家族的崛起与晋用

贞祐南迁之后，河北地区政治失序，许多地方势力聚族自保，其中有原金朝的基层军事集团，也有地方的豪民。他们多数没有明显政治倾向，只是以保聚乡里为目标。在蒙古军南下后，他们相继投降蒙古政权。其中大世侯有真定史氏、顺天张氏等，小世侯如行唐邸氏、藁城董氏、王氏等，难以尽数①，其中藁城董氏后因宿卫宫廷而贵显。虞集撰

---

① 除了顺天张氏、真定史氏、藁城董氏等大世侯，《元史》中列举的中小世侯及其他在金元之际兴起的军事家族人物有蔚州赵氏家族，燕人薛塔剌海，宁晋人王晋、王玉，藁城人赵迪，冀州人贾塔剌浑，昌平人张拔都，南宫人张晋亨，大名人王珍，宝坻人杨杰只哥，范阳人张子良，平山人王守道，雄州人焦德裕，曲阳人李进，灵寿人郑温，东安州人张禧，祁州人贾文备，易州人解诚、巩彦晖，宝坻人朱国宝，真定人孔元，林州人郭昂，洺水人刘恩，彰德人蔡兴，河间人郑义，霸州人张进，保定人王昔剌，通州人张琛等；碑刻、方志中显示的金元之际兴起的军事家族人物还有真定崔氏、隆平王氏、枣强郑氏、柏乡张氏、灵寿刘氏、郏氏等。

《大元清河郡侯张瑾墓碑》中说"逢时多艰,日寻干戈。乃有豪杰,起为之长。以抚以绥,以休以养。大兵之来,大将孔仁。即审所归,有社有民"①,正是河北汉人世侯在金元之际处境的形象概括。这些汉人军事集团的加入,增强了蒙古军的战斗力,在之后的与金、宋战争及后来元帝国的军事镇戍中发挥了重要作用。

蒙古统治者重视根脚,根据个人家世晋用官员②,军功大小成为划分河北军功家族根脚大小的依据,也成为决定其官位高低的重要标准。河北地区的这些军功家族成为影响元代军事与政治的重要力量。他们的子孙也根据根脚大小世代承袭官爵,刘因说"向之所谓豪杰者,后皆真拥雄城而为大官,其子孙或沿袭取将相,凡其宗族故旧与同事者,亦皆布列在位,享富贵之乐。而其所赖以存及其子孙,则为之臣民而服其役,出租赋而禄之"③。汉人世侯"拥雄城而为大官",其子孙"沿袭取将相",其宗族故旧"亦皆布列在位",体现了蒙元统治下这个军事家族为官晋用的特点。

相比于蒙古贵族,这些汉人世侯及子弟属于"根脚"较小者,处于统治者的外围,影响多及于地方行政或军事方面。但另一方面,他们的子弟也可以进入怯薛,参与朝政,藁城董氏家族就是典型的例子。相比于以科举取得晋身的进士,这些汉人世侯及子弟又属于"根脚"较大者,有更便捷的晋身途径和更大的发展空间,这也成为元代科举不发达的重要原因。唐代之后,中国社会已经完成从"门第社会"向"科第社会"的转变,元代却实现了一个逆转,重出身、重门第成为仕进的重要特点。这些家族的出现和发展,是草原旧俗与汉地制度的结合产物。汉人中受益于根脚制度最大就是河北地区的军功家族,他们并没有和其他王朝初期的军功阶层一样迅速消亡,原因也在于此。

(二) 多元族群的迁入与融合

蒙元统治带入许多异域民族定居河北,其中既有北方民族的南下,

---

① 民国《柏乡县志》卷9《志·金石》,成文出版社1976年版,第588页。
② 萧启庆:《蒙元支配对中国历史文化的影响》,《内北国而外中国》,中华书局2007年版,第46页。
③ 刘因:《静修先生文集》卷17《易州太守郭君墓铭》,《四部丛刊》本。

也有西域民族的东来。他们或作为探马赤军在河北戍守，或因为官而世代定居河北。与辽金时代相比，无论在数量种类，还是分布地域上都明显的增多与加广。元代实行"族群等级制"①，蒙古人、色目人本身就拥有较高的社会等级地位，他们与汉人世侯一同构成河北的"大根脚"，所以我们看到迁居河北的少数民族多为官宦世家。这些民族的迁入在较大程度上改变了河北的民族构成，深刻影响了此后河北的民族分布格局。

这些外来民族与汉民族杂居相处，在文化与生活方式上都受到汉民族的影响，汉化的进程加速。如唐兀人崇奉儒学在西夏已是如此，本无特别之处，但我们发现大名路唐兀人又受到朱熹理学的影响，这是其受汉文化影响的新趋势。蒙古人文化水平低，酎温台氏诺怀却因书法成就被载入《书法会要》，更属难得。当然这些民族是以统治者的姿态出现，他们在文化上往往还可以保持自己的民族特色，例如同样是大名路唐兀人，他们在汉化的同时还强调自己是"沙陀贵种"，在墓志上还刻写两行西夏文，突出自己的民族属性。保定路的西夏人更是如此，他们对西夏文的学习使用一直保持到明中期。濮阳西夏遗民至今刻意对家族碑刻和祖传文献《述善集》保护，其实保护的也是其对自己民族属性的认同。

（三）诸色户计的区别与划分

元代实行诸色户计制度，把全国民众按照不同的职业划分为不同的户计，有民户、军户、站户、匠户、儒户、僧道户等众多门类。他们以所从事的职业为统治者世袭当差，这种制度对明代影响很大。②元代河北作为统治的中心，当然施行更加严格。除民户外，数量最多的就是军户与匠户与站户。

金元对峙中，河北是双方拉锯战的主战场，借此时机兴起的汉人世侯多为保聚乡里的豪民，其部众也多为其族人与乡民，河北地区因此军户数量繁多。征宋过程中，"帝尝召文炳密谋，欲大发河北民丁。文炳

---

① 萧启庆：《蒙元支配对中国历史文化的影响》，《内北国而外中国》，中华书局2007年版，第46页。

② 李治安：《蒙元帝国与13—14世纪的中国社会秩序》，《文史哲》2013年第6期。

曰：'河南密迩宋境，人习江淮地利，宜使河北耕以供军，河南战以辟地。俟宋平，则河北长隶兵籍，河南削籍为民。如是为便'"①。河北本来已有很多汉军旧军，历次所签新军也很多，军户自是不少。例如"真定于河北为重镇，民多占籍军伍"②。此外还有蒙古、探马赤军在河北地区屯驻而出现众多的蒙古、探马赤军户。河北军户数量多，驻军数量大，呈现出浓郁的军事化特色。

匠户也是元代数量较大的一种户计。元代官手工业的重新增强，蒙古统治者在战争中从各地掠夺了大量的工匠。河北地区因为特殊的地理位置，设立了众多的官营的匠局，"国家初定中夏，制作有程，乃鸠天下之工，聚之京师，分类置局，以考其程度，而给之食，复其户，使得以专于其艺"③，大都及其周边有大量的丝织业和军事业的匠院局，其中有不少直接服务于宫廷，相应的河北地区也有大量的匠户。

各种户计之间差役差别很大，官府严格控制户计的变更。例如《元典章》中一件文书对站户的户籍作了严格规定：

> 元贞元年三月二十三日，通政院奏："站户，在先薛禅皇帝圣旨里：'籍册里入去了的，休交出去者。'么道，圣旨有来。如今有气力的站户出去了呵，站赤倒断了的一般有。有气力呵，站户不交出去，依着在先圣旨体例，只教当站呵，怎生？"奏呵，"那般者。"圣旨了也。钦此。④

从文书中可以知道，忽必烈曾经发布圣旨禁止有气力的站户逃役，成宗时期又进一步重申。《安平县尹赤盏侯德政碑》记载真定路鼓城县人马云从所涉一件官司⑤，他经历从民户到军户再到站户的变化，显示了官府对不同户计的严格划分。

僧道在统治者眼中属于诸色户计中的一种。河北的北部、金中都及周边是蒙古军南下中受冲击最剧烈的地带，在南迁的洪流中，许多寺院

---

① 《元史》卷156《董文炳传》，第3670页。
② 黄溍：《金华黄先生文集》卷29《宛平王氏先茔碑》，《四部丛刊》本。
③ 苏天爵编：《元文类》卷42《工典总序·诸匠》，商务印书馆1958年版，第618页。
④ 《元典章》卷36《兵部三》，中华书局、天津古籍出版社2012年版，第1258页。
⑤ 《深州风土记》卷11《金石中》，上海书店出版社2006年版，第175页。

出现"僧去寺空"的局面。在社会的动荡中全真教积极向统治者靠拢，壮大了自己的势力。在解决道观不足的问题时，将僧去寺空的寺院改建为道观，成为最便捷的方式。在道教依附于权势发展的同时，佛教也在积极寻找与向统治者靠拢的突破口。海云长老在战争中被蒙古军俘获，被成吉思汗称为"小长老"，后受到忽必烈的崇奉。中原佛教与统治者崇信的藏传佛教势力结合，赢得统治者支持，战胜道教势力。在统治者眼中，僧、道都属于诸色户计中的一种，都为统治者"告天祝寿"，并无高下之分，统治者对他们的态度很大程度上取决于他们与统治者接触的密切程度。所以我们看到佛道之争中佛教的胜出、海云一系被作为"临济正宗"、大开元宗的建立与繁荣，以及藏传佛教在汉地有较大影响，都是这样的结果。

（四）腹地与边缘的二元复合

腹里地区是天下的中心，河北地区又是腹里的中心。元帝国的统治中心大都位于河北地区，这里有着元帝国最密集的交通运输网，江南的财富也通过海运和河运两种形式向这里汇集，多种宗教在这里共存，多民族在这里汇聚融合，在行政管理方式上采取直隶省部。元帝国的诸多特征在河北地区都得到淋漓尽致的体现。

河北地区又是边缘，是北方草原的边缘。元末叶子奇讲"内北国而外中国"，将全国划分为南、北两部分。李治安师从官民构成、赋役形态等方面将元朝划分为蒙古草原、华北汉地和江南三大区域。[1] 作为华北汉地中心的河北地区，相对于江南属于北国，但相对于草原又属于中国。河北地区是紧邻蒙古草原，地缘相近决定着河北地区受蒙古草原因素影响最强烈。根脚制度、诸色户计、分封制度，无不在河北地区首先实行，并由此遍及整个北方。

元代实行两都巡幸制，但元上都并非像汉族文人描绘的那样是"分省""陪都"，它具有和大都一样甚至超过大都的政治地位。[2] 两都巡幸中，每年冬季大都及周边地区都会聚集大量的马匹。宿卫们依靠势力陵

---

[1] 李治安：《在兼容和划一之间——元蒙汉杂糅与明"配户当差"治天下》，《古代文明》2020 年第 5 期。

[2] 李治安：《元代上都分省考述》，《文史》2002 年第 3 辑。

轹官府，侵夺百姓，对周边地区造成很大骚扰。在蒙古宿卫看来，大都不过是他们游牧的冬营地。在蒙古人的头脑中，大都及周边地区不过是草原的延伸，所以一度出现"虽得汉人亦无所用，不若尽去之，使草木畅茂，以为牧地"[①]的说法。上都与大都是联系草原与中原的中心点，河北地区是北方草原在中原的延伸带。

[①] 苏天爵辑撰，姚景安点校：《元朝名臣事略》卷5《中书耶律文正王》，中华书局1996年版，第76页。

附录一　研究论文

读元代碑刻札记三则

元史学界前辈很重视碑刻资料的搜集整理，在 1980 年中国元史研究会成立大会上，翁独健先生就提出编辑《元碑集成》的构想。随着越来越多大型基本建设的动工，碑刻墓志的出土越来越多；一些图书馆收藏的珍贵拓片也得以翻阅，为研究提供了珍贵的第一手资料。今将阅读元代碑刻过程中的一些想法以札记形式整理出来。

一　《张弘范残石》的性质

20 世纪 30 年代，学者罗原觉在广州购得残碑一块，上书张弘范封爵、谥号等。罗原觉将拓片分赠苏宝盉①、汪兆镛②两位学者，请为考证。北京大学图书馆藏有此碑拓片，上钤"罗原觉传本"篆书印章一枚，应为罗原觉所做拓片。据罗原觉介绍，碑刻隶书，残存九行，全字七十六，不全字十。据罗氏录文实际共九十八字。笔者在读《申斋集》过程中发现相关史料，对考证碑刻的性质和立碑年代有一定价值。为研究方便，先将原碑迻录如下：

[前缺]

1. ☐☐☐．☐☐☐死誓众☐☐☐☐☐☐．

---

① 苏宝盉（1861—1938），字幼宰，光绪丙午贡生，承家学，书学李文田。
② 汪兆镛（1861—1939），字伯序，号憬吾，晚号清溪渔隐。1889 年中举人。辛亥革命后，避居澳门，以吟咏、著述自适，著有《稿本晋会要》《元广东遗民录》《三续碑传集》《微尚斋诗文集》《岭南画征略》等。

2. ☐☐．☐集，负贩如平时，师兴以来，无☐☐．
3. ☐☐．☐作☐．
4. ☐☐．☐起恻然☐九哥☐来迎谒必须☐☐．
5. ☐☐．敬佩之毋忘忠孝，遗言毋厚葬，高☐．
6. ☐☐．事护葬至封所。大常考功议赠银青☐．
7. ☐☐．☐之襃助太师开府仪同三司上柱国☐．
8. ☐☐．官进淮阳王，三谥献武。珪有文武，☐☐．
9. ☐☐．☐公，知经筵事、商议☐☐．

[后缺]

罗原觉与苏宝盉、汪兆镛都曾对碑刻的性质进行过推论[1]，但迄今无定论。苏宝盉从残碑中的官爵谥号认定是张弘范碑。但张弘范延祐六年（1319）封淮阳王谥号献武，苏宝盉又提出疑问，认为"然延祐时，距弘范死时已四十年矣，粤人何爱于弘范而为立碑于粤城耶？"汪兆镛从碑刻先叙述张柔事迹，次及张弘范，再及张珪，且张珪前无"子"字等碑刻内容分析，认为此碑"非弘范碑，乃其子珪碑也"。并进一步分析为张珪立碑的原因是《元史·张珪传》中记载的抚恤广海镇戍卒和奏免东莞县及惠州采珠户为民。罗原觉先后写了两篇跋语，开始他同意汪兆镛的分析，但又感觉找不到确证。在后写的一篇跋语中，罗原觉据亳州《献武王庙堂碑》认为此石刻时当在泰定二年（1325）后；又据《张珪墓志》张珪次子景鲁任海北广东道肃政廉访使，《广东通志》记载张珪之孙张旺至正二年（1342）任宣慰副使，所以推定此石立于"景鲁、旺宦粤之时耶。"

虽经学者的多次推敲，此碑的立碑时间、性质等已经逐渐清晰，但仍嫌没有定论。其实元人刘岳申在其文集中对于此碑有相关记载，为前辈学者所未曾注意。《申斋集》卷一《送张宪使赴礼部序》记载泰定二年以张弘范之孙、张珪之子张景鲁为东粤宪使，泰定三年（1326）春三

---

[1] 罗原觉：《元张弘范碑残石》，《北平燕京大学考古学社社刊》第5期，1936年，第167—172页。

月，张景鲁到任不到一月时间，即被任为礼部侍郎诏还大都。因为广州曾是张弘范灭宋之地，"于是侯（指张景鲁——作者注）方刻石崖山，纪先王功烈，以与南海相为无穷罔极"①。《申斋集》卷三《书崖山碑后》记载："今东广廉访使以文学政事世济其美，为公卿王之闻孙也。因刻石厓山于先生（王）所刻石之旁，以记王爵谥，以与南海相为无穷罔极，且以彰示子孙。"②两篇文章所指同一件事情，都是张景鲁在崖山立碑"纪先王功烈""记王爵谥"，而张景鲁所立碑刻内容与广州发现残碑内容正相合，可以确认此残碑正是张景鲁所立，立碑时间在泰定三年（1326）三、四月间。残碑不是《张珪碑》，而应该是《张弘范纪功碑》之类。据文物商人介绍，此碑为"庚申于小南门外城基掘得"。刘岳申在《书崖山碑后》中记述张景鲁"因刻石厓山于先生（王）所刻石之旁"，则此碑原应位于崖山，至于怎样被运到广州，则不得而知了。

此碑的出现又牵扯到了张弘范崖山纪功的真伪问题。虽然《张弘范庙堂碑》《元史·张弘范传》等史料对张弘范纪功崖山一事言之凿凿，但有学者据新出土《张弘范墓志》中未记述此事及《昭忠录》中记载的"恒班师，于厓山刻石记功而还"的记载，认为纪功崖山与张弘范无关，刻石纪功者为李恒。③但这种分析是靠不住的。首先，李恒是崖山之战的副帅，刻石纪功于义不合。其次，《张弘范墓志》中没有记载可能另有原因，不能因墓志没有记载就否定了此事的存在。此碑原位于厓山"先生（王）所刻石之旁"，其发现也证明了张弘范纪功碑是真实存在的。

二 一方关涉胡祗遹与王恽的题记

河北省邯郸市峰峰矿区黑龙洞风月关墙壁上镶嵌有元代题记一方④，涉及了元代名人胡祗遹与王恽，对研究二人的交往及元代冶铁机构的变化有一定价值。今将原碑迻录如下：

1. 余于大都恒闻人说临水观音堂

---

① 刘岳申：《申斋刘先生文集》，"中央国立"图书馆编印1970年版，第37页。
② 刘岳申：《申斋刘先生文集》，"中央国立"图书馆编印1970年版，第607页。
③ 任昉：《略谈元张弘范墓志的价值——兼论对张弘范的评价问题》，《出土文献研究》（第6辑），上海古籍出版社2004年版。
④ 张林堂主编：《响堂山石窟碑刻题记总录》（第2册），外文出版社2007年版，第275页。

2. 山水奇异，实可嘉游。今迁抵此，时与
3. 都提举薛朝列，都提举秃干脱忽
4. 里，武略同提举刘奉议，副提举刻者，
5. 承务提控案牍柴照磨同行游赏，因
6. 见紫山胡公古风之诗，秋涧王
7. 公次韵，故不耻不才，亦继前韵乱道
8. 鄙语一章以记其来肯。大德五年秋
9. 七月朝列大夫广平彰德卫辉等处
10. 铁冶都提举东昌杨溥题。
11. 我昔寓燕然，常闻名士举。今迁抵此堂，
12. 直可避寒暑。仰看四围山，俯观诸园圃。
13. 滏河两岸民，柈乐忘忧苦。龙洞吐渊源，
14. 天宫瞰齐楚。柏株生裂石，根柢殊无土。
15. 人众捕黄鱼，相杂如部伍。青楼沽酒家，
16. 招客为游□。乡社奉观音，应时获
17. 甘雨。四郊厚野田，万顷肥禾黍。此处欲
18. 营居，天公肯从否。弗惭己乏才，浪
19. 继前贤语。神钲刘彬刊。

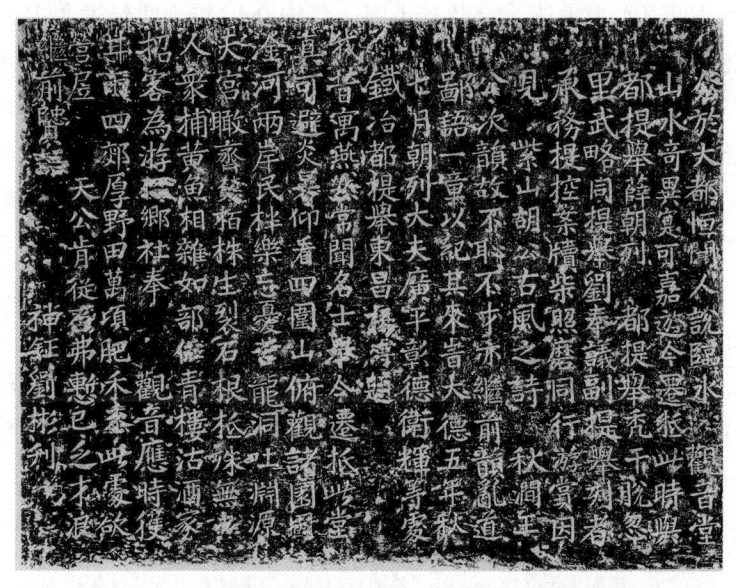

图6-1　邯郸市峰峰矿区黑龙洞风月关元代题记

该题记作于元大德五年（1301）七月，内容为广平彰德卫辉等处铁冶都提举杨溥等游观音堂题诗，按照敦煌吐鲁番文书的定名方式可将此题记定名为《元大德五年七月广平彰德卫辉等处铁冶都提举杨溥等游观音堂题诗》。其中提到的紫山胡公和秋涧王公分别是蒙元时期的能臣、著名文士胡祗遹与王恽。胡祗遹（1227—1295）字绍闻，号紫山，谥文靖，磁州武安人。于世祖朝历任户部员外郎、右司员外郎、太原路治中、河东山西道提刑按察副使、荆湖北道宣慰副使、济宁路总管及山东、浙西提刑按察使等职，以精明干练著称，颇有声誉。王恽（1227—1304），字仲谋，号秋涧，卫辉路汲县人。元朝著名学者、诗人、政治家，一生仕宦，刚直不阿，清贫守职，好学善文，成为元世祖忽必烈、裕宗皇太子真金和成宗皇帝铁木真三代的谏臣。胡祗遹与王恽"汽合情款"，是挚友，王恽对胡祗遹评价甚高，说其"佐理于朝，谠言直论，不屈权贵；作牧名藩，吏畏民爱，治行为诸郡最；擢任风宪，击奸发伏，褰衣具瞻，有风动百城之目"①。"经济之良材，时务之俊杰。"② 古人往往在出游时作诗刻石，可以推测胡祗遹曾在某日游览临水观音堂，并作诗留念。王恽在见到这首诗后和韵而诗；也有可能二人是同游临水观音堂而分别赋诗。这方题记是两位文士交往的珍贵遗迹。

上述题记实为古诗一首及其小序，序中介绍作诗的经过是因为杨溥与同僚同游临水观音堂，看到了紫山先生的诗和秋涧先生的次韵诗，因而也依原韵另作一首。刻紫山先生的诗和秋涧先生次韵诗的碑刻今已佚。据胡祗遹弟子刘赓《紫山大全集序》，他去世后二十年，其子胡持将其诗文集刊行为《紫山集》六十七卷。但明代著录胡祗遹诗文集的书目寥寥无几。今本《紫山大全集》二十六卷，是四库馆臣从《永乐大典》中辑出，已非全编。现存《紫山大全集》不见有与观音堂山石有关古诗。王恽有《秋涧集》一百卷，全称《秋涧先生大全文集》，此集为王恽长子王绍卿编定，延祐七年刻于江浙行省，卷五保存有一首《和紫山题观音堂山石诗韵（彦良马君索赋）》，从标题和诗韵来看，应

---

① 王恽：《秋涧先生大全集》卷40《胡翰林学士紫山胡公祠堂纪》，《元人文集珍本丛刊》第1册，新文丰出版公司1985年版，第540页上。

② 王恽：《秋涧先生大全集》卷91《举明宣慰胡祗遹事状》，《元人文集珍本丛刊》第2册，新文丰出版公司1985年版，第471页下。

即题记中提到的"秋涧王公次韵",今录如下:

> 我行滏水阳,思有登临举。佳处得一游,不计寒与暑。盛闻临水间,犹是邺西圃,山滋与水润,不识田家苦。阴壑閟灵景,石林气清楚,又云龙洞水,清可濯缨土。我无适俗韵,乐与泉石伍。此行应旌招,敢觊烟霄侣。闲云本无心,安取济时雨,紫山知几人,梦觉邯郸黍,题诗见归隐,真隐果能否?作配不自量,庚此山石语。①

因是依原韵而作,则三首诗韵脚相同,则题记中"青楼沽酒家,招客为游□"一句所缺字也应为"侣"。可惜胡祇遹原诗已不存,但可以肯定《紫山大全集》中原有一首《题观音堂山石诗》,诗的韵脚也是这几个字。

题记第1行提到"大都"与"临水"两个地名,"大都"即元代都城大都,"临水"为广平路磁州滏阳县下辖临水镇。临水是著名的铁冶中心。《元史》卷一九《成宗二》:"(大德元年十一月壬戌)罢顺德、彰德、广平等路五提举司,立都提举司二,升正四品,设官四员,直隶中书户部。卫辉路提举司隶广平彰德都提举司,真定铁冶隶顺德都提举司。罢保定紫荆关铁冶提举司,还其户八百为民。"② 卫辉路提举司并入广平彰德都提举司后的铁冶机构名称,《元史》没有记载。此题记写于大德五年(1301),正处于这个时间段内,题记显示卫辉路提举司并入广平彰德都提举司后的名称为广平彰德卫辉等处铁冶都提举司。

三 广平普会寺元碑校正

2014年春,河北省永年县夏堡寺附近出土元代硬译公牍文体圣旨碑残块,同年五月笔者在永年夏堡寺拓得该残碑拓片。录文如下:

1. 长生天气力里,

---

① 王恽:《秋涧先生大全集》卷5《和紫山题观音堂山石诗韵》,《元人文集珍本丛刊》第1册,新文丰出版公司1985年版,第204页下。
② 《元史》卷19《成宗二》,第414页。

2. 大福荫护助里，

3. 皇帝圣旨：俺的

4. 　　　　管军官人每根底，军人每根底，管城子达鲁☐☐☐☐．

5. 　　　宣谕的

6. 圣旨。

［后缺］

光绪《重修广平府志》卷三五《金石上》载："《普会寺免税粮圣旨碑》，正书十二十四行，末行至正十四年马儿年夏四月十九日，在永年县东北普会寺。"① 所载应即是此碑。此碑在崇祯版《永年县志》中保存录文②，过去未曾被元史学者注意。但该录文错讹较多，这里试着对此碑进行校正。

长生天气力里，大福荫护③，俺的管军官宝④人每根底，军人⑤管城子达鲁花赤官人每根底，往来使臣每根底，宣谕的圣旨。成吉思皇帝、月阔台皇帝、薛禅皇帝、完泽驾⑥皇帝，普颜笃皇帝，格坚宝⑦皇帝，忽笃都皇帝，亦邻真班皇帝，俺的圣旨里，和尚、也里可温、先生不拣甚么差发休当，告天祝寿者，么

图6-2 永年县文化圣旨碑残块

---

① 光绪《重修广平府志》卷35《金石上》，早稻田大学图书馆光绪二十年（1894）刊本。
② 崇祯《永年县志》卷7《艺文》，国家图书馆地方志和家谱文献中心编：《明代孤本方志选刊》，全国图书馆文献缩微复制中心2000年版，第7册，第590—592页。
③ 硬译公牍文体圣旨碑开头多为"长生天气力里，大福阴护助里，皇帝圣旨。"依据新发现残碑也是这样。崇祯《永年县志》在迻录碑文时遗漏"助里，皇帝圣旨"几字。
④ 据残碑，此"宝"为另起一行，与"官"字并排，以示此处钤印章一枚。"宝"字不应窜入此行。
⑤ 据残碑，此处遗漏"每根底"三字。
⑥ 元成宗铁穆耳蒙古语庙号"完泽笃皇帝"，《永年县志》写作"完泽驾"为"完泽笃"之误。
⑦ 元英宗硕德八剌蒙古语称格坚皇帝。"格坚宝皇帝"中"宝"字应为原公文中的印章。

道，说有来。如今有阿，依在先圣旨体例里，不拣甚么差发休当，告天祝寿者，么道。

广平路有的普会寺、经藏院等寺里住持明宗通济大禅师一庵长老增吉祥报把①行的圣旨与宝②了也。这的每寺院的房舍里，使臣休安下者，铺马祗应休著者，粮税休纳者，但属里水土、园林、碾磨、解典库、店铺、洛堂③，不拣甚的他每的休夺要者。更这增吉祥有圣旨说着，无体例勾当休做者，做啊，他不怕那甚麽。圣旨俺的。至正十四年④。

普会寺亦称普惠寺，俗称夏堡寺，是一座历史悠久的寺院，宋代志磐《佛祖统记》记载宋代云门宗高僧宗赜曾住持普会寺并养母于此。⑤清光绪版《续修永年县志》对普会寺的兴建和历代修缮作了记载："普惠寺在城东北三十里夏堡村，俗名夏堡寺。故址在城西北。东魏永平三年创建。宋崇宁甲申易名天宁万寿禅院。金天会中僧同休始改建今址，仍名普惠寺。正隆三年僧智安重修。明成化中僧如金增建千佛阁，嘉靖庚申僧妙忠、癸亥僧妙省、万历五年僧妙聪、八年知府赵奋、薛鑰、知县马翰如重修。国朝顺治十四年、康熙三十七年重修寺内圆通阁，明万历四十六年郡人刘应麟等重修。"⑥方志对普会寺元代的情况没有记载，明宗通济大禅师一庵长老增吉祥其人不详，但从圣旨碑文来看，元代普会寺有自己的水土、园林，还经营有碾磨、解典库、店铺、浴堂等产业，且能得到朝廷的护持圣旨，应是广平路一处较为重要的寺院。

元御医颜天翼及其家人续考

颜天翼是蒙元时期著名的宫廷御医，原籍舞阳天福山，元太宗四年

---

① "报把"应为"持把"之误。
② 此"宝"应为提示此处钤印章一枚。"宝"字不应窜入此行。
③ "洛堂"应为"浴堂"之误。
④ 元朝八思巴文圣旨习用生肖纪年。这篇碑文中没有生肖纪年，县志未录。"至正十四年"可能是立碑的时间。另外圣旨中应有书写圣旨的地点，县志未录。
⑤ 志磐著，释道法校注：《佛祖统纪校注》，上海古籍出版社2012年版，第600页。
⑥ 光绪《永年县志》卷15《寺观》，成文出版社1987年版，第261页。

（1232），颜天翼为蒙古军将领贵曲乃俘获，曾医好贵曲乃的病症。后归蒙哥潜邸，居于和林，曾医好太后唆鲁禾帖尼的疾病，并受到太后重赏。关于颜天翼的研究，孟繁清师撰《蒙元时期的颜氏三碑》[①]和《元上都留守颜伯祥及其家人史事考》[②]，利用今存于内丘扁鹊庙的《国朝重修鹊山神应王庙碑》和收录于《内丘县志》的《颜天翼神道碑》《颜哈班神道碑》，对颜天翼及其子颜伯祥、其孙颜哈班进行了介绍和研究。笔者在北京大学图书馆发现关于颜天翼及其妻张氏的两张碑刻拓片，在邢台发现《颜天翼神道碑》残碑，现将这些碑刻资料分别介绍、释录如下，并对颜天翼及其家人进行进一步的研究。

《元故太医提点颜康诩公神道碑》，元至元十一年（1275）十二月立。碑上残下缺，残高 106 厘米，宽 124 厘米，厚 32 厘米，碑文楷书共 40 行。现存邢台达活泉公园内文庙大成殿西。光绪《邢台县志》卷六《人物·列传》中颜天翼传即据此碑节录而成。今据残石拓片迻录如下：

1. ▢▢▢▢▢▢▢.故太医提点颜康诩公神道碑
2. 翰林学士嘉▢▢▢▢▢.
3. 光禄▢▢▢▢.
4. 正议大▢▢▢▢.
5. ▢▢▢▢▢.翼，字飞卿，姓颜氏，许州鄢城人。祖再思，以医术重于乡里，有子三人，安仁、安德、安上，皆袭父业，安▢▢▢▢.
6. ▢▢▢▢▢.所得隶贵曲乃千户下，未见知。一日，贵曲乃病，召医者四人调治，病势有增，拘医者将杀之，别召公，▢▢▢▢.
7. ▢▢▢▢.大喜曰：汝真天上人也。汴京下，公奉贵

---

① 孟繁清：《蒙元时期的颜氏三碑》，《中国史研究》2009 年第 3 期。
② 孟繁清、杨淑红：《元上都留守颜伯祥及其家人史事考》，《元史论丛》第 12 辑，内蒙古教育出版社 2010 年版。

曲乃命，入城招选医人，时新降，人愿与选者争以金币相遗
☐．

8. 诏诘之，公代对曰：臣以医药为职，匿药物者臣也，非贵曲乃也，臣甘当其罪。

9. ☐．王朝参

10. ☐．为名医，请于

11. ☐．遂隶

12. ☐．日侍左右

13. ☐．公仁厚长者，甚爱重之。

14. ☐．有☐众医诊视，知为水湿证，而以

15. ☐．尊，不敢用迅药，公曰：

16. ☐．疾痛在身，臣子岂得畏罪，而规求自便，脱有不效，臣请独当其罪，即用三花神祐丸下之，数日即愈。☐．

17. ☐．喜曰：吾年五十有三，遭此疾厄，赖太医疗治得平安，吾犹再生矣。赐公银五十三锭，公出悉与众。十三☐．

18. ☐．召公谓曰：吾饮汝药，得安如故，以银赏汝，何为与众均分？公奏曰：药虽臣用，其商议病症实与众共之，非☐．

19. ☐．嘉其有让，别赐公银五锭。

20. ☐．能，赐王府医官金牌，诸王位下各一面。公年德最高，次第当受。辞曰：臣年齿衰暮，医药☐．

21. ☐．其所请，而益以公为贤。甲寅岁春，公请老，愿家于邢。

22. ☐．就邢州赐宅一区，赐田千亩，签受太医提点

致仕,仍以鹊山神应王庙岁入半为修庙费,半以给☐.

23. ☐谥,得赠曰康诩公。公初娶孟氏,生长男伯禄,亦公于医,未仕卒;再娶张氏,生次男伯祥,小字忙古觯,☐.

24. ☐□早卒,曰寿安,曰教化,□尚幼;女孙六,曰茶哥,适太医申副使长男;曰真儿,适东平刘提举长男;曰玉童☐.

25. ☐女也,次娶杨氏、齐氏。公为人气貌宽厚,语言淳直,每侍

26. ☐答燕语及于外事,苟有所知,必具实以对,政事或有不便于民者,亦必款曲规谏,其所言未尝有一毫☐.

27. ☐问以国政,公谢曰:臣以医药为职,辨脉证,考方论则能之,至于天下国家大计,则宜引进儒生与之论☐.

28. ☐纳用其言。王子公主幼小者,☐.

29. ☐往命送颜太医家养视,或数年不取还,盖视公亲厚与家人无间也。岳渎诸神祠庙有所祈祷,辄命☐.

30. ☐后懿旨,禁断军士掳掠到妇女不得鬻卖为倡,已鬻卖者放免为良,使者至真定,倡户聚诉曰:我辈☐.

31. ☐令放免为良,何得定立年限?遂即日放免讫。还奏☐.

32. ☐甚喜,曰:颜太医所行是也,使者几误。乱

后乡里人或有落入羁鞴者，公必极力援救，力不足则借助□□□。

33. □□□□□□。冯氏以医为业，故公之祖长而善医，以冯为姓，传父至公，皆以医为业。公既显贵，一日具酒肴召□□□□□。

34. □□□□□。且曰吾家以冯为氏三世矣，吾今将改而正之，未知其可否？诸公咸曰：受姓于天者，正也，缘鞠养□□□□。

35. □□□□□□。复姓颜氏，然岁时伏腊，必为冯氏祖考位与颜氏祖考并祀，终身未尝辍也。□□□□□□。

36. □□□□□。千顷良田金万镒，未若褐衣怀道艺。田不随身金可攘，道艺长存长得力。壬□□□□□□□。

37. □□□□□。轩岐奥旨穷秋毫，朝随战鼓杂俘虏，暮栖华屋联英髦。自古医官居近密，圣代□□□□□□。

38. □□□□□。天聪。推崇荐引多名士，有善如此出心胸。生苍穹隆永不覆。阴德□□□□□□。

39. □□□□□□。元十一年十二月望日。扶风郡夫人张氏。□□□□□。

40. □□□□□□。嘉议大夫上都留守开平路总管□□□□□□□。

《大元康谧公祠堂记》碑已不存，拓片存北京大学图书馆，字迹清晰，艺风堂旧拓，编号 A16998。额题"大元康谧公祠堂记"。北京大学秘禄琳琅检索系统编为不知出处，实际上拓片背面有缪荃孙所贴题签，指明石刻在"直隶邢台"。为研究方便，先将拓片迻录如下：

1. 大元康诩公祠堂记
2. 皇帝即位之十有四年，其
3. 圣德仁恩之亘，滋液渗漉，凡在六合之内，八方之外，□诸九泉之下，无不被其泽者。是年春三月
4. 制敕有司举用恤典，其追谥嘉议大夫上都留守开平府路总管兼府尹颜忙古觯之父曰康诩公；明年秋九月进
5. 封其母张氏为扶风郡夫人。其追谥之　　制曰：鸳水田园，锡作退休之地。鹊山香弊，俾充颐养天之资，方其□
6. 任旧人之时，有不慭遗一老之叹。其进封之制曰：字我季男，裂王远□于瀚海，保吾幼女，结缡作配于华
7. 姻。挺生杞楠之材，实司管籥之任，而于旌往愍存之礼可为备矣。公讳天翼，字飞卿，世家许州之舞阳，寻值兵□，
8. 徙郾城，公形貌魁硕，性资明敏，幼读书尤精于方诊六微之技，自王父逮公，绵厮三世，俱以能医鸣。岁壬辰，
9. 天兵下河南，后二年诸将振旅，告成事而还，公随以北迁，侨寓和林。时
10. 上居潜邸，熟公之名，以请于
11. 朝。既至，遂入见帐殿，与谘，奇之，即置诸左右，日侍医药，多有效应，在王所者，虽穷贱必尽心力而
12. 诊治之，小心畏存余二十岁未尝为过误所挂。年过耳顺，乞归老顺德。
13. 上知其不可留，许之。特授医院提点，赐田宅有差，仍主鹊山
14. 神应王庙事。既归，方鸠材董役，以增葺为务，而以讣闻矣。
15. 上南面而治，念公不已，故赐兹美号而褒大焉。留府公頫伏奉
16. 诏，乃俾家老件右事功已，文之碑石，奠诸墓隧，用对扬
17. 天子之休命，光昭先君之令德。孝心孳孳，犹以为慊，复于神应殿之西偏创茔祠室，立像于其中，上栋下宇，
18. 金碧辉煌，晬容庄栗，人望之俨然也。乌呼！孝子之于亲，尽于是矣。落成之后，不远千里以伻来属余而为之记。初
19. 余走北庭，与公相知有年矣，故于公之行实颇得其详。乃苦患除水湿，□
20. 太后于康宁，证辨血淤，活元戎于顷刻，此衔与技进，自其所

□置不必论，至于出所藏之粟分食国人，举所知之贤

21. 增饰王度，轻赋佐百姓之急，平刑释四海之冤，倚市门者为良人，陷驱籍者作编户，皆奉请行之，此又仁

22. 心发于医术者也。其宠秩便蕃克绥后禄，宜矣。若然，则庙而像之，亭而碑之，其谁曰不然，于是乎喜为之书。

23. 翰林侍讲学士中顺大夫知制诰同修国史李槃撰。

24. 翰林待制同知制诰兼国史院编修刘德渊书并篆。

25. 至元戊寅夏四月望旦。嘉议大夫上都留守悬带虎符开平府路总管兼本路劝农使诸军奥鲁总管颜伯祥立石。

《大元康讱公祠堂记》的撰者为真定人李槃，与《颜天翼神道碑》相同。李槃是较早进入忽必烈潜邸的汉族知识分子之一。定宗二年（1247）史天泽属下张德辉曾奉命赴漠北，次年夏天，他在返回真定之前，向忽必烈举荐了李槃等人。① 李槃为颜天翼撰写两块碑刻，《大元康讱公祠堂记》中记载："初余走北庭，与公相知有年矣，故于公之行实颇得其详"，可见其与颜天翼交往之深。碑刻的书丹及篆额者为刘德渊，刘德渊字道济，内丘人，从学于金末学者王若虚，元世祖朝授翰林待制。② 在今内邱扁鹊庙有刘德渊拜谒神应王庙碑一通，刘德渊与其子刘朴拜谒神应王庙碑一通③，刘德渊与颜天翼应也有较密切的关系。

两碑的撰写者都是李槃，但在某些细节上两碑略有差异。比如颜天翼神道碑中说"至元二年赐谥康翊"④，而《大元康讱公祠堂记》则记载颜天翼被追谥康讱公在皇帝即位之十四年，即至元十年（1273）。今存于内邱扁鹊庙的《国朝鹊山重修神应王庙之碑》立于至元五年（1264），碑中记载颜天翼事迹，却不见有赐谥康翊的记载，所以当以至元十年赐谥为准。

《大元康讱公祠堂记》记载："时上居潜邸，熟公之名，以请于朝。

---

① 孟繁清：《韦轩李公考》，《中华文史论丛》2012年第4辑。
② 王恽：《秋涧先生大全集》卷61《卓行刘先生墓表》，《元人文集珍本丛刊》第2册，新文丰出版公司1985年版，第201页下—202页上。
③ 孟繁清：《内邱扁鹊庙的元代碑刻》，《中国蒙元史学术研讨会暨方龄贵教授九十华诞庆祝会文集》，民族出版社2010年版。
④ 嘉庆《邢台县志》卷7《宦绩》，国家图书馆藏本。

既至，遂入见帐殿，与谘，奇之，即置诸左右，日侍医药，多有效应，在王所者，虽穷贱必尽心 力 而诊治之，小心畏畣二十岁未尝为过误所挫。"强调颜天翼与忽必烈的关系，似乎颜天翼至和林即进入忽必烈潜邸。《颜天翼神道碑》记载："时宪宗在潜邸，素闻其名，因来朝奏请与俱还。及即位，以为太医使，自是日侍左右，凡有事于诸神降香岳渎，辄使代行。"强调了颜天翼与蒙哥汗的关系，颜天翼至和林先进入蒙哥宫廷，随侍左右。《颜天翼神道碑》可能撰写于颜天翼去世后不久，其时蒙哥汗在世，所以重点描述其与蒙哥的关系。而《大元康谞公祠堂记》撰写于世祖当政时期，所以重点突出了颜天翼与忽必烈的关系。太医罗天益在《卫生宝鉴》一书中提到他从颜天翼学习四方，"癸丑岁（1253）承应，冬住于瓜忽都，有太医大使颜飞卿传四方，用之尝效，故录之"①。1253 年忽必烈征大理，驻冬爪忽都之地，可见这时颜天翼是在忽必烈身边的。事实应是颜天翼先在宪宗潜邸服务，后又归入忽必烈潜邸。邢州为忽必烈封地，颜天翼并非邢州人，却请归老邢州，也说明了他与忽必烈关系密切。

《元鹊山封康谞公颜天翼妻张氏圣旨》碑已不存，拓片存北京大学图书馆，艺风堂旧拓，编号 A16970，北京大学秘禄琳琅检索系统编为不知出处，实际上与《元康谞公祠堂记》同在邢台。为研究方便，录文如下：

1. 长生天气力里
2. 皇帝圣旨里：君恤臣劳，已腆衮衣之
3. 赠；妇由夫贵，复增象服之褒。
4. 存殁兼荣，始终罔缺。故提点
5. 太医康谞公颜天翼妻张氏
6. 素以淑行媲于高门，外以佐
7. 医国之功，内以揭宜家之范
8. 尝侍宫闱之肃，每加傅母之

---

① 罗天益：《卫生宝鉴》卷 13，人民卫生出版社 1963 年版，第 188 页。另，文中"瓜忽都"当为"爪忽都"之误，参见陈高华《罗天益与〈卫生宝鉴〉》，《陈高华文集》，上海辞书出版社 2005 年版，第 276 页。

附录一　研究论文　　273

9. 勤，字我季男，裂土远开于瀚
10. 海；保吾幼女，结缡作配于华
11. 姻。挺生杞楠之材，实司管籥
12. 之任，若稽旧典，特霈新恩，
13. 可封扶风郡夫人。
14. 　　　　　宝①
15. 至元十一年九月　日。

《国朝重修鹊山神应王庙之碑》中记载颜天翼去世之后，"夫人张氏、子伯禄继志述事，克成厥终。"张氏在颜天翼去世后继续修建扁鹊庙，我们对于其了解也仅至于此。《元鹊山封康诩公颜天翼妻张氏圣旨》碑为忽必烈皇帝给予颜天翼之妻张氏的圣旨碑，为我们提供了颜氏家族的珍贵信息。

碑第9—10行载："字我季男，裂土远开于瀚海；保吾幼女，结缡作配于华姻。"季男指最小的儿子，据《史集》第二卷《忽必烈合罕纪》记载："忽必烈合罕共有十二个尊贵的儿子。正如成吉思汗由其长妻孛儿帖—旭真所生的四曲律最受人尊敬，这十二个儿子中最有威望的是察必哈敦所生的四个儿子。"②第十二子为察必皇后死后由南必皇后所生，至元十一年（1274）时察必皇后还在世，第十二子也未出生，所以这里的"季子"不会是第十二子。裂土远开于瀚海，指领军北边。至元十一年时，在忽必烈的儿子中只有嫡幼子北平王那木罕曾领军北边对抗西北叛王。此处的"季子"应是那木罕。张氏是那木罕太子的保姆。据《驸马高唐忠献王碑铭》，汪古部高唐忠献王阔里吉思"父驸马爱不花为高唐武襄王，妣皇姑月烈为齐国大长公主"，而"武襄所尚齐国大长公主，世祖皇帝季女也"③。圣旨碑中提到的忽必烈幼女，应即是嫁给驸马爱不花的月烈公主。驸马高唐王阔里吉思家族先世曾为金人守界壕，后归附成吉思汗引其南下，有功于成吉思汗，世袭汪古部部

---

①　石刻中"宝"字提示此处钤盖印章一枚。
②　拉施特主编，余大均、周建奇译：《史集》第2卷，商务印书馆1985年版，第282页。
③　阎复：《静轩集》卷3《驸马高唐忠献王碑铭》，《元人文集珍本丛刊》第2册，新文丰出版公司1985年版，第547页上、548页上。

长，黄金家族公主常下嫁汪古部。汪古部是蒙元时期著名的部族，所以《元鹊山封康诩公颜天翼妻张氏圣旨》碑中称"结缡作配于华姻"。

颜天翼之子颜伯祥小字忙古鲷，以小字行，官至嘉议大夫、上都留守总管兼开平府尹、本路诸军奥鲁总管，领虎贲司事。孟繁清师论述"颜伯祥之所以能担此重任，除本人条件外，显然与其父颜天翼归附蒙古较早，并长期担任太医有关"，这是十分正确的。但从此圣旨碑来看，颜伯祥能官至高位，除了颜天翼的关系，可能与其母为忽必烈家保姆的身份关系更大[①]。《颜哈班神道碑》记载："忙古鲷元配为幽国夫人女。"孟繁清师考证"幽国夫人"疑为"豳国夫人"之误，为裕宗真金的乳母。她将其女嫁予忙古鲷，和其与张氏同为忽必烈家保姆是有联系的。

元御医善和大师事迹考述

曲阳县文德乡慈顺村保存有元代《宣授善和大师塔铭》碑一通[②]，碑螭首，高230厘米，宽87厘米，厚21厘米，额篆书"宣授善和大师塔铭"，碑文颜体楷书，真定府十方大会禅寺住持嗣法沙门文灏撰，五台山大华严寺习经论沙门智瑛书，净明居士王□篆。北京大学图书馆藏拓中有缪荃孙艺风堂旧藏《敕赐慈济之院碑记》拓片，也与善和大师有关。两碑原都存在于慈济院，塔铭主人生活在金元之际，精通医术，曾从金元北方佛教首领万松行秀参禅，后又以医术应召至元世祖忽必烈藩邸，成为忽必烈的御医。塔铭主人丰富的经历对我们研究金元之际历史具有重要价值。今先将两通碑刻迻录如下，并对善和大师作进一步研究。

（一）《敕赐慈济院宣授善和大师塔铭》

1. 敕赐慈济院宣授善和大师塔铭
2. 真定府十方大会禅寺住持嗣法沙门文灏撰，五台山大华严寺习经论沙门智瑛书，净明居士王□篆。

[①] 赵翼《廿二史札记》卷30有《元封乳母及其夫》条，论述元代不仅乳母封夫人，其夫亦得封。可见元代乳母之贵。见《廿二史札记校证》，中华书局2013年版，第745页。

[②] 庞雪平、魏敏：《元代〈宣授善和大师塔铭〉碑浅析》，《文物春秋》2009年第6期。

3. 耆婆揽百草，照腑藏症结；药王尝金石，起膏肓痼疾。《华严经》存应病之说，《金光明》有对症之方。自觉皇顾命，贤圣不

4. 明； 醇散朴，道德不一。或习医禁，或导阴阳，方术殊，救世均也。至于破痈溃痤、生死骨肉之为，维和公其人也。生而

5. 岐嶷，七岁雉发，礼义公为童子。师授经法，不烦提训，日益月闻。暨受具，历游讲所，经论律学，无所不窥。而幽赞玄义，

6. 章句分析，尽得筌蹄之奥。憧憧往来，学徒辐辏。崇庆元年

7. 敕赐今额。俄义公圆寂，易篑之际，付师院事，兼嘱立碑，以著原委，皆成就之。金季贞祐初，北兵动，百姓匡惧，加以水

8. 旱兵戈，略无宁岁，垂十年间，河朔燕蓟鞠为虚厉，盗贼充斥。父兄构祸，维母在堂，饘粥衣费，未尝有歉。未几，母李物

9. 故，僧服斩衰，启先父圹而祔焉。刺血书《随求》《梵本》等经，以荐冥福。

10. 圣朝革命，抚定郡邑，流民稍集。万松老人名重一时，往焉。既而首众僧于万寿，服勤累年，多所发药。辛卯秋，復回故院。

11. 天资明敏，外科家传，精诣绝出；端策拂龟，占验休咎，所至风动。故裹粮襆负、不远百里求医户外之屦常满。有贫不

12. 能自存者，给食设药，愈而遣之，不取其直，人以此多之。爰自兵乱，所在伽蓝例遭摧毁。先时本院四堧之外，皆为民

13. 有，资生恒产，略无孑遗。至是易而大之，占星揆日，鸠材僝役，经营不劳，智力并劾，不数年，佛殿、云堂、厨廪、廊庑、田园、

14. 事产无不具备。次建中山龙兴、上生，高门佛堂，盖度嘉庆，崇雅黜浮，侈俭中度，次第落成，不愆于素。壬子夏五月，

15. 今上居藩邸，闻其名，诏使尚药，兼讲真乘，颇见爱重。越明年癸丑春三月，上方问罪云南，蒐兵大举，讨其不

16. 庭，六师迭进。秋七月，师次巩昌，境接西戎，其地高寒，师从容言于上曰：夫沙门者，安禅息虑，养素颐神，此真祇

17. 也。今遐徼乡国，水陆万里，戎旅杂沓，军事鞅掌，非禅者与其间也。况臣年运已往，乞归故里，以饯残年，是所愿也。

18. 上许焉。及丙辰夏四月，有旨赴阙，治理益明，礼亦有加。及期方回，益掌院务，提挈宗宇。平昔求生净土为己

19. 任，虽经涉夷险、藜羹土饮斋如也。前后供讲斋僧近十万员。

祁寒大暑，膜拜焚香，未尝衰替。中统三年特

20. 旨免本院差役。至元十一年秋七月，上遣中使，安车旌币征赴皇都，使驲护视、续食行李，皆出有司。

21. 上问治民之要，对曰：宗乘奥典，颇常经心；利民之事，未之学也。臣无官守，无言责，敢贪名以速官谤？未几，锡赉加

22. 等，遣之。十二年五月二十日示疾，召法孙洪瑀等，付以院事，一一有序，枕臂右肋而寂，享年八十二，僧腊三十九。至

23. 二十四，颜貌如生，异香袭人，祥光顿现，观者耸动。四众会葬，不远百里，輤车帷裳，丹旐翩翩，香楼助祭，不啻百数。老

24. 幼啼哀，声动原野。全身葬于院之坎位，仍塔其上。瑀等状其迹，以铭见托，余应曰：夫沙门之行有三，曰自利，曰利他，

25. 曰二利圆满。权舆细行，表襮威仪，刿心励志，誓生安养，非自利欤！贵贱等视，心无适莫，怜慈幼而哀□独，非利他欤！

26. □二行□，因故死生之际，□□□去非二利满之鸿渐□师□□□□□人颜□氏，家世衣冠，曾大父□□□

27. 业进士不第，六十二□代于□□□□□生。大父□□□□□□浮沈里阓。年七十，故□母李生父寿□□

28. 少明经青乌之非五行推步之□颇详□六十日□□□□三子长□师次□□□□□□父□其□□氏三□

29. 长徒□僧政兴季□皆有皆□□孙璃温□□从之子叔父□□□门资□□□□□□□有政降真□□

30. □父之□有子□□□也。铭曰：

31. 耆婆药王，助佛扬挥。洞鉴灵府，妙入神机。大圣超寂，正法浸微。象驾东驱，□还河洛。□□□□，

32. 精宝日凿。或学咒禁，或习医药。烈烈沙门，法号曰和。箕裘家传，世鸣外科。医门多□，□□□□。

33. 贫者设药，饥者与食。治□大戾，乃安乃息。乃敬乃德，远近益亲。今德日新，皆言大□。□□□□，

34. 道价□增，声闻于朝。三宣赴阙，□驾乘轺。

35. 皇恩汪涉，三接终朝。世路纷纭，誓生安养。趣果行因，□持诸业。末后归真，白光呈祥。□□□□。

36. 德莫能量。深闳□至，其塔颙昂。贞石既耆，□求词章。以纪

可极，千载之光。

图6-3　《宣授善和大师塔铭》《敕赐慈济之院碑记》

37. 宣授善和大师门资：中山府大开元寺上生院住持沙门政初。善故嘉庆院颂经论赐紫沙门通□大师政兴、政智、政□、政忠、政□、政显、政宣。中山府在城普安院住持沙门政□、政青、政依、政辛。洪□、洪□、洪□、洪□、洪□、洪福、洪□、洪同、洪□、洪□、洪□、洪□、洪□、洪□、洪□、洪□、洪金、洪□、洪□、洪□、洪□、洪□、洪同、洪□、洪□、洪□、洪忍、洪□、洪□、洪□、洪□、洪□①。

---

① 本行排列善和大师门徒、徒孙不规则。为方便录文，将不规则各行合为一行。

38. 学医门人：藁城县西官□璃院希法师，五峰清凉寺政法师，□□府□□□□□，

39. 怀鹿县□村院辩讲，上药城赵村大悲院□法师，□□□□□□□

40. 延安府大净慧禅师，西□观音院□法师，□□□□□□。

41. 至元拾陆年壬申月庚申日□□时，□□□□□□□。

（二）《敕赐慈济之院碑记》

《敕赐慈济之院碑记》拓片存北京大学图书馆，为缪荃孙艺风堂旧藏。北京大学编号：A16751，艺风堂编号25238，缪荃孙题签"在曲阳东廿里慈济村上院"。此碑碑阴为"惠宗善政，洪法福源，修道崇真，契理幽玄"十六字宗派图，及慈济寺寺院四至、常住地亩、维那题名，漫漶不录。

1. 敕赐慈济之院碑记
2. 燕京万寿禅寺住持传法嗣祖沙门从禺撰
3. 夫慈济之院者，古定之曲阳县恒岳之东十里有孙曰嘉山，昔
4. 来和尚寄隐之处也。山之阳厥土□壤，民袭而居之，名其邑曰慈顺。绵汉及金，抵大定
5. 间承平日久，加以岁稔时和，民物殷厚，有忠信者出焉，乃曰：既富且庶矣，又何加焉。曰：
6. 教之审风气所宜，土地所生，人之性也。善彭城公昌友，一乡之士，躬率以众，鸠工僦役，
7. 修崇三教殿，翼其廊庑，日严香火，俾驱而之善道也。远访古人之落止，知世□尚者，
8. 别尊辩邪正，以忠孝为基本，以言行为枢机，安仁宅，由义路，□藻其俗习，陶铸其人，
9. 村庶几乎成邹鲁之风，以儒为发轫也，其有厌世不居，无言守、无官责，以尘俗为累，以
10. 淡泊为怀，寂兮寥兮，象帝之先宗，老氏之教，以道为经过也，抑亦有动静不羁，高上
11. 其志，郎者，处俗非俗，在尘绝尘，照有无为，瞖幻，视生死

为游戏，使远者穷其始末，以

12. 佛为入奥矣。功始成，与众定其主者，佥曰选戒行精严者，□一□□曰律师，师讳

13. 宗义，即当里人也，姓刘氏，壮而厌幻，礼嘉庆院僧

14. 惠本为师，受承安年具，住三十六禩，诵五大部经，百终求生内院，会崇庆元年

15. 敕赐慈济之院。一日告终，召门资善和付之曰：我来此守护精蓝，积有年矣，今欲长往。出

16. 所受院额遗之，讬纪诸石，以寿后世也。善和不忘所嘱，乃增广之，云堂厨库，焕然一新，

17. 工既毕，不远千里而来燕然，求谒万寿，万寿应之曰："若无渐教，逗机不足；非假方内之

18. 尤，焉能通方外之趣哉，斯可谓籍权而显实，遂援笔而书之。岁在玄黓执徐孟陬生明

19. 后二日记。

善和大师所在寺院名慈济院，两通碑刻原来都存在于慈济院。光绪《重修曲阳县志》记载："慈济寺，在县东南慈顺村。元至元间建，内有灵迹塔。"[①]但据新发现《慈济院碑》，善彭城公昌友率众修建寺院，后请义公为第一代师，义公"讳宗义，即当里人也，姓刘氏"。义公大概卒于金崇庆元年（1212）之后不久，则慈济院的修建在金代中晚期，而非光绪《重修曲阳县志》记载的"元至元间建"。

《善和大师塔铭》记载善和大师其"生而岐嶷，七岁雉发，礼义公为童子"，碑文后部述其家世较为详细，但因碑刻漫漶，难以卒读。但《善和大师塔铭》记载其"外科家传，精诣绝出""箕裘家传，世鸣外科"，说明他出生在医学世家，善于外科的诊治。精湛的医术为善和大师带来盛誉，后来他得到忽必烈的征召，也是因此。善和大师拜义公为师，在佛学上很快取得很高的造诣。金崇庆元年（1212），慈济院正式被朝廷赐额"慈济之院"。"崇庆"是卫绍王完颜永济的第二个年号，此时的金朝被蒙古所困扰，经济状况急剧恶化，慈济院被朝廷赐额，估

---

① 光绪《重修曲阳县志》卷6《山川古迹考》，上海书店出版社2006年版，第428页。

计也是用金钱买来的。此后不久,为慈济院付出半生辛苦的义公逝去,去世前他嘱托善和大师刻石立碑记述寺院的原委。

贞祐元年(1213),蒙古兵南下,金宣宗南迁,河北地区处于无政府状态,一时盗贼横行,地方势力聚族自保,出现大大小小的世候。这个时期的曲阳,是一个多事之秋。《重修北岳庙露台记》记载:"丙子(1216年),石海乱,岁且饥,民濒于沙河者,夜採鱼藕草粮以糊口,昼穴窖不敢出。海遣何运副者拥精骑五千驻之曲河村,得一窖即食之,析骸爨骨,腥闻于天,公(按:邸顺)不胜忿恚,募健勇者,得数百人,与何鏖战,生擒何,刳其心以谢众,用是顺天都元帅府升公为恒州安抚使。"① 石海乱即是一次盗贼为乱,赖邸顺为首的地方势力平定。此后张柔、史天泽等汉人世候与金将武仙在这一带进行了多年的拉锯战,社会动荡不安。《善和大师塔铭》记载:"金季贞祐初,北兵动,百姓匡惧,加以水旱兵戈,略无宁岁,垂十年间,河朔燕蓟鞠为虚厉,盗贼充斥。父兄构祸,维母在堂,饘粥衣费,未尝有歉。"在动乱社会中,善和大师的父兄都遇害,唯有他与老母亲相依为命。

"未几,母李物故,僧服斩衰,启先父圹而祔焉。刺血书《随求》《梵本》等经,以荐冥福。"不久,其母也去世了。安葬了母亲,北方的社会秩序也逐渐安定下来。孑然一身的善和大师把精力放在精进佛学修养上。《善和大师塔铭》记载:"万松老人名重一时,往焉。"万松老人即金元之际北方佛教著名领袖万松行秀禅师,自称万松野老。金代河内人。出家于荆州,是金元间曹洞宗著名的禅师,同时深通儒家经典。金章宗于明昌四年(1193)召见他,询问佛道,并赐赠锦绮大僧衣一件。《善和大师塔铭》中有"首众僧于万寿",万寿寺是金元时期今北京地区著名寺院,《析津志》记载"大万寿寺:寺有金世宗、章宗后御容,又有佛,见收常住寺内,有施宜生碑文,备载事实。"②《万松舍利塔铭》记载万松行秀"无何,复主万寿,庚寅,御赐佛牙一……"③ 庚

---

① 魏初:《青崖集》卷3《重修北岳露台记》,文渊阁《四库全书》第1198册,台湾商务印书馆1986年版,第738页下。
② 熊梦祥著,北京图书馆善本组辑:《析津志辑佚》,北京古籍出版社1983年版,第69页。
③ 刘晓:《万松行秀新考——以〈万松舍利塔铭〉中心》,《中国史研究》2009年第1期。

寅是 1230 年，可见万松行秀曾于 1230 年前后主持该寺。善和大师大概也是这个时间在万寿寺向万松老人参禅。万松行秀的弟子很多，如雪庭福裕、耶律楚材师等。由此我们可知万松行秀的杰出弟子还有曾侍奉于忽必烈藩邸的善和大师。

"辛卯秋，复回故院。" 1231 年，善和大师又回到曲阳慈济院，前后在万寿寺十余年。在万寿寺的经历，丰富了他的阅历，扩大了他的社会交往与声誉。回到慈济院的善和大师，不忘师命，在将寺院扩建后，1232 年（玄默执徐即壬辰年，1232 年），请燕京万寿禅寺住持从昌撰写碑文，立碑于慈济院，这就是今北京大学图书馆藏拓《敕赐慈济之院碑记》。除了重修慈济院，他还建设了中山府龙兴、上生二寺。

"壬子夏五月，今上居藩邸，闻其名，诏使尚药，兼讲真乘，颇见爱重。"壬子指 1252 年，"今上"指当时尚未登汗位的忽必烈。萧启庆先生从时代演进与个人身世两方面分析忽必烈集结幕府的原因，并将幕府人物以 1251 年蒙哥即汗位为界分为两期，将忽必烈幕府人物分为两期，前期主要是藩府旧臣与四方文学之士，后期则为学者名流、知识分子与学有专精的人物。① 按此分类，善和大师壬子年夏五月被征，属于潜邸后期人物中的学有专精的一类。蒙元统治者对医学有着浓厚的兴趣，尤其是早期的统治者周围都聚集一批医学人才。以忽必烈为例，它的周围聚集着许国桢、窦默、麻泽民、王仪、申敬、窦行冲、刘岳、刘执中、宋超、欧阳懋、韩公麟、汪斌等人②，当然，善和大师亦是其中一位。忽必烈对术数也很感兴趣，周围聚集着以刘秉忠为代表的一些术数之士，李治安师称之为"邢州术数家群"③。《善和大师塔铭》记载其"天资明敏，外科家传，精诣绝出；端策拂龟，占验休咎，所至风动"。善和大师在外科医术与术数占卜两方面都有很深造诣，这两点应该是他受到忽必烈征召的主要原因。忽必烈也很崇奉佛教，所以善和大师在壬子年应召藩邸时，忽必烈就让他"诏使尚药，兼讲真乘。"

元宪宗蒙哥汗二年（1252），忽必烈奉蒙哥命南征大理，他首先在

---

① 萧启庆：《忽必烈潜邸旧侣考》，《内北国而外中国：蒙元史研究》，中华书局 2007 年版。
② 高伟：《元朝君主对医家的网罗及其影响》，《兰州大学学报》1999 年 4 期。
③ 李治安：《忽必烈传》，人民出版社 2004 年版，第 37 页。

甘肃六盘山屯驻，集结军队并招揽人才。这个时期被忽必烈延揽的人还有很多，善和大师在这时候被忽必烈延揽进藩邸，杰出医学家罗天益也在这个时候应召。罗天益字谦甫，真定藁城人，是中国医学史上"金元四大家"之一李杲的弟子。罗天益著有《卫生宝鉴》，涉及元初史事。根据《卫生宝鉴》的记载，当时忽必烈身边的医生还有一位刘禅师。"曲阳县慈顺里刘禅师，善治疮疡瘰疬，其效更捷。壬子岁孟春，诏到六盘山，回瓜（爪）忽都地面住冬，朝夕相从"，罗天益还从刘禅师"传得四方，太乙膏、玉烛散、尅效散、翠玉膏。用之每有神效"。但刘禅师并没有随忽必烈南征，"甲寅岁仲秋，王师还，遣使送禅师回乡里，赐院门额曰：慈济禅院"①。分析这位刘禅师在忽必烈藩邸的经历，我们发现他与善和大师的经历完全相同。据塔铭记载，善和大师长期住持曲阳慈济院，乞归故里后也回到了慈济院，其籍贯应为曲阳。刘禅师籍贯是"曲阳县慈顺里"；刘禅师"善治疮疡瘰疬"，善和大师善于医治"破痈溃疮"；刘禅师在"壬子岁"应召，善和大师也在壬子年应召藩邸，只是在"孟春"与"五月"的具体时间上略有不同；善和大师"乞归故里"，刘禅师也被"遣使送禅师回乡里"；更关键的是善和大师住持寺院为慈济院，刘禅师也是住持慈济院。曲阳县有两座慈济院的可能性非常小。而且罗天益《卫生宝鉴》记刘禅师籍贯为"曲阳县慈顺里"，而《宣授善和大师塔铭》碑就是在今曲阳县文德乡慈顺村发现。可见金元之际的曲阳县慈顺里就是如今的慈顺村，慈顺村是金元时期的古村落。善和大师与刘禅师在籍贯、擅长医术、应召至藩邸的经历、所住寺院等方面都相同，可以确定善和大师就是《卫生宝鉴》中提到的刘禅师。

忽必烈身边的一些汉人儒医以医官身份获致高位，在蒙元初期并非特例。像许国祯由于受到皇帝的信任，对国家政权的建设颇多建言。与许国桢不同，善和大师不意仕进，对政事不赞一言。忽必烈南征大理，1253年在巩昌积聚军队，这时候善和大师就向忽必烈提出返乡的请求，得到许可，返回曲阳慈济院。此后，1256年和1274年，忽必烈两次征善和大师赴大都，均时间不长就回到慈济院。当忽必烈问以治民之要时，善和大师对以"宗乘奥典颇常经心，利民之事未之学也。臣无官

---

① 罗天益：《卫生宝鉴》，人民卫生出版社1987年版，第169页。

守,无言责,敢贪名以速官谤?"恬淡的性格跃然纸上。至元十二年(1275)五月二十日,善和大师在曲阳慈济院圆寂,享年八十二,僧腊三十九。

华北是中国文明的发源地,但自汉末至明的一千多年间,由于经常的大规模战乱和落后民族的掠夺统治,社会经济停滞、衰退,人口减少。明代以降,河北、山东各地多有外来移民组成村屯。至今在河北的一些传说及志书都有着山西洪洞大槐树移民河北的流传和记载。有学者指出:明初移民是历史的一部分,需要重视和研究;明初移民以前就已存在的村庄,更是先人创造历史的遗产,尤值得发掘。[①]《宣授善和大师塔铭》出土于河北省曲阳县文德乡慈顺村,而罗天益《卫生宝鉴》记述刘禅师籍贯为"曲阳县慈顺里"。我们可以看出,今曲阳县文德乡慈顺村不是明清移民形成的村落。《慈济院碑》记载:"古定之曲阳县恒岳之东十里有孙曰嘉山,昔来和尚寄隐之处也。山之阳厥土□壤,民袭而居之,名其邑曰慈顺。"可见慈顺村最晚在元代以前已经建村,是金元时期的古村落。

综上所述,善和大师是罗天益《卫生宝鉴》中提到的御医曲阳刘禅师。他家传外科医术,善治疮疡瘰疬;又曾从万松行秀参禅,是万松老人的弟子。精湛的医术、精通术数与深厚的佛学修养,使忽必烈对他尊崇有加,曾三次征召,善和大师是忽必烈潜邸旧侣中的人物之一。但善和大师潜心佛法,无意仕进,对政治不赞一词,最终在慈济禅院圆寂。

《元史·谢仲温传》考补

丰州谢氏是蒙元时期的仕宦大族。《元史·谢仲温传》记载谢仲温之父睦欢自丰州转客兀剌城降蒙,后从攻西京,被授予太原路金银铁冶达鲁花赤;谢仲温先为忽必烈怯薛,后历任平阳、太原、西京等路宣抚使、顺德路总管、湖南宣慰使、淮东宣慰使;谢仲温之孙谢孛完任冀宁路管民提举司达鲁花赤。但因关于此家族史料缺乏,除《元史·谢仲温传》外,我们对此家族了解不多。现存山西省交城县玄中寺《宣慰谢

---

① 王庆成:《晚清华北乡村:历史与规模》,《历史研究》2007年第2期。

公述修考妣功德之记》碑，是睦欢及谢仲温两代相继重修石壁寺的功德碑，为我们提供了谢氏家族的新资料。今即以此碑为主，对丰州谢氏家族进行进一步研究。为研究方便，先将碑阳迻录如下：

1. 宣慰谢公述修考妣功德之记
2. 本县教授漆伯善撰　进士郝文尉篆额
3. 从仕郎交城县尹娄咨询书
4. 至元甲申三月晦日，县尹娄君拉予有龙山石壁之游，因□□公禅师方丈从容语及寺之兴替。师曰：自元魏之初□□
5. 此寺，然亦不知始自何代。有唐碑云《北都甘露坛记》乃李逢吉之文，天下三坛，此其一也。
6. 圣朝革律为禅，
7. 赐号永宁禅院。寺中古有千佛铁像，代经丧乱亡失，仅存者百余尊。金季兵荒，寺为劫火
8. 所烬，散置岩壑间。至真难□□
9. 放光焰，人屡见焉。初宣慰谢公之先君老相公及太夫人耶律氏生平奉佛，精进之心，过于
10. 释子，饭僧之供，曾无虚□。□
11. 在招提，无不施舍，而于王山、万卦、石壁尤尽意焉。一日以设供诣寺，适见吾佛放光，拜稽叹异，遂命营阁而安之，凡□□
12. 毁，悉加完补，施以浑金，毫相光辉，粲溢人目，俾见者生恭敬心。功甫三之一，不幸太夫人谢世，而先相公寻亦捐馆，□□
13. 多障，良可叹也。日者宣慰公痛父母之志未终，以俸余之资及夫人奁具完毕金像。朝视暮阅，惟恐其怠。圣人谓积□□
14. 家，必有余庆，观公今日之功名贵显，凡两为宣抚，一金西省，三总大镇而复宣慰河南，又复宣慰湖北，仍领工部，钧□□
15. 拜，行有日矣。岂非先相公与太夫人平昔种诸善根之所致耶。予应之曰：公之今日云先相公、太夫人之所积者，诚□□
16. 之言，师特未知公之所以立功名享富贵者，皆自孝□所致耳。夫孝者，善继人之志，善述人之事也。公自先相公太□□
17. 送终之日，皇皇焉如有望而弗至，抚心沥恳，誓终父母功德之愿。然方是时，公初起家，以身许

18. 国，属当

19. 圣天子即位之初，王事鞅掌，东西南北，良未暇也，三十年之间，曷尝一日忘于心哉。公今还自江南，有驻车之款，是以□□

20. 重费，首营佛事。呜呼，亲终既远，人所易忘，而能追而不忘者，非孝之至、德之厚而能如是乎。故记曰：德大者必得其□，□

21. 得其禄，必得其名，必得其寿。盖天之生物也，比因其材而笃焉，此其所以然也。孔子曰：夫孝始于事亲，中于事君，立□□

22. 道，扬名于后世，以显父母者，于公见之矣。师喜予言，因命书以为记。予亦喜述公之美，辄不辞而诺之。公讳仲温，字□□，

23. 天下之士莫不闻知，而其名位勋业它日勒诸钟鼎，书□史册，必将昭昭焉，兹非浅陋之所能万一云。

24. 至元二十一年五月十一日。大龙山十方护国石壁永宁禅寺住持嗣祖沙门广琼立石。

25. 本县石工杨仲安刊。

此碑今存山西省交城县玄中寺碑廊，沙石质，高186厘米，宽75厘米，厚23厘米①，至元二十一年（1285）刻立。清代人方履篯《金石萃编补正》卷三收录碑阳录文，罗振玉《再补寰宇访碑录》列目②，但于此碑目下未标注存地。方履篯在《宣慰谢公述修考妣功德之记》碑跋中说："谢公先世修石壁寺，未讫功而偕逝。至宣慰乃克继成其志，诚可美也。宣慰名仲温，字君玉，无它行业表见于世，则深有赖于此碑以传其名矣。"③ 大概方履篯不熟悉《元史》。《元史》有《谢仲温传》，并非"无它行业表见于世"。

据《元史·谢仲温传》，"谢仲温字君玉，丰州丰县人。父睦欢，以赀雄乡曲间，大兵南下，转客兀剌城。太祖攻西夏，过其城，睦欢与其帅迎降。从攻西京，睦欢力战先登，连中三矢，仆城下。太宗见而怜之，命军校拔其矢，缚牛，刳其肠，裸而纳诸牛腹中，良久乃甦。誓以

---

① 田瑞主编：《交城金石录》，交城县史志研究会1994年版，第40页。
② 罗振玉：《罗振玉学术论著集（第五集上）》，上海古籍出版社2013年版，第544页。
③ 方履篯：《金石萃编补正》，《石刻史料新编》第1辑第5册，新文丰出版公司1982年版，第3520页。

死报，每遇敌，必身先之，官至太原路金银铁冶达鲁花赤"①。丰州位于何地？道光《榆林府志》卷二九《人物志》记载有"谢睦欢"条并引用《元史》本传内容②。杨浣先生考证榆林府丰州为宋代前中期"丰州"，后被西夏占领。此丰州位于河套以南③，位于兀剌城西南，成吉思汗首次进攻西夏，不会到这里，谢睦欢也不会从这里逃到离蒙古人更近的兀剌城，所以《元史谢仲温传》中的"丰州"不会是榆林府丰州。传统观点认为丰州由辽代的天德军而来，位于今呼和浩特市东，属于金朝辖境。但成吉思汗统一蒙古之后，并没有立即攻击金朝，而是先进攻西夏，所以此丰州肯定不会是金朝的丰州。

谢睦欢的家乡"丰州丰县"，既不是金朝丰州，也不是宋朝丰州，且《辽史》载丰州下辖有富民县、振武县，《金史》《元史》均记载丰州下辖只有富民县，都没有丰县，因此只能推定其为西夏的丰州。对西夏是否设有丰州，学界没有可靠的证据。学者推测即使西夏有丰州，大致位于今内蒙古巴彦淖尔市五原县东土城乡④。这里位于河套以北，靠近蒙古，较为符合成吉思汗首次进攻西夏的地点。

兀剌城的位置，学界多有争论，聂鸿音先生考证其为黄河以北阴山山脉的一段⑤。《元史·谢仲温传》记载睦欢从丰州逃至兀剌城，纳降后从成吉思汗攻大同，丰州位于河套以北，兀剌城应该距此不远，无疑聂先生的考证是正确的。

谢睦欢在攻西京大同的战役中负重伤，太宗窝阔台救了他，谢睦欢"誓以死报"，似乎谢氏家族与窝阔台家族有着密切的关系。《元史·谢仲温传》中提到谢睦欢官至"太原路金银铁冶达鲁花赤"，可能是其最终官职。《元史·食货志》记载："铁在河东者，太宗丙申年（1236），立炉于西京州县，拨冶户七百六十煽焉。丁酉年（1237），立炉于交城县，拨冶户一千煽焉。"⑥至元十一年（1274）诏令各地复立铁冶，胡

---

① 《元史》卷169《谢仲温传》，第3977页。
② 李熙灵纂修，马少甫点校：《（道光）榆林府志》卷29《人物志》，上海古籍出版社2014年版，第548页。
③ 杨浣、许伟伟：《宋夏"丰州"考辨》，《宁夏社会科学》2015年第5期。
④ 杨浣、许伟伟：《宋夏"半州"考辨》，《宁夏社会科学》2015年第5期。
⑤ 聂鸿音：《黑山威福军司补证》，《宁夏师范学院学报》2008年第4期。
⑥ 《元史》卷94《食货二》，第2380—2381页。

祗遹撰《西冶记》记述太原路西南复立西冶，其中提到"前此冶官，首尾三十余年者，交城谢氏父子也"①，"三十余年"应是从丁酉年（1237）开始，"谢氏父子"即谢睦欢及此碑碑阴提到的"奉训大夫太原路人匠提举兄谢君宝"。谢氏家族自交城县设立铁冶，即掌管此事，长达三十多年。

交城县石壁玄中寺有辛卯年（1231）湛然居士耶律楚材礼请信公禅师为石壁寺住持的请疏碑，题名中有"宣差太原府西三县达鲁火赤谢没欢"②。此时谢睦欢的官职是"宣差太原府西三县达鲁火赤"。《金史·地理志》记载："河东北路太原府"条下记载太原府下辖县有阳曲、太谷、平晋、清源、徐沟、榆次、祁、汶水、交城、盂、寿阳等十一县③，位于太原西部的只有文水、交城、清源三县。谢没欢担任的"宣差太原府西三县达鲁火赤"，应即是此三县达鲁火赤。据《元史》卷九五《食货志·岁赐》，丙申年分拨给察合台太原四万七千三百三十户五户丝户④，所以一般认为太原为察合台分地。但从谢睦欢与窝阔台的密切关系及他任"宣差太原府西三县达鲁火赤"的事实推断，文水、交城、清源三县可能主要是窝阔台的五户丝户⑤，谢睦欢是作为窝阔台家臣统治太原以西三县。前文提到玄中寺有辛卯年耶律楚材礼请信公禅师为住持的请疏碑，玄中寺如何与耶律楚材建立联系？颇怀疑是谢睦欢通过其与窝阔台汗的关系，请耶律楚材为玄中寺的功德主。

从表面看，谢睦欢、谢仲温都是典型汉语人名，他们在《元史》中也被列入汉人列传，学者历来也多将其视为汉人。⑥但在石壁玄中寺辛卯年（1231）请疏碑题名中，谢睦欢题名作"宣差太原府西三县达鲁

---

① 胡祗遹著，魏崇武、周思成点校：《胡祗遹集》卷9《西冶记》，吉林文史出版社2008年版，第252页。
② 田瑞主编：《交城金石录》，交城县史志研究会1994年版，第33页。
③ 脱脱等：《金史》卷26《地理下》，中华书局1975年版，第630页
④ 《元史》卷95《食货三·岁赐》，第2414页。
⑤ 有学者考证西京大同也为窝阔台的分地。见邱轶皓《草原分封制度的延伸与调整》，《蒙古帝国视野下的元史与东西文化交流》，上海古籍出版社2019年版，第93—130页。
⑥ 箭内亘著，陈捷、陈清泉译《元代蒙汉色目待遇考》，商务印书馆1932年版，第68页；片山共夫著，余大钧译《关于元朝怯薛出身者的家世》，载《北方民族史与蒙古史译文集》，云南人民出版社2003年版，第639页。

火赤谢没欢"①。在近代音中,"没"与"睦"读音相同,均读为入声"mu"②;而在字义上,二者差别较大,汉人一般不会取"没"字入名。所以"谢睦欢"与"谢没欢",我们考虑是译音用字的差别。这样我们进一步推断,"谢睦欢"不是典型的汉语人名,而是某北方民族名字的音译,可能谢睦欢并非汉人。一些西夏学者将谢仲温家族看作唐兀人③,但没有说明原因,大概是因为谢睦欢在兀剌城降蒙。如果上文推测睦欢家乡"丰州丰县"是西夏丰州不错,则谢睦欢应为西夏人。当然,西夏是以党项人为主体建立的多民族国家,西夏境内包括众多部族,谢睦欢的确切族属,还需要有其他证据来证明。

无论是汉人还是唐兀人,谢氏家族蒙古化的倾向也很明显,谢氏第三代中有谢孛完、忒术女儿二人为蒙古名。谢氏第四代中有伯颜、拔独二人为蒙古名。谢睦欢夫人为耶律氏,应为契丹人。谢睦欢子辈人中,有名谢骨者,妻叶先田匿,应为蒙古人;谢仲温有妻别宿氏,应为蒙古人;谢君宝有妻耶律氏,为契丹人。取蒙古名及与蒙古人通婚,都体现了谢氏家族的半蒙古化特征。其实元朝对是否蒙古人的划分也不是绝对根据血统,许多汉人勋旧也被视为蒙古人④,至元二十一年(1284)还规定"若女直、契丹生西北不通汉语者同蒙古人"⑤ 谢氏家族成员谢德还曾任汉人不能担任的兴州达鲁花赤,也说明了他们被统治者视为蒙古人。

《宣慰谢公述修考妣功德之记》碑中记述"初宣慰谢公之先君老相公及太夫人耶律氏生平奉佛,精进之心,过于释子,饭僧之供,曾无虚□。□在招提,无不施捨,而于王山、万卦、石壁尤尽意焉。"谢睦欢的夫人为耶律氏,应是契丹人。王山、万卦、石壁均是交城的佛教名山,据光绪《交城县志》,石壁有永宁禅寺(即今玄中寺);王山有圆

---

① 田瑞主编:《交城金石录》,交城县史志研究会1994年版,第33页。
② 李珍华、周长楫编撰:《汉字古今音表》,中华书局1993年版,第194、22页。
③ 邓文韬:《元代唐兀怯薛考论》,《西夏研究》2015年第2期。
④ 如郑制宜为枢密院判官,"明年,车驾幸上都。旧制:枢府官有行,岁留一员司本院事,汉人不得与。至是,以属制宜。制宜逊辞,帝曰:'汝岂汉人比耶!'竟留之。"(见《元史》卷154《郑鼎传附郑制宜传》,第3637页)
⑤ 《元史》卷13《世祖十》,第268页。

明寺，王山宝塔是交城十景之一；万卦山有天宁禅寺。[①] 碑文记述谢睦欢夫妇信仰佛教，谢仲温继父志修完石壁寺，说明他也是佛教信徒，下文将要提到元至顺三年（1332）重刻《甘露义坛碑》碑阴题名中有多位谢氏家族成员，说明佛教是谢氏家族的共同信仰。

谢睦欢去世的时间，《元史·谢仲温传》不及叙述。《宣慰谢公述修考妣功德之记》碑中记述谢睦欢夫妇去世后，谢仲温即有继先父遗志修玄中寺的想法，"然方是时，公初起家，以身许国，属当圣天子即位之初，王事鞅掌，东西南北，良未暇也。三十年之间，曷尝一日忘于心哉。"碑立于至元二十一年，距此三十年，大概在公元1254年。《元史·谢仲温传》记载："壬子岁，见世祖于野狐岭，命备宿卫，凡所行幸，必在左右。"壬子岁当公元1252年。则谢睦欢去世时间在1252—1254年左右。

清光绪《交城县志》卷三《建置志》记载："宣慰使谢君宝墓，在县城西北狐神庙右，有碑碣。将军谢仲温墓，在宣慰墓后，有碑记，为郝忠恕书，至正十五年立。嘉义大夫兼劝农事谢没欢墓在宣慰使墓下。"[②] 方志的记述可能不准确，我们至今还未看到谢君宝曾任宣慰使的记载，谢仲温曾为宣慰使。但由此可知谢氏家族墓位于交城县。从谢睦欢任职太原西三县达鲁火赤，谢氏家族即定居交城县，家族成员也葬于交城县。

据《元史·谢仲温传》，"仲温丰颐广颡，声音洪亮，略涉书史。壬子岁，见世祖于野狐岭，命备宿卫，凡所行幸，必在左右。丙辰，城上都，仲温为工部提领，董其役。帝曰：'汝但执梃，虽百千人，宁不惧汝耶！'己未，大军围鄂，令督诸将。时守江军士乏食，仲温教之罾鱼，以充其食，帝喜谓侍臣曰：'朕思不及此。饮以驼乳，他日不忘汝也。'一夕，帝闻敌军喧噪，命警备，仲温奉绳床，帝凭其肩以行，至旦不能寐"[③]。可见谢仲温曾入忽必烈怯薛，后参与主持了上都的修建，随忽必烈参加了伐宋攻鄂战争，1251年蒙哥即位为大汗，汗位从窝阔台

[①] 夏肇庸：《光绪交城县志》卷2《舆地门·山川》，成文出版社1976年版，第126—127页。
[②] 夏肇庸：《光绪交城县志》卷3《建置门·古墓》，成文出版社1976年版，第184页。
[③] 《元史》卷169《谢仲温传》，第3977—3978页。

家族转移至拖雷家族,谢仲温在壬子年(1252)进入忽必烈的怯薛,对谢氏家族此后的发展非常重要。

但《元史·谢仲温传》记载谢仲温此后的仕宦经历并不详细,"中统元年,擢平阳、太原两路宣抚使。二年,改西京。至元九年,迁顺德路总管。时方用兵江淮,有寡妇鬻子以偿转输之直,仲温出俸金赎还之。十六年,为湖南宣慰使。二十二年,改淮东"①。《宣慰谢公述修考妣功德之记》碑载其"凡两为宣抚,一金西省,三总大镇而复宣慰河南,又复宣慰湖北,仍领工部"。将本传与碑刻互补,我们更加详细了解了谢仲温的仕宦经历。"两为宣抚"指平阳、太原两路宣抚使;"一金西省"指中统二年(1261)"改西京";"三总大镇"只知其一是至元九年(1272)任顺德路总管。至元十六年(1279)谢仲温任湖南宣慰使,《宣慰谢公述修考妣功德之记碑》记载谢仲温"今还自江南,有驻车之欵,是以□□重费,首营佛事",则至元二十一年(1284)他刚从湖南宣慰使卸任不久。第14—15行记载谢仲温其时"又复宣慰湖北,仍领工部,钧□□拜,行有日矣",则谢仲温至元二十一年又有湖北宣慰使的任命。《元史·谢仲温传》记载其"(至元)二十二年,改淮东",则至元二十二年(1285)谢仲温任淮东宣慰使。

关于谢氏家族人物,此前我们只是据《元史·谢仲温传》,知道谢睦欢、谢仲温,谢仲温子谢兰,孙孛完。《宣慰谢公述修考妣功德之记碑》碑阴列出谢氏家族的主要人物②,我们可以据此列出谢氏的人物谱系。今据《交城金石录》将碑阴内容转录如下:

都功德主:通奉大夫湖北道宣慰使兼行工部事谢仲温,夫人武氏、别宿氏、孙氏。故男谢兰,男妇梁氏、张氏。孙男马奴,过房男腊、顽奴。

奉训大夫太原路人匠提举兄谢君宝,夫人王氏、耶律氏。男谢芝、谢芳、谢藻、谢蕃、谢太原。孙男伯颜、拔独。

弟谢君瑞,妻刘氏,男谢惠、谢蓉。

弟谢骨者,妻叶先田匪,故男忒术女儿。

---

① 《元史》卷169《谢仲温传》,第3978页。
② 田瑞主编:《交城金石录》,交城县史志研究会1994年版,第40页。

弟谢君璋,妻王氏,男童。

总领王义、刘坚。

据此可知,谢睦欢有子五人,依次为谢君玉(谢仲温)、谢君宝、谢君瑞、谢骨者、谢君璋。谢仲温有子谢兰,早卒,有孙马奴,应为《元史》本传所载谢孛完。另外还有过房男腊、顽奴二人。谢君宝有子五人,分别为谢芝、谢芳、谢藻、谢蕃、谢太原。有孙二人,伯颜、拔独。谢君瑞有子二人,谢惠、谢蓉。谢骨者有子一人忒术女儿。谢君璋有子一人,谢童。另外,玄中寺现存唐《甘露义坛碑》为元至顺三年(1332)重刻,碑阴题名有"外护都功德主宣授进义校尉前长安杂造提举司提举谢胜;忽刺忠翊校尉兴州达鲁花赤兼管诸军奥鲁管内劝农事谢德德(颇疑后一"德"为衍字),宣授承德郎开城等处管民提举司提举谢孛完,男谢裕、谢佑、谢祯、谢祺、谢祎"[①]。据此可知孛完有子五人,谢裕、谢佑、谢祯、谢祺、谢祎。谢胜、谢德也为谢氏家族人物,只是不知为谁之子。

综上,谢睦欢归降蒙古人,随蒙古军征战,在攻打西京大同战役中负重伤,窝阔台用蒙古人传统的医术将其救起,自此谢睦欢与窝阔台家族关系密切,他后来任"宣差太原府西三县达鲁火赤",可能是窝阔台家族在太原的利益代表。大蒙古国的汗位由窝阔台系转到拖雷系后,谢睦欢之子谢仲温又进入皇弟忽必烈的怯薛,此举保证了谢氏家族此后仕宦不绝。谢氏家族定居交城县,信仰佛教,与交城县石壁玄中寺、圆明寺、永宁禅寺等寺院有密切的联系。谢氏家族可能是西夏人,但其部分成员与蒙古人通婚,取蒙古名,受蒙古文化影响较为明显,被统治者视为蒙古人。

《元史·曹元用传》勘误一则

1974年秋,山东省嘉祥县出土元代通奉大夫曹元用墓志一盒[②],此

---

① 田瑞主编:《山西石壁玄中寺志》,天马图书有限公司2002年版,第182页。
② 山东省济宁地区文物局:《山东嘉祥县元代曹元用墓清理简报》,《考古》1983年第9期。

墓志对校勘《元史》有一定价值，今将传世文献与出土墓志相结合，对《元史·曹元用传》进行勘误分析。

《元史》卷一七二《曹元用传》记载："初，太庙九室，合享于一殿，仁宗崩，无室可祔，乃于武宗室前，结彩为次。英宗在上京，召礼官集议，元用言：'古者，宗庙有寝有室，宜以今室为寝，当更营大殿于前，为十五室。'帝嘉其议，授翰林待制，升直学士。'"①《新元史·曹元用传》记载基本相同。据此仁宗去世之时，太庙共有九室。

《元史》卷七四《祭祀志三》记载："延祐七年，仁宗升祔，增置庙室。太常礼仪院下博士检讨历代典故，移书礼部、中书集议曰：'古者天子祭七代，兄弟同为一代，庙室皆有神主，增置庙室。'又议：'大行皇帝升祔太庙，七室皆有神主，增室不及。依前代典故，权于庙内止设幄座，面南安奉。今相视得第七室近南对室地位，东西一丈五尺，除设幄座外，余五尺，不妨行礼。'乃结绤为殿，置武宗室南，权奉神主。"②据祭祀志记载，仁宗去世之时，太庙七室，神主已满，无奈之下才在武宗室南设幄座，权奉仁宗神主。关于仁宗去世之时，太庙是七室还是九室，《元史·曹元用传》与《元史·祭祀志三》记载不同。

据《元史·祭祀志三》，大德"十一年，武宗即位，追尊皇考为皇帝，庙号顺宗。太祖室居中，睿宗西第一室，世祖西第二室，裕宗西第三室，顺宗东第一室，成宗东第二室"③。到大德十一年（1307）武宗即位时，太庙共有太祖室、睿宗室、世祖室、裕宗室、顺宗室、成宗室等六室。至大四年正月，武宗去世，《元史》未记武宗祔神庙之事，但武宗应在此后不久升祔神庙。

《元史·祭祀志三》泰定元年（1324）"四月辛巳，中书省臣言：'世祖皇帝始建太庙。太祖皇帝居中南向，睿宗、世祖、裕宗神主以次祔西室，顺宗、成宗、武宗、仁宗以次祔东室'"④。依照泰定元年四月中书省臣所言可知，武宗祔太庙后位于东第三室。太庙结构为太祖室居

---

① 《元史》卷172《曹元用传》，第4027页。
② 《元史》卷74《祭祀志三》，第1836—1837页。
③ 《元史》卷74《祭祀志三》，第1836页。
④ 《元史》卷74《祭祀志三》，第1841页。

中，睿宗西第一室，世祖西第二室，裕宗西第三室，顺宗东第一室，成宗东第二室，武宗东第三室，合为七室。所以到延祐七年仁宗去世时，太庙七室已满，才出现"大行皇帝（指仁宗，编者按）升祔太庙，七室皆有神主"的状况。

据曹元用墓志拓片，"世祖建太庙七，武宗升遐，已祔末室，仁宗崩无室可祔，议祧久不决，有司构綵为次武宗室户前，暂奉新主"①。可见，仁宗去世之时，太庙确为七室。

综上，延祐七年（1320）仁宗去世时，太庙形制为七室，太祖室居中，睿宗西第一室，世祖西第二室，裕宗西第三室，顺宗东第一室，成宗东第二室，武宗东第三室。《元史·曹元用传》所记"九室"乃"七室"之误。

---

① 山东省济宁地区文物局：《山东嘉祥县元代曹元用墓清理简报》，《考古》1983 年第 9 期。

附录二　河北新见元碑整理

（一）洞清观碑（海迷失后三年）
【题解】
《洞清观碑》位于今临漳县三台遗址，立於歲次庚戌，應爲蒙古海迷失后三年，即1250年。額題"洞清觀碑"四字，首題"鄴鎮金鳳臺洞清觀首創之碑"，碑文二一行，滿行三一字。此碑介紹了丘處機弟子趙志睦在臨漳縣金鳳臺創建洞清觀的過程。

【錄文】
鄴鎮金鳳臺洞清觀首創之碑」
　　國朝初興，奄有天下，卯己春，」上遣使徵棲霞長春真人，真人起而應詔，繼而特旨還燕，住長春宮，主□□□□」叟孩童，聞聲而景仰，黃冠野服，接迹而奔趨，往古来今，於斯爲盛。無幾何，拂迹而□□□」人復主張是門下有趙公先生，法諱志睦，道號沖虛子，其先湯陰里王人也，幼而□□□□」究希夷之妙，蘊於是，昂潛獨步，飛□諸方友相忘，生死之交，□無與真全之侶，過□□□□」鄴之墟，適有居民酋長統領劉源、彈壓馬進、總領魏信同遊三臺，一見先生而悅，□□□□」於金鳳臺詢其實，乃魏之銅雀臺，臺之陽古洞存焉，俗傳宋之得道者竹馬先□□□□」不獲已而故從之，薙荒開徑，規留數年，是時中原未平，先生乃如衛，及丁亥歲，率□□□□」人稀，荆榛密，狐兔之居藜藋合難融之径，先生挂烏倚杖，索居怡然，乃命其徒□□□□」擾於俗，厥有旨哉。簪裳而遊其門，願爲之役者眾，先生以藥濟人，問而療之☐」不化而化，事任之而鼎新；莫爲之爲，物因之而革故。棲眞養素，誇特室而列☐」易而作以規可久之功，□簡而爲□成可大之業，明秀之地，不無助焉。承此☐」達魯火赤高唐古歹、縣令陳林、縣丞劉源、主簿馬進、縣尉移刺萬☐」鶴馭棲息，風乘香火，朝昏雲霞徑路以祝」皇王萬安之壽，祈士庶遷善之祥，落成之後，眞人爲之額其名曰洞清，將☐」觀之，曩竭疲民汗血欲肆意於管弦奢靡之間，庸詎知其造化密移而往矣☐」之地，孰將議而非之昭然，善惡同龜鏡矣，姑摭其實而紀諸翠珉，冀爲後者☐」清靜之地，神物護持。淫樂其所，☐」遺身之累，世綱莫覉。高步塵外，☐」匪謂登臨，蕩其所思。滌除玄覽，☐」咀以靈泉，味以神芝。非空非色，☐」趙公先生，如是之知。☐」歲次庚戌。☐」

（二）碧虛觀碑（元至元九年）

【題解】

《碧虛觀碑》，至元九年（1272）立，碑現存廣宗縣北寺郭村。碑高約四百釐米，寬一三四釐米，厚四五釐米，碑陽額篆書"碧虛觀記"二行四字，碑陽二九行，滿行六十字。大名路總管府前詳議照磨官覃懷高天倪元素撰並書丹篆額。碑陰額篆書"玄門圖籍"二行四字，碑陰上部爲"崇眞官民名氏"，下部爲"物外儔侶宗□"。未見著錄，今據私人藏拓錄文整理。

【錄文】

〈碑陽〉

碧虛觀碑並引」

大名路總管府前詳議照磨官覃懷高天倪元素撰並書丹篆額。」

原夫玄元老氏，本乎自然，挺生於空洞之先，變化於窈冥之內，或隱或顯，歷爲帝師。至於宗周，征爲藏吏。敷暢五千玄言，示教以傳關令，以之修身則□□□，」齊家則吉而昌，治國平天下，則民安而祚久長，非難行詭怪幻惑之言也，由周而來二千載之下，代不乏人。昔前金正降間，重陽子王公以斯道而覺斯□，其」始也傳乎關右，其後也適乎海墺。馬、譚、劉、丘、紹傳乎道。其設教也，強名全真。當時四方未甚貴信，洎乎」聖朝啟運，門人長春丘公」國師應」詔而回區夏，官民翕然而宗之者，猶水之就下焉。雖十室之邑，百家之間，咸建琳宇以崇奉之。自爾而後，簪裳接跡，宮觀相望，此碧虛□□□□者也。今按」其狀，乃古宗城邑之西北郊寺郭里玄德大師保真子郭志道之所建也。公之祖考居是里也久矣，世為閥閱之家，公□□□□穎然頓悟，篤信玄門，每望」丹霄有昇虛之志。父母與之娶，公乃拒而不納。於祖居之側，異室廬以子處。聞□濟丹陽觀胡公先生實全真之先覺，公□□□□□外之友。既返於家，別」構茅齋，絕俗自牧，虛室脩然，黜聰隳體，若此數秋。偶然杖履以適諸方，已亥歲□，復屆閭里，逍遙曳杖四顧郊墟。翌日乃謀於管民官郭柏英、張德淵、張德順、」郭郁等曰：昨嘗立於故河之涘，視其原隰，至甚高爽，可堪造宇，君輩允之否？郭□英等欣然而應，願與之田。廣袤積之六十余畝，其余農田茲不備錄。於是」卜築垣墉，鳩材構宇，建大殿以像」三清，設雲堂以列」五祖。雲房香積，方丈、靜廬、散室、庫局、碓磑、井廄，未幾再春，皆成輪奐。拓庭而能寬，□木而能疎，沈沈焉，洞洞□□□人之雅居，而列仙於別館。仍於其側別置」蔬圃農田，以資道侶。且公之養素應緣，皆不言而應。非道行超軼，焉能致乎。歲□□詣燕京，謁」掌教清和大宗師再扣玄關，即席之間，道乃目擊，賜以志道之名，保真子之□□□□額，其又幸也。」東萊披雲真人北邁而回，解鞍而憩，庖羞未供，亦蒙印可，賚以金飾紫服□□大師之號，公乃北面執弟子禮以待之。真□□□也，公躬執御送之途，未幾數」舍，師乃促之曰，子可式微矣。既承其命，公即唯唯而歸焉。享年六旬有一，至元戊辰歲七月十三日處順而蛻。法□□□志明嗣□□事，具喪禮安厝於本」觀之兌方，禮也。至元九載之夏，大名府路道判清虛大師程君道安導其徒吳君謁予以紀實之文，予曰："文則予不□□即其狀而加之隱括焉"。其辭曰：」

　　伊大道空寂玄寥兮，存象帝之先。唯兩儀品彙生成兮，無一物棄捐。昔老氏降跡商周兮，□□九之年。乘薄暮西渡函關兮，傳道德二篇。」庸之扶世以安邦兮，能祚永而堅。要之正心以修身兮，俾壽考而延。漪歟重陽之先覺兮，佩玄中之玄。絕俗黜聰而後覺兮，獲馬丘之賢。」聖朝之禦乾坤兮，首長春被宣。薦付以道教威權兮，感中外拳拳。唯信士郭之與張兮，乃欣然授田。構琳宇奐然巍峨兮，額碧虛題焉。」像儼然而若生存兮，實繪塑之全。敘藏事之與倨功兮，族保真之緣。載公之道業伊何兮，窮莊老之淵。壽六旬有壹而逝兮，乘白雲而仙。

」祈丕圖彌固隆昌兮，猶瓜瓞之綿。仰真風浩瀚汪洋兮，若江海容川。愧黃絹之才微鮮兮，辭難贊紫煙。特勤諸琬琰留芳兮，欲萬世而傳。」

大元國至元九年十月 日，知觀趙誌方孫誌覺等立石。古堯山魏琰刊。」宣授諸路道教都提點所劄付通玄子提點碧虛觀事吳誌明。」公主附馬鈞旨中書省劄付大名路寺郭寨管民長官功德郭祥。」公主附馬鈞旨故前監軍兼大名路寺郭寨管民官都功德主郭伯英靈壽元碑錄文。」

〈碑陰〉

〈第一截〉

崇真官民名氏

〈第二截〉

都功德主故監軍夫人董氏。」功德主管民長官夫人賈氏。」寺郭西莊寨：」副功德主張德淵。社長張德順。」郭郁、郭成、郭元善、張立、郭永普、」社長胡山、王德、王溫、都監郭、李辛、」郭進德、聶祐、蘇珍、王順、蘇諒、」張山、王平、提控趙德、元清、元海、元聚、」任德、劉泉、田祐、聶安、張乂、」魏德、魏成、郭海道、趙成、趙二、」宋德、郭進、任進、郭廣、郭元、」郭仲良、郭全、郭珍、郭瑞、典史尉慶、」張和、魏全、吳氏、吳成、于海、」張仙、盛知明、劉仁、郭重一、史成、」郝貴、劉平、張禧、吳增、王□」大夫胡寬、游海、游聚、游淵、王六、」孟玉、孟三、郭小二、游珪、崔福、」胡嵩、賈玉、李直、岳□、趙德、」郭□、王全、郭小二、李成、任宣、」任鐸、徐興、宋德、王乂、楊班舅、」王七、王興、王十二、王野驢、李□、」胡換元、郝林、郭買兒、劉驢兒、胡鼐、」劉源、王林、賀聚、杜進、王三、」孫德、楊大、劉全、小潘、王順。」□圪荅寨：」郭成、郭仔、□□、王□、□海、」張德、令史郭禎、□□□、宋□、王□、」郭定、郝全、郝忠、韓□、李正、」郭十、趙奉先、杜氏、郭安、郭祐、」李成、李德、鄭亨、郭全、石寶、」宋聚、李玉、眭政、眭二、眭三、」眭五、信德、李二、屈德全、魏二、」馬能、郭二。」南寺郭寨：」郭祐、令史□□、楊成、張順、□首宋德、」三寶、霍乂、賀□、王三、王珍、」宋大、張大、王立、王進、楊泉、」楊四、楊五、揚大、劉德、賈信、」王祐、潘信、張山、賈安、賈二、」陳老、皇順、皇二、皇□、郭二。」

〈第三截〉

寺郭東莊寨：」馬山、百户辛王□、大夫□思□、郭良、」郝珍、郭德、劉海、令史□玉、郭成、」馬三、郭立、毛成、毛二、聶平、」李通、董源、任秀、李德、□三、郭定。寺郭潘城寨：」社長梁元、皇信、李成、李元、霍聚、」張均、王順、皇德、劉泉、王山、」劉源、范寬、皇立、王德、宋元、」尚平、張德英、郭□、張元、侯顯、」劉明、霍立、王興、郭二、張全、」楊大、皇顯、蔡全。廣宗縣坊：」典史霍德堅、張謹、李祖□、王用、郭氏、」先生王成、李清臣、霍友直、程濟、高立、」典史李贇、梁顯、潘興、郝□、佐立、」張林、孫大、韋德、任二、□政、蘇元。」洺水縣坊：」提領胡珍、提領邢政、都監宋□、□人張用、大夫潘照。」白塔店：安撫吴德成、李知常、」東霍□：司德堅。」孝妻寨：□□、魏林、高林。」田家寨：霍德潤、田澤、武五、李大。」廣宗縣潘城寨：」白德祥、杜□真、□興、潘旺、王興、王重一。」陳家寨：□興、□福。」郟村：大夫王□□。」白吐過寨：□□。」舊店寨：宋林。」北樊村：劉忠、劉川。孟玉、韓和。」大董寨：」胡信、□成、李信、田立、」莊客、張興兒、張成。」元寶寨：」安正、社長王義、張春、」王大、郭義、張寬。」周家寨：提控程立、程二、周□、霍□、周興、張清。□府城寨：都□孫旺、李平。」吴里寨：郝平。」

〈第四截〉

定虛寨：」宋金、李□、董儀、張進、霍成、」馬興、張福、董□卿、宋興。」、霍首領寨：」石□、石□、百户石祐。」東董固寨：高德顯。」北蘇村：」社長趙□、大夫王□寶、快活張□、張□、王氏、」百户趙智、張□、王立、趙順、王大。」北唐疃寨：」百户劉鍊鎚、高大、達魯赤、細鄰。」北楊村：李定昔哥。」船家寨：」鎮撫宋興、彈壓劉德深、劉德淵、李世通、」宋元、武二、宋八、宋成、崔仲、」霍玉、劉慶、趙德榮、郭義、郭祥、」劉□、李玉、郭法師、郭二、□二。」董行固：社長賀平、李德、周鄉老、王□、張立、郭□。」中山府：」待詔崔德昌、梅思誠。」南樊村：」□□、閆進、馮全、閆德、劉章、」薛

五、曹山、胡佺、馮四、王山。」王胡寨:」田秀、田老、李玉。」小胡保:」社長霍玉、李江。」南賀固:」楊誠、李元、李三。」西莊續添:」面前郭德、王宣、馮順。」東趙□王興。」

〈第五截〉

物外儔侶宗□」

〈第六截〉

□觀道士:」前知觀李志祐、聆玄子聶志聰、」阮志清、王志超。」焦志和、張志明、」毛志□、屈志伸、」張志柔、李志道、」周志純、何志靈、」掌□王志、副觀張志玄、」典座郭志希、知□宋志謙、」吳志安、翟志堅、」耿志延、□壽意。」□□冠:」尊宿□守□、知觀王守□、」孫守真、齊守道、呂慧寧、」魏守□、石守玉、」長生庵女冠:」尊宿孟守端、張守明、」趙慧安、賈守通、」廣宗縣霍首領寨修真觀道士:」安和子、路志通、知觀劉志玄、副觀王志演、」趙志寬、王來童、霍順童、朱定童、」廣宗縣潘城寨披雲觀道士:」通真子劉志玄、知觀朱志道、」萬志一、劉保□」廣宗縣府城寨洞真觀女冠:」尊宿李守真、知觀李守純。」

（三）元天寧萬壽禪寺住持從公舍利塔銘（元至元十年）

【題解】

《元天寧萬壽禪寺住持從公舍利塔銘》，刻於至元十年（1273），1984年12月征集自正定縣西城門旁一農户家。據了解該塔銘原砌於西城門南側城墻基處，現存正定縣文物保管所。塔銘爲青石質，高56釐米，寬54.5釐米，厚15釐米。整體素無紋飾。正面磨光，縱向陰刻大楷字5行，前4行爲正文，末行爲落款。

【錄文】

宣授真定路提領都」僧錄輔教玄悟大」師住持天寧萬壽」禪寺從公舍利塔」至元十年四月望日建。

（四）大元順德錄事劉府君墓碑銘（元至元十七年）

【題解】

大元順德錄事劉府君墓碑銘，元至元十七年（1280）立。碑已不存，拓片存北京大學圖書館古籍部，清拓本，繆荃孫藝風堂舊藏，拓片無額，北京大學編號 A161021。首題"大元順德錄事劉府君墓碑銘"，翰林學士承旨中奉大夫王磐撰，中順大夫太常少卿兼籍田事劉□書，通議大夫燕南河北道提刑按察使王博文篆額，劉秉恕立石。碑銘記述了劉秉忠之父劉潤的生平。

【錄文】

大元順德錄事劉府君墓碑銘」

翰林學士承旨中奉大夫王磐撰。」

中順大夫太常少卿兼籍田事劉□書。」

通議大夫燕南河北道提刑按察使王博文篆額。」

府君諱潤，姓劉氏，其先北京之瑞州人。金初曾大父以軍功得官，授安國軍節度副使，有惠愛，因家於邢。有子曰澤，隱居不仕，尚氣□，爲鄉」里所推重，人有爭辯曲直不能已者，咸往取□焉。娶邢臺張氏，生男曰潤，即錄事府君也。爲人忠信慈愛，鄉人無不敬慕。□之□年，」天兵南下，邢臺順服，」大元創立官府，衆推府君爲管軍副統，未幾升都統，又受國王劄付，改邢州錄事判官，未幾升爲錄事，充提領鉅鹿縣事，又改内邱」主簿，又升爲内邱縣提領，是時兵火之余，户口凋敝，百姓愛慕府君寬□，咸願得以爲長，故屢遷而不停。州境西並□□盗充斥，本州官吏」亦互相吞並，各樹私黨，少有猜嫌，禍變立生，唯府君寬慈素著，與物無競，人人皆知敬愛。常時喜飲酒，或暮夜醉歸，兇□□□□輒相與扶送」至其家乃還。雖身處亂離，常以扶危濟困爲心，所全活者甚衆。府君以丙□歲□病，歸老於家，以是年秋十月十一日卒。訃」聞，」詔賜太保黄金百兩，俾歸營葬事，起墳於邢臺西南鄉賈村之原，並祖父祖妣遷焉，異宅而同兆，以明年丁□歲襄事畢。府君夫人馬」氏，賢淑克家，前府君卒。再娶夫人張氏，賢淑克家，亦前府君卒。子男二人，長曰秉忠，次曰秉恕。秉忠早蒙」聖天子□遇，深謀遠畫，裨益弘多，官至光禄大夫，位太保，秉恕見嘉議大夫禮部尚書。孫男四人，曰蘭、曰桂、曰和、曰安，皆幼。孫女二人，曰順、曰定，皆幼。銘曰:」

劉氏先世，家於瑞州，後居邢臺，友□宦遊。錄事府君，積德懷仁，」篤生賢子，爲世名臣。江海舟航，明堂棟梁，躋民仁壽，措世安康。」昆山產玉，合浦生珠，雖爲世寶，世用則疎。」太保忠勤，佐命元勛，」尚書繼起，益展經綸。兩公功業，光被無垠。知兩公之功業常存於當世。」

至元十七年十一月十五日，嘉議大夫禮部尚書秉恕立石。龍崗鞏德貞□。趙□同刊。

（五）有元贈開府儀同三司太傅上柱國趙國武康公世德碑銘
【題解】

此碑已不存，刻立年代不詳，拓片存北京大學圖書館古籍部，清拓本，繆荃孫藝風堂舊藏，拓片無額，北京大學編號 A62346。首題"有元贈開府儀同三司太傅上柱國趙國武康公世德碑銘"，翰林學士承旨中奉大夫知制誥兼修國史王構撰，翰林修撰從仕郎同知制誥兼修國史院編修官鄧文原書並篆額。碑銘記述了劉秉忠之父劉潤的生平。惜碑陰失拓，只存碑陽。

【錄文】

有元贈開府儀同三司太傅上柱國趙國武康公世德碑銘」
翰林學士承旨中奉大夫知制誥兼修國史王構撰」
翰林修撰從仕郎同知制誥兼修國史院編修官鄧文原書並篆額」

興宗有源，立德有基，循而昉之，有以推世澤之淺深，葡胤續之遠近。太傅劉武康公生文貞、文定，規忠矩孝，義訓皆隆，」文貞以道德學術結知」世祖，翼遠休明，勛在國史，官太保，參領政府，比薨，以恩弗逮親爲慊。至元戊寅，文定長春宮錄公之遺蹟，表」墓次。逮」成宗嗣統，文貞更諡文正，載啓國封，夫人竇氏語姪友直曰：汝世父事未了者，汝其念之。」聖天子至大初元，友直請祖考封諡，制贈公開府儀同三司，太傅上柱國趙國公，諡武康，祖妣馬氏、張氏趙國」夫人，贈文定，號推誠安遠功臣，贈金紫光禄大夫，加諡仍封趙國公，妣王氏、李氏趙國夫人，六□皆構當□，」嗚呼，劉氏之澤，潤□濤註，若是其與，發爲英華，沛爲惠渥，推爲經國濟民之具，國祚以安，民生以阜，聲明典」制，燦若有條，田里耕桑，秩然有序，皆公之疇。昔□履正體驗熟心存□恤，念念淳仁，以所□傳二子，遭際」熙辰，施諸實用而著爲明效也。方恤典未行，弗克盡孝，勒名金石以記其素□章之撿鴻渥申濃，文正、文定導」之於初，友直成之於後，一門父子之孝之友，今昔蓋鮮儷矣。構年甫弱冠來京都，辱知門下，最□其所以昭地侈」榮，俾百世後知義訓有自而奉以毋違者，文詎可辭！公諱潤，字元仁，金季」天兵南下，河朔不寧，邢乃南北要沖，主者棄去，衆以公才勇言之大帥，擢管軍副都統，尋升都統，軍民倚愛，靡不土」著，檄改録事判官，未幾升司録，其屬縣鉅鹿、內邱□且□午，流民無所於託，改提領鉅鹿事，不數月耕者安於野，販」者安於途，旄倪遂養，煢嫠有歸，再主內邱簿，升提領，號令一更，悉爲樂土。先世蓋瑞州人，大□金皇統間爲安國軍」節度副使，公請不撓而惠浹於民。丁母憂去官，父澤留於邢，尚氣節，以義斷雄一方，傾貲賑饑，多所全活。母張氏，持」家有法。公生異凡兒，幼嗜書，爲人講說義理。已知指趣，耆老見之僉曰：吾節副之孫，固宜穎拔瑞世，□後出入兵間

[後缺]

（六）廣平府路磁州武安縣西馬項村古嵸山長壽寺重修記（元至元十九年）

【題解】

《廣平府路磁州武安縣西馬項村古嵸山長壽寺重修記》，元至元十九年（1282）立，現存北省邯鄲市武安縣郭二莊村鐘（嵸）山寺，碑螭首，高200釐米，寬84釐米，厚23釐米，未見文獻著録。碑螭首，行書，25行。額篆書"重修長壽寺記"，首題"廣平府路磁州武安縣西馬項村古嵸山長壽寺重修記"，講經沙門法姪明吉祥撰，書丹及篆額者爲同一人，漫漶不可辨識。碑刻原斷爲兩截，平置于地上，2012年秋拼接后豎起，記載喜公大德及衆檀那共修佛寺之事。

【録文】

廣平府路磁州武安縣西馬項村古嵸山長壽寺重修記」

講經沙門法姪明吉祥撰，講□□□書並篆額。」

昔吾聖人垂世，示八相於西方，法遇緣行，至漢明流於東域，□．而白馬初臻，館鴻臚寺，標名爲始，厥後燈」燈續焰，繼踵修營，歷代相傳，緣勝無替。雖三武滅而三□□之□．合乎天人之理者也。然後流行於世也。或」曰義龍，或稱律虎，接物利生，扶宗立法，建置金田，助弘揚化，教□．而有之矣也。今古嵸山長壽寺者，亦寰中」之大刹也。魏興和芬公創業於圖坎之位，唐周天授□像□

□．乾壑之中。緣值」大元太祖明昌已來，天兵旋斾，勢尅他邦，僻處藍摩，重罹兵革，□．梵宇一旦丘虛，無限莊嚴，悉爲滅炮而已」矣。嗚呼，僧房成瓦礫，法苑盡蕭疎，空留宴坐之臺，安有經行之□．棘成叢，鹿貁窠窟，山藍荒廢，久歷年深矣。」今有本寺受業僧喜公，壯年遊學異處，至中年後自乙未抄數□．里仍于本隝葺茅權□，見今」聖朝，天下撫定，至乙巳春興，住下檀那郭信等共議同辦，懇心輸□．力命工採木，興工之日，八隝檀那荷畚」荷插，長幼俱來，輪□運載，四遠異處，□臺于囊，修之營之，不自□．位枝提，五楹六椽，聖像戶牖，嚴飾已修」雲房、香積、挾舍、門樓、伽藍、祠神像俱完，寶頭盧真儀亦備，仍開前□．門未得周圍，然亦有意興營，奈時不待」人，俄臨天限，師于至元八年無射月中旬有四日順□歸寂矣。雖然，□．未完，是可超於餘者，道照每念先師」之德，泊檀那財力之能不可忘矣，由是今苟得四事具足，百色現□．謂祗園周而再睹春花，覺海干振而重」波浪，吾所謂六成就內此處所成就也。但末法中弘揚佛事，護持□．者，付囑四依菩薩也，不其然乎！」至元十九年歲次壬午七月□□日有本寺小師道照□□隝都維那□．等不期偶謁，囑爲斯記，自愧荒才」斯事不也。又蒙本郡耆年宿德泊衆檀那獎諭之甚，不敢拒命，於是□．而爲銘矣。」

　　賢劫千佛，弟四能仁。哀哉生靈，出經破塵。□□□遥，孰題正令。」始置□營，三續慧命。周康出胤，眾所推襲。□□□刹，」弘護法立。唐周天授，無像繼業。接武駢蹤，□光先哲。□□罹亂，故刹崩傾。」乙未撫定，梵宇重興。□棟鱗鱗，□簷翼翼。□□其誰，喜公大德。」義天洞曉，心月孤圓。昏□思炬，苦海慈航。□□□壽，由昔老師。」是郡□□，日俊日傑。孝悌忠信，文章弁説。縱□□巍，溪水涓涓。」既明既秀，終古常然。誅鏤瑣珉，銘寡文彩。庶□□山，永聳倫海。」

　　至元十九年七月日小師道照立石。院主順德府路鞏德貞刊。」

（七）真定府在城敕賜十方天寧禪寺第二代傳法住持月公長老壽塔（元至元十九年）

【題解】

《真定府在城敕賜十方天寧禪寺第二代傳法住持月公長老壽塔》，元至元十九年（一二八二）年刻。拓片寬三八釐米，高三四釐米。碑文十一行，滿行十七字。原石存於私人手中，今據二〇一九年正定榮國府正定文物展拓片錄文整理。未見著錄。

【錄文】

菩薩畞公，住持庵主普□，首座普琛，」監寺普諫，官監寺普叔，副寺普亮，」維那普鋻，典座洪進，直歲普衝，勸□。」真定府在城敕賜十方天寧禪寺第二代傳法住持」月公長老壽塔。」時大元至元十九壬午歲乙巳月甲午日畢。嗣法小師前僧錄庵主崇襄。」庵主提點普涓。庵主普齡。」小師□講正俊。尚座正喜，正元。」

（八）龍興寺東律院洪辯大師德公舍利塔銘（元至元二十四年）

【題解】

《龍興寺東律院洪辯大師德公舍利塔銘》，至元二十四年（1287）立，正定縣文保所1979年自距縣城東南2.75千米的太平莊村一農民家中徵集。塔銘白石質，高46釐米，寬43釐米，厚11釐米。正面磨光，餘皆毛面。正面周邊刻二方連續鏈狀紋，內鐫銘文。銘文分橫、縱兩種格式書寫，均系楷書，其間隔紋飾與周邊同。上部橫書"龍興寺東律院"六字。其下縱書大字四行，每行五字；後面落款爲小字四行，每行字數不等。

【錄文】

臨壇大德洪」辯大師、前住」持堂長德公」舍利之塔銘。」師門資惠輪、惠圭、」惠開、惠堅、惠嚴、惠成。」時大元國至元二十四年歲次丁亥四月日。講論沙門惠輪等建。」中山府天寧寺侍者□□題并刊。

（九）北嶽祠下創塑鵲山聖像記（元至元二十七年）

【題解】

《北嶽祠下創塑鵲山聖像記》，元至元二十七年（1290）立石。高五六釐米，寬六六釐米，碑文十九行，滿行十六字，原石鑲嵌於北嶽廟洪武碑樓東墻。

碑文記述縣尹李公下車伊始主持創塑鵲山聖像經過。

【錄文】

北嶽祠下創塑鵲山聖像記。」廟貌聖像，古來有矣。歲月時遷，遂成隳」廢。每有伶倫四方士庶時來奉祀者，患」焉。敬其廟而像不完。時遇改元至元元」年，舜邑縣尹李承務當仕是邑，朔望詣」廟行香，見鵲山古跡雖存而内缺其像，」瞻仰者罔不動心，縣尹慮覩發於衷」誠以董其事，遂請本廟王提點、李提點、石」提點道衆等特修短疏，遍謁豪門，鳩集」布施，禮請到安平縣」御前待詔塑粧副使李英等創塑聖像並」侍從柴尊。成造於至元二年孟夏之初，」功畢於立冬之末，來者觀之，無不稱歎，」使奉祀者無復有前日之患，縣尹李公」豈不誠心哉。因刻諸石，以彰用意之大」概云爾。嶽下陰陽學錄張本謹記。」施石楊平社長董福壽。」黃山王禹弼刊。」

（十）廣平路霖雨記事碑（元大德元年）

【題解】

《廣平路霖雨記事碑》，元大德元年（1297）立，現存河北省邯鄲市峰峰礦區黑龍洞旁，長116釐米，寬82釐米，《響堂山碑刻題記總錄》（外文出版社2007年）第二冊二七八頁收錄拓片並作錄文。碑刻共26行，滿行22字，記大德元年廣平路春夏不雨，中書省、御史臺官員奉旨賑災，隨之甘霖天降。

【錄文】

大德元年廣平路境春夏不雨，大無麥禾，民且疫。」御史臺呈」中書省以」聞。奉」聖旨："賑濟者。"都省擬貧乏之家人給米二斗，幼者半之，所在」開倉廩以賑，仍諭各社長鄰保扶持存養，無致失所。」中書省遣直省舍人也先忽都魯」御史臺奉訓大夫監察御史田鐸、」燕南河北道肅政廉訪分司奉政大夫簽司事識篤爾」八月癸卯至廣平，甲辰雨盈尺，乃詣屬邑賑濟，凡爲戶」五千八百九十三，口二萬六千六百七十三，爲米價寶鈔」六萬四千九百二十三貫有奇。十月壬辰甫訖事，甲午至」戊戌大雨霖，遠邇沾足，麥種畢入，百姓莫不鼓舞歌」詠于」聖天子洪恩沛澤之中，於以見和氣致祥、」天人感通之理昭然若是。誠職忝牧長，目睹」感化，乃拜手稽首敬紀其事，命工刊諸茲石，昭示永久云。」奉訓大夫同知廣平路總管府事兼本路諸軍奧魯完澤都。」承事郎廣平路磁州同知兼管本州諸軍奧魯睢蒙古臺。」將仕郎滏陽縣主簿兼管本縣諸軍奧魯馮怗古太。」察院書吏任秉直，分司書吏孫璿、張居敬、王琪。」總管府吏路達、州吏郝讓。縣吏王從義同與其事。」大德元年十月　日。」奉議大夫廣平路磁州知州兼管本州奧魯兼勸農事李誠書。」監視鎸石巡檢阿散。摹勒上石教諭趙堯。

（十一）真定路平山縣林山萬壽禪寺源流碑記（元大德元年）

【題解】

《真定路平山縣林山萬壽禪寺源流碑記》，元大德元年（1297）立。現藏平山縣林山萬壽寺塔林。碑文楷書。額題《寺門之碑》，首題《真定路平山縣林山萬壽禪寺源流碑記》。碑陰文字漫漶嚴重。董旭《平山縣萬壽禪寺塔林塔銘考釋》（《文物春秋》2015 年第 2 期）收錄錄文并考釋。此碑是研究平山縣林山大萬壽寺的重要資料。

【錄文】

真定路平山縣林山萬壽禪寺源流碑記　本寺住持靜聰禪師月崑長老圓秀書錄。」

恭聞金仁感□，應兆西天，瑞像垂祥，光輝東土。從此摩騰入漢，竺法翻經，釋門偏歷於河沙，梵刹普修於法衆，山川城市，海島」江濱，羅紋綱布，斗列星排，鐘鼓相聞，何處不有哉！今此林山寺，乃處所也。斯山東瞻神頂，西眺太行，北望清涼，南觀滹水，」是四聖棲心之地也，乃兩郡祈福之場，幽林深邃，檜柏盈坡，古跡多般，都題聖境。西山有千佛洞、百姓堂、仙□棋盤，定心石；東」山有望京樓、長老洞、靜修庵、龍王池、鐵浮圖、佛光石。辟支佛頂骨，爲兩山之實跡也。可以與僧俗賞心、散玩□□。兼本寺」有古來七院：蒲壁莊感應院，冷泉莊永寧院，靈壽縣龍泉院，威州龍門院，真定有萬歲院，藁城縣只度村普和院，順德府」潛龍院，皆是法親主之多相周急，常住仰觀林山，爲勝刹也。覩斯舊跡，興來久矣。元有碑文，壘經兵革、風火燔廢。今收一書，」分明照著，乃是中統元年，本寺住持俊公長老往荆州潛龍寺、浸州先師院，兩處碑文云："林山寺，舊是唐時天壽太子潛稽」蘭惹也，法名圓澤，後因訪道，寄錫刑臺潛龍寺，有本州郎使盧景會衙內，入寺彈射，羅致太子至於禁中。有長安軍人□□」中子同囚先出，索書還鄉。太子書雲：'法爾口邐，不過宮肆。'蓋爲緣所□，逃生死，割愛、斷親，禮金人爲出世之師；拜如來，作」皈依之主。昨因訪道，得屆刑臺，被逆臣盧景會遣不訓之男，枉受擊纏之苦。恨長天而無路，嗟雲漢以難通。自感」大國之身，有負」聖明之德。伏惟陛下聞明堂之寶鑒，照骨肉之微僧，誠惶惶之頓首！"又有集賢院領會同舘道教事、政奉大夫安藏撰燈」菩薩道行碑雲："昔本寺圓澤太子所建，後罹兵革，半爲灰燼。太子真像及塔存焉。"兼有前人詩贊雲："不戀深宮富貴榮，入」山修道隱高名。哀哀父母身難報，時後登樓望玉京。"又有潘、何二相塔贊雲："二子忠心伯虎圍，空門相從未曾歸。瀟瀟雙」塚林山下，常使英雄淚滿衣。"參□來源實不虛矣。今本寺尊宿知事等，命余錄文，鐫之於石。余不免直書一偈仍爲銘曰：」

兩仞山高橫宇宙，巖前有寺雲萬壽。自從太子隱高蹤，壘次」皇宣來護祐。檜柏森森似深羅，花開簇簇如錦繡。堂廊殿閣嶄然新，鐵塔石幢風雨舊。依稀先哲是真談，」仿佛後來不虛繆。自雲終日混香口，萬古鐘聲搖遠岫。特書一偈付林山，明月清風都叅透。」

平山縣尉苟彬。」將仕郎真定路平山縣主薄翟淵。」承事郎真定路平山縣尹兼管諸軍奧魯勸農事賀諝。」將仕郎真定路平山縣達魯花赤兼本縣諸軍奧魯勸農事霍掉牙陵。」翰林大學士承旨榮祿大夫知制誥兼修國史忽都篤迷實。」大元至治二年歲次壬戌十月丁亥孟冬吉日。」

　　司吏：黃仲傑、王世英、田秉信、劉傑、宗主元信
　　　　　程道、楊深、武祚、武□、王仲、
　　貼書：張昌仁、李煜、米澤、閆國用、提點福印、
　　　　　王□□、邢□□、楊士春、安顯道、
　　副寺福□、典座海宗、宮門元鎮、維納元禎、首座海浩、監寺海沖□主海嚴、外庫福勝、直歲戒殊、
　　知客福真、小外庫福添、侍者戒因、侍者福就
　　等僧衆百十餘員立石。本縣匠人靳全、靳成刊。

（十二）燈公庵主塔銘（元大德元年）

【題解】

《燈公庵主塔銘》，元大德元年（1297）立。現藏平山縣林山萬壽寺塔林。碑文楷書。董旭《平山縣萬壽禪寺塔林塔銘考釋》（《文物春

秋》2015 年第 2 期）收録録文并考釋。此碑是研究平山縣林山大萬壽寺的重要資料。

【録文】

宣授住持萬壽禪寺靜行大師。」小師：」海宴、海智、」海潮、海湛、」海隆、海洋、」海淇、海頓、」海潭、海平、」海漸、海嚴、」海壽、海願、」海溫、海就、」海能、海澄、」海□、海元、」海月、海志。」師孫：」福一、福宣、」福益、福相、」福春、福泰、」福住、福堅、」福廣、福裕、」福□、」福懃、」福海、」福懷、」福果。」受界合俗徒弟三千有余。」大德元年四月十五日同建。」

（十三）真定路平山縣林山大萬壽禪寺寶公宗主塔銘（元大德十一年）

【題解】

《真定路平山縣林山大萬壽禪寺寶公宗主塔銘》，元大德十一年（1307）立。現藏平山縣林山萬壽寺塔林。碑文楷書。《平山縣文物志》收録拓片。

【録文】

真定路平山縣林山大萬壽禪寺」寶公宗主塔銘」

原夫得人者昌，失人者亡。珠在淵而」必自媚，玉隱石而潤必彰，則有」寶公歟。公自幼年舍家，」師訓經業，壯歲荷負山門有聲，表儀」出衆，忠厚行心，遐邇檀信無不欽慕」焉，享年縱心，精神清泰，徒門」竊言：師安慮危，宜預壽塔乎？咸曰」甚善。即時命工，不期塔畢，俾予作銘。」自念當家甲乙，僧俗同流，奚敢固辭！」偈曰：」

真俗同劉意趣深，壬寅癸卯兩皆金。」吾兄壽塔先成也，免致臨時向外尋。」

莫教飄入眼，特地出還難。」

時大德十一年季秋癸卯日徒門同建。」

宣授諸路釋教都總統慶壽寺退堂休嚴誌。」

（十四）林山大萬壽禪寺龍公禪師壽塔（元至大三年）

【題解】

《林山大萬壽禪寺龍公禪師壽塔銘》，元至大三年（1310）立。現藏平山縣林山萬壽寺塔林。碑文楷書。慈雲山住持庵主祖宣撰。此塔有塔銘兩方，其一爲《林山大萬壽禪寺龍公禪師壽塔銘》，其二爲門資題名。董旭《平山縣萬壽禪寺塔林塔銘考釋》(《文物春秋》2015 年第 2 期) 收録録文并考釋。此碑是研究平山縣林山大萬壽寺的重要資料。

【録文一】

林山大萬壽禪寺龍公禪師壽塔。」

海爲龍世界，山是佛家鄉，顯而不露，隱而彌彰，用」之則行，舍之則藏，具斯妙用者，其孰歟我佛海。湛」然大師諱海龍，本貫嘉陽人也。童真祝發，靈根貴」異，覺性非常，溫和可比東風，秀麗真同桂，年十有」三，遂禮本院住持」燈公菩薩爲師，弱冠遊學講肆，研味教乘，厥後隨」師行緣，往復京城十有余年，僧衆三萬，名播四方，」可謂時非待取果必從。因承」筆庵、西雲二總統加以錫號，蒙大元」帝師法旨秉賜曰吉祥，」宣授提點，主管院門。年近六旬，心欣祖道，誌口宗」乘，幸遇總統休嚴大禪師，發明心地，啟悟真源，」輔弼叢林，興隆凡刹，忘形荷衆苦已利他，以平穩」行於心，以柔和服於教，營治寺事，緇素順從。門人」福堅等以師年高，議建壽塔，持師行狀來謁，雲山」辭不獲免，且摭其實而爲銘曰：」

偉哉龍公，海量寬洪。靈苗秀發，不犯春風。」
遊學講肆，荷負院門。迎人待客，文質彬彬。」
隨師行緣，十有餘年。衝開碧落，撞透青天。」
年將耳順，參究禪源。休嚴室内，密授心傳。」
師百年後，無縫塔孰。木馬奔駝，泥牛哮吼。」
門徒孝思，師恩深厚。勒銘於石，求傳其久。」

慈雲山住持庵主祖宣撰。」
至大三年歲次庚戌仲呂月日門人大衆建。」

【録文二】

門資：」前大都路都僧錄司提控懷吉祥，」講主福裕，講主福懷，侍者福定，」講主福齊，副寺福勤，尚座福堅，典座福海，侍者福宣，典座福純，」尚座福惠，待詔福因，典認福端，」官門福禪，尚座福相，典座福詮，」典座福進，典座福忠，外庫福論，」侍者福良、福添、福泰、」福量、福口、福珂。」師孫：」戒悟、戒律、戒剛、戒柔、戒同。」本縣石匠喬璧玉。」

（十五）王鎮撫樂閑記（元至大四年）

【題解】

《王鎮撫樂閑記》，元至大四年（1311），原碑立於樂亭縣大相各莊鄉黨莊村，現收藏於李大釗紀念館院內。碑刻上寬35釐米，下寬58釐米，高98釐米，碑厚21釐米。

【錄文】

王鎮撫樂閑記」傳曰：隱居以求其志。古無其人也，今亦難得」之。以□予觀之，永平路樂亭縣奧魯鎮撫王」公如或見之。公父仲仁，以其職俾之麼敘，辭」以未朱若兄□之賢，固辭不受。並元授鎮撫亦」棄而不治，非隱居永志而何。公立志甚善，然」自幼不曾讀書，未達所守，効古人而不及古」人也，別有可取焉也。人貪權固寵，公隱身避」位。他人持富凌□貧，公居室曰苟完苟美，杜」門少出，不與俗接，可取也。以此□以求其志，」則非也，安□樂閑者也。公欲求葬故父老不」能辦，幸有男婦石氏繼伊夫志而葬之。死無」所慊。校其行，雖不可傳於世，豈不得傳於□」家乎。故書之。」至大四年七月。」故男王縣尹、妻石氏立。」

（十六）丁復初謁聖廟記（元延祐二年）

【題解】

《丁復初謁聖廟記》，元元統二年（1334）十二月刻。碑方形，高五三釐米，寬六一釐米，碑文十二行，滿行十二字。原石鑲嵌于北嶽廟博物館北墻。未見著錄。今據北嶽廟原碑所附拓片錄文。

碑文記錄燕南河北道肅政廉訪副使丁復初元元統二年冬按部至恆陽，謁北嶽廟焚香致敬。

【錄文】

通議大夫燕南河北道肅政」廉訪副使」丁公復初按部至恆陽，越翌」日乙卯朔，」公特謁」廟致敬焚香，禮畢而退。陪公」者書吏孤竹李道本景源，魯」臺尚綱彥文，奏差滑臺曹□，」義士達，從行者本縣尹李□讓」叔謙，主簿楊晦彰，縣尉」脫臺等。」元統甲戌季冬一日題。」

（十七）順德路達魯花赤朝列、總管程大中等謁聖像題記（元延祐六年）

【題解】

《順德路達魯花赤朝列、總管程大中等謁聖像題記》，元延祐六年（1319）刻。尺寸不詳，原石位於隆堯縣宣霧山，北京大學圖書館古籍部收藏拓片，編號爲：A14250

【録文】

大元延祐六年歲次己」未夏四月廿八日，順德」路達魯花赤朝列，總管」程大中、經歷劉從仕，府」掾李文奐、郝時舉泊僚」屬唐山縣尉李將仕、邑」人孔主簿，同開元長老」損庵宗攝、侍者普宣等」禱祭堯山」聖帝、霧山」靈顯真君，至此敬謁」聖像，感慨而歸。」府掾郝獻臣書。」堯峰魏肇刊。」

（十八）真定路新建府署記（泰定二年）

【題解】

《真定府新建府署記》碑刻立於泰定二年（1325），記載真定路達魯花赤康里斡绰等同心重修真定路衙署事跡。原碑今已不存，河北省博物館藏有拓片，拓片長86釐米，寬46釐米。

【録文】

真定新建府。石匠李忠。」

承事郎太常礼儀院太祝郭士文撰。」

承直郎真定路總管府推官田元亨書。」

真定公署自中統壬戌營建，然不知主名之爲誰。壬」戌距今泰定乙丑六十四年矣，堂宇罅漏，户牖欹」傾，而規制初亦迫隘，前後歷數十政，非無賢者，迺因庫」習陋漫不加省，日入於壞，故世指真定□大邦，以府」治爲不稱，爲鄉老吏民病之。歲癸亥，」達魯花赤康里氏、大尹趙公相繼来爲是邦，踰年而」政成，民以寧息，一日慨然以更修府治爲事，謂陛級」不嚴，則位望不崇，甚非所以布宣」德澤，示民以上下之分也。於是率僚属即故治之。而」市亢爽之地而經度焉，就舉總判劉承直董其役，發」貲于官，雇功于民，以□以朵，以繩以削，先正其視事」之廳，次及幕賓之所與夫群吏之舍，下至厨庫井廁」各以序爲，而截然一新。自五月壬午始事，至拾月丁」亥卒功，盖諸公刻意之專，用力也勤，故能易壞爲成，」如是之敏。既而以其事屬士文記之，將列置壁□，以」告来者，竊聞禮有必隆，不得而殺，政有必舉，不得而」廢。諸公於是，兼而得之，故樂爲之書。泰定二年五月」吉日郡人郭士文謹記。」監造府吏高欽、王秉剛。」提控案牘兼照磨皇甫琮。」將仕郎真定路總管府知事高汝翼。」將仕郎真定路總管府知事李惟秀。」承務郎真定路總管府經歷杜瑜。」承務郎真定路總管府推官郭守正。」承直郎真定路總管府推官田元亨。」承直郎真定路總管府判官劉繼義。」朝散大夫真定路總管府治中穆忽彬。」中順大夫同知真定路總管府事捏只不丁。」嘉議大夫真定路總管兼府尹本路諸軍奧魯總管管內勸農事趙賁。」太中大夫真定路總管府達魯花赤兼本路諸軍奧魯總管府達魯花赤管內勸農事斡綽。」

（十九）賈氏追遠碑記（元至順二年）

【題解】

《賈氏追遠碑記》，元至順二年（1331）立，碑高一八五釐米，寬一二釐米，厚三三釐米。碑陽二〇行，滿行五九字。碑青石質，碑陽楷書，碑額作蟠龍珠狀，額題篆書"賈氏追遠碑記"二行六字。碑陰額楷書題"卅□族譜"四字，碑陰文字磨泐不可辨。碑座係後人所加。現存於石家莊市鹿泉區山尹村鎮東郭莊村西賈氏墓群。未見著錄。昭文館大學士、中奉大夫、國子祭酒滕安上撰。資德大夫、行江浙行省右丞西圃書丹。嘉議大夫、衛輝路總管、兼本路諸軍奧魯、管內勸農事陳時中篆額。主要講述賈姓來歷和賈宏源的後裔姓名、遷往地點及仕宦情況等內容。該碑是研究封龍山區域族譜的珍貴材料。

【錄文】

賈氏追遠碑記」
昭文館大學士中奉大夫國子祭酒滕安上撰」
資德大夫行江浙行省右丞西圃書丹」
嘉議大夫衛輝路總管兼本路諸軍奧魯管內勸農事陳時中篆額」
姓氏之始，云來尚矣。考諸紀源，蓋唐叔虞之少子明者，康王始封於賈，以國爲氏。又云：本周賈後也。自周垂裔秦漢、呂及六朝五代宋金，迄我」聖元，其間賢不肖不少矣。」宏源昔出宋金，凡十六代矣。本業太原，官汾陽。天會間天下草昧，金盛南侵，棄官隱真定獲鹿封龍郭莊，贅郭氏家。舉二子，伯曰淵，仲曰海。淵遷祁陽，」於今顯官；海生濟、澧、灝。濟歸洛陽後，以進仕名家；澧遷河南；灝生溱、滋、裕。溱教授義錦間，因家焉，滋遷東□。裕生直、欽、佺。直遷鄭州；欽遷中京；佺生」珍、祐、簡、莒、智、清。珍歸太原，祐遷順天；簡遷邢州；莒遷歸德；智生益，乃」宏源七世孫也，金末，昭武大將軍、趙州節度使。生天祚。天祚生琮、琬。佺次六子清生秀，秀生遠，遠八世孫也。公性沈毅威重，善騎射。丙子，」朝廷命爲義軍帥。戊寅，戍燕雲，尋鎮完州，懷遠大將軍知州事。庚辰，遷鎮威州，知州事。」上征河中，攻鳳翔。」上親視甲胄，城陷，特賜金符。壬辰，下汴。甲午，平蔡。是年，遷知中山府事。先是，石海亂，公擊破之。郡民全活，建生祠、立像於玄清觀。辟中山，學校提舉馮西巖」者篆銘紀事文諸石。丁酉，公卒於中山私第，享年四十八矣，卜新阡於郡城西南閻家之原而葬焉。公九男，長增順、次天祿、次珪、次璋、琦、■■、次玭、次璟、」次琬。增順生昌、章、舒、尉。天祿生夔，武昌稅使；珪奉大夫，中山治中，生晦德，不仕；璋鎮撫中山，生瓊，進義副尉，襲職；琦忠顯校尉領鄧州新軍役事，生」士元，敦武校尉，襲爵；璘，濟南新軍總管；玭安喜縣尹；璟生澤；琬生潤，九世孫，金宣武公；瑄生恒山處士貴；貴生大司農司掾善長。九世孫，武略將軍、」恒州左監軍。仲國生贈承務郎同知蠡州事斌，斌生承務郎同知輝州事士談。大德甲申，奉訓公孫瀜申命長幼俾集厥族粥地，開神道、建翁仲、儀」石，九事於塋首。天歷辛未出世譜，徵記於余，余曰：「大哉孝矣，孝莫切於事親，事親莫厚於慎終，慎終莫重於追遠，養生厚葬而能追遠者。嘻！賈氏乎！」宏源始自西來，至於子孫繁演，蓋」稔德之所致與。暨立翁仲、羊虎、樹儀柱、鐫石紀事，靡忘乎本，匪追遠者哉！至於宋昌，朝及敢者，亦公之同族也。其子孫散在四方，榮門弱枝豈遑悉」錄，僅在龍山者，載諸厥石，粗敘事道，其梗概云爾。」大元歲次至順二年辛未三月壬辰晦，奉訓公孫瀜立石。」

（二十）義勇武安英濟王護國崇寧真君碑（至順二年）

【題解】

此碑立于至顺二年（1331），额楷书"大元敕封"四字"。国家博物馆藏有此拓片，题曰"武安王封號石刻"，并标明地点在"河北省正定縣"，可知此拓片原在河北省正定县。

【録文】

齊天護國大將軍檢較尚书守管」淮南節度使兼山東河北四門」関鎮守招討使兼提調諸宫廟」神煞地分處撿按官中書門下平章政事」開府儀同三司」駕前都統軍無寧候」壯穆義勇武安英濟王」護國崇寧真君。」岂至順二年。」

（二一）廣平路同知磁州事朱公夫人楊氏墓磚（元後至元四年）

【題解】

《廣平路同知磁州事朱公夫人楊氏墓磚》，元後至元四年（1338）刻，現存河北省邯鄲市永年縣私人手中，尺寸不詳。墓磚碑刻共4行。簡略記載廣平路同知磁州事朱公夫人楊氏亡故年月及子女人數。此處至元年號應爲后至元。

【録文】

大元承直郎廣平路同知」磁州事朱公夫人楊氏，至」元四年歲次戊寅二月廿六日身」故，年七十二歲，三子四女，入葬。

（二二）涿州儒學藏書之記（至正十年）

【題解】

《涿州儒學藏書之記》，碑刻立於至正十年（1350），額題與首題均爲"涿州儒學藏書之記"，記載涿州路儒學藏書過程及所藏書目。原碑今已不存，河北省博物館藏有拓片，拓片長112釐米，寬71釐米。

【録文】

涿州儒學藏書之記」

今天下自畿甸至于海隅皆有學，學必有師，而世之爲吏者鮮知學，政所宜修師成，」不知修所宜教，於是無以属其□□而道藝不得興焉。蓋得其所敬，雖窮□昏悍之」俗，固可易也。矧近在邦畿以接道德之光華，孝子夫先王之道具，於經三代而下，政」之治亂著於史，後之立言者，違是不足以名世，學者舍此則無以正心術而成士君」子之材，龔君仁寶爲涿州儒學正，顧瞻學宮經籍猶闕，於是捐俸市書以資學者之」所講贊，凡得經史共若干卷，裝潢整飭，□帙鮮好，州之大夫咸以爲美。遂構屋大成」殿之西序，以庋儲之，□閣齊平，披幡考□，靡不宜稱。

嗚呼！聖賢之遺言，非獨使人玩」思足以爲千世耻□之具也。而士之弊於流俗又笑今設科取士，其制蓋曰：詢於鄉以」觀其行，考諸經以驗其學。較辭華於采蘩之愽，政務論於舉措之宜，其術精且詳矣。」使有司之貢果能盡如其說，則人材寧有不足之歎哉。龔君典教是州，既蓄書以待」學者，又賴賢大夫爲之鼓舞，苟能求美質特行□□役事於愛親敬長之實，由是□」討論□辨以求聖賢之學之傳之本末，始終觀感作興必致其極而底于成，□□爲」無愧於其職矣。若徒以先哲之典籍學校所宜有尊而棄之，以爲觀美，則非予之所」望乎。州之士也因請爲記，故俾勒諸石以勵來者。書目開列如左，州大夫達魯花赤」普顏怙木兒字孟堅，知州劉□兼叔亨，學正字所立。至正庚寅七月望日。

國」子司業臨川吳當撰，奉訓大夫兼經筵譯文官貢師泰書，崇文少監□□夫夫」檢校書籍事兼經筵參贊官周伯琦題盖。

孝經貳冊。論語陸冊。孟子拾冊。詩古註疏貳拾冊。」書古註疏拾冊。周易柒冊。儀禮拾貳冊。春秋左氏傳叁拾壹冊。」□□□拾叁冊。周禮貳拾壹冊。爾雅叁冊。　　　春秋公羊傳拾肆冊。」春秋谷梁傳柒冊。□□資治通鑒壹伯壹拾伍□。」

至正十年九月吉日立石金□□石局提領程□□□。」

参考文献

一　古代史籍文献

（唐）宗密撰，邱高兴校释：《禅源诸诠集都序》，中州古籍出版社2008年版。

（宋）杜范：《清献集》，《文渊阁四库全书》第1175册。

（西夏）骨勒茂才：《番汉合时掌中珠》，宁夏人民出版社1989年版。

（金）元好问：《元好问文编年校注》，狄宝心校注，中华书局2012年版。

（元）贝琼：《贝琼集》，李鸣校点，吉林文史出版社2010年版。

（元）孛兰肹等：《元一统志》，赵万里辑校，中华书局1966年版。

（元）陈旅：《安雅堂集》，台北"国立中央"图书馆1970年版。

（元）陈旅：《安雅堂集》，《元代珍本文集汇刊》本。

（元）程端礼：《畏斋集》，《文渊阁四库全书》第1199册。

（元）程钜夫：《程雪楼文集》，《元代珍本文集汇刊》本。

（元）贡奎、贡师泰、贡性之：《贡氏三家集》，邱居里、赵文友校点，吉林文史出版社2010年版。

（元）郝经：《郝文忠公陵川文集》，秦雪清整理，山西人民出版社2006年版。

（元）胡祗遹：《胡祗遹集》，魏崇武、周思成校点，吉林文史出版社2008年版。

（元）黄溍：《金华黄先生文集》，《四部丛刊初编》本。

（元）揭傒斯：《揭傒斯全集》，李梦生标校，上海古籍出版社1985年版。

（元）刘敏中：《平宋录》，《文渊阁四库全书》第 408 册。
（元）刘敏中著，邓瑞全、谢辉校点：《刘敏中集》，吉林文史出版社 2008 年版。
（元）刘诜：《桂隐先生集》，《元人文集珍本丛刊》本。
（元）刘因：《静修先生文集》，《四部丛刊》本。
（元）刘岳申：《申斋集》，"国立中央"图书馆 1970 年影印本。
（元）柳贯：《柳待制文集》，《四部丛刊初编》本。
（元）罗天益：《卫生宝鉴》，人民卫生出版社 1963 年版。
（元）马祖常：《马石田文集》，《元人文集珍本丛刊》本。
（元）迺贤：《河朔访古录》，《文渊阁四库全书》第 593 册。
（元）迺贤：《河朔访古录》，《文渊阁四库全书》第 593 册。
（元）欧阳玄：《圭斋文集》，吉林文史出版社 2009 年版。
（元）欧阳玄：《欧阳玄集》，魏崇武、刘建立校点，吉林文史出版社 2009 年版。
（元）蒲道源：《闲居丛稿》，《元代珍本文集汇刊》本。
（元）蒲道源：《闲居丛稿》，《元代珍本文集汇刊》本。
（元）萨都剌：《雁门集》，殷孟伦、朱广祁点校，上海古籍出版社 1982 年版。
（元）释祥迈：《大元至元辨伪录》，《北京图书馆古籍珍本丛刊》影元刊本，书目文献出版社 2000 年版。
（元）宋褧：《燕石集》，《北京图书馆古籍珍本丛刊》本。
（元）苏天爵：《滋溪文稿》，陈高华、孟繁清点校，中华书局 1997 年版。
（元）苏天爵编：《元文类》，商务印书馆 1958 年版。
（元）苏天爵辑撰：《元朝名臣事略》，姚景安点校，中华书局 1996 年版。
（元）陶宗仪：《南村辍耕录》，中华书局 1958 年版。
（元）陶宗仪：《书史会要》，上海书店 1984 年版。
（元）王厚孙、徐亮纂：《至正四明续志》，《宋元方志丛刊》本，中华书局 1990 年版。
（元）王士典、商企翁编：《秘书监志》，高荣盛点校，浙江古籍出版社 1992 年版。

（元）王士点、商企翁编次，高荣盛点校：《秘书监志》，浙江古籍出版社 1992 年版。

（元）王旭：《兰轩集》，《文渊阁四库全书》第 1202 册。

（元）王恽：《秋涧先生大全文集》，《元人文集珍本丛刊》本。

（元）危素：《危太仆云林集》，《元人文集珍本丛刊》本。

（元）魏初：《青崖集》，《文渊阁四库全书》第 1198 册。

（元）吴澄：《吴文正公集》，《元人文集珍本丛刊》本。

（元）许有壬：《至正集》，《元人文集珍本丛刊》本。

（元）阎复：《静轩集》，《元人文集珍本丛刊》本。

（元）杨维桢：《东维子文集》，《四部丛刊初编》本。

（元）杨瑀：《山居新语》，余大钧点校，中华书局 2006 年版。

（元）杨瑀：《山居新语》，余大钧点校，中华书局 2006 年版。

（元）姚燧：《牧庵集》，查洪德点校，人民文学出版社 2011 年版。

（元）耶律楚材：《西游录》，向达校注，中华书局 1981 年版。

（元）耶律楚材：《湛然居士文集》，谢方点校，中华书局 1986 年版。

（元）耶律铸：《双溪醉隐集》，《文渊阁四库全书》第 1199 册。

（元）俞希鲁：《至顺镇江志》，江苏古籍出版社 1999 年版。

（元）虞集：《道园类稿》，《元人文集珍本丛刊》本。

（元）虞集：《道园学古录》，上海商务印书馆 1937 年版。

（元）袁桷：《袁桷集校注》，杨亮校注，中华书局 2012 年版。

（元）张伯淳：《养蒙先生文集》，《元代珍本文集汇刊》本。

（元）张铉：《至正金陵新志》（《宋元方志丛刊》第六册），中华书局 1990 年版。

（元）张之翰：《张之翰集》，邓瑞全、孟祥静校点，吉林文史出版社 2009 年版。

（元）赵承禧等编撰：《宪台通纪（外三种）》，王晓欣点校，浙江古籍出版社 2002 年版。

（元）赵孟頫：《松雪斋集》，《四部丛刊初编》本。

（元）郑元佑：《侨吴集》，《元代珍本文集汇刊》本。

（元）郑元祐、马玉麟：《郑元祐集·马玉麟集》，邓瑞全、陈鹤、童晓峰点校，吉林文史出版社 2010 年版。

（明）宋濂：《宋濂全集》，浙江古籍出版社 1999 年版。

（明）王祎：《王忠文公集》，《文渊阁四库全书》第 1226 册。

（明）叶子奇：《草木子》，中华书局 1959 年版。

（清）胡景桂：《广平金石略》（《石刻史料新编》第三辑第 25 册），新文丰出版公司 1986 年版。

（清）《栾城县志》，成文出版社 1976 年版。

（清）张金吾编纂：《金文最》，中华书局 1990 年版。

[意大利] 马可·波罗著，冯承钧译：《马可·波罗行记》，上海书店出版社 2001 年版。

《柏朗嘉宾蒙古行纪》，贝凯、韩百诗译注，耿昇译，中华书局 2013 年版。

《北京图书馆藏中国历代石刻拓本汇编》第 48、49、50 册，中州古籍出版社 1989—1990 年版。

北京图书馆古籍善本组：《析津志辑佚》，北京古籍出版社 1983 年版。

蔡美彪：《元代白话碑集录》，科学出版社 1955 年版。

陈垣：《道家金石略》，文物出版社 1988 年版。

陈振山等编：《大名石刻选》，线装书局 2011 年版。

崇祯《永年县志》，国家图书馆地方志和家谱文献中心编《明代孤本方志选刊》第 7 册，中华全国图书馆文献缩微复制中心 2000 年版。

达仓宗巴·班觉桑布：《汉藏史集》，陈庆英译，西藏人民出版社 1986 年版。

《大元混一方舆胜览》，郭声波整理，四川大学出版社 2003 年版。

《大元马政记》，台北广文书局 1972 年版。

道光《河内县志》，成文出版社 1976 年版。

道光《内丘县志》，成文出版社 1969 年版。

邓庆平编：《蔚县碑铭辑录》，广西师范大学出版社 2009 年版。

范福生主编：《满城历代碑刻辑录》，河北教育出版社 2011 年版。

光绪《保定府志》，上海书店出版社 2006 年版。

光绪《东光县志》，《中国方志集成》本，上海书店出版社 2006 年版。

光绪《顺天府志》，北京古籍出版社 1987 年版。

光绪《永年县志》，成文出版社 1987 年版。

光绪《重修曲阳县志》，上海书店出版社 2006 年版。

光绪《重修曲阳县志》，上海书店出版社 2006 年版。

韩国学中央研究院编:《至正条格（校注本）》，Humanist 出版社 2007 年版。

河南省文物局编:《河南碑志叙录》，中州古籍出版社 1992 年版。

弘治《保定郡志》，《天一阁藏明代方志选刊》第 4 册。

弘治《易州志》，《天一阁藏明代方志选刊续编》第 7 册。

冀金刚、赵福寿主编:《邢台开元寺金石志》，国家图书馆出版社 2013 年版。

嘉靖《磁州志》，《天一阁明代方志选刊续编》本，上海书店 1990 年版。

嘉靖《河间府志》，《天一阁藏明代方志选刊》本，上海古籍书店 1981 年版。

嘉靖《威县志》，《天一阁藏明代方志选刊续编》本，上海书店 1990 年版。

嘉靖《武城县》，《天一阁藏明代方志选刊》影印本，上海古籍书店 1963 年版。

嘉靖《真定府志》，《原国立北平图书馆甲库善本丛书》第 292 册。

嘉庆《邢台县志》，国家图书馆藏本。

焦进文、杨富学校注:《元代西夏遗民文献〈述善集〉校注》，甘肃人民出版社 2001 年版。

《金史》，中华书局 1975 年版。

康熙《林县志》，清康熙三十四年刻本。

康熙《束鹿县志》，成文出版社 1967 年版。

孔齐:《至正直记》，上海古籍出版社 1987 年版。

拉施特:《史集》，余大钧、周建奇译，商务印书馆 1983—1986 年版。

剌失德丁:《成吉思汗的继承者》，波伊勒英译，周良霄译注，天津古籍出版社 1992 年版。

李源河主编:《翰墨石影——河南省文史研究馆馆藏拓片精选》，广陵书社 2003 年版。

李志常:《长春真人西游记》，河北人民出版社 2001 年版。

《辽金元石刻文献全编》，北京图书馆出版社 2003 年版。

刘祁:《归潜志》，中华书局 1983 年版。

《鲁布鲁克东行纪》，柔克义译注，何高济译，中华书局 2013 年版。

马蓉等点校：《永乐大典方志辑佚》，中华书局2004年版。
《庙学典礼》（外二种），王颋点校，浙江古籍出版社1992年版。
民国《大名县志》，成文出版社1968年版。
民国《定县志》，成文出版社1969年版。
民国《冀县志》，成文出版社1968年版。
民国《井陉县志》，成文出版社1968年版。
民国《卢龙县志》，成文出版社1968年版。
民国《满城县志略》，成文出版社1969年版。
民国《满城县志略》成文出版社1969年版。
民国《密云县志》，中国国家图书馆藏北平京华书局1914年铅印本。
民国《宁晋县志》，成文出版社1966年版。
民国《平谷县志》，中国国家图书馆藏抄本。
民国《齐河县志》，成文出版社1968年版。
民国《沙河县志》，上海书店、巴蜀书社、江苏古籍出版社2006年版。
民国《深州风土记》，《中国方志集成》本，上海书店出版社2006年版。
民国《威县志》，成文出版社1976年版。
民国《新乐县志》，成文出版社1968年版。
民国《雄县新志》，成文出版社1969年版。
民国《续修广饶县志》，成文出版社1968年版。
民国《涿县志》，《中国方志集成》本，上海书店出版社2006年版。
《明太祖宝训》，"中央"研究院历史语言研究所1962年校印本。
齐心主编：《北京元代史迹图志》，北京燕山出版社2009年版。
乾隆《宝坻县志》，成文出版社1969年版。
乾隆《宝坻县志》，成文出版社1969年版。
乾隆《大名县志》，国家图书馆藏乾隆五十四年刊本。
乾隆《南和县志》，成文出版社1968年版。
乾隆《平陆县志》，成文出版社1976年版。
乾隆《武安县志》，成文出版社1976年版。
乾隆《行唐县新志》，上海书店出版社2006年版。
乾隆《宣化府志》，成文出版社1968年版。
桑椹编纂：《历代金石考古要籍序跋集录》，浙江古籍出版社2010

年版。

邵伯温：《邵氏闻见录》，中华书局1983年版。

《石刻史料新编》（第1、2、3辑），新文丰出版公司1977、1979、1986年版。

石永士、王素芳、裴淑兰编著：《河北金石辑录》，河北人民出版社1993年版。

史云征、史磊主编：《河北柏乡金石录》，文物出版社2006年版。

田国福主编：《河间金石遗录》，河北教育出版社2008年版。

《通制条格校注》，方龄贵校注，中华书局2001年版。

同治《深州风土记》，上海书店出版社2006年版。

万历《任丘县志》，《原国立北平图书馆甲库善本丛书》第290册。

万历《枣强县志》，《国家图书馆藏明代方志孤本选刊》，中华全国图书馆文献缩微复制中心2000年版。

万历《枣强县志》，《国家图书馆藏明代孤本方志选刊》，中华全国图书馆文献缩微复制中心2000年版。

万历《真定县志》，《原国立北平图书馆甲库善本丛书》第292册。

王书珍主编：《迁西石刻》，百花文艺出版社2007年版。

王宗昱主编：《金元全真教石刻新编》，北京大学出版社2005年版。

《威县文史概览》，《威县文史资料（第1辑）》，政协威县委员会，2004年。

《稀见中国地方志汇刊》，中国书店2014年版。

咸丰《固安文献志》，成文出版社1968年版。

杨少山主编：《涿州碑铭墓志》，河北教育出版社1991年版。

杨卫东：《古涿州佛教刻石》，河北教育出版社2007年版。

叶昌炽：《语石校注》，韩锐校注，今日中国出版社1995年版。

雍正《辽州志》，成文出版社1976年版。

《永乐大典》，中华书局1986年版。

《元代法律资料辑存》，黄时鉴点校，浙江古籍出版社1988年版。

《元典章》，陈高华、张帆、刘晓、党宝海点校，天津古籍出版社、中华书局2011年版。

《元史》，中华书局1976年版。

张林堂主编：《响堂山石窟碑刻题记总录》，外文出版社2007年版。

正德《大名府志》，上海书店1981年版。
正德《大名府志》，《天一阁藏明代方志选刊》第3册。
《至正金陵新志》，《宋元方志丛书》本，中华书局1990年版。
志费尼：《世界征服者史》，何高济译，商务印书馆2004年版。
志磐：《佛祖统纪校注》，释道法校注，上海古籍出版社2012年版。
中国文物研究所、河北省文物研究所：《新中国出土墓志·河北（壹）》，文物出版社2004年版。
周辉：《清波杂志》，中华书局1994年版。
涿州市文研所编：《涿州贞石录》，北京燕山出版社2005年版。

二 现代著作论文

（一）著作

白寿彝：《中国伊斯兰教史存稿》，宁夏人民出版社1983年版。
白寿彝总主编，陈得芝主编：《中国通史》第8卷，上海人民出版社1997年版。
蔡美彪：《辽金元史考索》，中华书局2012年版。
陈得芝：《蒙元史研究丛稿》，人民出版社2005年版。
陈得芝：《蒙元史研究导论》，南京大学出版社2012年版。
陈得芝：《蒙元史与中华多元文化论集》，上海古籍出版社2013年版。
陈高华：《元朝史事新证》，兰州大学出版社2010年版。
陈高华：《元史研究论稿》，中华书局1991年版。
陈高华：《元史研究新论》，上海社会科学院出版社2005年版。
陈高华、史卫民：《中国经济通史·元代经济卷》，中国社会科学出版社2007年版。
陈高华、张帆、刘晓：《元代文化史》，广东教育出版社2009年版。
陈瑞青：《黑水城宋代军政文书研究》，知识产权出版社2014年版。
陈世松、匡裕彻、朱清泽、李鹏贵：《宋元战争史》，内蒙古人民出版社2010年版。
陈垣：《陈垣学术论文集》，中华书局1982年版。
陈垣：《元西域人华化考》，上海古籍出版社2000年版。
杜继文、魏道儒：《中国禅宗通史》，江苏人民出版社2008年版。
符海朝：《元代汉人世侯群体研究》，河北大学出版社2007年版。

高荣盛:《元史浅识》,凤凰出版社 2010 年版。

高树林:《古代社会经济史探》,河北大学出版社 2014 年版。

何广博主编:《〈述善集〉研究论集》,甘肃人民出版社 2001 年版。

河北省地方志编纂委员会:《河北省志·民族志》,民族出版社 1995 年版。

河北省地方志编纂委员会:《河北省志·宗教志》,中国书籍出版社 1995 年版。

胡其德:《蒙元帝国初期的政教关系》,台北花木兰文化出版社 2009 年版。

胡小鹏:《中国手工业经济通史·宋元卷》,福建人民出版社 2004 年版。

吉田顺一监修、早稻田大学蒙古研究所编:《蒙古史研究》,东京明石书店 2011 年版。

冀朝鼎著、朱诗鳌译:《中国历史上的基本经济区与水利事业的发展》,中国社会科学出版社 1981 年版。

姜一涵:《元代奎章阁及奎章阁人物》,联经出版事业公司 1985 年版。

柯劭忞:《新元史》,中国书店 1988 年版。

莱芜市政协文史资料委员会编:《莱芜文物》,齐鲁书社 1998 年版。

李鸿宾:《隋唐对河北地区的经营与双方的互动》,中央民族大学出版社 2008 年版。

李开元:《汉帝国的建立与刘邦集团——军功受益阶层分析》,生活·读书·新知三联书店 2000 年版。

李珍华、周长楫编撰:《汉字古今音表》,中华书局 1993 年版。

李治安:《元代行省制度》,中华书局 2011 年版。

李治安:《元代政治制度研究》,人民出版社 2003 年版。

李治安:《元史暨中古史论稿》,人民出版社 2013 年版。

李治安等:《元代华北地区研究》,南开大学出版社 2008 年版。

李治安、王晓欣:《元史学概说》,天津教育出版社 1989 年版。

李治安、薛磊:《中国行政区划通史·元代卷》,复旦大学出版社 2009 年版。

刘晓:《元史研究》,福建人民出版社 2006 年版。

孟繁清:《金元时期的燕赵文化人》,河北人民出版社 2004 年版。

孟繁清等：《蒙元时期环渤海地区社会经济发展研究》，天津教育出版社 2003 年版。

孟繁清主编：《河北经济史（第二卷）》，人民出版社 2004 年版。

南京大学元史研究室编：《元史论集》，人民出版社 1984 年版。

邱江宁：《元代奎章阁学士院与元代文坛》，中国社会科学出版社 2013 年版。

邱树森：《元代文化史探微》，南方出版社 2001 年版。

任宜敏：《中国佛教史·元代》，人民出版社 2005 年版。

尚衍斌：《元代畏兀儿研究》，民族出版社 1996 年版。

史理广编著：《保定道教琐记》，内部出版物，2012 年。

史卫民：《元代社会生活史》，中国社会科学出版社 1996 年版。

水月斋主人：《禅宗师承记》，台北圆明出版社 2002 年版。

孙继民主编：《新发现碑刻题记与隋唐史研究》，河北人民出版社 2007 年版。

孙克宽：《蒙古汉军及汉文化研究》，台北文星书店 1958 年版。

屠寄：《蒙兀儿史记》，上海古籍出版社 2012 年版。

汪辉祖：《元史本证》，中华书局 1984 年版。

王慎荣：《元史探源》，吉林文史出版社 1991 年版。

温海清：《画境中州——金元之际华北行政建置考》，上海古籍出版社 2012 年版。

吴立民主编：《禅宗宗派源流》，中国社会科学出版社 1998 年版。

萧启庆：《内北国而外中国》，中华书局 2007 年版。

萧启庆：《元代的族群文化与科举》，联经出版事业公司 2008 年版。

杨富学：《中国北方民族历史文化论稿》，甘肃人民出版社 2001 年版。

杨讷：《元史论集》，国家图书馆出版社 2012 年版。

杨曾文：《宋元禅宗史》，中国社会科学出版社 2006 年版。

杨志玖：《杨志玖文集》，中华书局 2015 年版。

袁国藩：《元代蒙古文化论集》，台湾商务印书馆 2004 年版。

张帆：《元代宰相制度研究》，北京大学出版社 1997 年版。

张沛之：《元代色目人家族及其文化倾向研究》，天津古籍出版社 2009 年版。

赵翼著、王树民校证：《廿二史札记校证》，中华书局 1984 年版。

《中国文物地图集·天津分册（文物单位简介）》，中国大百科全书出版社2002年版。

（二）论文

安敏：《元代汉人世侯行唐邸氏家族探究》《泰山学院学报》2015年第2期。

白滨、史金波：《〈大元肃州路也可达鲁花赤世袭之碑〉考释——论元代党项人在河西的活动》，《民族研究》1979年第1期。

包世轩：《金元时期燕京庆寿寺史事通考》，《抱瓮灌园集》，北京燕山出版社2011年版。

北京市文物研究所：《元铁可父子墓和张弘纲墓》，《考古学报》1986年第1期。

本田实信：《伊利汗国的冬营地与夏营地》，《蒙古时代史研究》，京都大学出版社1991年版。

查洪德：《元代诗坛的雅集之风》，《安徽师范大学学报》2013年第6期。

陈得芝：《〈常德西使记〉校注》，《中华文史论丛》2015年第1期。

陈高华：《罗天益与〈卫生宝鉴〉》，《文史》1999年第3期。

崔红芬：《保定出土〈老索神道碑铭〉再研究》，《中国文化》2013年第2期。

丁超：《元代大都地区的农牧矛盾与两都巡幸制度》，《清华大学学报》2011年第2期。

董旭：《平山万寿禅寺塔林塔铭考释》，《文物春秋》2015年第2期。

樊波：《西安碑林藏元〈张翼墓志〉补考》，《文博》2016年第4期。

饭山知保：《金元时期北方社会演变与"先茔碑"的出现》，《中国史研究》2016年第1期。

饭山知保：《蒙元支配与晋北地区地方精英的变动》，《元史论丛》第10辑，天津古籍出版社2005年版。

冯承钧：《〈蒙古侵略时代之土耳其斯坦〉评注》，《西域南海史地考证译丛》（三编），商务印书馆1962年版。

高伟：《元朝君主对医家的网罗及其影响》，《兰州大学学报》1999年第4期。

郭声波：《元代顺德等处冶铁提举司诸冶考》，《中国历史地理论丛》

1987年第1期。

韩儒林：《关于西夏民族名称及其王号》，《穹庐集》，河北教育出版社2000年版。

何兹全：《中国社会发展史中的元代社会》，《北京师范大学学报》1992年第5期。

洪修平：《元代临济宗法脉延续及海外影响略论》，《禅学研究》第7期，江苏人民出版社2008年版。

黄时鉴：《宋丽蒙关系史事一瞥——〈收剌丽国送还人〉考述》，《东西交流史论稿》，上海古籍出版社1998年版。

李辉：《金朝临济宗源流考》，《世界宗教研究》2011年第1期。

李鸣飞：《"山后"在历史上的变化》，《陕西理工学院学报（社会科学版）》2007年第1期。

李治安：《蒙元帝国与13—14世纪的中国社会秩序》，《文史哲》2013年第6期。

李治安：《元代汉人受蒙古文化影响考述》，《历史研究》2009年第1期。

李治安：《元代河南行省研究》，《蒙古史研究》第六辑，内蒙古大学出版社2000年版。

刘建华：《河北蔚县玉泉寺至元十七年圣旨碑考略》，《考古》1988年第4期。

刘晓：《万松行秀新考——以〈万松舍利塔铭〉中心》，《中国史研究》2009年第1期。

刘晓：《元"大开元一宗"初探》，《中国史研究》2008年第1期。

刘晓：《元镇守杭州"四万户"新考》，《浙江学刊》2014年第4期。

刘友恒：《从〈真定路十方万岁禅寺庄产碑〉看正定历史上另一座临济宗寺院》，《文物春秋》2009年第3期。

刘友恒、李秀婷：《〈真定十方临济慧照玄公大宗师道行碑铭〉浅谈》，《文物春秋》2007年第5期。

罗原觉：《元张弘范碑残石》，北平燕京大学《考古学社社刊》1936年第5期。

孟繁清：《读〈胜公和尚道行碑铭〉》，《中国古代社会高层论坛文集——纪念郑天挺先生诞辰一百一十周年》，中华书局2011年版。

孟繁清：《蒙元时期的颜氏三碑》，《中国史研究》2009 年第 3 期。
孟繁清：《韦轩李公考》，《中华文史论丛》2012 年第 4 辑。
孟繁清、杨淑红：《元上都留守颜伯祥及其家人史事考》，《元史论丛》第十二辑，内蒙古教育出版 2010 年版。
默书民：《元代的山东东西道辖区考析》，《中国史研究》2007 年第 3 期。
南炳文：《明代两畿鲁豫的民养官马制度》，《中华文史论丛》1981 年第 2 辑。
庞雪平、魏敏：《元代〈宣授善和大师塔铭〉碑浅析》，《文物春秋》2009 年第 6 期。
任昉：《略谈元张弘范墓志的价值——兼论对张弘范的评价问题》，《出土文献研究》（第六辑），上海古籍出版社 2004 年版。
尚衍斌：《从〈至顺镇江志〉看元代镇江路的畏吾儿人》，《喀什师范学院学报》1994 年第 2 期。
孙悟湖：《元代藏传佛教对汉地佛教的影响》，《中央民族大学学报》2005 年第 2 期。
索全星：《焦作市出土的两合元代墓志略考》，《文物》1996 年第 3 期。
汤开建：《西夏史札记》，《中国民族史研究（二）》，中央民族学院出版社 1989 年版。
唐彩霞、张红星：《包头燕家梁遗址出土铜铺铭文考略》，《内蒙古社会科学》2014 年第 4 期。
王胞生：《元代入滇的畏兀儿人》，《云南民族学院学报》1991 年第 1 期。
王风雷：《元代水军训练及军事科技教育》，《蒙古史研究》第十一辑，科学出版社 2013 年版。
王梅堂：《元代内迁畏兀儿族世家——廉氏家族考述》，《元史论丛》第七辑，江西教育出版社 1999 年版。
王新民：《元代矿冶业考略》，《历史地理论丛》第 1 辑，复旦大学出版社 1986 年版。
萧启庆：《元代蒙古人的汉学》，《内北国而外中国》，中华书局 2007 年版。
杨晓春：《河北定州清真寺〈重建礼拜寺记〉撰写年代详考》，《中国文化研究》2007 年第 3 期。

姚大力：《从"大断事官"制到中书省——论元初中枢机构的体制演变》，《历史研究》1993 年第 1 期。

姚大力：《"回回祖国"与回族认同的历史变迁》，《北方民族史十论》，广西师范大学出版社 2007 年版。

叶爱欣：《"雪堂雅集"与元初馆阁诗人文学活动考》，《平顶山学院学报》2006 年第 6 期。

叶宪允：《论十三、十四世纪禅宗临济宗的南宗与北宗》，载河北禅学研究所编《中国禅学》第七卷，大象出版社 2014 年版。

余元盫：《〈元史〉表志部分史源之探讨》（原载《西北民族文化研究丛刊》第 1 辑，1949 年 5 月），收入吴凤霞主编：《辽史、金史、元史研究》，中国大百科全书出版社 2009 年版。

豫博：《日僧邵元在我国所撰碑文塔铭考略》，《文物》1973 年第 6 期。

张方：《〈玄风庆会图〉残卷版本考》，《中华文化论坛》2015 年第 2 期。

张广保：《蒙元时期宗王、世侯对全真教的护持与崇奉》，载赵卫东主编《问道昆嵛山：齐鲁文化与昆嵛山道教国际学术研讨会论文集》，齐鲁书社 2009 年版。

张国旺：《蒙元真定崔氏碑传资料杂考》，《元史论丛》第十辑，天津古籍出版社 2005 年版。

赵生泉：《〈元代唐兀人李爱鲁墓志考释〉补正》，《宁夏社会科学》2015 年第 4 期。

赵文坦：《大蒙古国时期的顺天张氏》，《元史论丛》第十辑，天津古籍出版社 2005 年版。

中村淳：《蒙古时代"道佛争抢"的真像——忽必烈统治中国之道》，原载《东洋学报》第 75 卷，1994 年。译文刊于《蒙古学信息》1996 年第 3 期。

中国冶金史编写组、首钢研究所金相组：《磁县元代木船出土铁器金相鉴定》，《考古》1978 年第 6 期。

周良霄：《元史北方部族表》，《中华文史论丛》2010 年第 1 辑。

周清澍：《忽必烈早年的活动和手迹》，《中国史研究》2005 年第 1 期。

周清澍：《汪古部的领地及其统治制度——汪古部事辑之五》，《元蒙史扎》，内蒙古大学出版社2001年版。

（三）博士论文

葛仁考:《元代直隶省部研究》，博士学位论文，南开大学，2010年。

刘莉亚:《元代手工业研究》，博士学位论文，河北大学，2004年。

王泽:《碑铭所见宋元以来中原地区的民族融合》，博士学位论文，郑州大学，2013年。

后　　记

这本小书是在我博士论文基础上修订而来。2006年我投入孟繁清师门下学习蒙元史，孟老师是谦谦君子、循循善诱，让我感到如沐春风，虽然开始时对蒙元史兴趣并不浓厚，但也渐渐融入其中。入学选课有孙继民师所开"敦煌吐鲁番文书与隋唐史研究"，上课时候发现孙师讲的是黑水城文献，与蒙元史有很大关联，遂坚持听下来，听了三年。

两位老师都重视碑刻研究，印象很深的是入学不久，两位老师带领我们一车学生到内丘扁鹊庙访碑，回来遇到初冬大雾，高速封路，国道拥堵，大家饥寒交迫，孟师仍在与大家聊学术。后来也多次和孟老师到鹿泉、定州、曲阳访碑；孙师还安排我们向文物工作者学习拓制技术。孙老师出版的《新出碑刻墓志与隋唐史研究》更成为我当时翻阅学习、模仿的教材。

硕士毕业我到邯郸市博物馆工作，对碑刻墓志材料更为敏感，在文物市场、周边各县发现了一批有价值的碑刻墓志。2014年我到南开大学随李治安师读博，恰逢李老师主持的元代北方碑刻大项目开展得如火如荼，遂选定以河北元代碑刻研究为题撰写博士论文。这对我而言倒是驾轻就熟，遂在收集新出碑刻的基础上撰写论文，于2017年顺利毕业。在近几年继续搜集碑刻修订的基础上，最后形成这样一本小书。一路走来多坎坷，诸多师友的教导与扶持，令我铭感在心。

书中多数章节都曾单独发表，虽知再无出版的必要，但还是没能耐住寂寞，签了出版合同。唯一的好处，是将单篇集中起来，便于读者批评。对我而言，算是得窥学术门径以来的一个总结。